芒格书院

大道 段永平投资问答录

赵理亚 选 芒格书院 编

中信出版集团 | 北京

图书在版编目（CIP）数据

大道 / 赵理亚选 ; 芒格书院编 . -- 北京 : 中信出版社 , 2025. 5（2025. 10 重印）. -- ISBN 978-7-5217-7466-5

Ⅰ . F832.48-53

中国国家版本馆 CIP 数据核字第 2025SU1940 号

大道

选者：　赵理亚

编者：　芒格书院

出版发行：中信出版集团股份有限公司

（北京市朝阳区东三环北路 27 号嘉铭中心　邮编　100020）

承印者：　河北鹏润印刷有限公司

开本：787mm×1092mm　1/16　　印张：32　　字数：420 千字

版次：2025 年 5 月第 1 版　　印次：2025 年 10 月第 11 次印刷

书号：ISBN 978–7–5217–7466–5

定价：98.00 元

服务热线：400–600–8099

投稿邮箱：author@citicpub.com

做对的事情，把事情做对。

——段永平

出版说明

1984 年，沃伦·巴菲特在哥伦比亚大学商学院发表演讲时谈到：“在投资界，为数众多的大赢家却不成比例地全都来自一个极小的智慧部落——格雷厄姆–多德村。这个与众不同的智慧部落孕育的赢家如此密集，根本无法用偶然性来解释。”在中国企业界，同样存在这种“大赢家聚集”的现象：小霸王、步步高、小天才、OPPO、vivo、一加、realme、网易、拼多多、极兔速递……站在这些公司背后的，就是曾拍下“巴菲特午餐”的段永平先生。

“经营企业和投资没有本质区别”，段永平在投资领域也创下了诸多成功案例，包括长期持有网易、苹果、茅台等公司股权。

自 2006 年起，段永平在互联网上通过网易博客、雪球网账号“大道无形我有型”等分享投资观点，其以价值投资为核心的理念，涵盖投资决策、企业分析、人生哲学等维度。

段永平的问答内容由于影响巨大，有多个网络社区及个人自发整理的版本，在网上广泛传播。但大部分版本存在文本重复、时间错乱、二手转述失真等问题。部分内容因夹杂主观解读或未标注原始出处，导致读者难以确切追溯信源。

本书经段永平首肯出版，收录其 2006 年至 2025 年 4 月期间公开发表的原创内容。在编辑过程中，我们以真实可考为根本原则，对全部问答内容进行逐条核查，标注原始发布时间，同日内多组对话于段末统一标注，避免收录二手资料。

为系统呈现段永平的思想脉络，对碎片化的问答进行了框架重构，将全书编为“投资大道”“商业模式和企业文化”“公司点评”“人生箴言”“演讲与访谈”，共五章。对段永平反复探讨的核心命题，择取最具时效性的最新阐释；他关于同一主题的思考，则依时间顺序铺陈其渐进轨迹。

文本呈现方面，对原始问答进行了必要精简与编辑：在不改变原意的基础上，修改了别字与标点，规范专有名词，隐去冗余提问及重复信息。对话体例在排版上也做了区分，网友提问及新闻背景统一以仿宋标注，段永平的回答为宋体。每一章中的小节与小标题，为编者配合文字内容所加，基本取自段永平的原话。

需要特别说明的是，本书中提及的上市公司、金融产品及相关案例，皆为段永平基于特定时空背景、为阐释投资理念而举的例证，不包含对任何标的当下及未来价值的评判，更不构成任何形式的投资建议。

在选编过程中，我们系统梳理了赵理亚等研究者整理的逾百万字原始素材，经过去重、辨伪和编辑，最终形成这本段永平投资问答录的精选本。虽经多轮校勘，疏漏仍在所难免。恳请读者不吝指正。

芒格书院

2025 年 4 月

目录

第一章 投资大道

第二章
商业模式和企业文化

第三章 公司点评

第一章

投资大道

买股票就是买公司

网友：投资大师的一句话也许就改变了我们的一生，望段总不吝赐教，感激不尽。

如果有这么一句话，可能就是“买股票就是买公司”。我曾对巴菲特讲这是我从他那里学到的最重要的一句话，然后他说，这正是他从格雷厄姆那儿学到的最重要的一句话。（2010-05-23）

投资是什么？

1. 基本版

投资就是买未来现金流。

所谓能看懂公司就是能看懂其未来现金流（做对的事情）。

所有所谓有关投资的说法实际上都是在讨论如何看懂现金流的问题（如何把事情做对）。

2. 说明版

买股票就是买公司，买公司就是买其未来现金流折现。这里现金流指的是净现金流，未来指的是公司的整个生命周期。

折现率实际上是相对于投资人的机会成本而言的。最低的机会成本就是无风险回报率，比如美国国债的利率。

所谓能看懂公司就是能看懂其未来现金流（做对的事情）。

所有所谓有关投资的说法实际上都是在讨论如何看懂现金流的问题（如何把事情做对），比如生意模式、护城河、能力圈等。（2012-04-05）

3. 啰嗦版

买股票就是买公司，买公司就是买其未来现金流折现。这里现金流指的是净现金流，未来指的是公司的整个生命周期，不是3年，也不是5年。

折现率实际上是相对于投资人的机会成本而言的。最低的机会成本就是无风险回报率，比如美国国债的利率。有些人把自己生意中有限的资金投到股市里实际上往往是不合算的，因为其自己的生意获利往往比股市的平均回报高。当然，多余资金投入无可非议。（听说国内某网络公司买了很多苹果的股票，这属于无可非议型的。）可我确实看到不少公司贷着款还要买股票，看不懂啊。

所谓能看懂公司就是能看懂其未来现金流折现（做对的事情）。所谓未来现金流折现只是个思维方式，千万不要去套公式，因为没人可以真的确定公式中的变量，所有假设可能都是不靠谱的。

个人观点：其实区分是不是“价值投资”的最重要、也许是唯一的点，就是“投资者”是不是在买未来现金流折现。事实上我的确见到很多人买股票的理由很多时候都和未来现金流无关，但却和别的东西有关，比如市场怎么看，比如打新股一定赚钱，比如重组的概念，比如……呵呵，电视里那些个分析员天天在讲的那些东西。我有时会面带微笑看看CNBC的节目，那些主持人经常满嘴说着专业名词，但不知道为什么他们说了这么多年也不知道自己在说啥。

所有有关投资的说法实际上都是在讨论如何看懂现金流的问题（如

何把事情做对），比如生意模式、护城河、能力圈，等等。在巴菲特这里我学到的最重要的东西就是生意模式。以前虽然也知道生意模式重要，但往往是和其他很多重要的东西混在一起看的。当年巴菲特特别提醒我，应该首先看生意模式，这几年下来慢慢觉得确实应该如此。

护城河实际上我觉得是生意模式的一部分，好的生意模式往往具有很宽的护城河。

好的生意模式往往是好的未来现金流的保障。

知道自己的能力圈有多大，往往比自己能力圈有多大要重要得多!

我觉得安全边际（margin of safety）实际上应该指的是能力圈而不仅仅是价格。

在自己能力圈内的生意自己往往容易懂得多，对别人的不确定性往往对自己是很确定的。比如当年我投网易时，市场不看好的原因是很多人觉得游戏这个市场不是很大。而我自己由于在这个行业里的时间很长，所以很确定这个市场非常大（但也不知道到底有多大，事实上最后的结果比我看到的还要大）。

不要轻易去“扩大”自己的能力圈。搞懂一个生意往往是需要很多年的，不要因为看到一两个概念就轻易跳进自己不熟悉的领域或地方，不然早晚会栽的。比如有的朋友跳进印度市场，有的朋友跳进日本市场。

我总是假设市场绝大多数情况下是非常聪明的，除非我发现市场确实错了。（这句话是针对“逆向操作”说的。逆向思维很重要，但逆向操作和随波逐流都是不可取的。最重要的是理性的独立思考能力。）

很多人说很难看懂未来现金流。其实绝大多数公司的未来现金流我也是看不懂的。看不懂的就不碰。一年两年或许更久的时间里总会有目标出现的。有些公司的生意模式很好，但股价有时候太贵，那就只能等了。好在这些年来一直如此，每隔些年就来个股灾，往往那时好公司也会跟着稀里哗啦的。

对于大多数不太了解生意的人而言，千万不要以为股市是个可以赚快钱的地方。长期来讲，股市上亏钱的人总是多过赚钱的人的。想赌运气的人还不如去买彩票，起码自己知道中的机会小，不会下重注。

也有人说股场就是赌场。事实上，对把股场当赌场的人们而言，股场确实就是赌场，常赌必输！

用我这个办法投资，一生可能会失去无数机会，但犯大错的机会也很少（但依然没办法避免犯错）。

我经常听见有人在讲哪只哪只股票赚了几倍的故事，可他们就是不说总的成绩，你懂的。

顺便感谢一下“自助餐先生”。凡是觉得我写的这点东西有帮助的人都应该多看看他老人家的东西，我能讲的他都讲过好多次了。

想到哪写到哪，主要是为了能随时提醒自己。

有人问如何避免以为看懂实际又错了的问题，个人观点：错误是不可避免的，但待在能力圈内以及专注和用功可以大幅度减少犯错的机会。

啥时候当你觉得简单版就足够了的时候，你大概就可以了。（2012-04-06）

我这里有很重要的一点就是认为大多数人其实不碰股票就是最好的投资，除非你认为自己确实有自己了解的好公司处在便宜的价钱。（2012-04-09）

我对巴菲特的认识非常简单，就是买股票就是买公司，从来没变过。（2021-07-28）

投资其实不需要啥理论的。买股票就是买公司其实属于定义，因为股票就是公司的一部分。（2024-01-24）

一般来讲我要投资一家公司时，主要考虑两个重要的点：

（1）这家公司能长期获利（足够的利润）吗？

（2）公司获得的利润如何给到股东？（2013-04-24）

网友：大道你已经财富自由了，推动你持续做投资的动力是什么？

投资很有意思，是个非常好玩的游戏，我很喜欢（享受 / enjoy）——很多年前我问过巴菲特先生这个问题，这是他当时的回答（大致意思）。（2023-04-23）

投资的信仰

这里说的信仰不是形而上的东西。

我理解的投资归纳起来就是：买股票就是买公司，买公司就是买公司的未来现金流折现，句号！

这就是我说的所谓信仰的意思，我是从骨子里相信，不会因为任何影响而动摇。

很多人一讲到投资就会马上冒出很多大家都似懂非懂的术语，大概就是因为没有这个信仰。

其实投资就是价值投资的意思，不然投资投的是啥？

公司价值是什么？就是公司未来现金流的折现。

未来是多久？就是直到永远的意思。

永远是多久？就是到公司结束为止。

公司结束是什么意思？就是包括卖掉在内的所有可能。

记得马克思说过：价格围绕价值上下波动。买股票花的是价格，买的是价值。

其实我对投资的理解就这些，其他都是这几句话衍生出来的。

简单不？对，简单但绝不容易！不懂企业的人绝对没办法看懂未来现金流。所谓懂的人往往也只能看懂自己能力圈内的很少很少企业的未来现金流折现，而且还一定是毛估估滴。

学会简单其实就不简单——微博里看到的一句话，和我的简单但绝不容易的意思差不多。

未来现金流折现的公式？未来现金流折现只是一种思维方式，只有在自己能力圈范围内的公司，投资人才能毛估估看明白。没人真用公式的，至少胜者都是不用公式的。（说自己有公式还有参数的人们都是不懂甚至可能是骗人的，别理他们。）

很难吗？还好吧。我自己从事企业经营只有10多年，之后开始投资到现在也差不多10年。在这10年里有兴趣的企业中，我大致看懂了不到10家（被排除的不算，投错的不算），重手投了5家，差不多两年一家，没想象的那么难吧？

什么，你投的企业比我多多了？那你要小心了，一般而言，超出一定量以后，投的企业越多赚得越少。

怎么才能看懂企业或者叫看懂企业的未来现金流？

有句话叫八仙过海，各显神通。不过我喜欢巴菲特说的那个办法，从来没看过别人的，也没有兴趣看。我觉得真看懂了巴菲特的人大概是不会对别人的投资办法感兴趣的，觉得我武断的人请先看懂巴菲特哈。

说自己一半巴菲特一半索罗斯的意思实际上是说自己既不懂巴菲特也不懂索罗斯。（这句话和巴菲特说的15%费雪85%格雷厄姆的意思不同。）

投钱（我觉得这里不叫投资为好）的办法有很多，一般而言，知道得越多，赚得越少。不然大学教这个的就应该赚得最多。

巴菲特说生意模式最重要。我自己大概对这句话想了好几年了，还在继续想，但确实越来越感觉到巴菲特这个说法有道理。和巴菲特吃顿饭没白吃，这句话就已经值个100顿饭了吧？（其实远远不止哈。）

什么是生意模式？我也说不清楚，也许大学里的教授能给个文点的定义吧。但是，我觉得我大致知道那到底是什么意思。

如果你还不明白什么叫生意模式的话，那就看看巴菲特那几篇在几个大学的演讲。

还没懂？那看看喜诗糖果、可口可乐、比亚迪、苹果，看看航空公司，看看那些做太阳能晶片的“光伏企业”……

还没懂？那重头来，接着再看。10 到 20 年之内看不懂都可以用这个办法，就是“重头来，接着再看”。

20 年以后还是看不懂怎么办？那 20 年以后再说了。（2012-06-24）

我从看到巴菲特的第一分钟起就开始相信巴菲特了，从来没动摇过。心中没有巴菲特的人是很难相信巴菲特的，而且谁说都没用。（2010-07-04）

其实每个人都有一颗投机的心，所以才需要信仰。我对信仰的理解就是“做对的事情”，或者说知道是“不对的事情”就别做了。人们热爱做“不对的事情”是因为这类事情往往有短期诱惑。（2012-05-22）

要相信的是：做对的事情最后会有好结果，或者说做错的事情最后会有大麻烦。至于把事情做对则是个过程，有时候快有时候慢，需要投资者耐心等待。（2013-02-03）

投资的信仰指的是：相信长期而言股市是称重机。对没有信仰的人而言，股市永远是投票器。（2013-05-17）

我说的信仰就是你骨子里真的相信的东西，是不会被某些事情动摇的，比如长期利润及净现金流好的公司股价早晚会跟上来等等。（2017-02-27）

网友：大道，您有信仰吗？

当然有信仰，比如买股票就是买公司。

网友：我指的是宗教之类的。

我明白你说的是什么，现在轮到你来明白我说啥了哈。

网友：您有支持您人生的信仰吗？

我是有信仰的，但我没有宗教，我相信有道理的东西。以投资为例，我只要知道一个公司长远能赚钱，它的股价一定能跟上，所以就能忽略市场短期的波动。如果你没有这种信仰，就可能每天都去看今天有什么消息，股票会涨还是会掉。但如果你懂了一个公司，不管怎么涨跌，它还是那家公司。所以需要理解它的企业文化和生意模式。

网友：大道的“宗教”信仰就是做对的事情。

是的，所谓信仰就是要做对的事情。（2022-01-23）

网友：我没有信仰，更糟糕的是我不知道如何改变。

你必须相信。（You must believe.）——乌龟大师（2012-05-20）

网友：比尔·盖茨说巴菲特有很强烈的宗教信仰感，这让我挺意外的。我记得您说您对宗教的态度和巴菲特差不多，您了解的巴菲特是怎样的？

我理解的“宗教”大概就是信仰的意思，就是说心里有些“必须相信”的东西。我的宗教态度确实和巴菲特一样，我们都信仰他对投资的理解——买股票就是买公司。买股票就是买公司这句话会说的人非常多，但我几乎没见过骨子里真的理解并相信这句话的——我知道的人里面大概不超过5个（包括巴菲特和芒格在内）——当然，这是因为我知道的人很少的缘故。（2013-04-11）

风险是第一考量

记得以前翻过一本书叫《富爸爸，穷爸爸》，初学投资的人如果觉得巴菲特的东西一时不好懂，可以看看这本书。我对投资的基本理解好像和这本书差不多。

假设我有10000元闲钱，也就是一时半会用不着的钱，应该怎么办呢？我可能有以下的一些选择：

1. 在床底下挖个洞埋起来——20年后还是10000元；

2. 存在银行或买国债，假设平均利息是6%——20年后大概是32000多元；

3. 投资在标准普尔500指数（Standard & Poor’s 500 Index，简称S&P

500），近 100 年的平均年回报大约是 9%——20 年后是 56000 元左右。

所以只要能找到任何年回报大于等于 9% 的投资我就可以考虑投。

问题是，拿利息绝对无风险，而投资则有可能血本无归。

所以风险是决定是否投资的第一考量。

在自己懂的东西上投资，最重要的就是能看到风险在哪。

不同的人由于懂的东西不一样而投资在不同的投资标的上，是很正常的，没有孰优孰劣之分，但短期甚至长期回报有可能会不一样。如果对企业和投资都不了解的人，当 S&P 500 低的时候买指数也是个很好的投资办法。A 股的情况我不了解。

其他如房地产投资的道理也一样。房地产价格是否贵可以看看《富爸爸，穷爸爸》，我记得里面说得挺好。

无论如何，我觉得人生最重要的投资是投资在教育上。

父母的教育，小时候的经历和苦难，小学、中学、大学和研究生学到的东西对我经营企业和现在的投资都起到了很大的作用。（2010-03-24）

投资用的是闲钱，不然就是投机了。（2014-07-20）

价值投资的风险不该比开车出门大，投机的风险不会比去赌场小。最危险的可能是一知半解的那种：比如号称自己是价值投资者，也知道价值投资要拿长线的道理（知其然不知其所以然），结果买错股票又坚持长线持有。（2011-03-01）

网友：先不谈风险，一个生意四年能回本，能不能投？

先不谈风险的投资能叫投资么？（2012-07-19）

看懂生意是基本功

投资的基本功其实就是看懂企业，看懂生意，无他。（2024-08-10）

只买生意，不预测股价。（2014-01-16）

这是投资的本质，不论你懂不懂，它都在那里。（2014-01-17）

从企业所有人的角度考虑是关键！（2014-10-20）

“如果你不愿意拥有一只股票十年，那就不要考虑拥有它十分钟。”（巴菲特）

这是所谓价值投资者决定买股票时要过的第一关。（2012-07-27）

网友：投资中最简单的事是什么？

对投资，我想来想去，总觉得只有一样东西最简单，就是当你买一只股票时，你一定是认为你在买这家公司，你可能拿在手里10年、20年，有这种想法后就容易判断很多。（2010-04-27）

网友：净利润、现金流和自由现金流，哪个指标是我们应该重点关注的？

如果你拥有一家公司的话，你就知道什么是你应该重点关注的了。如果你没有拥有一家公司的感觉，怎么说也都是没用的。（2011-05-24）

网友：我们到底该从哪下手学习未来现金流折现这种思维方式？

大概只有一个办法，那就是保有拥有这家公司的心态。你要真有这种心态，其实不用学就会了，因为那都是真金白银啊。我发现虽然很多人说起来都是要用拥有公司的心态去买股票，但绝大多数实际上只是停留在口头上，一到关键时刻就会掉链子。（2012-02-11）

网友：有没有一只你认为不会卖掉的股票？

每只股票我买的时候都是打算不卖的。（2019-08-21）

网友：巴菲特说过，我是个好投资家，因为我是一个企业家。我是个好企业家，因为我是投资家。您认为投资跟经营有什么区别吗？

没觉得投资和自己经营企业有什么大区别。不同的地方是投资时是你认同的人在经营。（2019-04-06）

价值投资是唯一的路

不存在什么捷径。

不存在什么窍门。

如果你想走轻松的路，

我保证：它比艰难的路更长更痛。（2019-07-30）

最容易的投资方法

从逻辑上讲，说价值投资难的意思似乎是还有别的办法更容易。

其实从亏钱的角度讲，价值投资确实有点难，别的亏钱的办法倒是容易得多。

记得以前有记者问为什么当年我那么有勇气买网易，我说 10 块钱的东西有人哭着喊着要 1 块钱卖给你，你要勇气干什么？

这句话放在这里也适用：10 块钱的东西有人非要 1 块钱卖给你，你为什么会觉得难呢？为什么呢？

不过，当你也不知道你要买的东西到底是什么的时候，那可确实有点难了，那种时候就会东张西望地看别人的反应。

话说回来，价值投资确实有点难，不然满大街都是巴菲特岂不是有点乱？

长期来讲，真正的价值投资确实有点难，是很难亏钱的难。（2011-05-08）

老是听人说价值投资太难了，这篇《价值投资到底难在哪里？》大概是很有代表性的，对此我说几句自己的看法。

首先，“难”是相对于“容易”的。本人觉得价值投资是最容易的投资办法，因为这是我会的唯一的投资办法。说价值投资“难”的人一定是有更容易的办法“投资”？

“难在被怀疑被耻笑时的坚持、自信与淡定”——价值投资投的是你自己懂的企业，如果你真懂的话，又怎么会不坚持呢？

如果有不自信的感觉，那就说明你还没搞懂你投的企业，或者你还不是价值投资者。

价值投资是你自己的事情，别人怎么看与你何干？

“难在逆势而为的理性、清醒与忍耐”——“势”实际上就是别人现在怎么看的意思。当一个人在投资上还在想着是“逆势”还是“顺势”时，就没办法专注在自己的标的上。

价值投资是你自己的事情，别人怎么看与你何干？

“难在自省与分清对错”——难道非价值投资做到这点更容易？

价值投资里最重要的一点就是理性，能够理性地看待面临的一切就更有机会分清对错。

“难在目光长远而不急功近利”——这是在说谁呢？

其实我倒是觉得最危险的是口里喊着价值投资，但实际上却老是在东张西望的“投资人”。

我觉得这篇文章的作者一定是个读过不少价值投资书的人，价值投资的概念已经有了，但还没能融到骨子里。时间会帮忙的。（2011-09-03）

网友：是否过于严苛了？连您自己都说过简单但绝不容易。

我的意思是其实没有更容易的方式去投资。尤其是初学者，老是想找捷径，此帖的意思就是没有捷径，就是没有更容易的办法的意思。（2011-09-06）

网友：不是我们非要做价值投资，而是我们不得不做价值投资。去坚守价值，去坚守自己的能力圈，远离投机，远离频繁交易。远离了失败，我们才有一丝成功的机会。

买了一个好生意一直拿着真的会觉得很难受吗？假设我们拥有整个茅台，每天现金流杠杠的，你在坚守啥？

网友："坚守"好像是在说抱着印钞机感觉很难受的样子。

那么重，确实会难受的。

网友：很多人没有大道那么有耐心，都想赚快钱。

大道其实也很没耐心，也很想赚快钱。理性应该是思考的结果，耐心感觉像是个性或者叫性格。（2024-08-08）

一般来讲，聪明人知道如何把事情做对，但有智慧指的是要做对的事情。

投机投的是零和游戏，投资投的是企业带来的利润。所以投资不需要那么聪明就可以了，而投机者就算很聪明早晚还是会掉坑里的。（2015-08-14）

网友：投资人要通过什么途径或方法弄明白某行业或企业？

最简单的办法大概是在你认真思考企业一二十年后，你就会容易把握一些。只要一个人认为有捷径，他大概就会努力去寻找捷径，一二十年后估计他还在到处问人捷径在哪里。（2013-09-16）

网友：您在投资过程中运用到个人的资源（人脉和资金）多吗？如果没有这些常人没有的人脉，会对您的投资行为产生多大影响呢？

我投资没用过啥"人脉"。事实上，我目前的主要投资里，没有任何一个是和“人脉”有关的。我也没啥“天赋”。该讲的道理我都讲过了，我想你肯定是没看过或者没看进去。人们之所以会有这些问题，是因为很多人都认为投资及很多事都有捷径，于是怎么看都是有捷径的。你说没有，人们其实也不信，因为别人有捷径是自己没做好的最好借口。（2020-12-01）

网友：股票市场是否遵循丛林法则，优胜劣汰？

不懂。懂价值投资就会立于不败之地。（2010-05-13）

投资像种田，投机像狩猎

投资非常像种田，是个结硬寨、打呆仗的过程，所以投资者就像农夫。投机则像狩猎，是个零和游戏，投机者之间互为猎物，非常刺激。（2020-11-20）

网友：大佬买股票，就像狼在森林里捕食一样，看准了，有十足把握才会出手。

很多人以为是狩猎，其实是农夫种田。（2023-02-17）

狩猎是互为猎物的，是个零和游戏。投资是赚公司赚的钱。短期看有时候很像，但时间长了区别非常大。（2024-01-06）

非常有趣的是，如果人们不是买“未来现金流”的话，那他们到底买的是什么呢？不是买“未来现金流”的实际上很可能是在加入一个零和游戏中，大家互为猎手和猎物，比的就是“技术”了，而且“高手”也可能随时被“菜鸟”从后面干掉的。

把投资看成种田的人心态会好很多，因为他们大致知道自己在干嘛，虽然也有天气不太好的时候。互为猎物的游戏好像就有点紧张了。我看到很多人在玩这种游戏时，有时候会想起电影里士兵从一个弹坑跳到另一个弹坑的情景，有时候也会想起电影里看到的那些互相寻找对方的狙

击手们。（2013-04-20）

投资和投机的很大差别其实就在这里。投机的很多理由是和市场上其他人的观点有很大关系的，而其他人的观点（市场的观点）可以变化得很快，所以投机人可能需要每天根据他自己投机理由的变化做出调整。厉害的投机者（比如索罗斯）确实也有机会赚（亏）大钱，但是很累且不好学。比如前段时间我看到有报道说索罗斯开始大举投入黄金，理由是他已经看到了黄金的泡沫正在形成，现在还是泡沫的初级阶段，所以现在进去，等到泡沫破灭前出来就可以赚到大钱。呵呵，我想我大致明白他的意思，但我自己绝对没有能力去搞清楚现在泡沫到底处在哪个阶段。我可不想让自己的生活处在索罗斯们的阴影下，最后还要在泡沫破灭前做他的买家。

投机是个刺激的游戏，建议喜欢玩的人一定要量力而行。

投资是个快乐的事情，投资人可以慢慢享受其过程。（2010-05-20）

我其实从来不认为投机是贬义，有朋友说投机就是“投资在机会上”，呵呵。我只是认为投资和投机不是一种游戏。从投资的角度看，投机确实有点像赌博。也许从赌博的角度看，投机有点像投资？（2010-03-28）

很久以前，有人对我说，股市就是个赌场，我说不是，他坚持说是。我突然悟到：对那些说股市是赌场的人来说，那就是赌场！（2019-09-16）

网友：很多人提出价值投资和趋势两者结合的问题，您怎么看？

呵呵，我见过做趋势很厉害的人，做了几十年，但依然还是“小资金”。用芒格的“逆向思维”想一下，你也许就对“趋势”没那么感兴趣了。（2010-06-05）

网友：“有一天，你会遇到一个重剑无锋的人，当你遇到这个人后，希望你能够好好向他学习，走一段他的路，学一学他的为人处事方式。”感谢大道，帮助我成为更好的自己。

重剑无锋这个说法我喜欢，巴菲特是典型代表，其实就是扎硬寨、打呆仗的意思？（2020-11-26）

网友：田忌赛马——一个在传统文化里被夸大的小聪明，投资需要的是实打实硬碰硬。

在绝对的优势面前，那点小聪明是不堪一击的。（2024-03-31）

如果有谁还不太理解什么叫价值投资，看看巴菲特1984年写的这篇《格雷厄姆–多德村的超级投资者》（*The Superinvestors of Graham-and-Doddsville*）或许会很有帮助。（2010-04-02）

这篇文章讲的实际上是个概率事件，工科出身的人可能容易懂。我理解的大意就是，长期来看价值投资者赚到钱其实不是运气！（2010-04-03）

网友：最近在高速公路服务区买了一袋包装比较老派的威化饼干，挺好吃，说是1956年的老品牌。一查公司发现是港股上市企业（60%股份在控股家族手里，日均交易额几万元），再看报表，有点不淡定了。公司账上现金4.8亿人民币，年收入15亿，净利润1.4亿，虽然没什么增长，也一直比较稳定。市值是4.7亿人民币。请教，这合理吗？如果我买点股票等着这个公司退市，算不算投机？

先假设你看到的数据都是真的（小公司，尤其是家族公司，这点其实非常不容易确认）。你先问你自己几个问题吧：

你喜欢他们的商业模式吗？

你喜欢他们的企业文化吗？

如果你有钱，愿意把这家公司按这个市值买下来并继续交给他们经营吗？（不要想着去改变任何东西，那是不一样的事情。）

60多年的品牌终于走到了今天，你觉得他们再过60年会怎么样？

你愿意把你的闲钱都投进去吗？

当你需要问是不是投机的时候，那就是投机，当然也可以叫投资在机会上。（2022-01-04）

见过大道不走小路

网友：价值投资者除了看您的观点和巴菲特的股东信之外，还有必要学习什么东西吗？

我主要讲投资是什么（什么是对的事情），很少讲怎么投资（如何把事情做对）。巴菲特的股东信应该两者都有了。在如何把事情做对上，也许有很多书可以看，但最重要的是能够看懂企业，看懂商业模式。（2019-04-10）

光整天看也许是不够的，要想要实践。如果你一直在悟的话，早晚会明白的。投资开始得越早越好，不要想着马上赚大钱，一定要记得巴菲特那句话，“慢慢地变富”。

据说在2000年的一个早上，亚马逊创始人杰夫·贝佐斯给巴菲特打电话，问巴菲特：“你是全世界第二富有的人，你的投资体系又这么简单，为什么别人不做和你一样的事情？”巴菲特回答说：“因为没人愿意慢慢地变富。”贝佐斯突然明白，关注长期的人，相比关注短期的人有巨大的竞争优势，因此更加坚定了关注长期、忽视短期的想法。（2019-03-19）

网友：多数人为什么不愿意慢慢变富？

其实我也不愿意慢慢地变富，我只是不知道怎么才能快速变富而已。（2019-06-03）

网友：假如长期看好一只股票并持有，也想长期持有，但是短期内价格增长太快，超过了我对它的估值不少，我应该先卖出等以后再买入吗？

我也想过这么做来着，谁不想赚差价啊，但这么做的结果基本上都是瞎忙半天还少赚了，所以以后就不再想干这种事情了。知其不可为也很重要啊。（2019-05-20）

“小投资者”之所以很容易一直是“小投资者”的原因也许有很多，但个人认为最重要的是他们可能会因为自己小而想赚快钱、大钱，从而铤而走险而不追求真理。其实这个世界上没有投资人不想赚大钱，知道什么不可为比知道什么可为要重要得多。(2015-04-28)

网友：我特别想知道巴菲特给大道说的悄悄话是什么内容？

就是《功夫熊猫》里面那句话，阿宝老爸的秘方。

网友补充：鹅爸想安慰又不知道说些什么，就告诉了阿宝店里招牌汤面的鲜汤秘方——那个秘方就是：什么都不加。阿宝诧异，什么都不加，能做出好吃的面条吗？鹅爸告诉他："如果你想做一件特别的东西，最重要的是，你要相信它是特别的。"这番话点醒了阿宝，他领悟了神龙秘籍的真正含义——世上根本没有秘籍。

点赞。(2024-06-29)

网友：现在有一个比较好玩的说法是，A 股不适合价值投资。

这个说法一直都有啊，A 股是历史比较短的说法了。突然想起来其实美国很多很多年前也有很多特异功能的事。(2011-09-06)

网友：巴菲特理论在 A 股最无用。

一直重仓拿着茅台的人们可不这么认为。(2019-06-16)

认为 A 股只是博傻的想法是大错特错的。其实在 A 股中真正最后赚到大钱的还是那些价值投资者，和别的任何市场一样。不要被表面的那些东西所迷惑，长期而言没价值的股票是不被"填权"的，填了也会回归本原。A 股和美股的差别可能是系统风险大一些而已。(2011-03-03)

华人和其他人里面 100% 真正做价值投资的人本来就不多。但其实大多数投资人或多或少都是价值投资者，经常能看到深一脚浅一脚的价值投资者，可能包括我自己在内。(2013-04-07)

网友：目前我很喜欢投机而非投资，但不妨碍将来转向投资。

呵呵，投机是会上瘾的，不好改。这是芒格说的。(2010-03-27)

网友：这几个月我常常有减少交易频次、精选企业并长期投资的想法，也常有一种站在某个门槛之外，跨过去就更上一层楼的感觉。请问我是否需要改变交易方式?

你真的想改变吗?我认识一个球友,非常好赌,输了很多钱(过10亿元人民币了),怎么劝都是没用。他本来做生意赚了不少钱,但赚得越多就赌得越大。对有些人来说,赌的快感是非常有吸引力的,理性有时候难以抗衡。

改变不容易,但任何时候可能都是好时机。

客观讲,我确实见过戒赌成功的人,也确实见过有人从热衷于投机变成投资者。我还有个球友,搞了二三十年投机,心力交瘁,早早就满头白发,不过运气还不错,赚了不少钱。前些年突然幡然醒悟,满仓了几个好公司后就开始好好打球了,目前球技大涨的同时投资回报也很好,人也放松了很多。希望这个能鼓励到你。(2019-09-17)

网友:我叔叔投机炒股亏损累累,您觉得有没有什么办法能让他尽快从投机的弯路回到投资的本质呢?

我没办法。80%以上的人都如此,试图改变一个人是不现实的。俗话说佛只渡有缘人,你就由他去吧。(2019-07-30)

网友:我父亲今年60岁,以前炒股和炒期货赚了些钱,后面没过多久全赔进去了,还借了高利贷。我已经让他去看巴菲特和段永平了,但我深知只要他把钱投进股市,那一定还是会一分不剩。我想制止他但又不知道如何再劝!

人们最终会成为他自己,People never learn(人们从不吸取教训)。不知道为什么我想起了这两句话。(2022-01-23)

网友:价值投资这条路对于我来说还很艰难,我会做好准备,踏实地走下去。

呵呵,在这么有乐趣有"钱途"的大道上干嘛那么一副苦大仇深的样子啊?(2011-10-21)

网友:我做到了,持有苹果10年。在这过程中,越来越理解本分。

哈,见过大道不走小路。(2023-02-28)

其实我知道的东西少得可怜。我就知道巴菲特这条路很好，肯定可以到罗马。可老是有一堆朋友问我索罗斯那条怎么样，还不许我说我不知道。我是真的不知道。(2010-04-01)

网友：我有个同学也喜欢索罗斯，但他亏了一半的钱。

喜欢没关系，学他就有危险了。(2010-06-07)

我翻过彼得·林奇（Peter Lynch）的书，只不过不记得他的名字而已。大家谈到以后我又看了一下，发现其实原来看过了（翻过一本好像叫《战胜华尔街》）。感觉他像武侠小说里的剑术高手，但更高的高手是无招的。他的东西可以看，但不要掉进去。(2010-12-10)

林奇最高时好像有过接近 2000 只股票，我不觉得他会在乎任何公司的价值，不管他说过什么。(2022-12-06)

网友：詹姆斯·西蒙斯（James Simons）和约翰·保尔森（John Paulson）是什么样的人？

他们两个都不是价值投资者。约翰·保尔森是个很厉害的价值投机者。当然拿别人的钱下注可能要容易些。

詹姆斯·西蒙斯是我的同行。我读研究生的时候也号称是学数量经济的，现在都忘得差不多了。他们的东西像我这样的普通人学不了，能学会的人也不会来我的这个博客。(2010-04-06)

我也确实见过一些懂看图看线的人，长期也能赚钱，方法就是（写书）教人怎么看图看线。(2010-05-22)

网友：但斌还是把企业分析放在第一位的。

那你认为看图看线应该放在第几位？

你这话给我的感觉像是说某人并不总是坏人，所以是好人。这话和但斌无关哈。

很多人不明白看图看线的地方是：看图看线实际上是有 50% 的准确率的，唯一的问题是人们事先无法肯定哪次是对的。

看图看线实际上就是看目前（这个时刻或时段）别人对股票的看法。价值投资者的心中是无图无线的！（2012-08-14）

看图看线看到巴菲特这条路上来不容易啊。我看过很多人在这一行干了几十年，从来就没有明白过为什么看图看线赚不了大钱。你要当了看图看线的理想主义者就麻烦了。（2011-03-07）

我就知道我满仓买过一次当年美国涨幅第一的股票，还好那时没看图看线，不然早卖了。看图看线忙一辈子也不如错过这一次啊。记得当网易 1 块零 5 分时，我曾建议一个大行的人买进。这哥们以三十几年看图看线的经验告诉我，现在还不是时候。等网易突破 20 块时，他很兴奋地告诉我现在可以买了。其实他也是对的，因为网易确实涨到 20 多他才卖的（一分四以前）。（2010-07-07）

一般而言，一说就是"票"或代码的都是在交易（trade），我还没见过例外。（2014-10-24）

看个股价不需要看图看线的，偶尔看下就可以了，常看容易短视。（2015-12-10）

网友：芒格说的是对的。专注根本的东西就是要排除不必要的信息，把精力放在最重要的事情上。

今天开车听广播时突然想起投资的不必要信息是非常多的，比如什么 20 天线、50 天线啊，什么超买超卖啊等等。凡是过几年回头看觉得很无聊的信息都是应该被排除的。（2012-05-23）

网友：没搞懂量化的人是在干嘛？

其实就是用电脑看图看线，未来大家都用 AI 啥的。

网友：有人说过，做量化的人多了，模型会失效。

这个绝对是对的。量化"投资"其实是投机，是赚市场的钱，是零和游戏。假设最后市场上都是量化"投资"，那他们赚谁的钱？当然，量化们其实也不用担心，总是会有很多"韭菜"前赴后继的。（2024-01-06）

顺便讲一句，我个人认为抄底是投机的概念（没有褒贬的意思），价值投资者不应该寻求抄底。抄底是在看别人，而价值投资者只管在足够便宜的时候出手（不管别人怎么看）。

对我而言，如果一只股我抄底了，往往利润反而少，因为反弹时往往下不了手，所以容易失去机会。最典型的例子就是，当年买万科时我们就正好抄到底了，郁闷啊（其实没那么郁闷，总比亏钱好），买的量远远少于我们的原计划。（2010-02-23）

网友：价值投资者容易抄底抄在半山腰，花旗银行的股价从 60 美元跌至 1 美元的过程中就套牢了一大批试图抄底的价值投资者。

抄底就是投机，为什么被套牢后就成了价值投资了？巴菲特被套花旗银行了吗？为什么没有？不是口里喊几句价值投资就会成为价值投资者的，真正的价值投资者是骨子里相信价值的。（2012-01-27）

网友："条条道路都可能通罗马，这里是一条未必最好但肯定能到的路。"

其实这句话的意思和丘吉尔那句话差不多。可惜很多人都是非要试过别的路才会醒悟过来的，当然，大部分人会一直寻找捷径。（2013-04-03）

投资简单但不容易

很多年前俞斌问我什么叫“会投资”，我的回答就是这样：和“会下棋”一样。我肯定会下棋，俞斌也就是会下棋而已，但确实不是一回事。（2010-07-08）

道需悟，术可学

简单指的是原则——就是不懂不做，不容易指的是理解、搞懂生意不容易。（2013-03-26）

投资的难其实就是因为其简单。买股票就是买公司，所以不懂不碰。要搞懂企业的道理很简单，真懂非常难。（2020-10-11）

知不易行也不易。实际上就是，知道什么是对的事情不容易，把事情做对了也不容易。认为知易行难的很可能还没完全知。（2023-11-17）

从做对的事情的角度讲，投资里做对的事情就是：买股票就是买公司，就是买公司的生意，就是买公司未来的净现金流折现，这点其实不用看书，懂了就懂了，不懂看啥书帮助都不会太大。

从把事情做对的角度看，投资就是要看懂公司的生意，有些书也许是可以帮助你看懂一些生意的。巴菲特的股东信是涵盖了两者的，如果反复看还是没帮助的话，别的书估计帮助也不大。我本人是没看过啥书的，但做过企业对理解企业有很大帮助。（2018-10-08）

网友：感觉您是一个能将复杂问题简单化的人，而且异常简洁。不知是天性，还是后天历练出的本事？

呵呵，没觉得自己有什么特别。如果有的话实际上是我在这上面花的时间比较多而已。简化一个复杂的问题绝对不是一件容易的事。我的很多“简单”的结论是花了很长很长时间得出来的，千万别以为我是一眼就看出来了。不过，“平常心”可以帮助人去找到事物的本源。（2010-03-22）

网友：懂巴菲特的理念不太难，坚持巴菲特的投资理念难于上青天。

坚持不了的人就是不懂！这里懂的意思是骨子里相信，不是可以照着念但其实不知道点什么。其实价值投资是所谓投资的唯一一条路，不然你投的是什么？（2014-06-25）

道需悟，术可学。

道指的就是做对的事情，或者说不做不对的事情，或者说发现错了马上改——不管多大的代价都是最小的代价。

术指的是技术，对每个人来说都是需要学同时也需要练习的，非一朝一夕之功。（2013-03-24）

先有道然后术才有用哈，不然就是瞎忙。（2015-01-16）

其实巴菲特并没有教我们什么。如果我们本来不懂的话，是没有人可以教会的。（2011-03-07）

我从来没有系统地看过巴菲特的东西。我非常认同买股票就是买公司这个逻辑。对我来说，这个逻辑其实不是来自巴菲特，而是来自我自己的内心，只是后来发现巴菲特也是如此，而且干得很不错，从而坚定了自己的信心而已。所以，我更认为我喜欢巴菲特，是因为他是我的“同道中人”。

巴菲特股东信里讲的东西无非就两个：一个是做对的事情，就是去找好公司，关注公司长远的未来；另一个是如何把事情做对，就是如何找到好公司，如何看到公司的未来。

第一个问题其实就一句话，非常典型的“大道至简”，但非常难，绝大多数人在这点上过不去，所以才会过于关注市场。

第二个问题，是每个人的能力圈问题，做投资，每个人都该找自己能搞懂的好企业。巴菲特懂的我经常不懂，我懂的巴菲特也可能不懂。我大致看过一些巴菲特的股东信，也很认真地听过他在几个大学的问答式演讲。他的语言精练、诙谐、逻辑性极强，对我来说听起来就好像听音乐一样，非常舒服。对于能看懂他的东西的人来说，这些已经足够好了；对于那些看不懂的人来说，其实就算详细讲解也是没什么用的。

总而言之，在投资里，能说的巴菲特都说过了，我没见过谁能比他说得更简单明了！（2016-08-30）

道的东西确实难教，必须要靠自己悟。心中无道的人你怎么说也是没用的。大多数人都是不容易开放的，很难接受跟自己以前认识不同的东西。我有时候感觉很奇怪的是，如果是个已经很成功的人，不太接受新东西我也能理解，因为人家已经有了足够成功的经历和理解了。现实中我看到的情况刚好相反，那些不开放的人常常就是那些不太成功的人。举个例子，炒了30年股票（也许10年、20年）都不赚钱的人，当我说巴菲特时，人家居然会说……布拉布拉的。（2019-04-11）

网友：改变思维方式还是有可能的，譬如我。

呵呵，那真要恭喜你。其实我的本意也不是说绝对不可能变，但确实很少见。不过，有些人觉得自己变了可能是重新发现了自己而已。（2011-12-31）

网友：是不是心中没有本分和平常心就悟不到你的回答？只有心中

有这两样东西才能领会？

可能还需要时间吧？我花20年悟明白的东西也许你需要悟15年，如果你悟的话。（2019-09-16）

心中有道的人也许被点一下会有所悟，但那也是你自己的造化哈。（2024-09-10）

想起一个小故事。很多年前，我和华以刚下过一盘围棋，有一块我感觉非常不舒服，复盘的时候我问他为什么我怎么下都觉得不对，然后他告诉我：其实你这里怎么下都一样的，因为你前面下错了。（2013-04-28）

网友：在2016年看到您的一句话，“发现错了马上改，不管多大的代价都是最小的代价”，于是我坚决把一只明知是错但还在犹豫的股票卖掉了。当时亏了20%，放到现在则是亏60%。做到这一点确实不容易。

不这么做会更不容易的！（2018-01-23）

网友：不这么做不但损失惨重，而且还会错失好的机会，时间越长这一正一负的差额越大，损失越大。

对，就是机会成本的意思。（2018-01-27）

网友：怎么才能知道是做对了还是做错了？有些事只能事后知道。

呵呵，非常好的问题。我对做对的事情的看法是：发现错了马上改，不管多大的代价都是最小的代价。其实这个世界上有很多人（包括我在内），经常会明知不对，但由于各种原因而不肯改，结果错误变得更大。呵呵，我肯定犯过这种错误。没人不犯错，但知道这个原则的人犯错概率低，改得快。（2010-03-14）

网友：问题是开始怎么知道是对的事情呢？

你肯定知道有些事情是错的。做对的事情的意思是，如果错了就改，马上改的代价最小。很多人是明知是错还要做，但错的事情往往有眼前利益，有诱惑。比如：骗人的生意、抽烟、赌博，等等。（2010-05-25）

网友：比如炒股票、做短线就是错的事情（玩玩而已那可以理解），做真正的价值投资就是对的事情。当然偶尔犯错也是可以理解的，但不要犯原则性错误。是这样吗？

嗯，你的解释很对。（2010-03-14）

网友：你在奥马哈能学到什么？

虽然我觉得自己算是很理解价值投资了，但对巴菲特理解的那种厚度还是很震惊。这次巴菲特在回答一个做私募股权投资（Private Equity）的小伙子的问题时，只说了："私募股权投资是买入为了卖出。如果我是你，我会试着赚一些钱然后买一些好公司来持有。"如果是我，说的意思可能差不多，但好像不能做到这么简单。（2010-05-13）

说一些和投资没那么直接相关的事：80岁的巴菲特和86岁的芒格在会上一讲（包括回答问题）就是近6个小时，好像身体好得很。第二天上午我见到他们时，依然觉得他们很精神，一点也没看出疲惫的样子。我突然觉得价值投资可能是个可以让人长寿的好办法。5号去听芒格讲，以前还没去过呢。

顺便说下，《穷查理宝典：查理·芒格智慧箴言录》这本书不错，李录的序言写得也很好，我翻了一下，觉得自己该好好看看。（2010-05-03）

在此再次推荐一下《穷查理宝典》，查理对"实际上非常难"的东西很有办法。

对刚刚开始了解价值投资的人来说，李录写的序非常值得认真读几遍。

希望不要觉得这本书贵，因为值。我是这个月初去洛杉矶参加查理的股东大会时买的。110美元一本，买了两本（没有查理签名的是60美元一本），我觉得这可能是我一生中最好的一笔投资（其实我两年前就买过两本原文的，一直没看，所以真的有点贵）。（2010-05-25）

投资没有充分条件

投资里最难的就是没有具有“充分条件”的投资，只能从概率的角度考虑。越了解的公司，决策的把握越大，但从来没有100%的赢面。所以仓位只能根据自己的理解来决定。（2013-03-01）

基本上，投资里是无法找到充分条件的，甚至必要条件都很难找到。

举个例子，为什么说“好的生意模式、好的企业文化、好的管理团队、好价钱”也不是可以买的充分条件？因为这样的公司也可能犯致命的错误，只是具备这种条件的公司犯致命错误的概率比没有这种条件的公司低很多，康复能力强很多，所以投资这种公司成功的概率高很多而已。

投资里最难的地方就是找不到可以投的充分条件，如果有的话，那电脑就可以比人脑厉害了。

“投资界”总是有人试图找出一种不用懂企业就可以在股市上赚钱的办法，他们永远都不会找到的。如果能找到的话，这个办法应该早就找到了，那现在投资界赚钱最多的一定是数学家。

在美国，我确实见过很好的大学里有些教授依然在试图找到用数学和电脑就可以赚钱的办法，他们的逻辑推理的前提里有些假设是不对的，所以后面的结论不管多“高级”都不可能是正确的结果。有意思的是，这些教授大多数都是我曾经的同行——计量经济出身的（我曾经是人大计量经济学的研究生哈）。（2013-03-29）

网友：芒格说过，与巴菲特工作了这么多年，发现他这个人的优点之一是他总是自觉地从数学的排列与组合的角度思考问题。

我想他这里说的排列组合大概是指概率的意思。总的来讲芒格大概是认为巴菲特总是能理性地思考问题，这点对长期价值投资是非常重要的。

投资并不需要高深的数学，但基本的概率概念还是需要的。如果没学过概率，或者没学懂的话，简单跟随就行了。比如，没必要自己去试扔硬币正反面的实验。又比如，有博友说他去赌场下了 10 万次注还是赢的，有概率概念的人一看就知道这哥们的记忆有问题。（2010-04-18）

安全边际应该指的就是你自己的了解度，投资里没有数学上 100% 的东西。（2015-01-21）

赌一般指的是 48% 赢面的下注，90% 以上赢面的下注我一般称之为投资。（2023-07-21）

网友：有七八成把握就可以动手吗？

投资没有充分条件。你的七八成把握指的是什么很重要。如果你指的是你对公司 10 年后的理解，那把握度就是你的安全边际。（2015-01-22）

至少 85% 的人不适合投资

网友：您觉得一毕业就直接投身到投资领域好吗？还是应该先有自己经营企业的经验才能真正理解企业？

老实讲，我不知道什么人适合做投资。但我知道统计上大概 80%–90% 进入股市的人都是赔钱的。如果算上利息的话，赔钱的比例还要高些。许多人很想做投资的原因可能是认为投资的钱比较好赚，或来得比较快。作为既经营过企业又有投资经验的人来讲，我个人认为经营企业还是要比投资容易些。虽然这两者其实没有什么本质差别，但经营企业总是会在自己熟悉的领域，犯错的机会小，而投资却总是需要面临很多新的东西和不确定性，而且投资人会非常容易变成投机者，从而去冒不该冒的风险，而投机者要转化为真正的投资者则可能要长得多的时间。

投资和投机其实是很不同的游戏，但看起来又非常像。就像在澳门，开赌场的就是投资者，而赌客就是投机者一样。赌场之所以总有源源不断的客源，是因为总有赌客能赢钱，而赢钱的总是比较大声些。作为娱乐，赌点小钱无可非议，但赌身家就不对了。可我真是能见到好多在股场上赌身家的人啊。

以我个人的观点，其实什么人都可以做投资，只要你明白自己买的是什么，价值在哪里。投机需要的技巧可能要高很多，这是我不太懂的领域，也不打算学了，有空还是多陪陪家人或打几场高尔夫吧。

作为刚毕业的学生，马上投入投资领域也没啥不可，但对企业的理解自然会弱些。但只要你热爱你干的事情，又知道自己的弱点，慢慢学习总是会明白的。

即使是号称很有企业经验的本人也是在经受很多挫折之后才觉得自己对投资的理解比较好了。我问过巴菲特在投资中不可以做的事情是什么，他告诉我说：不做空，不借钱，最重要的是不要做不懂的东西。这些年，我在投资里亏掉的美金数以亿计，每一笔都是在违背巴菲特教导的情况下亏的，而赚到的大钱也都是在自己真正懂的地方赚的。作为刚出道的学生，书上的东西可能知道得很多，但融到骨子里还需要吃很多亏后才行。所以，如果你马上投入投资行业，最重要的是要保守啊，别因为一个错误就再也爬不起来了。这里唯一我可以保证的是，你肯定会犯错误的。

无论如何，投资是个非常有趣的工作，如果你真准备好了，那就来吧。你真的准备好了吗？（2010-02-03）

网友：什么样的人是价值投资者？

我从一开始就是个价值投资者。我买股票时总是假设，如果我有足够多的钱的话我是否会把整个公司买下来。（2010-03-27）

网友：投资是要对企业了解，但现实中许多企业家并不懂得投资股票，难道他们还不了解企业吗？

一般来讲，好的企业家都很容易变成好的价值投资者，只要他们能悟到买股票就是买公司，悟到这一点非常不简单。（2011-02-11）

网友：如何判断一个人成功，是靠运气还是实力？

如果他是凭运气赚到的钱，大多数早晚会凭实力亏掉。如果一个人几十年来运气都很好，千万别觉得那是幸存者偏差。巴菲特讲的那个扔硬币实验就是个很好的例子。（2024-06-08）

网友：我觉得百万以内的资金根本不用进股票市场，直接投到自己或者身边人熟悉的小生意上更安全可控。我在现实世界里的回报比股票高多了，虽然要操很多心，但也学到很多知识。自己经营过一点小生意也对看报表有很大的帮助，将来资金量大了以后再买股票可能眼光更准。

非常同意你的观点。本来投上市公司的钱就应该是闲钱，如果自己能找到生意，那当然应该投自己的生意。其实投上市公司的内在道理是一样的，差别是不用自己费力去经营而已，很多时候甚至还能请到比自己更能干的人去经营。记得很久以前在学校碰到一个老师问，自己不懂投资但需要管理自己的小小财富怎么办。我说你就都交给巴菲特吧，全部买上巴菲特的股票，怎么着都会比自己管好的，还不用操心。（2013-05-29）

网友：个人专职投资能否作为赖以生存以及实现财富梦想的方式？

话糙理不糙，我觉得你不行！当一个人需要问别人自己可不可以靠投资赚钱的时候，多半应该是不行的。投资最重要的是要有独立思考的能力，要能够理性地思考。（2013-10-29）

网友：这个月茅台掉30个点，一般人的心脏受不了。

承受不了这点跌幅的人们本来就不应该碰股市。再说，股市上历年统计显示大部分人都是亏钱的。这个统计其实很怪异，因为长期来说，股市一直是涨的（比如用10年段看，过去几十年的每个10年段股市可能都是涨的），但为什么80%以上的人们会是亏损的呢？（2022-10-30）

网友：虽然资金都在茅台、腾讯、苹果上，但这些归根结底还是学长你的能力圈（比如我始终想不透彻，未来的苹果为什么一定可以和当年的索尼不一样）。十几年过去，增加了一些商业的常识，稀里糊涂赚了些钱，但是没有构建出自己可持续的能力圈，有时也挺焦虑的。

如果你确认你一直在想但确实又想不太明白的话，最好的办法也许就是买标普 500，然后该干嘛干嘛去？对很多人而言，花太多时间在“投资”上不值得，这和你的学历没关系。（2023-03-09）

网友：请教您对指数基金的看法？因为弄懂一个公司太难了，自己也要上班。巴菲特也说过指数基金最终会跑赢绝大多数股票投资者。

好像巴菲特早就讲过，对大多数投资人而言，在指数便宜的时候投资指数是最好的办法。我同意。（2010-02-07）

巴菲特指的是美国的指数。我想，85% 以上的投资者买指数的结果会更好，问题是这 85% 指的都是谁呢？很少有人会认为自己属于 85% 的，你能这么想说明你有智慧哈。（2013-04-03）

据说 85%–90% 的人在股市上都是亏钱的，另外可能还有 5% 的人打平？这些人为什么不买标普 500 呢？长期来讲至少也是接近 10% 的复合年回报吧（大致，自己没真的研究过）。问题是这 85%–90% 的人也都觉得自己能打败标普 500？他们可能既不了解标普 500，也不了解他们自己？这其实是个很有意思的问题，不过不是关于投资的。

对在股市上老是亏钱的人们而言，买进标普 500 可能是个好的办法，就当存银行了，利息还高。（2024-01-06）

网友：您觉得投资伯克希尔最大的风险在哪里？

我有不少伯克希尔，不是很懂你的问题。我个人认为伯克希尔大概率可以打败通胀，大于 51% 的机会可以打败标普 500，以及大概率会打败 99% 以上说自己不喜欢巴菲特的人们。

我觉得对多数人而言，买标普 500 可能是比较好的选择，因为伯克希尔对多数人毕竟还是“一家”公司，有波动的时候可能会更影响心情。虽然我认为伯克希尔的长期表现会好过标普 500，但也不会好很多的，而拿着标普 500 对多数很难理解伯克希尔的人来说心情会好一些。（2022-03-21）

被通胀抢，好过在股市亏。（2010-10-23）

我发现价值投资对很多人来讲就像对面那座大山，看起来很近，实际上可能还很远。（2011-10-21）

假装会游泳是很危险的，假装会投资也一样。不过很多人不很理解假装会投资的危险到底在哪里，直到他们理解了危险。（2023-01-10）

炒股最危险的日子是礼拜一，其次分别是礼拜五，礼拜四，礼拜二，礼拜三。类似的话好像是海明威说的？（2019-05-24）

我理解的所谓投资其实和“市场”（短期）没关系，所以没有谁比谁聪明的问题，但有每个人了解的东西不一样的概念。我认为的投机就是认为自己可以比市场快一步。我认为的投资和市场没关系（意思就是别人短期怎么看没关系）。如果一个投机分子认为市场比自己聪明的话，从一开始他就不会介入（来小玩玩的不算哈），当然最后大部分人确实证明了市场更聪明。从长期的角度看，市场是绝顶聪明的！其实很多“购买并持有”的人们实际上就是投机分子，因为他们自己其实不知道自己买的是什么，所以买了以后需要整天问别人怎么看，在被套时就拿出“长期投资”来安慰自己。要知道，没什么比买错股票并长期持有伤害更大的了。（2011-10-29）

网友：那些主流理念究竟给我们带来了什么？

只想说一点：“长期投资”并不自动等于价值投资，但价值投资一般都是长期投资。（2012-03-14）

价值投资并不是盲目地买进并长期持有。如果是好公司才值得在好价格时买进并长期持有。当然，好价格并不一定是抄底的价格（如果是当然好），好价格指的是 10 年后回头看：哇塞，那真是好价格。（2010-04-30）

也许“长期投资”这个说法有点问题，叫“投资长期”似乎不容易误解。（2024-08-10）

网友:“理解复利的魔力和获得它的困难是理解许多事情的核心和灵魂。”芒格这句话怎么理解?

不做不对的事情,从而少犯错。对于具有把事情做对的能力的人而言,时间长了就明白什么是复利了。(2013-06-04)

网友:很好奇您作为一个优秀的投资人,有没有犯过错?

我投资也犯过错,以后也还会犯。以前犯错可能是因为做了错的事情,也可能是在做对的事情过程中犯的错。以后我犯的错大概绝大多数会是把事情做对的能力上的问题。(2019-03-14)

网友:如果一家公司为上市融资获得高估值而财务造假,导致董事长被捕入狱。但这家公司所处行业毛利率在30%以上,而且刚签了大合同。在公司出现大跌时,我买入并耐心长期持有,打电话询问公司主营业务的进展,新董事长会在公司管理上做出调整来防范再次出现危机。我这样做算不算一个投机者?

如果你真打算持有10年的话就不算,希望你能睡好觉。(2011-03-22)

网友:这次公司出了事,曝光得越多越好,矫枉过正希望能置之死地而后生。

我发现做错的事情的人和公司往往在侥幸活过来后还会继续做错的事情,就有点像骗子被抓以后往往会认为是自己骗术不够好而总结如何提高骗术一样。(2011-03-24)

网友:价值投资“术”的层面怎么看?

我个人以为价值投资的术就是如何研究企业未来现金流(折现)的问题。巴菲特的护城河和好的管理团队等都属于术的范畴。其实这个术是很难从书本上学到的,学校里一般也没人可以教,大概只能自己慢慢悟了。(2011-01-05)

对了解投资而言,读书多确实未必有帮助,因为关于投资的好书很少,有投资鉴别力的读者可能也不是很多。(2022-10-26)

网友：最想学的就是您说的“把事情做对”，并坚持下去。

把事情做对是要靠学习的，在实践中学习，在犯错误中学习。不做永远都不犯错，但永远学不会。（2010-03-27）

把事情做对确实有高低之分。每个人都有自己的学习曲线，每个人都不可能不犯错误。据说在任何方面花够一万个小时后，大多数人都能成为专家。（2015-03-25）

快即是慢

问：您竞拍巴菲特午餐时用的 ID 是“Fast is slow”，您能解释一下是什么意思吗？

太快了就等于慢，其实就相当于我们中国人说的“欲速不达”。这是我多年以来做企业、做投资的一个最基本的哲学。做很多事情你必须要认真去做，要有耐心，要有坚持，不要老想着“多快好省”，走捷径的办法往往都是走不远的，这是一个很基本的逻辑。（2006-07-07）

我一直说“Fast is slow”，原意是“欲速不达”，不知道为什么“后人”会说成“慢就是快”。欲速不达反过来并不是慢就是快，逻辑上并不成立。（2025-03-02）

我觉得设定投资目标是件蛮愚蠢的事情。我的意思是：当你有了每年增长多少百分比的目标之后，你早晚会做出很愚蠢的事情。（2023-03-01）

一旦心里有了要求回报率，动作就可能变形，因为人们是有可能为了达到这个要求回报率去铤而走险的。还是那句老话：对投资而言过程正确最重要，心里有个要求回报率大概率是会降低你的回报率的。也许可以有个“可接受回报率”，就是低于这个可接受回报率的投资就不碰了。我觉得这个可接受回报率的底线其实就是国债利率。（2024-07-18）

网友：你在网易、苹果等公司的投资收益非常高，但关于个股选择的机会成本，却只跟美国国债（收益很低）比较，而不是跟标普等指数比较。为什么？

其实跟什么比并不能改变你投资的原则。我喜欢选个标准比较低一点的，满足感比较好。要长期战胜标普非常难，虽然我投资以来的实际成绩总的来说是好过标普的，但我宁愿将其归之于运气，因为我无法知道未来我还能不能做到。（2022-01-30）

我个人认为，投资最重要的动机是保值，保持购买力不下降。其他都是附带的。多数人可能没有意识到保值不是件容易的事情。看下 M2 的数字也许能明白点？（2020-10-26）

投资是抵抗通胀的最好办法，不是最好办法之一。所以没有闲钱投资是件痛苦的事情。（2012-06-26）

做固定收益是一定会输给通胀的，所以长期而言是错的。但是，如果你实在是找不到愿意投的公司，那投固定收益也是一个选择，肯定比拿着现金放在保险柜里好。（2022-01-22）

网友：在 10 年投资中您都犯过哪些错误？补了哪些弱项？感到最难的是什么？

这些年犯的错误就那几个：做了自己其实不懂的东西，借过钱，做过空。所有的错误都和这些有关。以后不会再做空和借钱，但可能还会有机会做以为自己懂了其实还是没搞懂的东西。所以犯错率大幅度下降了。最难的就是什么都不做。当手里有很多现金的时候就很容易理解为什么这么说。巴菲特说他最容易犯错的时候就是手里有很多现金的时候，我也是。（2010-03-08）

网友：当手头有闲置的现金又找不到合适的股票买入，内心里觉得钱如果没能“花”出去就是在贬值，我会着急。换作是您，您会怎么做呢？

我会着急，但是，着急时尽量不要决策。决策要建立在理性的基础

上。（2019-04-07）

其实茅台 2500 元左右时我也想过卖掉的问题，最后还是放弃了。因为卖掉后真不知道拿着现金干什么，利息还那么低，人会焦虑的，不合算。

清仓茅台不是问题，问题是拿着那笔钱都干嘛了。绝大部分人很可能是躲过了和尚但没躲过庙？（2024-01-03）

其实你卖了茅台去换腾讯是个过得去的决定，因为最后你也不会亏到哪里去。很多人卖了茅台然后买了比如“假布斯”之类再也回不来的东西才是真的惨了。（2024-05-26）

网友：高估时卖掉，若有定力存在银行一直等到下一次低估当然最好，但有几个投资者有如此定力？

需要“定力”的东西一般来说不会是啥让人开心的东西，甚至可能是让人睡不好觉的东西。

网友：大道眼力够强，所以不需要定力。普通人没有大道的眼力，又想理财，还是要选择一条适合自己的路。每个人的悟性能力不同，强求与大道一样的投资方法或许会南辕北辙。

嗯嗯，尽管找借口吧！对你没啥好处的。

网友：本分！老老实实……就不大需要定力。

关键还是要理性。（2024-05-26）

网友：没钱时遇到好公司怎么办？

钱多多买点，钱少少买点呗。（2020-10-11）

考虑市场很可能是错的

其实每个公司最后都会成为那个它本该成为的公司，股价也是。没有长期的莫名其妙的股价，但短期会有。（2023-03-25）

价格围绕价值上下波动

价值不是一个概念，是真实的东西。（2010-08-14）

所谓的价值指的就是内在价值。马克思说的“价格围绕价值上下波动”里的价值指的也是内在价值。（2010-03-03）

公司的内在价值就是其未来自由现金流的折现，所谓现在公司的净值应该是被包括在未来现金流里面的。未来现金流折现只是一个概念或一种思考方式。一般来讲，任何人只要试图用未来现金流的计算公式去计算公司的内在价值时，就说明其实他还不太懂自己在干什么。（2011-01-27）

公司价值取决于公司生命周期里的总盈利的折现。好公司生命力强，一般会活得好且长。股市长期来说就是称重器，早晚会体现公司价值的。（2022-04-18）

网友：都说尊重常识，请举个常识的例子？

我应该没这么说过，因为常识的定义不是很清楚，是你的常识、我的常识，还是大家的共识？商业模式好的企业股价最终会上来，这是我的常识，但同意的人可能连 10% 都不到，不然不会那么多人在投资上赚不到钱的。（2024-06-26）

波动是朋友

“根据股票的波动性来判断风险是很傻的。我们认为只有两种风险：一，血本无归；二，回报不足。有些很好的生意也是波动性很大的，比如喜诗糖果通常一年有两个季度都是亏钱的。反倒是有些烂透了的公司生意业绩很稳定。”（芒格）

想想周围有多少人还在用“股票的波动性”来衡量风险吧。（2012-06-26）

网友：记得您是习惯用市价盘买卖股票的，不知道您会不会受到任何短期波动的影响？买了以后马上跌 5% 肯定也会觉得惋惜吧？

你要是真的拥有这家公司，你不会在意的，不然因为股价永远在波动，你每时每刻都会“觉得惋惜”。（2016-01-14）

如果真是大多数投资者都在赌的话，那一定会有个时点可以赚大钱。

我是说一定会有个时点（时间长了会有很多时点）价值投资者能赚大钱。这里时点指的是一个时间区域。（2010-04-20）

网友：巴菲特曾说，如果市场总是有效的，他只会成为一个在大街上手拎马口铁罐的流浪汉。

个人理解：如果市场总是有效的，那我赚啥子钱嘛？其实市场确实在很多时候是很有效的。但市场一定会有胡来的时候。（2012-07-28）

呵呵，波动是朋友。（2010-05-10）

其实自己真的明白的公司跌得重是值得高兴的事情，除非你其实不真懂。（2024-09-18）

网友：难过没有闲钱加仓了，跌得重但是没有钱加仓了还要开心吗？

关你什么事！？（2024-09-18）

“关你什么事”的意思是针对“没有闲钱加仓了”而言的。既然没闲钱了，那股价下跌就跟你无关了。（2024-09-27）

嘴里说着熊市牛市啥的，心里其实想的都是赚市场的钱，其实就是投机的意思。投资赚的是公司赚的钱。这两者有着很大的区别。（2023-12-31）

我不对抗市场，我尽量不理睬市场而已。（2024-06-16）

你可能专注于猜市场很多年了。试试以后忘记市场，专注研究企业。那么多人专注于研究市场几十年都退不了休，你也许可以想想为什么？（2023-05-11）

原来已经计划狠狠买些拼多多和腾讯的，但觉得市场很悲观，应该会低迷一段时间，我可以靠多卖点 put（看跌期权）来降低买入的成本，结果……我总是说，任何的考虑市场都很可能是错的，现在就是个具体的例子。（2024-10-01）

任何股票都只有一个真正的买家

对投资而言，很重要的一点是你能把上市公司看成非上市公司，然后理性地去想应该怎么做。（2012-11-11）

其实会买公司股票的人只有一个，那就是公司自己，别人都是过客。

想通了这个道理，别的都不是问题了。

我讲的是事实。举个例子，假如苹果经营不变，但所有人都要把股票卖出来，那谁会买？用什么钱买？（2020-10-17）

所有的股票都只有一个真正的买家会最终影响到股价，其他人对股价的影响都是浮云。这个真正的买家就是公司自己，买股票的钱来自盈利。（2013-03-02）

未来净现金流就是这个意思啊。（2012-04-19）

其实只要把公司想象成非上市公司，而且只有一个股东，大概就容易明白了？用非上市公司的办法非常好，不然容易忽略本质的东西。（2013-04-20）

想明白以前最好别碰股票，慢慢想吧。（2013-04-19）

“市场有效”指的是“市场”早晚会有效的，这里的市场其实指的不是市场而是企业本身！比如，假如市场就是不喜欢网易，网易的股价一直在几千万市值，一年可以赚 20 亿美元，然后股价涨了，你觉得这和“市场”有多大关系？（2016-12-16）

再说一个简单的例子：好几年前，我在某个场合碰到蒂姆·库克（Tim Cook）。他问我你干嘛的，我说，投资。他问，投啥了？我说，苹果。他再问，还有呢？我说，没了，基本上都是苹果。然后他没接话，可能他觉得他见的投资人里没这样的。然后我说，如果苹果一直这个价钱，十来年后我可能就是苹果的唯一股东了哈，因为苹果的盈利会用来把除了我以外的所有股票都买回去的，他听了后微笑了一下，啥也没说。大家都知道，很可惜这个事情没能发生，尤其是有个叫巴菲特的人跑进来把我的如意算盘给搅和了。（2020-10-18）

网友：投资一个公司，你会不会想别人为什么会低价卖给你，你又为什么可以高价卖出去？这是不是一种投机的心理？

呵呵，这个问题很有趣。实际上，我买的时候是不考虑是不是有人从我手里买的。我要假设如果它不是个上市企业，这个价钱我还买不买。你如果明白这点了，价值投资的最基本的概念就有了，反之亦然。（2010-04-03）

网友：大道做投资时，特别是思考的时候，有没有一种孤独感？

从来没有过，因为我从来不在乎别人怎么看投资。只是偶尔会想说：you idiot（你个傻子）！（2024-03-14）

投自己明白的生意，就不容易恐惧和贪婪

网友：请问在投资中，是心态重要，还是专业知识重要？

我怎么认为不重要。芒格认为理性最重要。我们认为平常心最重要。好像这俩是一个东西。（2010-05-30）

网友：要做到平常心好难，是不是再怎么努力也无法完全做到？有什么方法吗？

股市掉这么点儿就这样了？平常人是很难有平常心的，所以平常心又叫不平常心。如果你关心的不是事物的本质，没有平常心是正常的。倒过来也一样，如果你关注的只是事物的本质，平常心自然就在那里了。

在错的道路上是没办法有平常心的，比如用着 margin（保证金）* 的人们，昨天那种情况下，你懂的。（2015-05-29）

网友：有两只我一直研究的股票现在比较便宜，但还没到不用计算器都能看出来很便宜的时候。因为怕踏空，经常有想买入的冲动。又担心现在买了，股价到了很便宜的时候又没有子弹了。你如何处理这种

---

* 用保证金交易是一种以现金或证券作为抵押品向经纪商融资或融券，进而放大交易杠杆的行为。当交易标的呈现不利波动且交易者无法追加保证金时，会被经纪商强制平仓。

情况?

我很少考虑踏空的问题，也不太担心没子弹。实在觉得便宜就买，没钱了就打球去，没啥可着急的，不然永远都没法解决你那个问题。最重要的是，你是不是真的懂你想投的那个公司，如果还不是的话，那就再等等，多看看想想。(2011-09-29)

网友：您在打球的过程中，会不会因为想到输赢而紧张，导致动作变形?

平常心在这里指的就是只想每一杆怎么打，别想结果，能做到的赢面就大了。(2015-06-28)

会打高尔夫的人大概都知道，凡是想打远点儿的时候都是最容易犯错的时候。(2013-10-20)

网友：请问您如何管理自己的心态?

我不管理心态，因为投资是不需要管理心态的，但投机需要。(2020-10-28)

需要胆量的是投机。(2010-03-25)

投资不需要勇气，也就是说当你需要勇气时你就危险了。(2010-03-16)

网友：如何对待大跌当中的“恐惧”情绪?

跟心理素质没有关系，恐惧是因为你不明白所谓“价值”为何物。你根本就没明白上市公司与不上市公司的区别，所以下跌你还会恐惧。恐惧的程度与了解程度成反比。只要你投的公司是自己明白的生意，就不容易恐惧，也不容易贪婪。(2011-10-25)

网友：相信您在买入很多企业后也会出现一段时间内的股价大跌，请问您最惨时亏损了多少？是如何做心理安慰的?

你如果买的是好公司，没用 margin，那你的公司大掉时你应该是高兴的。我买了苹果后，苹果从最高点掉下来超过 40% 的好像就有好几次，

20%–30% 的就多了去了（我没认真看过，也不在意）。任何一个公司的真正买家就只有它自己，苹果掉了的时候，哪怕我没钱再多买，我也是高兴的，因为苹果这么赚钱，公司一定会继续买的。如果你不太小心地买了家烂公司，安慰自己的办法大概就是不停地对自己说：以后再也不赌了，再也不赌了，再也不赌了。于是从此可以打败 90% 以上的“投资人”了。（2024-03-31）

我们拿着苹果拿着茅台这么多年，老是有人在旁边一直说：你好难啊！我难吗？！难在哪里了？什么事情比这个更容易呢？

拿着好公司比爬山这种东西要简单甚至容易很多，如果你能确定拿着的是“好公司”的话。如果你不知道拿着的是不是好公司，那你坚持什么？爬山这种事情对很多人是需要坚持的。拿着好公司的时候为什么会有要坚持的感觉？是因为你不喜欢吗？（2024-08-15）

不做空、不借钱、不懂不碰

“市场就像上帝一样，帮助那些自己帮助自己的人，但与上帝不一样的地方是，他不会原谅那些不知道自己在做什么的人。”（巴菲特，1983）

不懂不碰是铁律

老调重弹：不做空、不用 margin，不做不懂的东西。什么时候明白都不晚，不过真的明白恐怕都是在付出大代价之后。（2012-03-14）

买自己不懂的东西是为什么 85% 的人可以在牛市熊市都亏钱的原因。没有比因为股票涨了很多而买入更荒唐的理由了。（2015-06-26）

我投资中的不为清单（Stop Doing List）很简单，就是不懂不碰。懂主要集中在两个方面：商业模式和企业文化。（2020-10-10）

网友：好想买能安心睡觉的公司。

能不能安心睡觉在买以前就决定了。（2011-03-29）

我只是侥幸看懂了几个我刚好懂得的好企业而已。绝大部分我也是看不懂的，和绝大多数人一样。不过我看不懂就不碰了，很多人做不到还想赚快钱。当然，我也是很想赚快钱的，但知其不可为而已。（2024-

06-17）

不懂不做，巴菲特一直如此。但懂有时候要有个过程，巴菲特也不例外，也会碰到以为懂了但后来发现其实不完全懂的东西。另外，巴菲特公司还有其他人管投资，巴菲特是放权给他们做的，但他们的理解有时候和他会不完全一样，所以大家看到的巴菲特的持股未必一定就是巴菲特的风格。其实比亚迪就不是巴菲特的风格，通用汽车也不是。在石油公司上巴菲特也认为自己犯了一个几十亿美元的错误（把中石油上赚的钱亏进去很多）。（2012-10-10）

巴菲特讲的能力圈子指的就是每个人都有自己有限的了解范围。每个人总是有些东西懂有些东西不懂。所以投自己懂的东西就容易知道价值，就知道什么叫便宜，就有机会赚钱，反之亦然。如果你买觉得心虚的东西就是投机，投机当然也有赚钱的时候，但风险大，睡不好觉。（2010-03-25）

网友：如果一个企业回购自己的股票，是否就可以认为这家公司便宜了，是否该跟进买入？

任何“跟进”都是错的，因为你早晚会错。

跟进的意思就是自己不明白瞎买的意思，所以早晚会跟错的。而且，跟进也很难赚钱，因为不是很明白，所以拿不住。如果你也明白就不一样了。（2010-07-23）

今天在网上看到有人说跟着我买阿里，说这话的人都是投机分子！自己不懂的东西千万别跟着别人投，拉人壮胆也是没用的哈，不管这人是谁。反过来也一样，自己懂的东西不怕别人不喜欢，哪怕那人是巴菲特或芒格也没关系。（2014-09-23）

股市上那些长期亏钱的大多属于不知道自己能力圈有多大的人。（2012-12-29）

知道自己能力圈有多大或者说知道自己能力圈的边界在哪里，要远远重要过能力圈有多大，这也是人们能看到很多很“聪明”的人投资表现长期不好的原因。当然，这些“聪明”人会把别人的成功或自己的不成功归结于运气或 accidents（意外），而且他们总是能够很“聪明”地找到办法让自己认为确实如此。《功夫熊猫 1》里说“There are no accidents（世事无偶然）”其实是蛮有道理的。（2013-02-01）

“投资并非一个智商为 160 的人就一定能击败智商为 130 的人的游戏。”（巴菲特）

大概智商高的人未必知道自己的能力圈边界在哪里，但智商高的人可能往往容易越出自己的能力圈。

“我们之所以取得目前的成就，是因为我们关心的是寻找那些我们可以跨越的一英尺栏，而不是去拥有什么能飞越七英尺的能力。”（巴菲特）

这说的也是能力圈的问题。经常看到人们在讨论本身一头雾水的投资概念，让我常常想起这话。（2012-07-28）

做过企业家的人本来可以有一个优势，那就是更容易看懂公司，更容易知道自己的能力圈在哪里。但我发现我认识的很多企业家对股市并没有任何认识，和普通人无异，同时大多数人是不碰股市的（因为他们认为自己不懂）。不懂不碰的就是好的投资者，哪怕一点都不碰也是。

仔细想来，做过企业家的人未必就更容易知道自己能力圈的大小，有可能会相反。（2011-09-07）

网友：投资中超出自己的领域时，求助专家建议也许不是最坏的打算？

“砖家”建议你也敢听？超出领域时最好别碰，除非你能搞懂。当你不懂时，专家帮不了忙。专家只能提供参考意见，你要是不懂还是无法决策的。（2010-04-18）

专家可以在细节上帮很多忙，但不能帮你决策。（2010-04-19）

网友：您能谈谈亏损的经历吗？大家都很想知道您投资失败的案例。

我买过一只航空股，叫 FRNT，亏了很多钱（之前有过一只航空股赚过很多钱）。这家公司现金流很好，就是有点太小，结果 2008 年被信用卡公司突然要全额现金（因为有 4 家别的小航空公司突然破产）。当时如果 CEO 想办法给对方现金的话（当时可以卖些飞机和其他资产的），其实也能过关。结果这个 CEO 突然宣布进破产法庭，最后该给人的钱还是给了，把公司真搞破产了。当时买这家公司时，主要是觉得石油太贵了，一定会掉下来。石油一掉，航空公司最先受益。结果都对了，油也确实掉下来了，这家公司也确实后来赚了很多钱，但我们却亏掉了。

我这里犯的还是做了自己其实不明白的事。比较遗憾的是，之前巴菲特已经告诉我小心航空公司。这家公司破产后我真正想通了巴菲特是什么意思。所以以后不会再轻易碰航空公司了。（2010-03-27）

网友：您在投资过程中都犯过哪些错误呢？是怎样发现并纠正的呢？

前面说过一些了，这里补充一个没说过的。去年买过一只 ETF（Exchange-Traded Fund，交易所交易基金），叫 UNG，是和天然气挂钩的指数。我买的时候天然气的价格只有 3 块左右，而天然气的长期成本要大约 6 块以上。我认为没什么东西价格可以长期在成本价以下，就跑去买了一大堆 UNG。后来经过认真研究，发现 UNG 并不能和天然气线性相关，而且时间损耗还很大，就觉得自己错了。但还有点不舍得卖，因为已经亏钱了。再后来想起知错就改，不管多大的代价都是最小的代价的原则，最后还是下决心亏钱了结了。

呵呵，这单我管的所有账号加起来亏了超过 ×× 万，但如果当时没下决心卖的话，到目前为止要大概多亏原来亏损的接近 4 倍。而天然气现在的价格比我买 UNG 时要高 50%。这个错误主要是因为对投资标的的了解不够就下手了（当时整体获利情况很好，手里有很多现金）。以后一定不能大意啊。（2010-03-22）

投资是个概率事件

我认为“懂”不是个绝对的概念，大概就是“毛估估懂”的意思。懂不懂只有自己才知道，任何别人都很难评价。比如说我觉得我懂通用电气（GE）的文化的价值，但不懂的人就会在其很便宜的时候把股票卖给我。

从投资的角度而言，当你觉得你买的股票掉而你真的不受影响的时候，你大概就是懂了（不是心理因素），不然就有可能是在投机（尤其是当你觉得害怕的时候）。

比如，雅虎（Yahoo）最近从今年的高点掉下来不少，我也重新审视过我投雅虎的理由，发现好的理由并没有任何减少，负面的东西也没有任何增加，我也就没有任何事情需要担心的了。（2010-05-20）

“懂”的定义不要太理想化。“懂”并不是能看到未来一切的“水晶球”，能看到一些重要的东西就很不错了。长远而言，我觉得投资实际上是个概率事件，真正“懂”的人犯错误的概率低，最后的回报高。很多时候不能简单地用某人对某只股票的行为来判断他对投资的理解。（2010-08-30）

所谓投资厉害不厉害实际上是很难定义的，这又不是比赛。

人们对投资“厉害”与否往往喜欢用某段时间的回报的比例来衡量，但这种衡量往往是不科学的，因为有很多因素会影响到短期的回报。下面举几个可能影响短期投资回报的例子。

能力圈：懂投资的人的回报未必能一直比市场好，尤其是有时候能力圈内没得可投时。

margin：有些用 margin 甚至是用很多 margin 的人是有可能在赌对的情况下在某个时段表现很好的——但出来混是一定会还的。

把握性：巴菲特说，他的投资一般是在他认为有 95% 的把握时才出手（我觉得也许没那么高），但很多人实际上在有 60% 的把握时就出手了（或许更低，所以会看到他们深一脚浅一脚的），可是 10000 个 60% 出手的人里面，总能在某个时段找到运气好而回报特别好的，但未必就是因为这些人厉害。

用功程度：所谓懂投资的真正含义，我个人的理解是懂得不投不懂。但投资回报的好坏其实是取决于投资人能找到自己懂的、好的投资标的，这就需要很用功才能经常找到好的目标（巴菲特的标准是一年一个）。像我这种等待苹果掉头上型的用功程度，四年能找到一个就很不错了。（2012-08-27）

网友：从商业模式、企业文化、市场价格这三个维度去考察，懂的边界或标准是什么？考察到什么程度才算真正懂？往往会出现您常说的自认为懂其实还不懂的状况，也会出现因欠缺考虑某个关键因子而投资失误的情况。我记得芒格先生有个筛选公司的过滤清单。

这里没有一个公式，但你真的懂的时候你会知道的。最重要的东西是你能真正忽略市场的波动，聚焦在生意上。想象你打算买一家公司，拿着 10 年都不上市你依然能睡好觉，那你大概就懂了。或者倒过来也一样，当你觉得一家公司 10 年内肯定会有大麻烦的时候，你大概不会想买的吧？（2019-05-04）

看懂了一家公司的最简单的标准就是你不会想去问别人“我是不是看懂了这家公司”。（2019-07-24）

没看懂的公司比较容易鉴别，就是股价一掉你就想卖，涨一点点你也想卖的那种。看懂大概就是怎么涨你都不想卖，大掉时你会全力再买进。

看懂并买进的那种公司最好的状态就是不想卖。（2019-04-06）

你只要一直本着不懂不做，你就会少犯错误，时间长了你的结果自然比你不懂也做要好很多，这是要做对的事情的范畴。

如何搞懂是如何把事情做对的范畴，如果实在是搞不懂，就什么都别碰，把钱存银行，表现可能比大部分人强。（2022-02-18）

在把事情做对的过程中，错误是不可避免的，是个学习的过程。每个人都有自己的学习曲线。（2020-12-13）

网友：大道觉得什么时候可以抄作业呢？还是小仓位玩玩纯属为了跟踪一下？

我只偶尔抄一下巴菲特的作业，纯属好玩。不完全懂是不应该赌身家的。不敢赌身家的“投资”其实都很难算得上正经“投资”。（2023-03-12）

如果不懂，作业是抄不了的。如果懂了，不需要抄。投资非常简单，就是买生意。搞懂投资唯一的办法就是搞懂生意。当然，对搞不懂生意的人们理财是另外一个办法，比如买标普500指数或者QQQ这类指数。买基金其实比买公司还难，因为看懂一个公司比看懂某个人要容易很多，而且基金还要收费。（2024-08-08）

网友：我花了两年时间看汽车行业，做不到真懂，是不是该反省并放弃？还是有方法可以优化？

我自己能看懂的公司也是非常少的，看不懂当然只能放弃了。个人认为，看懂一家公司不会比读一个本科更容易。不过，花很多时间去看那些看不懂的公司是不合算的。我在巴菲特那里学到的非常重要的一点就是先看商业模式，除非你喜欢这家公司的商业模式，不然就不要再往下看了，这样能省很多时间。你的汽车行业的例子我其实也不懂，虽然在特斯拉上赚过不少钱，但最后也因为看不懂而全部放弃了。（2019-03-13）

网友：真的不懂相对容易分辨，但就是这似懂非懂害死人。

多数人的问题不在这里。另外，懂的意思差别也很大。很多人一辈子都努力在懂市场，我只是想办法搞懂某些个企业，难度差别非常大。搞懂市场是不可能的任务，Mission impossible！懂了吗？

懂市场这个说法不严谨。市场长期是“称重机”，短期是“投票

器”。搞懂这两点的区别很重要。多数人花太多时间和心思在搞懂“投票器”上了。（2022-03-05）

你懂得，才是你的好生意

网友：大家都知道巴菲特不做科技股，那不符合他的理念。但科技股反而成就了您，您怎样衡量这种反差？

我只是做我认为我能懂的东西（以为自己懂也不一定就真懂了），有些可能也许正好是大家说的所谓科技股吧。我分不清什么是科技股。（2010-05-30）

看得懂什么不重要。好像现在的中国首富是能看懂饮料的人，也许下一个是个能看懂猪饲料的人。

另外，我从来不认为自己介入过互联网或高科技什么的。互联网或所谓的高科技都只是工具而已，就像当年的铁路、公路、高速公路、航空等等一样。（2010-10-22）

网友：您的投资公司名字可以透露吗？想跟踪它的 13-F。

直接问买啥可以马上赚大钱岂不是更简单？知道别人投什么对不懂公司的人来说不会有啥帮助的。有时间还是看看巴菲特 1998 年在佛罗里达的演讲吧，有视频的。（2024-06-08）

你懂得，所以才是你的好生意。（2010-10-23）

网友：巴菲特不喜欢高科技行业是因为变化太快吗？

巴菲特不喜欢高科技？巴菲特从来没说不喜欢，只说看不懂而已，但他一旦看懂也是一样会出手的，比如 IBM。巴菲特还说过，如果你能看懂变化，你将能赚大钱。投资最重要的不是巴菲特能看懂什么，最重要的是你自己能看懂什么。（2013-05-26）

网友：低市盈率是价值投资的一种派别，相对来说比较低级。价值投资的高级形式就是对公司进行估值，用 4 角钱价格买 1 元钱的价值。需要你对公司真正了解，才能很好地做出正确的评估。

个人认为投资没有形式上的高低，只有懂的程度的差异。如果我能预见到一个公司有高成长，我当然愿意投。我从来都很愿意投高成长的公司——如果我能确认他会是高成长的。（2010-04-28）

网友：投资股票，你最热衷什么行业？什么行业确定性最大？巴菲特提出最好的企业是不需要投入大量资本于更新而能维持优势、创造利润的企业。从这点，很多技术型企业就被踢出去了。而您好像投资了不少技术企业？

呵呵，行业问题说不清，好像存在的大多行业里都有好公司。

巴菲特有几条东西：能力圈、护城河、安全边际，他没说哪个行业。巴菲特追求的是产品很难发生变化的公司，所以他买了后就可以长久持有。但他也说过，如果你能看懂变化，你将会赚到大钱。归根到底，买股票就是买公司。无论你看懂的是长久还是变化，只要是真懂，便宜时就是好机会。

如果一两年能看到一个这样的好机会，你的回报一定会很好。（2010-05-08）

网友：银行股的估值便宜多了，段总就是不相信银行股……

呵呵，我对银行没恐惧感，但确实看不懂。

顺便说下，投资很有趣的地方就是，你能看懂的东西就已经能让你足够忙和得到足够回报了。另外，要想搞懂自己不擅长的东西往往没有那么容易，同样的机会成本（时间）在自己明白的圈子里往往有大得多的回报。（2011-03-04）

网友：能讲下小资金投资的方向吗？

选择你能搞懂的好公司，和资金大小其实无关的。（2019-03-15）

网友：能否说说 460 美元的苹果与 160 元人民币的茅台哪个更便宜？

取决于你懂哪个以及懂多少。（2013-03-23）

我能力圈小，能看懂的东西太少了，这些年确实没发现什么能让我用苹果或茅台去换的公司。（2017-03-13）

网友：您曾说看好腾讯的商业模式和企业文化，它是家好公司。可是后来您又说，看不懂它未来的现金流。而且您的持仓很低只有1%（仿佛后来又不是太看好）。我想不明白您看不懂它未来现金流具体是指哪方面，对它不确定的又是什么？

看不懂未来现金流的意思是看不懂公司未来到底能赚多少钱。投资是要花钱的，所以你需要知道你投资的公司未来能赚多少钱，是不是能赚的比你投的多，不然就不应该投。大部分公司我都看不懂，腾讯我有点懂但不是那么透。

网友：按照这个懂的标准，普通人或许很久（3年、5年）也找不到一个生意模式好、又几乎全懂、价格又合适的公司了。

这也是为什么大道一直觉得自己是普通人的原因。大道过去十几年实际上就真的看懂了两家公司，苹果和茅台。平均六年看懂一家。（2023-11-16）

网友：请问您觉得您和李录与巴菲特和芒格在做价值投资上最大的差距在哪？您和李录在哪方面还需要学习？

最大的差距大概是他们的英语都比我好很多。当然，英语上李录和那两位比（我猜）也会有很大差距的（母语和非母语的差别），但他的差距对他的投资生涯影响不大，和我的差距有本质的差别。

从价值投资的角度看，也许你说的差距用“不同”来说更好些。

从对价值投资的理解上，我认为我们是完全一样的，因为价值投资的本质就一点：买股票就是买公司，买公司就是买公司未来现金流的折现。所有所有所有其他的关于价值投资的说法，其实都是在讨论如何来确定这个未来的现金流折现到底大概会有多少的问题。

我们的不同点主要会体现在能力圈的不同，每个人懂的东西都不同。当然，能力圈的差距也是有的，比如他们做股票投资的时间都比我长很多。

能力圈的意思就是你能够判断未来现金流折现的范围。知道自己的能力圈有多大比能力圈本身有多大要重要得多。

不过，我现在管的钱的绝对值比巴菲特和芒格在我这个年龄时还要多呢，呵呵。不能和李录比，他比我年轻很多啊。

我和他们三个人的最大的不同确实有一点，那就是他们都是职业投资家，我是业余爱好者，对投资的时间安排比例会有点不同。

我们各方面需要学习的东西应该都很多，不过李录大概不需要像我一样还要花时间学英语了。（2011-01-04）

学巴菲特最重要的是学他的原则，毕竟每个人的能力圈不同。就像我敢重仓苹果，巴菲特大概不会一样。我有个朋友在比亚迪上亏了很多钱，我问他为什么买比亚迪，他说巴菲特都买了，这种学法是会出事的。我没买过比亚迪，虽然一直有兴趣看，但一直没看出买的兴趣来，所以巴菲特买不买对我完全没影响。

总之，崇拜任何人都是不对的，最重要的是芒格讲的那个“理性”。（2012-01-09）

举个例子也许你就明白了。巴菲特有很多保险和金融的投资，我基本没有，因为我还不懂，总觉得不踏实。我投了一些和互联网相关的公司，巴菲特没投过，因为他不懂。他认为可口可乐是人们必喝的，我认为游戏是人们必玩的。（2010-04-30）

投资中什么最重要？我个人的理解是缺什么，什么重要。投资最重要的是投在你真正懂的东西上。这句话的潜台词是投在你真正认为会赚钱的地方（公司）。

我对所谓赚钱的定义是：回报比长期无风险债券高。一个人是否了解一个公司能否赚钱，和他的学历并没有必然的关系。虽然学历高的人一般学习的能力会强些，但学校并不教如何投资，因为真正懂投资的都很难在学校任教，不然投资大师就该是些教授了。不过在学校里可以学到很多最基本的东西，比如如何做财务分析等等，这些对了解投资目标会很有帮助。

无论学历高低，一个人总会懂些什么，而你懂的东西可能有一天会让你发现机会。我自己抓住的机会也好像和学历没什么必然的联系。

比如我们能在网易上赚到100多倍是因为我在做小霸王时就有了很多对游戏的理解，这种理解学校是不会教的，书上也没有，财报里也看不出来。我也曾试图告诉别人我的理解，结果发现好难。又比如我当时敢重手买GE，是因为作为企业经营者，我们跟踪GE的企业文化很多年，我从心底认为GE是家伟大的公司。

我说的“任何人都可以从事投资”的意思是我认为并没有一个“只有‘某种人’才可以投资”的定义。但适合投资的人的比例应该是很小的。可能是因为投资的原则太简单，而简单的东西往往是最难的吧。

顺便说一句什么是简单的投资原则：当你在买一只股票时，你就是在买这家公司！简单吗？难吗？（2010-02-06）

网友：想起了彼得·林奇说过的话，你喜欢公司的产品，就要想想要不要买它的股票。

我一般倒过来想，不喜欢的产品的公司的股票不碰，因为没办法了解（感觉）。（2011-03-24）

网友：看懂一家公司是否一定要到上市公司所在地考察？有些人为了了解上市公司，就专程到上市公司的所在地租房住了半年。

公司内部人也未必就懂自己公司，在当地住上半年怎么就一定能懂？搞懂一个公司实际上是没有公式的，不然就可以在学校开课教了。（2011-01-13）

过多拜访公司容易短视。我的意思是，很多人拜访公司是为了了

解公司短期运营的状况，这种心态对长期投资的帮助不一定大。（2010-04-12）

“永远不要问理发师你是否需要理发。”（巴菲特）

知道巴菲特为什么认为拜访公司不一定有用了吧？（2012-07-27）

所谓价值投资说通了就是要能理解企业。所有能帮助你理解企业的东西都是有用的，但不会有一个充分条件保证你会投资。我没啥更好的建议。我一般讲的都是要有自己不做的事情，至于怎么才能把事情做对是要靠自己去摸索的。（2019-06-26）

网友：我有很多东西不懂。研究一家公司，通过看年报、公司官网，读企业传记和亲身体验公司产品等方式了解到的有关企业文化与商业模式的东西总觉得太少了，也看不懂以后的现金流（看不出公司在未来的竞争中处于一种什么状态）。请教大道还有什么方法可以进一步加深研究吗？

其实是有的，大概就是先开一家公司，干个几年后就明白了。千万不要以为这是玩笑。黄峥当年问过我类似的问题，就是不管怎么看公司总觉得差点啥，当时我们说的就是经营一家公司可能会有帮助。后来他就回国开了公司了。（2020-12-03）

网友：如何知道自己看懂（或者没有看懂）某个企业呢？比如茅台，记得你说过自己并不喝白酒，也没有听说过你曾开过酒厂。

一般情况下我也是通过公开渠道了解的。现在网络这么发达，几乎所有东西都能找到，但自己需要会辨别。比如苹果，你可以看下苹果所有的产品发布会，你再对照一下同期别的同行的你就会知道区别。企业主页也是一个了解的途径。新闻要小心，因为作者往往带有观点，如果你不明白，很可能会把你带沟里去。功夫花到家了你就会明白的。

从另一个角度再回答一下你的这个问题，我看公司主要看两个东西，生意模式和企业文化。这两样东西中任意一样我不喜欢我就不会再继续看下去，所以没有懂不懂的问题，我不需要懂我没兴趣的公司。如果生意模式我喜欢（当然至少要懂了的意思），企业文化也很好，那就老老实实等好点的价钱。持有一个自己懂且喜欢的公司，最大的特征就是可以完全漠视市场的变化，就是可以拿着睡好觉。买个“票”然后天天睡不好觉，到处问别人怎么看，每天网上到处找各种相关消息的那种就是不懂。搞懂一家好公司其实是非常不容易的，多数情况下不是简单看下报表就可以的，但偶尔确实有那种简单看下报表就捡到宝的情况，比如巴菲特的某些公司，但那其实也是很多年碰上一个的概率，可遇不可求的。（2019-04-07）

网友：投资难在未来风险的不确定性。

不确定性是用安全边际去对付的。（2011-05-09）

网友：我认为安全边际是重中之重，您怎么看？

很重要的东西之一吧。（2010-04-04）

我对安全边际的理解是对公司的理解度而不是股票短期的价格波动。对一个伟大公司而言，有时候一点点价格差别 10 年后看都不是事，但因为差那点价格而错过一个好公司就可能是大事了。

其实这个问题我想了很多年，一直没懂巴菲特说的安全边际是什么意思，但自己最后的体会就是这样，不了解的公司再便宜也可能不便宜。（2020-10-15）

“如果你对一家企业及其未来发展了如指掌，那么你所需要的安全边际就会很小。所以，假设你仍想投资一家较为脆弱的企业，你就需要更大的安全边际。就好比你开着一辆卡车通过一座标明限重 10000 磅的桥，而你的卡车重 9800 磅，如果桥下只有 6 英寸深的沟壑，你可能会觉得没问题；但要是这座桥横跨大峡谷，你可能就会觉得需要更大的安全边际。”（巴菲特，1997）

以前没看过巴菲特讲的原话，今天偶尔看到，发现跟我的意思一样一样的。（2024-01-21）

高手在于错误率低

“今天重新看了一遍《赢在中国》，听到了马云的一句话很矛盾，他说不犯错将是最大的错，而巴菲特先生的原则却是不要犯错，这要怎么理解怎么把握呢？”这段话引自网友，我觉得是个很好的问题，故说说自己的看法。

我不知道这里所提巴菲特的原话是什么，我只记得巴菲特说过大概这样的话：第一，不要亏钱；第二，不要忘记第一条。我个人理解他老人家在这里讲的是投资安全的问题。如果一个人投资到他不懂的东西里就有可能亏钱，所以要避免。这并不意味着巴菲特就不会亏钱，事实上他亏过的钱的总额比我们谁都多，因为他也有犯错误的时候。呵呵，光是他投在康菲石油上亏的钱就有几十亿美元啊。我一直没看明白他为什么要投康菲石油，也许他也犯了以为看懂实际却没看懂的错误？但是，巴菲特有今天，我个人觉得最重要的就是他很少犯“原则性错误”，也就是说，他认为是他能力以外的事他坚决不碰。几十年下来，他犯的错远远少于同行，仅此而已。

巴菲特之所以是巴菲特，最重要的就是他能坚持做正确的事，也就是原则性错误的事不做。比如，他认为自己不懂的事就坚决不做，我从巴菲特那里学到的最重要的东西也就是这个。

马云讲的是另外一面，是如何把事情做对的问题。无论是谁，在把事情做对的过程当中都是有可能犯错的，好像也没听说哪个所谓成功人士没犯过错。把事情做对的过程往往是一个学习的过程，犯错往往是不可避免的。不犯错的办法只有一个，那就是什么都不做。什么都不做有时可能就是最大的错。

不知道这么解释你是否能明白？有时想想中文真是很有意思。一会儿说“慈不带兵”，一会儿说“爱兵如子”；一会说要“三思而后行”，一会又说要“当机立断”。呵呵，好像并不矛盾啊。他们说的都是事物

的不同面而已吧？（2010-03-14）

投资的一般规律是：出手越多，赚得越少，或赔得越多。（2010-04-23）

网友：您大量买入网易和 U-Haul Holding Company（UHAL）似乎都发生在 2002、2003 年左右，最近三五年有没有比较经典的大手笔投资的案例（除了苹果）？

最好把网易也除掉，我就快成笑话了。（仿芒格语）（2012-02-02）

平均两年做一个大的投资决策的效果肯定比一年做两个更好。（2012-06-26）

大道这四年里只真正出手了一次，就是苹果，上一次出手是 GE，大概这是其会成为极少数人的原因？

如果大道只敢平均两年出手一次，凭什么"散户"可以出手更多？（2012-07-17）

我选股不厉害，是业余级的，花的功夫太少。但我犯错的机会的确是大师级的，不懂就是不碰。真看得懂这两句话的人日子长了一定会有不错的赚头哈。（2011-11-03）

好的价值投资者并不是那些没有犯过错误的人。好的价值投资者的最典型特征是从很多年的历史来看，犯错误（尤其是大错）的概率很低。常胜将军的意思是赢的比例高而已，百战百胜则是神话。（2011-12-19）

经营企业和投资一样，少犯错很重要。但所谓少犯错不是通过什么都不敢做实现的，那叫裹足不前。少犯错要通过坚持做对的事情来实现。而所谓坚持做对的事情是发现是错的事情就马上停止，不管多大的代价都会是最小的代价。不为清单也很重要。（2020-10-14）

网友：看伯克希尔 2002 年的年报，巴菲特说："在投资股票时，我们预期每一笔投资都会成功，在我们经营伯克希尔的 38 年中，投资获利的个案和投资亏损的个案比例约为 100：1。"这才是巴菲特真正牛的地方啊！厉害在几乎不犯错。

呵呵，你说到关键了。高手和其他选手的差别就在错误率低而不是能打出多少好球来。（2011-09-07）

网友：比尔·米勒（Bill Miller）这次金融危机亏掉了老本，连续15年战胜指数，但一年的亏损就把15年的利润搞没有了，亏的比赚的多。他是不是太高估自己了？以前觉得他是个价值投资者，这次危机中露出原形了，他曾经在安然公司上栽跟头，这次又在房地美等企业上栽跟头。其实价值骗子还蛮多的。所以你对多少次都无所谓，关键是错的时候千万不要损失太大，这涉及安全边际。

我认为当一个人开始追求战胜指数的时候，他可能已经失去平常心了。很多人在这次金融危机中都有一些再也回不来的重伤股，巴菲特一个也没有，这绝对不是偶然的，但好像很少人注意到这点。（2010-05-23）

网友：随着投资经验的增加，你和以前比进步在哪些方面？

呵呵，心态好很多，不怕失去机会，最重要的是不犯大错。（2010-03-18）

网友：投资和打好高尔夫，哪个更难？

两个都是我最喜欢的游戏，它们都很难。也许高尔夫更难些吧。我认为高尔夫更难的原因是，高尔夫你不能说这杆我还没想好，所以我现在不想打。投资你永远都可以说，我还没想好，我不想做什么。（2019-03-30）

做空是愚蠢的

其实我最大的财富就是我犯过的这些错误，巴菲特也是。（2010-05-05）

网友：能否分享一下自己认为的最差的一次投资？

呵呵，亏钱的投资有好几次了，多数都可以原谅，但有一次属于极度愚蠢，就是跑去做空百度。之前投资表现非常好，有点飘飘然，真以为自己很厉害。开始还是想小玩玩，后来又不服输，最后被夹空而投降，所有账号加起来亏了很多钱，大概有1.5–2亿美元，其中有个账号到现在都翻不了身。

最可惜的是，这次错误把我们的现金储备全部消耗掉了，机会成本巨大，不然这次金融危机我就可以帮大家赚更多钱了。而且最遗憾的是，这个错误是发生在巴菲特叫我不要做空之后。现在知道什么叫不听老人言的后果了吧？值得欣慰的是，这三年总的表现还不错。真有点感谢金融危机给了我逆转的机会。

巴菲特的教导千万别忘了：不做空，不借钱，不做不懂的东西！

不过，这其实不算我最差的投资，因为这根本就是彻头彻尾的投机。以后不会再有这种例子了。（2010-03-07）

网友：“最可惜的是，这次错误把现金储备全部消耗掉了，机会成本巨大”，是不是指现金用完了，真正好的投资标的来时，却没钱买了。

是的，机会成本大，亏点钱是小事。（2010-05-12）

网友：当时卖空百度的理由是什么？

首先，卖空行为是错的。当时确实看到了一些百度不对的东西，事实上百度后来也因为这个掉得很低（如果我能一直空到那时实际上可以赚大钱），但我也确实忽略了一些对百度有利的重要条件，比如政策环境等。总而言之，卖空行为是投机行为，吾不该为之。（2010-09-14）

当时不知道哪根神经起了主导作用，属于失去平常心的愚蠢行为。（2012-03-14）

网友：基于对价值的估计，在价格过高时做空算不算价值投资？

做空不是价值投资，因为你经常需要面对市场的疯狂，最糟糕的是，你不知道市场到底有多疯狂，所以做空会睡不好觉的。总而言之，价值

投资就是那种能睡好觉的投资。(2011-05-22)

任何时候，只要你还想着要空一把谁，那就表示你还是个投机分子(以为自己比市场聪明)。早点收起做空头的念头吧，老老实实去找那些可以让你睡得好觉的 deal！(2011-10-29)

做空是愚蠢的！(2013-03-04)

我不做空，不想跟自己过不去。做空一家公司需要了解的东西远比做多要难得多得多，而且一旦错了就可能是灾难性的。(2020-10-28)

希望你有一天能理解巴菲特为什么讲不要做空，那时，你的投资就会再进一步。(2010-05-22)

我有个邻居(没那么熟)，是专门做做空生意的(我搞不懂怎么做哈)。前段时间突然问我是否知道“跟谁学”这家公司，说好几个做空公司在做空它，因为它做假账，理由是他们的成长太快了。我真的让我们教育电子的同事去了解了一下，得出的结论是：它的成长在这个环境下看不出任何明显不符合逻辑的地方。于是我告诫邻居，中国很大，这点营业额的成长比例其实不是不可能的。那时候股价好像是在 30–40 之间。前两三个礼拜打球又碰到邻居，问起他是否还空着呢？他说是的，他们的成长太不可思议了，肯定是做假账。我看了一眼股价，那天 80 左右。

我完全不了解跟谁学这家公司，这里我想说的是：最好别做空哈！这个世界有很多你不懂的事情，为什么要跟自己过不去？

我其实就是想告诉那些和我的邻居有同样想法的人们，做空是很危险的，时间很可能不站在你这边。我看到这家公司从 30 多涨到 130 多的时候，我真的有点替邻居担心哈，我觉得他恐怕很难睡好觉，何苦呢？！

不喜欢的公司避开就好了，千万不要去做空，因为看错一次会让你难受很久甚至一辈子的，尤其是那些已经有钱的人们。没人希望自己需要富两次的。(2020-08-11)

不用 margin 是投资的基本要求

如果你懂投资，你不需要用杠杆，因为你早晚会变富的。如果你不懂投资，你更不应该用杠杆，不然裸奔的将可能会是你。投资是件快乐的事情，用杠杆会让你有机会睡不好觉的。（2020-12-06）

网友：做生意可以贷款，为什么不建议借钱买股票？

借钱做生意一般而言是有还款期的，而且借款人对要做的生意一般了解度高，但也还是有很多人因为借钱做生意而陷入一生的麻烦。

借钱做股票是用你的其他股票抵押的，完全由经纪人（broker）控制，但市场大跌时他们会随时要求你卖股票还钱。股票市场有时会疯狂到无法想象，用 margin 的人一生也许只需要碰上一次市场向下的疯狂就可能会损失惨重（wiped out）。芒格这么聪明的人就曾经（20 世纪 70 年代）因为 margin 而陷入大麻烦。巴菲特厉害的地方是其投资生涯中从来就没有过致命的大麻烦。巴菲特讲过，即使只有 1% 的破产机会你也不应该干。懂投资的人不需要用 margin，不懂投资的人更不应该用 margin。（2011-09-08）

网友：决定申请融资融券账户了！段大哥一直说不要借钱，还是忍不住啊！

从此你会有个激动人心的生活！（2012-08-10）

网友：如果 20 年前融资买的是苹果、茅台、腾讯这些好公司，好像也没问题。但加杠杆的人总是喜欢乱买。

苹果在过去二十年里，从高点下降 40% 或以上就有至少 10 次，10–20% 更是不计其数，要是用 margin 买了苹果，就算不破产，大概率也已经吓破胆了？（2023-12-19）

网友：我长期低杠杆投资比如 0.3 倍以内，融资成本 6 个点，在股指偏低位建仓，国内融资盘大概要跌七成才会爆仓，这种低杠杆长线价值投资策略可以吗？

勿以恶小而为之。（2019-05-20）

用 margin 的人都不傻，但用 margin 是会上瘾的，直到掉坑里为止。其实还是巴菲特说得好，如果你懂投资，你不需要用 margin，因为你早晚会富有的。（2024-09-03）

长期资本（Long-Term Capital Management）就是个很好的例子。那些人都极度聪明，两个诺贝尔经济学奖获得者加一群特别“厉害的人”，而且还赌上了自己的身家。（2024-09-01）

网友：2023 年时等了大半年茅台就是不跌，忍不住 1600 元时用手上的钱都买了。最近倒是一路跌下来了，可是没有余钱加仓了，好想借钱抄底啊。

我们不知道市场会有多疯狂，也不知道事情可能会坏到什么程度。不要用 margin 是投资的基本要求！我们一直说的是 10 年 20 年，但你用 margin 可能会让你在那之前就陷入困境，没必要。（2024-09-18）

网友：A 股大动荡，现在多庆幸自己没融资，压力小多了。真到了危机时刻，才会发现您说的原则是多么珍贵。

把事情做对的能力只有在做对的事情时才能让时间站在自己的一边，不然早晚会出事的。（2015-08-10）

反正你借不借钱一生当中都会失去无穷机会的，但借钱可能会让你再也没机会了。（2010-04-11）

用杠杆炒房和用 margin 没有本质差别，但问题来的时候要更惨，因为房子的流通性一定会差些。（2013-10-09）

网友：感觉很惭愧，这些道理都是从十几年前就看熟了的，能背的，竟然还会时不时“不小心”动了用 margin 的念头，好在没有真的去做。

你值得惭愧一下。理解赚慢钱不容易，但理解复利更难。慢钱在复利的影响下，效果是非常厉害的。（2024-09-04）

网友：如果投了一个负债率很高的企业，属于使用 margin 吗？

似乎不属于直接用 margin，不会导致你需要富两次。但是，我是不

太喜欢买负债率高的企业的，除非我能特别懂。（2016-11-12）

“如果你想提高自己的认知能力，忘记过去犯过的错误是坚决不行的。”（芒格）

想起小偷被抓以后，满脑子都是如何改进偷技的想法的那个故事。

所以这里的错误有两种性质：（1）做了错的事情——以后不能再做——放上不为清单；（2）在把事情做对上犯了错误——这个不可避免，但可以通过学习改进。那个小偷犯的是第一个错，但用的是第二个改进办法，会更糟的。

“最好是从别人的悲惨经历中学到深刻教训，而不是自己的。我们有些成功是早就预言的，有些是意外获得的。”（芒格）

不听老人言，吃苦在眼前和眼后。看了这句话以后，其实大多数人还是不会听的。

能从自己的错误里吸取教训就已经很了不起了，能从别人的错误里吸取教训的那都是天才。

坚持犯自己犯过的错误的人也不用太不高兴啊，至少股市上 85% 以上的人是这样的。有人陪总是一件不错的事情。（2012-06-26）

估值实际上是“功夫”

定性比定量分析重要

有很多问题是关于估值的，所以简单谈谈自己的想法。

我个人觉得如果需要计算器按半天才能算出来那么一点利润的投资还是不投的好。

我认为估值就是个毛估估的东西，如果要用到计算器才能算出来的便宜就不够便宜了。

好像芒格也说过，从来没见巴菲特按着计算器去估值一家企业，我好像也没真正用过计算器做估值。

我总是认为大致的估值主要用于判断下行的空间，定性的分析才是真正利润的来源，这也可能是价值投资里最难的东西。

一般而言，赚到几十倍甚至更多的股票绝不是靠估值估出来的，不然没道理投资人一开始不全盘压上。（当时我要知道网易会涨 160 倍，我还不把他全买下来？）

正是由于定性分析有很多不确定性，所以多数情况下人们往往即使看好也不敢下大注，或就算下大注也不敢全力以赴。

当然，确实也有一些按按计算器就觉得很便宜的时候，比如巴菲特买的中石油，我买的万科。但这种情况往往是一些特例。

我觉得估值在决定卖股票时也是毛估估的，比如当万科涨到 3500–3600 多亿时，我曾强烈建议我一个朋友应该卖掉，因为我觉得万科要持续赚 300 多亿是件很困难的事，你花 3000 多亿去赚不到 100 亿的年利润实在不是个好主意。如果你真的喜欢万科，可以等一等，将来可能会有机会用同样的钱买更多的股份回来。说实话，我挺喜欢万科的，我想有一天我可能会再投万科的。下次投的时候争取多买些，拿的时间长一点。

巴菲特确实说过伟大的公司和生意是不需要卖的，可他老人家到现在为止没卖过的公司也是极少的。另外，我觉得巴菲特说这话的潜台词是其实市场往往不会给伟大的公司一个疯狂的价钱，如果你仅仅是因为有一点点高估就卖出的话，可能会失去买回来的机会。而且，在美国，投资交的是利得税，不卖不算获利，一卖就可能要交很高的税，不合算。以上纯属个人猜测。（2010-04-24）

其实现金流折现法（Discounted Cash Flow, DCF）就是毛估估的，所以是一个东西。

我非常同意 DCF（生命周期的总现金流折现）是唯一合乎逻辑的估值方法的说法，其实这就是“买股票就是买公司”的意思，不过是量化了。（2010-04-27）

我觉得“模糊的正确”指的就是定性的重要性，或者甚至也可以说是要先做对的事情。（2018-05-28）

我所谓量的说法都是建立在定性分析上的。从 10 年或以上的角度看，定量分析很荒唐。（2019-08-21）

定性分析要更准确。比如人们可能很容易知道茅台 10 年后大概能赚多少钱，但无法准确知道 10 年后的某一年能赚多少，也没必要知道。对苹果这类公司则更是如此。（2019-08-23）

网友：有人说估值是门艺术，我觉得估值是科学加艺术，挺难的。做投资的人都要解决这个课题。

我也不知道估值属于科学还是艺术，我还一直以为科学就是艺术，艺术也挺科学的呢。我总觉得估值实际上是“功夫”。《功夫熊猫》电影里最大的缺憾是功夫没有体现时间性。实际上中文里功夫本身就是时间的意思。（2011-01-05）

网友：估值就是时间，我不太明白，可能段先生从《功夫熊猫》里悟出的东西，凭我的水平还不能理解。

大家别把《功夫熊猫》太当回事了，那是娱乐产品。

我没说估值就是时间啊。我的言下之意是：

1. 要学会估值是要花很长时间的，绝不是很多人以为的不知道哪里有一个神秘的公式，每当要估值时用公式算一下就可以了。这个很长的时间大概不是用小时或天来计算的，用很多年作为单位比较合适。

2. 对某个企业的估值经常也是要花很长的时间的。

我对估值的定义基本上就是对企业的了解，只有当我觉得很了解很了解一个企业的时候，我才能对企业有一个大概的估值，这往往需要很长的时间。

当然，过去对企业的了解的积累也是非常有用的，这就是有时候好的投资决策看起来并没有花很多时间来决定，实际上却是很多年了解的积累的结果。比如，巴菲特决定投高盛可能只花了 20 分钟，但那其实是他 50 年理解的积累。我当年“敢”重仓网易也不是看起来那么容易的。我错失苹果也同样是因为积累不够，找不到很了解的感觉。

总而言之，估值是需要“功夫”的。（2011-01-08）

看财报主要用于排除公司

网友：您会把财报看得很细吗（除了三大表外）？会经常参加股东大会吗？

我不是很经常看财报（所以说没有巴菲特用功）。比较在意的数字是几个：负债、净现金、现金流、开销合理性、真实利润、扣除商誉的净资产。其他好像没了。

不知道三大表是什么。我看财报主要用于排除公司，也就是说如果看完财报就不喜欢或看不懂的话，就不看了。决定投进去的原因往往是其他的因素，UHAL 是个例外。

也有没看过财报就投的，比如伯克希尔 A。去年买了些伯克希尔 A 并且做成了证书，就为了让巴菲特签个名，呵呵。结果到现在为止，已经赚了几顿饭钱了。很少参加股东大会，但基本每年都去奥马哈。（去年由于流感没去。）（2010-03-08）

巴菲特曾经向股东推荐了几本书，有一本是《杰克·韦尔奇自传》，你去看那本书，你会发现韦尔奇对企业的文化问题是很在意的，所以你可以想象巴菲特对此也很在乎。他不是像有的人说的只看财报。只看财报只会看到一个公司的历史。我看财报不读得那么细，但我找专业人士看，别人看完以后给我一个结论，对我来讲就 OK 了。但是我在乎利润、成本这些数据到底是由哪些东西组成的，要知道它真实反映的东西是什么。而且要连续几个季度甚至几年来看，跟踪一家公司久了，你就知道它是在说谎还是说真话。

好多公司看起来赚很多钱，现金流却一直在减少，那就有危险了。其实这些巴菲特早说过，人们都知道，但是投资的时候就会糊涂。很多人管他们自己叫投资，我却说他们只是 for fun，他们很在乎别人满不满意（这家公司），真正的投资者绝对是“目中无人”的，脑子里盯的就是这个企业，他不看周围有没有人买，他最好希望别人都不买。同样，如果我做一个上市公司，我也不理（华尔街）他们，该干嘛干嘛，股价高低跟我没有关系的。

所以我买公司的时候，有一个很大的鉴别因素就是，这家公司的行为跟华尔街对它的影响有多大的关联度。如果关联度越大，我买它的机会就越低。华尔街没什么错，华尔街永远是对的，它永远代表不同人的想法。但是你要自己知道自己在干什么，如果自己没了主见，要听华尔街的，你就乱了。（2013-09-02）

网友：您有没有鉴别财务造假化繁为简的招数？

我投资是不太看财报的（早期看过一点点，不觉得有用）。一般来说，不了解的公司不要碰，了解的公司不太可能不知道他们是不是有意造假的。如果你连业务的造假都看不到，那财报造假就更难看到了。（2019-09-19）

不产生现金流的净资产没有价值

计算价值只和未来总的现金流折现有关。其实净资产只是产生未来现金流的因素之一，所以我编了个“有效净资产”的名词。也就是说，不能产生现金流的净资产其实没有价值（有时还可能是负价值）。（2010-05-08）

不赚钱的净资产有时候就是个累赘。比如在渺无人烟的地方建个酒店，花了一个亿，现在每年亏500万，重置成本还是一个亿，现在5000万想卖，这里谁要？（2010-04-25）

网友：轻资产的公司是不是给高点溢价？像贵州茅台的无形资产是很值钱的。

无形资产也是可以折现的，所以我不建议单独考虑无形资产，因为公司的获利能力里已经包含了。（2010-09-23）

网友：现金流应关注哪些方面，才能看出公司在作假？

假的真不了，时间会告诉你，但好像没有公式，否则就没人能作假了。不过，了解其产品、市场、竞争对手以及熟悉财务报表可能都能帮你发现可能的作假。（2010-03-14）

网友：我看了一家公司过去六七年的报表，现金流的总和是利润总和的一半左右。如果一家公司持续这样，您会看它的利润还是现金流？

如果现金流少于利润的话就要小心了，要看它的钱花在哪里，是否确实对未来的发展有好处，不然会不见的。长期现金流少于利润不是一件好事，要仔细看财报。现金流多于利润往往是由于折旧或预收等原因。不管是什么原因，最好能明白。

网友：我能看到大概是存货和应收账款变多了。以后看到现金流长期少于利润的我直接把它过滤掉，不用小心了，直接省心。您常说的现金流的确是财务上的那个现金流吧？

还有别的意思吗？一般财务不理解的地方是，时间足够长的情况下，现金流实际上就是利润（或叫基本等于），你想想看什么道理。我有时会把两个东西混一起说是因为我总是假设很长的时间。如果只看一年或几年，它的差别可以很大，有差别时往往要小心，尤其是现金流老是远小于利润时。但是，有些公司在投放期的利润往往是大于现金流的，比如淘宝头几年，现金流有可能是负的（花的钱比进来的钱多，不算发行股票的话），现在情况怎么样不知道。（2010-05-27）

网友：您现在是否依然坚持这个观点？您怎么看拼多多依然没有盈利这个问题？

“不赚钱的生意多少营业额都是没用的。”这个观点有啥问题吗？如果你打算买下整个公司你就会明白的。当然，这里指的是公司的整个生命周期，和某个公司没有关系。比如，如果拼多多最后无法盈利，那这个公司的价值最后就会是零。（2020-10-17）

黄金不产生现金流，不保值。（2020-05-17）

网友：黄金是不是能跑赢通胀？

我以前也这么想过，后来发现黄金是跑不过通胀的（黄金的购买力也是会下降的）。不过，恶性通胀发生的时候，黄金应该有一定的保值作用吧。（2022-01-25）

比特币不产生现金流，无法评估，属于不懂不碰的范畴。同理，我也不会投资名画、邮票、古董、郁金香……自己用的不算投资，虽然也可能会赚钱。（2022-05-02）

前几天还跟很早就买了不少比特币的一个朋友聊过几句。他的观点是比特币就像黄金，和市面上的说法差不多。我似懂非懂。黄金是稀缺的，比特币也是稀缺的，但搞出一个像比特币一样稀缺的东西很容易啊，搞出一个黄金属性的东西很难，毕竟铜汞银铂金，金是最稳定的金属哈。（2020-11-23）

净资产收益率（Return on Equity, ROE）是个很好的指标，可以用来排除那些你不喜欢的公司，但不能作为“核心指标”去决定你是否要投这家公司。这个指标如果好的话，你首先要看的是债务；如果没有债务问题则马上要看文化，看这种获利是否可以持续。最后还是要回到对的生意，对的人，对的价格。（2015-02-12）

在没有贷款的前提下，净资产收益率高的公司当然是不错的，说明公司的盈利能力强。净资产收益率低的公司一般都不太好，但成长型公司的初期可能净资产收益率会很低。关键还是看你能不能看懂公司的未来（现金流）。（2011-02-13）

网友：您持有的苹果、茅台、腾讯都是净利润率特别高的公司，高净利率的公司是否就比低净利率的公司商业模式好？

好像我喜欢的公司都有高毛利的特征，但没归纳过。

高毛利肯定不是充分条件，比如餐饮业都是高毛利，但投资价值不

高。（2019-03-19）

网友：我们公司最近要融资，投行建议我们使用的估值依据是息税折摊前利润（EBITDA）。记得芒格很干脆说过 EBITDA 就是狗屎。EBITDA 的参考价值到底在哪儿呢？

芒格都说 EBITDA 是狗屎咯，狗屎的参考价值是什么？（2015-12-02）

“如果我们把世界上所有谈论 EBITDA 的人和世界上所有没有谈论 EBITDA 的人放在一起，第一组人中会有更多的欺诈，并且从百分比上看，两组人会有非常大的差距。我是说，问题还只是刚刚开始。”（巴菲特）（2024-02-08）

很赚钱的公司是没道理用的，除非他们用错了会计师（事务所）。（2024-02-09）

千万不要被 P/E（Price-to-Earnings Ratio，市盈率）误导，因为 P/E 是个历史数据，未必能说明未来。

我说 P/E 一般指的是相对于未来长期实际利润的 P/E，不是一般财报上的那个 P/E。

你愿意给多少 P/E 完全取决于你自己的能力或者说你自己的资金的机会成本，其实和市场无关。（2011-10-01）

多少倍 P/E 和平均长期利息有关，12 倍长期 P/E 应该可以了，我一般也用这个数左右。（2011-01-05）

网友：曾经在 A 股满仓民生银行的我，现在看着满仓的茅台，感谢大道。

让我想起很多年前投了很多钱在民生银行的一个熟人，那时要都换成茅台现在应该会舒服很多哈。（2023-03-15）

网友：投资方面的认知，史当时确实要弱一些。记得他说过一句让我印象很深的话：“15 倍以上市盈率的，我不买。”

我买茅台的时候好像市盈率也不高吧？我不太记得，只是关注商业

模式了。市盈率太高不买多数情况下是对的，我也不喜欢买市盈率高的公司，除非看到未来了。（2023-03-15）

是否分红回购不是回报率的关键

其实是否回购或分红都不是回报率的关键，但真正能赚到钱的好公司最后都一定会通过某个或某几个途径将利润给到股东的，除非公司能像巴菲特那样用其多余的钱持续去做回报高于社会平均水平的投资……总有一天巴菲特的公司也会有用不完的钱的。（2015-11-16）

国内上市公司的一个怪现象就是又借钱又分红，因为不分红就不能融资，这是很多年前我问王石时知道的。这种类型的分红是监管的问题，有点怪异。（2013-03-08）

网友：这些年巴菲特对 IBM 谈得也挺多。现在的 IBM，除了价格比 4 年前还低，股票总数也已经减少了将近 25%！

股票减少的同时债务增加了多少？靠债务回购是件非常不舒服的事情。（2015-04-08）

网友：巴菲特特别喜欢公司回购股票，回购会提升股票的内在价值吗？

回购其实也不提高整个公司的内在价值，但提高个股的内在价值，因为股票少了。（2011-03-03）

别的公司回购的真实理由可能有无穷个，但巴菲特回购的理由大概就只有一个，那就是他现在暂时很难找到比伯克希尔更便宜的股票，也就是说他认为伯克希尔确实很便宜了。我理解的巴菲特对很便宜的定义大概是安全的年复合回报率在 10% 或以上的意思。（2011-09-26）

网友："安全的年复合回报率在 10% 或以上"，这个数据是怎么得来的？

这个数字是猜的。巴菲特一般安全回报 8% 或以上的可转换债券就愿意投了。(2011-09-29)

股票由每个买家自己“定价”

股票是由每个买家自己“定价”的，到你自己觉得便宜的时候才可以买，实际上和市场(别人)无关。啥时你能看懂这句话，你的股票生涯基本上就很有机会持续赚钱了。如果看不懂其实也没关系，因为大概 85% 的人是永远看不懂这句话的，这也是这些人早晚会亏在股市上的根本原因。非常有趣的是，我发现其实大部分从事“投资”行业的“专业”人士其实也不是真的很明白这句话。(2012-04-14)

我其实并不懂通常意义上的估值，就是所谓股价应该是多少的那种估值。我一般只是想象如果某个公司是非上市企业，用目前的市值去拥有这家公司和其他的机会比较，哪个在未来 10 年或 20 年得到的可能回报更高(这里的回报是指公司的盈利而不是股价的涨幅)。(2019-03-13)

网友：我看见一只股票，它以前的十年净收益从来没有超过 1.5 亿，但它的市值有 100 亿。每个人都知道它的前景是一般般罢了。为什么那么多人去抢它，难道每个人都不懂吗?

呵呵，这有啥不明白的，再不明白去趟澳门就什么都明白了。(2010-05-14)

我个人理解逆向思维指的是从不同的角度看问题。在投资里，逆向思维大概就是能看到大家看不到的价值吧，不然大家也不会用很便宜的价钱卖给你。(2012-05-15)

网友：我去过几次股东大会，分别问过董事长、总经理、董秘，他们都说自己公司的价格被低估了。

大概所有公司的人都会对外说自己的股票被低估了吧？问完之后你

感觉好点儿了吗？（2012-02-13）

网友：大股东的回购能视为股票被明显低估吗？

回购最多只能说明大股东认为其股票被低估了。很多时候公司的回购只是为了给市场一个姿态，实际上并不表示什么。大概只有一种情况能表示公司确实认为其股票真的被低估了，那就是完全私有化。即便如此，也不代表这个股票真的被低估了。（2012-02-11）

案例

UHAL

网友：香港现在有些烟蒂资产。营收100多亿，经营现金流为5亿以上，利润这几年算正负零，有80亿的净资产，但市值才10个亿。这种公司您怎么看？记得您买过UHAL？

我现在不再买这种生意了。（2020-10-23）

我的过滤器里有商业模式和企业文化两项，过不去的我就大概看不到了。UHAL某种角度属于烟蒂。（2020-10-25）

网友：您有投资过隐性资产没有在账面上体现的上市公司吗？

有。雅虎就是，当年UHAL也是。（2010-03-27）

网友：请问怎样才能找到这种好事呢？

我是朋友告诉我的。我告诉过很多朋友，好像没人把这个当好事。（2010-04-25）

网友：我搞不懂为什么报表会不把全部的资产计算在内。怎么分辨这种情况？

有时候会有，比如当年我买UHAL时就是这种情况。UHAL拥有的地产很值钱，但报表没法反映出来。巴菲特买的BNI我觉得也有这种资产，但比例好像没那么高。（2010-05-11）

网友：您找人核算了一遍 UHAL 的资产吗？想了解一下您的算法。

我的算法很简单，就是朋友告诉我 UHAL 有 50 美元以上的净资产，我不太相信，因为当时股价在 5 美元左右，然后找不同的人查了一下，自己也看了看，确实是有 50 美元左右，就买了。这种机会就是巴菲特讲的天上掉馅饼的事吧？最关键的是这时候你的水桶要够大，不然也接不到啥。（2010-03-09）

网友：为什么这么便宜？

他们当时就是现金出问题了。（2010-04-17）

网友：您真找会计师看过报表？

是真找人看了。不过最关键的是一个朋友告诉我有这么大个馅饼在那儿，我不太信，所以才找人看其报表，主要是看它的资产是不是真有那么多。看的结果和朋友告诉我的一样。后来再从侧面去了解了一下这个公司，也大致明白为什么市场不喜欢，就毛估估下手了。遗憾的是正好买在了底部，所以买得不够多。

网友：“UHAL 许多人唯恐避之不及，也就是这时候，段永平请会计师审查财务报表，确定公司业绩没有造假”——光看财报无法确定公司业绩没有造假吧？而公司的原始凭证、业务往来之类如果它不配合也很难进行审计，对吧？

找人看主要是看资产，不是看真假。美国这点好，假的概率小。UHAL 的资产情况很复杂，花了很久（几个礼拜）才全面搞明白。UHAL 现在好像又快 100 美元了。（2012-02-02）

万科

我现在更关注商业模式和企业文化。如果时光能够倒流，我大概不会买创维或者万科，我觉得它们的商业模式都不够好。（2021-12-30）

网友：万科 109 亿股本，市值 870 亿，存货 900 亿，且账上有 230 亿的资金，您有什么看法？

之前的经营和负债情况如何？（2010-04-23）

网友：万科的负债，2012 年长期 + 短期的负债就达到了 460 亿。不知道净负债率 23.5% 是怎么算出来的？

你要算他们的有息负债。预收款也是负债，但意义差很多。（2013-03-06）

网友：不只是万科有负债，每个公司都有负债，只要是负债不是很离谱就行了。

每个公司都有负债吗？每个公司都应该负债吗？每个房地产公司都应该负债吗？我记得美国有一家房地产公司，叫 NVR，曾经因为太多负债而差一点破产，股票掉到过 0.2 美元 / 股，后来侥幸活过来以后就再也不借钱了，几十年以后的现在股价大概在 700 美元 / 股上下。你再看看美国房地产行业的其他公司。如果万科没负债，我会给他们加很多分，但他们不懂，他们想快点发展嘛。（2011-09-27）

网友：请问是不是关注有息金融负债就行了，其他负债就不用管了。我看到万科的有息负债只有 200 多亿，而它却有 400 多亿现金，我以为很安全。

还没认真看过财报。如果现金超过负债，那就应该很安全。我对大多数公司的担心是很多公司为了发展快些而去负债，结果某一天因为负债而陷入麻烦。万科相对而言还是比较健康的，但似乎对营业额的增长也很有追求。我一般喜欢那些追求好产品，不太提营业额目标的公司，比如苹果。

网友：现金 400 多亿，搞不懂有息负债 200 多个亿怎么来的？

有息负债大概就是银行借贷或债券类的东西，到期要还的。我说的少借债指的就是这类债。会计上的债务还包括预收类的款项，这类债务一般不会给企业带来风险。（2011-09-28）

网友：现金超过负债是不是有点怪啊。自己有钱放着不花，借别人的钱给别人利息？

很多很大的公司（比如跨国公司）由于周转等各种原因，有时候会有短期贷款的需求。（2011-09-30）

网友：感觉A股很少公司不负债的，不知道美国怎么样？

没统计过。反正一般负债多的公司我也不买。（2010-04-24）

网友：我个人偏爱低负债、零负债的公司。还要看看资本开支，有不少公司是资本黑洞，利润只是纸上富贵。有些公司多年以来的全部利润再投入都不够，还要增发或举债，我会避开此类公司，哪怕利润表很漂亮。

我也尽量避开。（2010-04-04）

网友：您认为一线城市的房地产符合巴菲特所说的“长坡厚雪”吗？

我不懂房地产，对这个行业普遍高举债感到困惑。（2019-04-22）

网友：像万科等地产公司的经营性现金流经常为负，你觉得这样危险吗？

对有些公司而言总有一天会的。如果整个行业都如此，则对有些公司而言后果很严重。（2010-09-03）

网友：你当初买万科时是怎样估值的？

我的所谓估值都是毛估估的。我买万科时万科市值才100多个亿，我认为无论如何也不止，所以就随便给了个500亿。呵呵，当时唯一确定的就是100多个亿有点太便宜了，如果有人把万科100多个亿卖给我，我会很乐意买，所以买一部分也是很乐意的。（2010-03-01）

网友：万科总股本110亿，今日股价7.31元，总市值804亿，每股净资产3.55元，净资产总计390.5亿，资产负债67%。

我确实认为万科是一家相对不错的公司，但我也不知道什么价该买。去年我曾经设了6块钱的买价，结果他掉到6块多就又跑回去了，呵呵。即使是5年10年以后，人们也还是要买房子的，他们会买谁造的房子呢？

网友：6块估价怎么来的？

依稀记得6块钱时市值大概800亿上下，加上贷款1000亿出头，100亿左右年利润，未来经营走下坡的机会不大，这个价钱我觉得不贵。（2011-03-08）

网友：市值为什么还要加上贷款呀？想不明白。

假设你按市值买下公司，贷款算谁的？

这里贷款指的就是债权债务。（2011-03-09）

从我们卖学习工具的生意里好像也能体会到人口年龄层的变化。算起来房地产泡沫（如果有的话）大概到这些人需要买房子的时候就该差不多了。（2011-01-10）

网友：90后、00后人口数量锐减，是不是会对很多最终客户是年轻人，根基又不扎实的生意模式逐渐产生致命影响？

会有影响，这个影响面会比大多数人想象的宽。（2015-05-23）

网友：对于今天的万科您怎么看？10年后的万科您怎么看？

我本身对房地产不熟，很久没看过万科和房地产这个行业了。目前中国人口老龄化问题似乎在加重中，不知道对房地产未来有什么影响。（2019-03-14）

网友：大道曾经说过万科是个不错的公司，也建议过您的朋友等万科便宜一些再买。现在万科市盈率8.8，您还建议您的朋友买吗？

那是快20年前说的了，那时候万科的债务还不是那么厉害。后来发现其债务很高后就没再关注过。（2024-03-31）

好公司最重要

就投资而言，好公司最重要。（2015-11-01）

想 10 年 20 年后

当你迷惘的时候，试试往远处看？看 10 年往往比看 1 到 2 年要容易很多，看一两年会比看一两天容易很多。比如投资上，很多公司其实是很容易知道它们 10 年后很可能会不行的，那为什么现在要买呢？避开这些公司你会发现其实你的选择会特别少，但心里会踏实很多。（2022-01-26）

网友：A 股除了茅台，还有哪个公司你认为生意模式不错？

作为一个懒人，我能了解的公司很少。不过你这个问题翻译过来就是 10 年后（或者 20 年后）的某一天来看现在我应该用茅台来换哪个公司呢？假设一个礼拜后股市就关闭了，10 年或 20 年后的某一天再开，你的决策会是什么？（2019-09-08）

大多数东西 10 年后啥都不是，但确实有些东西 10 年后会变化很大，还有些东西几十年后和几十年前一样。自己去找吧，人生的酸甜苦辣咸

都在里面了。（2022-10-30）

网友：如果大道发现低估的股票，会不会去弄明白市场哪里错了？我们假设市场大多数时候是对的吧？如果不知道市场错在哪，是不是意味着我们还没真懂？

想公司，想生意，想 10 年 20 年后公司是什么。不要理会市场，你永远不会明白疯子在想什么的。（2024-03-14）

贵或者便宜都是从未来 10 年或更远的角度看的。比如，如果你觉得一家公司未来肯定会完蛋，那么现在什么价格都是贵的。几年前有个某公司的第二大股东聊到该不该卖某公司，什么价钱卖的问题。我说，这个看着早晚为 0 的公司，什么价卖都是好价钱吧？尽量避开那些看起来 10 年后日子会不好过的公司很重要，偶尔错失一些机会不会伤害到你的。（2020-12-06）

网友：想想东方甄选自营品 10 年 20 年后的样子……是不是很有可能成为中国的线上山姆、开市客？

想象力丰富一般不是坏事，但对投资而言则未必是好事。（2024-03-14）

长线持有一定是在买对好股票的前提下。有很多人往往只是在“被套”的时候才想起“长线”来。

这里“被套”的意思是指有些人本来只打算拿 10 天的股票，结果因为“亏钱”了而决定改为拿 10 年，这种决定往往会让人亏更多。不打算拿 10 年的股票一定别去打算拿 10 天，不然就是“炒”了。（2011-12-13）

你认为 10 年后还在的公司都有谁？定义是 10 年后营业额和利润都不低于今天的才可以认为还在哈。

我觉得苹果、茅台、腾讯应该都还在；谷歌、微软、伯克希尔应该也还在。我希望 OPPO 和 vivo 还在，但不是 100% 确定。

20年呢？我觉得苹果、茅台应该还在，谷歌、微软、伯克希尔也应该还在，腾讯90%还在，OPPO和vivo应该75%还在。

30年呢？……

确属脑力游戏，没事想想这个也许能对投资有点帮助。（2024-01-28）

在年利润10亿美元以上或年利润50亿人民币以上的公司里，有谁未来10年的总利润会比过去10年高？在这些企业中，有谁未来10–20年的获利总和会比未来10年的总和高？

网友：大道是在寻找投资标的吗？

这是我的思维方式，我大概就是这么看公司的。当你这么看公司时，很自然就重视商业模式了。

我了解的公司很少，在我比较了解的公司里（年利润10亿美元以上的），我觉得未来10年总利润比过去10年总利润高的公司可能有苹果、茅台、腾讯、伯克希尔、微软、谷歌，拼多多应该算一个，但那是因为拼多多过去10年还没怎么赚到钱。麦当劳、可口可乐这类公司打败通胀的概率应该很大，所以也应该算。有点汗颜，我发现我了解的公司实在是太少了。（2024-01-29）

网友：四大国有银行10年后还会存在，所以银行是一门好生意吗？

日本甚至有存在了上千年的生意，你可能完全没听说过，但你可以肯定那不是什么好生意。生存时间长和是不是好生意没有必然联系。（2024-03-14）

好公司不怕萧条

好公司不怕萧条，大萧条来的时候好公司的额外优势更大，公司价值所代表的实际购买力反而会相对上升。所以，投资要聚焦在找好公司上面。（2019-09-19）

我喜欢孙正义说过的一句话：越是迷惘的时候，越是要往远处看。任何时候好公司都是值得买的，尤其是大环境那个啥的时候。（2024-10-16）

从投资的角度讲，找到好公司比啥都重要。在大家有“危机”的时候，好公司往往能将“危机”简化为“机”的。（2018-09-05）

网友：感觉实体企业的寒冬真的来了！

谁的冬天？关于冬天的说法，茅台肯定是不同意的，我们也不太同意，有类似观点的应该还有很多家企业，比如苹果、谷歌……（2016-02-23）

网友：您说“这些年花在投资上的时间不多，但投资水平有很大长进”，具体是什么意思？

就是不再受市场影响，更加坚信要买那些有好的生意模式和好的企业文化的好公司。（2019-07-28）

比如茅台，过去30年里不管你在酒前酒后、左侧右侧买，10年后看都是好投资，但用margin买的还是有可能要裸奔的。所以，不懂不碰，不用margin就是不为清单。（2020-10-11）

网友：巴菲特说在认识芒格之前，他特别喜欢在市场上捡便宜货，是芒格让他意识到花贵一点的价格买个好货回报高过捡便宜货。我觉得巴菲特那时候之所以喜欢便宜货应该是因为对商业的深层次理解等都还不够，对贵货很难下手。价值投资需要对行业、公司、商业，甚至对社会有很深的理解。我不认为年轻人容易具备这种能力。相反，便宜货会比较容易判断些。

呵呵，还是个未来现金流折现的问题。巴菲特发现“便宜货”的未来现金流折现比有把握成长的公司的未来现金流折现来得还要小，这可能就是芒格提醒的作用吧。但是，看懂好的成长公司可是要比捡便宜难

得多哦。（2010-05-24）

网友：总觉得自己在平庸公司里徘徊不前，如何才能跳出怪圈？

关键是要搞懂生意，能看长远。“时间是平庸公司的敌人，是伟大公司的朋友。”这句话也许能帮到你。（2020-12-02）

找到好公司确实很难。所以，真要投资的话，要坚持的是要去找好公司，去看懂生意。至少要学会坚持不买烂生意。（2024-08-15）

“买自己一眼就看懂的生意往往都不错”，说这句话的人很有悟性哦。巴菲特也讲过，伟大的生意一般只要一个段落就可以说得很清楚。（2013-02-01）

其实愿意化繁为简的人很少，大家往往觉得那样显得没水平，就像买茅台一样，没啥意思。（2019-08-14）

复杂的事情简单做，简单的事情重复做。（2023-05-29）

网友：20世纪我们看到了无数伟大的公司，包括沃尔玛、IBM、微软。到21世纪，进入了信息时代，什么样的公司会最受欢迎？

很多20世纪的伟大公司今天依然是伟大公司。有很多公司的实力也是难以想象的。刚刚不小心看到思科（CSCO）居然有390亿美元现金，可以单独去救欧洲了。（2010-05-15）

“如果你因为某样东西被低估而买入，那么当它价格接近你所计算的内在价值时，你就得考虑卖出。这很难。但如果你买入几家伟大的公司，那你就可以坐享其成。这可是件美事。”（芒格）

这条大概要花很多年才能真明白，大概就是未来现金流折现的意思。我觉得自己现在大概有点明白了。（2012-06-26）

网友：有人说资金量小可以关注成长性更强的小公司，您的建议呢？

我没啥建议，你要不懂投资，其实都是一样的，你要懂投资其实也

没啥区别。（2022-01-23）

投资的原理是一样的。找小公司也是要找那些商业模式好、企业文化好，但规模和市值都比较小，大家还没发现的那种。现在回过头来想，多数小额投资者投小公司有可能情况会更糟，因为小公司往往资料比较少，小额投资者更容易中招。但假如我自己作为一个小额投资者（依然比较懂企业），如果有时间的话，我会努力去找那些我认为大有前景的小公司，这样回报会高不少。（2019-04-30）

网友：资金不大时是捡烟蒂还是选择优秀的公司？

对绝大多数人而言，其实和资金大小一点关系都没有。（2013-12-18）

小资金的人对企业的理解一般也容易弱些，不容易看懂伟大、优秀企业与普通企业的区别，所以多数人都是容易从烟蒂开始的。只有很少的人最后会真正悟到投资的道理，并同时具备看懂伟大企业的能力。（2015-01-19）

“小资金的人如果懂投资的话是可以找到更好的机会的”，这其实是个伪命题，因为小资金能懂投资的概率也是小的。（2025-03-05）

网友：购买市值低于净资产，甚至是净现金的公司，特别要注意哪些问题？

我觉得你需要对公司特别了解才行。这种情况特别容易陷于所谓的“价值陷阱”，就是看着便宜但永远也不涨的那种。如果从未来现金流折现的角度看则会容易理解些。（2010-10-21）

市值低于现金的公司千万要小心（和投资别的公司一样小心就好）！一眼看上去市值低于现金的公司确实经常是值得花时间去看的，但多数情况下这未必就是便宜货。（2018-01-12）

网友：可以确认的净资产是否就是股价向下空间的一条底线，一旦低于这个底线，就应该大量买入？

我的回答还是不一定。比如 100 块的东西，如果 98 块卖给你，也不一定合算，除非你马上倒手一下。（2010-04-27）

网友：面对成千上万非上市的小公司，除了观其行听其言、深入了解其产品和服务，还有什么办法能高效率找到未来有潜力的小公司？

不知道。我只关心上市公司，因为容易了解很多。没有10年8年的可追溯历史，很难了解一个公司，了解一个小公司几乎是个不可完成的任务，除非开公司的人刚好是你以前就认识了很久的人。（2023-04-26）

越是懂投资越应该集中

那些买了一点点的不算看懂了，如果真的看懂了却只买了一点点是说不过去的。

我对看懂的定义非常简单，就是敢下重注。按巴菲特最多分散到6个公司的说法（我很同意哈），看懂并敢下注的比例至少要占1/6吧？不然都应该叫“观察仓”？

这里不是说一定要达到1/6的意思，因为有时候价格（机会）并不是那么合适。（2024-04-21）

网友：您觉得个人投资者是集中投资好，还是适度分散好？

跟是不是个人投资者无关。我觉得越是懂投资的越应该集中，但据说不太懂投资的人则最好分散到指数类基金，不过我没试过。（2020-10-10）

网友：一开始做投资没有想得那么明白很正常，似懂非懂的时候拿点小钱试一试也未尝不可。

多数人的问题是算得太多而想得太少。拿点小钱试试没啥不可，但你想试的是什么？市场的走势？（2018-01-12）

网友：茅台和苹果的资金分配可以量化么？比如这个3成那个5成？

从来没算过，也不觉得重要。（2019-05-27）

我一生中单吊一股不是一次两次了，创立公司是，投网易也是。巴

菲特也不是一次两次了。（2023-05-12）

每一次买卖都是独立的

平常心看，每一次买卖其实都是独立的。（2013-07-04）

一次有个朋友飞来旧金山，我去机场接。由于早到，我在停车场投币器里投了一个小时的钱。结果他也早到了，所以我们回到车上时，投币器里还剩半个多小时的时间没用完。于是我们决定为了不浪费已经投进投币器里的钱，在停车场里的车上又待了半个多小时。

现实当中也许没人会真的在停车场等，但据说有个调查显示，500强CEO里有85%的人承认他们干过类似的事情。本人属于85%这类人。（2010-03-30）

呵呵，这个故事讲的是沉没成本。沉没成本是指由于过去的决策已经发生了，而不能由现在或将来的任何决策改变的成本。故事讲的就是为了去救已经沉没的钱又花了新的投资，结果是白花了。你可以想想自己有没有干过类似的事就明白了。（2010-04-02）

网友：引申到投资上，多数人被套住的时候都会守在那里，直到解套，而不是比较解套和其他标的哪一个机会更大。其实每天的收盘价就是我们的机会成本，没有卖就等于买了，否则可以买其他。所以非常认同段老师的卖和买入成本无关的说法，可惜能过这一关的人太少了，我自己也是挣扎了几年才爬过这一关的。

赞。（2010-03-31）

讲个真实的小故事吧，大概差不多快10年前了，公司的同事或者说朋友们告诉我，弟兄们买了很多忠旺的股票，麻烦让我看下这家公司。于是我确实飞过去看了这家公司。回来后我告诉弟兄们：我觉得这家公司商业模式一般，企业文化一般，大家卖了吧，无论亏赚，换茅台或者苹果或者腾讯都应该更好啊。当时忠旺股价在 3 块左右。大部分人很快就换了，但确实有人不舍得换，总是说会有机会的会有机会的。一转眼这么多年过去了……机会成本杠杠的。（2020-04-26）

合适价钱就好

其实我对好价钱已经不太提了，合适价钱就好。（2019-05-20）

好价和长期持有的关系是什么呢？其实是好股长期持有就是好价了，而不是买到了好价钱的意思。（2019-10-14）

网友：最近看了《穷查理宝典》，提到最佳的投资方式是以公平的价格买入伟大公司并持有。伟大的公司是等待市场定错价时再买入呢，还是见到公平价格就可买入？

你一旦真的明白了什么是未来现金流折现，就可以解答你的问题。（2015-06-07）

网友：合适的价格有什么模糊的标准？

价格合适主要指的是你自己的机会成本（也可以扩展到社会的机会成本）。比如你喜欢一个公司，你觉得未来 20 年的回报能有 8%/ 年，但同时你又是一个很会赚钱的人，平时总能赚到 10%/ 年，那你当然就可以考虑等等，看看有没有更好的机会。如果你只是把钱放在银行吃 1%/ 年的利息的话，年回报 8% 就很好了，千万别听隔壁小马赚了很多钱的那些故事，哪怕那故事是真的。举个极端的例子，有个公司你觉得回报能有 10%/ 年，但银行利息是 15%，你该怎么办？（实际情况往往是股价会掉得很厉害。）（2019-05-17）

网友：你说过好公司价格不太重要，过得去就行，时间到了什么都会有的。请问背后的逻辑是什么？能以苹果或茅台为例子讲讲吗？

用10年看就明白了。今天你看茅台，你觉得120元买的和180元买的有多大区别？当然，你如果知道茅台会到120元则不一样。很久以前我说过，苹果400美元很便宜，500美元也很便宜，到600美元时我依然说还是很便宜（在1/7之前），现在看是不是就容易明白了？（2019-09-12）

网友：茅台还没买够，但是已经涨起来一些了，安全边际降低，但是股息率依旧高于银行利息，这时候该如何操作？

茅台以前还更便宜呢。尽量往远处看吧，别老想着赚点快钱。

网友：依稀记得大道2014年时说200元买入的茅台和100多元的茅台从长远看没什么区别，这话我都回味了近十年啦。

很多人说100元当然比200元好，傻子才不知道呢！我们不知道的是当茅台180元的时候，还会掉到100元吗？我们知道的是180元的茅台已经很便宜，有钱就先买了。万一真掉到100元了，有闲钱再买，没有就跟自己无关了。（2024-09-27）

网友：既要选好股，又得择好时。

号称自己会择时的人大多最后日子都不太好过。（2022-03-09）

"不择时"我的理解大概是：当我觉得从10年的角度看不贵而手里正好有钱的时候就可以买了，不需要等更便宜的价钱，因为这个价钱从10年的角度看已经很好了。（2023-02-23）

当合适的价钱出现时，除非你知道等什么，不然你在等什么？其实从长期的角度看，一点点价钱的差异远不如公司好坏来得重要。（2014-07-26）

我看到有些人手里拿着钱，看见别人赚钱心里着急。眼看着股价越涨越高，心里跟着越来越急，最后在"不择时"的鼓励下，一咬牙一跺脚就冲进去了。不择时不是追高的理由。真正不择时的人是真的看10年的人，而且人家钱大多早就已经在投资上了。追高不择时的人们实际上对短期的下跌是非常难以忍受的。（2023-02-23）

网友：如果看好的股票到达了可以接受的价格，您是习惯一次性全仓买入，还是分批买入？我很纠结。

你纠结的东西不是关于价值的，10年后回头看没啥意义。除非你钱太多，不然见到好价钱只买一点点是件说不过去的事情。（2019-07-22）

我的“满仓主义”就是一般情况下，要投资的钱都放在投资上，手里不专门留准备用作投资的现金，因为现金长期来说是会输给通胀的。我的满仓主义最大的特点是不太在意“择时”，但非常在意“商业模式+企业文化”，当然前提是10年后看回来的价格是便宜的。满仓主义不意味着就一定要满仓，没有合适投资标的时（包括价格过高时）是可以拿着现金的。价格过高的意思是：这个公司的未来现金流折现达不到目前市值的水平。（这句话的潜台词是，我自己的认知范围里觉得这个公司赚不到那么多钱，所以价格就是过高的，不等于实际上这家公司做不到。）（2023-04-07）

持有＝买入

网友：如何理解持有＝买入？我也是重仓苹果和茅台，但总是会害怕国际宏观环境。身边的人也总是提醒要控制仓位，后面跌了可以买更多。很希望能够有您这种持股不动的心态！

理论上（忽略所有交易成本的前提下），持有＝买入，或者买入＝持有，其实不是一种观点，而是一个事实。我以前也为这个观点困惑过很长时间，直到有次跟巴菲特聊天时我问他，持有＝买入吗？他说当然啊，这是一个事实啊！那之后我就突然觉得自己明白了。不过，明不明白这点，和投资好坏似乎也没太大关系。对你的苹果或茅台而言，不管你想买进、卖出或不动，和你已经持有多少、成本多少实际上都是无关的，是个独立的投资决策。（2020-10-12）

网友：持有等于买入，是否在讲“为卖出而买入（buy to sell）”和“为持有而买入（buy to keep）”的区别呢？

这个东西没有标准答案，但我认为用 buy to keep 和 buy to sell 来区别是个非常好的说法。事实上，“持有”在每个时点确实是等于“买入”的，机会成本就是这个意思！然而，如果一个投资者真的那么想的话，就很容易掉到每时每刻都在想“是不是高估了”“是不是高估了”“是不是高估了”，然后过多地注意市场而不是聚焦在生意本身上。投资的本质在于生意本身，对市场的关注越高，投机的成分越高。所谓的价值投资者是应该可以完全不在乎某公司现在及未来是不是上市公司的因素而决定买卖该公司的。（2014-08-30）

网友：如果你持有三只股票，其中一只泡沫比较大，其他两只估值相对合理，你会调整仓位把泡沫的股票换到另外两只吗？

我觉得难得的好公司最好还是拿着，换来换去比较复杂。前段时间在我管的一个朋友账号上把苹果换到伯克希尔了，换亏了不是（少赚了）？最近股市这个涨法我也看不懂，可能真的和利息太低了有关吧。我一直不太习惯买很高 P/E 的公司，但我们现在主要持有的苹果、茅台和腾讯 P/E 都是 30 多倍了（具体多少还没看），持有 = 买入啊，对我也是个考验哈。准备复习一下大道以前讲的东西，努力往前看 10 年 20 年。（2020-08-25）

这里表达的东西其实和苹果无关。昨天下午和一个朋友打球时，他告诉我他上午“又”买苹果了，大概 560 美元 / 股。记得上一次他买苹果是当苹果 360 美元的时候，结果买了以后就设了个 399 美元的卖单。我劝他别卖，因为这价太便宜，可他最后还是卖了。今天，其实苹果还是那个苹果，但市场价到过 600 多以后，似乎在 500 多下买单就容易多了，呵呵。

其实，卖股票和成本无关，买股票和其到过多少价也无关。最重要其实也是唯一重要的是公司本身。

什么时候确实可以完全忽略市场的影响的时候，对价值投资的理解就算是很到位了。

当然理解价值投资不等于就能在股市上赚到钱，就像知道要“做对的事情”的人不一定具备“把事情做对”的能力一样。

把事情做对需要有很多年的辛苦积累，不是看一两本书或者上几个“高手”的博客就能学会的。

大概由于这些天苹果掉得很厉害，昨天上午有个朋友打电话问我苹果发生什么事了。我说我不知道，但我重复了《功夫熊猫》里 Master XiFu（就是广东话里师傅的意思，好莱坞的人大概以为中国人讲的都是广东话）的那句话：You must believe！

很多人读过很多书，知道很多投资的教条，But they just don’t believe. Maybe they don’t believe because they don’t really understand. Who knows？（但他们就是不相信，可能他们不相信是因为他们并不真正懂得，谁知道呢？）

这里的“believe”千万不要理解成简单的自信，这个“believe”的建立是需要很多年的经验和理解的，但不是有很多年就一定可以理解的意思。我见过很多有很多年“经验”的人，其实从来就没有真正花时间去“理解”过。（2012-04-26）

网友：不买入=不持有吗？我在迷茫假如我持有一只股票，但是现在我又不想加仓了，是否干脆减仓甚至清仓？

你的问题其实有点复杂的。持有确实等于买入，但未必就等于要加仓，因为往往你还要想看看是不是还有别的机会？不过，我自己经常就是有钱的时候就加仓了。网易从不到一块美元一直加到几十块美元（后来1分4了），苹果从300多美元（1分7之前）一直加到170–180美元，茅台前段时间500多元的那次还加了不少，都是因为刚好有现金流了。

其实从10年后看回来，这个问题没那么复杂。你迷惘的原因其实是

因为害怕股价短期的变化。（2019-09-04）

网友：持有伟大公司的股权，在高估的时候，是该卖出还是继续持有？

这是一个很难的问题，没有总是对的答案。巴菲特的观点是一点点高估不应该卖，几乎每次他卖了后都被证明是错的。我现在也慢慢理解巴菲特的观点了。找到一个伟大公司非常难，不要为一点点差价就卖掉了。（2019-03-20）

巴菲特在回答什么时候卖出伟大公司的时候说"never"！这个never不容易懂，巴菲特自己花了几十年才大致明白了。（2017-08-04）

网友：不能教条主义，散户还是遵循低估买入，高估卖出比较合适。

非常对，只有这样才能维持散户的地位。（2019-06-22）

伟大的公司要惜卖！伟大的公司卖掉后大概率很难买回来，而且因为手里拿着现金，很可能会投到没那么好的生意，损失会有可能是双重的。（2022-01-31）

网友：大道面对不确定性的时候会焦虑不安吗？总觉得自己的决策和行动都达不到100%，而且永远没可能达到100%。在自己觉得能看懂的情况下，选择重仓后，会害怕吗？

不用margin买了自己喜欢的生意，为什么会焦虑？苹果掉的时候我会焦虑吗？茅台掉了这么多我会焦虑吗？当你觉得焦虑的时候就说明你没搞懂你买的生意，那你就该离场了。买了不懂的生意是很容易焦虑的，也很难拿住。（2024-08-08）

真懂了就拿得住，不需要什么技巧。

再说一下关于拿住的观点：买股票（公司）和其曾经到过什么价无关，卖股票和买入价无关。不要老以为谁是高手，也不要老想着成为高手，老老实实找些自己能看懂的好公司，好价钱时买下拿着就好了。巴菲特讲过，最好的公司就是永远都不想卖的公司。一生找到几个这种公

司，想不发达也难啊。（2015-01-13）

网友：您买卖股票的标准是什么？

因为买公司是基于好的商业模式或企业文化，所以当觉得这两个方面长期来看出现不可修复的问题时，就要考虑离场了。（2022-03-03）

你觉得跟踪每天的新闻会对你有帮助吗？如果没有的话，那你为什么要这么做？如果你投资了一家企业后还会为每天的新闻改变你对企业的看法，那大概就说明你对这家企业其实不了解。当然，交易者（traders）是需要根据每天的新闻去做事情的，基本上，那样做应该会很累而且不太赚钱。另外，关心和跟踪是有点不太一样的。关心是一个享受的过程。（2014-02-05）

根基不变没必要太关注宏观

“我和沃伦并非依靠预测宏观经济走势并基于这些预测结果下注，才在人生中取得如今的成就。”（芒格）

我也不是。（2012-06-26）

“我对总体经济一窍不通，汇率与利率根本无法预测，好在我做分析与选择投资标的时根本不去理会它。”（巴菲特）

好多人以为自己看看新闻就能比巴菲特明白，可笑不？

“从预言中你可以得知许多预言者的信息，但对未来却所获无几。”（巴菲特）

哈哈，这个说法很妙。（2012-07-28）

网友：您研究宏观经济吗？还是把全部的精力放在研究微观经济上？

对宏观经济完全没概念也是很难了解微观经济的。所谓对宏观经济的了解应该是对经济现象的理解，而不是花很多功夫去根据宏观经济的短期数据来不断调整自己的“投资”。我本身本来就学过些宏观经济，主要是马克思以及其他西方经济学的东西，所以对宏观经济知道一点。（2011-01-05）

其他的东西对公司短期盈利有影响，但如果你从5年10年的角度看，你会发现宏观的东西对公司的影响要比想象的小得多。（2010-02-07）

专注在公司生意上，忽略短期的波动很重要。眼前这些事10年后都不是事。（2018-09-10）

“2月28日，特朗普与泽连斯基在白宫发生争吵。”（新闻）

终于有点明白巴菲特为什么突然从满仓主义者变得如此保守了。

网友：说巴菲特不关心宏观其实也是不太对的。

在根基不变的情况下确实没必要关注太多的宏观变化。（2025-03-02）

为自己想拥有的股票投保

卖put等于对投资回报的要求不像大家想的那么高，大概就是宁愿放弃一口吃个大胖子的机会，但更有机会有还过得去的回报，比如10%/年，也不完全排除更高的收益。不过，卖put这个说法很危险。不是谁的put都可以卖的。我主要只是卖苹果的put。（2022-11-12）

我卖put的情况多是自己喜欢的公司的价钱在不高不低的区间，手里又正好有点闲钱。想着10年后这个价钱也不贵，闲着也是闲着，于是就卖个put，赚个年化十来个百分比的回报。特别便宜的时候最好别卖put。因为很可能赚了一点蝇头小利而失去大机会的。（2023-03-18）

我做股票的第一个交易就是卖put。一直不是很明白为什么大多数人搞不懂卖put和卖covered call（备兑看涨期权）的道理。照说如果明白买股票就是买公司的道理后，应该很容易明白卖put无非就是让你更便宜地买你原来想买的股票的办法而已。

网友：你已经很想买正股了，当然不会介意以更便宜的价格买。

对，卖 put 的根本道理就这一条，不知道为什么会被人说得那么复杂。

网友：卖看跌期权本质上就是卖保险。当你对投资对象很有信心的时候，这真是一个好工具。

我也一直用卖保险来比喻。但两者最本质的差别其实是保险的费率大概是可以算出来的，put 不能。卖 put 实际上就是为自己不拥有的东西投保。我只为自己想拥有的股票投保。

网友：option（期权）可以作为价值投资的辅助工具?

是啊，巴菲特也用啊。不过，巴菲特规模太大，只能卖点标普的 put。我自己也觉得越来越难用了，规模大了以后市场没容量，卖不出好价钱就没意思了。（2011-12-18）

使用 option 时最重要的就是不要为 option 而 option，只有对基本面非常明白时才有可能有时用一下。还有就是不要用 margin 做 option。（2011-10-04）

我说的卖 call 一定指的是 covered call，和市场无关但和了解有很大的关系，不了解的公司绝对不能碰任何 option。卖 put 也不需要“大量”的资金，钱多多做些，没钱就不做，和别的一样。（2011-07-16）

从本质上来讲，卖 option 就是在赚投机者的钱，实际上是在和投机者对赌。投机者像来赌场的赌客，卖 covered call 和有些股票的 put 则有点像赌场。（2011-07-17）

你如果坚持用买 call 的办法去买你想买的公司（其实你只是想赌个大涨而已），最后的结果大概率是亏光光的。我自己是不买 option 的，不管是 call 还是 put。（2020-11-13）

网友：如果有一家真正懂的公司，option 是能增厚不少利润的。所以确定性最重要。

能不能增厚利润不是很确定，但下手难度减少了不少，内心没那么折腾，受市场影响会降低一些。（2023-09-29）

卖 put 看着好玩，但背后的逻辑还是严密的。首先，从十年的角度看，170 美元的苹果其实不贵（功夫全在这里），然后就好玩了。（2022-01-08）

网友：巴菲特谈期权时说如果你想要买卖股票，就应该直接买卖股票……

巴菲特是对的！但这不意味着我的办法对我不对。卖 put 可能会少赚钱，但至少买入成本是低一些的。反正我每天卖 1000 个腾讯 put 会继续，比直接买股票要容易下手很多。顺便说下，我的大部分苹果就是通过卖 put 买回来的，虽然没巴菲特买得多，但比重可比巴菲特要高哈。

其实我的想法很简单，就是我管的钱一定要战胜通胀，不然我就亏钱了。所以，首先要找自己看得懂的好公司。好公司一般都有点贵，直接买老是觉得有点下不了手，但卖个 put，就算最后买不到股票，年化十几个百分点的收入也还是可以的嘛。这里并没有一个所谓的卖 option 的策略，最重要的还是也只能是找到好公司。我并不追求所谓的最好的投资策略，我也不可能每天去办公室上班（我确实有个办公室，到目前为止只去看过一次）。不客气滴说，如果我全天候做投资，我的回报肯定可以高一些，但我为什么要这么做？我目前这个办法其实还是蛮有效的，一个人可以管人家两三百号人管的钱，而且好像过去 20 年表现都还不错哈（但并不总是能赢标普 500）。绝大部分时间里我都是满仓或者实质性满仓的，最近有点闲钱，主要是有段时间的闲钱买了苹果同时卖了 call，前段时间被 call 走了一部分。目前价位下，买苹果真有点下不去手，但卖腾讯的 put 似乎心里还是踏实的。苹果以前回调过很多次啊。也许最近大盘涨得有点邪乎，感觉怎么懂苹果的人突然就多了好多呢？

网友：腾讯 put 进来之后卖 call，半年和一年您大概会选择什么价位？

我一般不会想这个问题。简单讲比如一年 20% 以上的回报我就满意了。价格太低我一般就懒得卖 call 了，但有时候也可能会卖买入价的 call，因为来回的 premium（期权权利金）是不错的利润哈。一般至少能满足年化 15% 以上我才会动手，不然就只好闲着，哪怕只是拿着 T-Bill（短期国债）也没办法。T-Bill 毕竟是无风险的。（2024-10-26）

第二章

商业模式和企业文化

商业模式越好，确定性越高

看到商业模式不好，就像刮奖刮到一个谢字，还要继续往下刮吗？（2021-10-19）

商业模式和企业文化第一，价格第三

right business + right people + right price + time = good result（对的生意 + 对的人 + 对的价格 + 时间 = 好结果）。虽然这个不是投资的充分公式，但好结果却是个比较大概率的事件。（2013-04-19）

网友：企业文化、商业模式、价格这三者按重要性如何排序？

商业模式和企业文化排第一，价格排第三。（2019-05-31）

网友：这三个因素的重要性占比是否各占 33.3%？

过滤器啊！

前两条是必要条件，第三条要从未来 10 年以上来看。（2025-02-12）

也许可以给个未必合适的比喻，商业模式像马，管理层加企业文化像骑师，经营结果就是比赛结果。不过企业经营不像赛马那么短时间而已。（2011-12-31）

买一只股票往往要很多理由。不买的理由往往就一两个就够了。（2010-03-30）

再好的车手也难开好一辆烂车

商业模式简单讲就是公司赚钱的模式。好的商业模式是有护城河的，举个极端的例子就是海关（虽然这不是通常意义的商业模式）。企业文化就是企业里这帮人的使命、愿景和核心价值观。（2019-03-14）

好的商业模式很简单，就是利润和净现金流一直都是杠杠的，而且竞争对手哪怕用很长的时间也很难抢。你可以自己想想：谁的生意是很难抢的？然后再想想为什么？（2020-10-11）

好的商业模式就是能够长期获得很好利润的商业模式，一般都是通过提供很好的产品或服务而来的。（2020-12-03）

网友：是不是能躺赢的商业模式就是好模式？

可以这么说，如果大家对躺赢的定义是一样的话。躺赢的典型其实是贵州茅台和喜诗糖果。不过好的商业模式不限于此，比如苹果、谷歌……（2022-01-04）

网友：巴菲特说喜欢不变的公司，看懂变化能赚大钱。请问苹果和茅台属于哪种？

这里的变化应该指的是产品，显然苹果属于要变的公司，茅台属于不变的公司。我喜欢苹果，也喜欢茅台，因为他们的生意模式都很好。（2019-07-24）

第一，生意模式越好，投资的确定性越高或者叫风险越低；第二，见第一条；第三，见第一条；第四，见第一条。（2013-04-03）

和巴菲特聊一聊，给了我非常大的帮助，至少给我带来了几千倍于午饭的价值。以前我对商业模式是没有那么重视的，只是众多考虑之一。认识巴菲特以后，我买的苹果、茅台，包括腾讯，都有巴菲特的影响在里面，尤其是“一直拿着”这点，和巴菲特绝对密不可分。另外，从那以后，市场对我的影响逐年下降到几乎没有。如果能够重来一次的话，那我肯定会更早地去赢取那个机会。（2020-10-15）

网友：于小资金的投资者而言，对生意模式的挑选是不是可以不那么严苛？

你的想法其实也是维持小资金的比较有效的办法。（2017-08-27）

没把商业模式放在第一位那就基本上还不太懂生意，投资会蛮煎熬的。（2023-05-11）

网友：如何分析生产电子产品零配件的公司（如塑胶、五金、电子零件）？该类公司都有几个特点：一是有大量的应收款；二是公司业绩不稳定，易忽上忽下；三是进入门槛比较低，基本很少有技术壁垒。

呵呵，你要是想忙一天的话，就请朋友来家里吃饭。

你要是想忙一年的话，就装修你的房子。

你要是想忙一辈子的话，就多买几个这样的企业。（2011-01-05）

网友：生意模式一般、企业文化好的企业能不能投？比如早期的步步高，记得大道说过一个供应商没把货款转成股份，头发后来都掉光了。《基业长青》（*Built To Last*）中举例的伟大企业的生意模式，相对茅台和苹果，似乎看起来也一般。

这是个机会成本问题，你总是挑你自己能看懂的公司里面商业模式最好的投。如果你觉得商业模式一般的潜台词就是你知道有更好的，那你为什么要放着更好的不投而去投一般的呢？从10年20年的角度看，投商业模式好的公司总是舒服的。（2021-10-24）

网友：好的管理层是不是应该有能力改善甚至创立好的商业模式？

那个有点可遇不可求，投资一般应该在看到好的商业模式后再出手比较安全。（2013-04-23）

再好的车手也很难开好一辆烂车。（2013-04-22）

好生意非常难得

网友：“好生意模式”的建立是否也有点可遇不可求？

特别好的生意模式非常少见。（2013-04-23）

网友：技术可以复制，生意模式可以复制，唯独企业文化不能复制。

生意模式可以复制吗？复制一下谷歌或者苹果试试？好的生意模式是包括企业文化在里面的，非常非常难复制。（2013-05-31）

网友：如果自己要做生意，在能力圈以内选择项目是不是也按照这个方法去考虑？选择产品利润大、市场比较大、长期有稳定护城河的生意项目呢？

这个思路是对的，是经营企业的方向。但是，这种企业的门槛一般巨高，相当不容易。（2020-10-13）

比较苦的生意的特点往往是进入门槛比较低，产品差异化小，经常需要靠产品价格竞争。比较一下茅台就明白了。（2020-12-07）

产品同质化程度越高，苦生意的概率越大。（2023-01-19）

话说回来，大部分生意其实都是苦生意（赚钱不容易）。苦生意大致可以分为：很苦，非常苦，相当苦以及苦苦挣扎等（这里排名不分先后，纯属玩笑）。正因为大部分生意都属于苦生意，所以好的商业模式的生意才非常难得，需要好好珍惜。企业文化强大的苦生意其实也是可以做得蛮不错的。（2024-08-23）

一般而言，产品差异化比较小的生意都有可能是苦生意。苦生意也是生意，做好了小日子也能过得去的，就像小区的那些小杂货店一样。（2024-10-21）

网友：生意模式就是护城河吗？

护城河应该是生意模式的一部分。没有护城河的生意模式不是好的生意模式，但有护城河的生意未必就一定是好的生意模式。（2012-06-24）

差异化指的是产品能满足用户的某个或某些别人满足不了的需求。能够长期维持的差异化就是护城河。（2019-08-02）

护城河就是竞争优势，好的商业模式一般都有很强大的护城河。护城河不是一成不变的，看懂护城河对投资很重要。企业文化对建立和维护护城河有不可或缺的作用。（2019-10-03）

护城河是用来判断公司内在价值的一个重要手段（不是唯一的）。企业文化是护城河的重要部分。很难想象一个没有很强企业文化的企业可以有个很宽的护城河。（2010-05-25）

网友："投资没有什么，就是投垄断。"您当年也在场，巴菲特有这样说吗？

我没注意。但投资确实就是买的未来现金流（折现），未来现金流（折现）最大的保障就是商业模式，商业模式里最强的就是垄断，或者叫护城河。（2012-03-30）

网友：如何能形成强大的垄断优势？

到目前为止还没学会如何形成强大的垄断优势。我觉得能形成长期垄断优势的企业是非常罕见的，国家垄断不算在内。巴菲特讲的护城河实际上指的是某种形式的垄断，往往是由生意模式决定的。当然，拥有一个好的生意模式需要有好的企业文化等等，不然很快就会搞得像雅虎一样。（2011-12-17）

网友：比亚迪的成本优势应该属于比较重要的护城河，你认为呢？

还没见过成本优势可以成护城河的，很少有企业能长期维持低成本的，制造业好像没见过。而且靠自己产品卖低价的企业就很难有长久的，至少我没见过。这是我的观点，和比亚迪无关。（2010-05-24）

网友：盖可保险（GEICO）不就是成本优势吗？而且很长久了。

盖可和开市客都是靠的商业模式，但我们这里说的是制造业哈。（2020-11-24）

一般而言，我觉得长期靠低价抢市场靠不住。盖可保险的低成本是相对传统保险业而言的。传统保险业需要很多人去卖保险，所以需要很高的费用。盖可保险利用了很多网上的资源，客户自己上网买就行，所以确实可以大幅度降低盖可保险的成本。这对销量比较大的车尤其方便。盖可保险未来的竞争对手可能会来自同样网上销售的保险公司，但盖可保险的品牌力量会非常大，因为买保险的客户大概不太愿意去一家没怎么听说过的公司买保险。（2012-02-21）

网友：卓越的管理层重要还是护城河重要？

这就像打仗一样，是能打仗的军队重要还是好的战壕重要？没有好的防护，再好的军队也不经打。光有战壕显然也是不行的。（2010-04-14）

网友：一家公司的护城河很深，但管理层不是很好，这样的股票能不能碰？

管理层不好的公司怎么会有很深的护城河呢？费解。（2013-04-02）

定价能力和护城河其实是一回事。巴菲特说相对于管理能力他更看重定价能力，其实建立强的定价能力需要的时间非常长，没有好的管理能力根本做不到。所以他说的不矛盾。（2011-02-22）

要确认谁有定价能力也非常难。巴菲特的例子有喜诗糖果，茅台也很像。（2011-02-21）

网友：如何才能看懂商业模式呢？

一般来说，商业模式经常要看的东西不外是护城河是否长期坚固（产品差异化的持续性，企业文化），长期的毛利率是否合理（产品的可替代性），长期的净现金流（长期而言其实就是净利润）是否让人满意……（2020-11-06）

网友：用行业状元衡量好的商业模式是否可行？

这个世界可能有几十几百个甚至更多的行业和行业状元，但商业模式好的凤毛麟角。用找行业状元的办法就会很容易去投那些商业模式不好的行业状元，那些状元很可能只是昙花一现的辉煌而已。（2023-07-01）

碰上一个好的商业模式感觉是要有非常好的运气的，但运气背后有很厚的企业文化背景。搜索最后变成谷歌的好商业模式，但肯定不能简单地说搜索是个好的商业模式。手机在苹果手里就是个极好的商业模式，在我们手里也是，但很多做手机的公司都倒下了或者根本做不起来。酒也是个典型的例子，茅台厉害不等于酒都厉害。说到最后，你觉得到底啥重要？（2019-05-30）

网友：商业模式好坏的比较是指同行业不同公司（比如茅台和五粮液）之间的比较，还是不同行业随便两家公司（比如茅台和分众）都可以比较？

比较的是净现金流，和行业无关。（2020-10-28）

网友：哪类行业不容易产生好生意模式？制造业是不是赚的都是苦命钱？

各种。苹果算制造业吗？台积电算不算制造业？（2022-01-23）

案例

网友：好的企业文化只能让生意模式出现问题的企业减缓下降的速度而不能逆转下降的趋势，比如书店、胶卷生产商、报纸、汽车、航空公司、百货公司。持续的竞争优势的基础是好的生意模式。另外，连续几年营收和利润高速增长并不意味着就拥有好的生意模式，比如苏宁和携程，我曾经以为它们很厉害，而且能继续厉害下去。

这个理解很好，说明生意模式很重要。（2013-03-31）

这两家公司的产品都是很难有差异化的，感觉不容易找到好的生意模式。记得携程曾经到过蛮高的价钱，那时我看过一眼，没看懂。后来掉了一半时又看了一眼，还是看不懂，主要是想不通搜索对携程未来的威胁是什么。感觉这种公司形态10年后就不太容易存在了。（2013-04-03）

网友：如何看待百货行业？

百货行业还是远离一点的好，除非真的觉得特别便宜。淘宝这种商业模式最后会让大多数的地面店麻烦的，越大的店越麻烦。（2011-12-18）

网友：你对当前的连锁业进入电商有什么看法？

觉得都是被逼的，最后没几家能活下来。（2012-05-31）

网友：银行是不是也属于无法产生差异化的行业？

银行产品非常复杂，差异化远大过航空公司，客户的转换成本也非常高。银行比较难懂的是风险因素。（2014-10-31）

我不懂银行。对我而言，即使是让我开银行我也不愿开的。怎么看银行都是靠借别人的钱做生意，而且生意也是借钱给别人，这两件事我都不知道该怎么做，所以不懂。（2012-07-29）

网友：哪里不了解？

就是如何保证回本的问题。如果回不了本，利息是什么？事实上，有很多银行是因为做得大才活下来的，因为国家会救（一部分）。每十年八年一定来一次，确实不好懂。（2010-06-01）

网友：银行是很好挣钱的行业。如果给我个人牌照，我能很轻松地开一家银行分店，比这条街所有的店铺都好挣钱。

在中国的银行看起来好赚钱是因为牌照不是随便就能拿到的（如果真的最后能赚钱的话），不然就会像美国一样，每隔十年八年就要倒掉一大批。（2011-01-19）

无论如何，银行是用margin的生意，任何时候我都不会重仓的。（2013-02-03）

网友：能否说说你眼中的招商银行？

不太了解。觉得打交道的招行的人都挺敬业的，但没有更多的了解。（2010-04-27）

网友：招行董事长经常强调“质量、规模、效益均衡发展”，而管理层强调的是“早一点、快一点、好一点”。从2006年开始买入算起，规模扩大了、盈利增加了、质量也没见到不好。强调规模的公司是否开了快车？

强调规模应该指的是把事情做对的范畴。如果规模大于一切则可能会做不对的事情。从你说的来看，我没看出有啥不妥。（2012-05-18）

网友：我昨天买招行了，理由：总股本215亿股，净利润180亿元，市盈率17.4，我觉得可以接受。请段大哥点拨。

不敢乱讲。3100亿元市值，如果你有这么多钱，你愿意把招行买下来，那就说明你看明白了。其实我也想为我们国内的慈善基金会（有些钱暂时不花的）买点A股，一直还没下手呢。（2010-04-20）

网友：招行和腾讯同样是2000亿左右，哪个更有可能将市值翻到6000亿甚至1万亿？

我觉得腾讯可能性更大些。（2010-07-08）

对银行业没啥新想法，依然觉得移动互联网会对传统银行造成冲击。也许再有10年就能看到变化了。（2019-08-17）

网友：看了茅台和万科的年报，两家公司的盈利居然相差无几，而市值几乎相差一半。如果有钱买下整家公司的话，您会选择谁呢？

你借过钱不？

网友：段大哥别笑话我，没有看懂你的意思。

慢慢看就懂了。（2014-03-23）

网友：我在家具建材行业的生意最近欠账太多，并且随着时间推移越陷越深。我打算要么改变模式，要么退出行业。您认为呢？

我不了解你的行业，感觉是难以差异化和难以规模化的行业，应该

蛮辛苦的。不管什么生意，欠债多总是不舒服的，而且很可能早晚会出问题。（2019-04-28）

网友：资本支出大的行业不容易出现好企业，对吗？

我同意这个观点。（2019-03-16）

网友：您对屏幕行业有什么看法？

我对这个行业不了解，感觉像是重资产且产品差异化不太大的行业。（2020-11-27）

网友：有些公司因所在行业的特性决定了项目投资比较大，如化工类。由于资金大、技术要求高，导致一般的企业难以进入，可以认为这是企业的护城河。这类重资产公司，您会考虑投资吗？

一般不会。（2019-05-31）

网友：巴菲特清仓台积电！

我不意外巴菲特会卖掉台积电。虽然台积电非常了不起，但商业模式有点累，实在是太重了。大概 30 年前我就跟联电（UMC）的人说，将来台积电会很厉害，因为他们很专注。台积电一直非常专注在他们做的事情上，结果也确实非常了不起。但投资是全方位比较的，我会更倾向于商业模式更好一点的公司。（2023-05-16）

网友：能否分享一些有好的企业文化但是做得并不是很成功的企业？

西南航空公司。（2013-04-02）

网友：啤酒是门好生意吗？

不太了解，好像也不容易理解。如果能做成可口可乐那样的啤酒当然是厉害的，但好像没见到过。感觉啤酒的整体市场还是很大的。（2013-03-24）

啤酒和水差不多，运费很高，只能就地生产，所以好的地方品牌未必就能跑到别的地方去卖。啤酒牌子多了去了，能够成为全国或世界品牌的极少，不然可口可乐也能卖啤酒了。个人感觉见过最不聪明的啤酒

品牌叫“茅台啤酒”，真不知道他们是哪根神经起了主导作用才这么做的。(2013-03-22)

网友：如何看待红酒？

红酒是特别个性化的产品，世界上大概有 10 万个红酒品牌（如果不是更多的话）。红酒受原材料的影响是无法保持产品的高度一致性的，所以无法大量生产。能大量生产的酒也许就不该叫红酒。(2017-08-20)

网友：能点评下现在的波音吗？

卖飞机的，合并了麦道之后干了些很奇怪的事情，以后麻烦比较大。

网友：能否点评下现在的英特尔？

不容易。

网友：能讲一下目前加关税情况下的台积电吗？

有什么可以替代吗？

网友：天然形成的低成本是护城河吗？比如煤炭、石油，储存深浅加位置距离构成的低成本，是竞争对手用多大力气都无法达到的。

资源的低成本当然是的，制造业的不是，因为维持不了。(2025-04-04)

虽然打雪仗也需要厚厚的雪，但大概没办法形成大大的雪球。

什么公司是在长长的坡上滚着厚厚的雪呢？我举几个我看着像的。

苹果是吧？苹果是在一个长长的坡上，似乎雪也是厚厚的。三星、OPPO、vivo 以及华为这类公司呢？似乎也都在长长的坡上，但雪没那么厚。不过这些公司还是要感谢苹果的，因为苹果，所以长长的坡上有时候雪也不薄。当然，那些追求“性价比”的公司恐怕是既没有长长的坡更没有厚厚的雪的。

茅台当然是吧？！长长的坡，厚厚的雪，虽然偶尔会损失一点点雪。

网易也应该算吧？游戏做成这个样子？！有谁不玩游戏呢？大家玩不同的游戏而已。

腾讯应该也算吧？ 有疑问吗？

谷歌应该也算吧？绝对是长长的坡，厚厚的雪。

亚马逊？当然是长长的坡，但上面的雪不太厚啊，不然人家怎么能坚持亏 20 年？京东不会比亚马逊好的。

阿胶、片仔癀之类有点像？

阿里应该也算吧？虽然我很钦佩马云，也觉得他们怎么看都有些在长长的坡上，但有些业务已经超出我这种早已退出江湖的人的理解范围了。

脸书？微博？ YY（欢聚时代）？陌陌？我看这些公司时偶尔会觉得自己已经不再年轻了（就是因为自己不用，所以看不懂的意思）。

短短的坡、雪也少少的例子其实也很多的，那时啥反应都是没用的哈。有意思的是，对这种公司有兴趣的人也不少。因为大家觉得坡比较陡吗？滚起来快？没雪的时候滚的是啥呢？（2017-03-17）

这里长长的坡其实不光指的是行业，而是包括企业本身能否长跑，所以企业文化很重要。（2017-03-18）

生意能不能发展好关键且只取决于产品

生意能不能发展好关键且只取决于公司的产品，无他。其他只是对快慢有影响。（2020-11-05）

差异化是用户需要但别人没能满足的东西

网友：除了关注企业文化和商业模式，您会下功夫去研究公司产品吗？

关注企业应该只能从关注产品开始的吧？没想到例外。（2020-10-27）

网友：那些商业模式很强大的公司，本质上是不是因为拥有强大的产品，所以才能形成强大的商业模式，比如茅台、苹果、腾讯？

强大产品是必要条件。（2020-10-30）

网友：好的生意模式是否可以说是做出差异化的生意模式？

倒过来讲可能好点：没有差异化产品的商业模式基本不是好的商业模式。所以投资要尽量避开产品很难长期做出差异化的公司，比如航空公司，比如太阳能组件公司。（2015-04-20）

网友：差异化是否是好的生意模式的必要条件？

很难说必要条件，比如某些垄断企业，如中石油。（2013-03-31）

网友：做产品是不是以我为主，做自己认为对的事情就可以了。

做产品哪敢不看需求？看不看得对是水平问题，看不看可是路线问题啊。（2010-04-03）

网友：Macbook Pro 真是让人失望啊，苹果的文化貌似在笔记本上一直是停滞的。

产品最重要的是有些人喜欢而不是所有人都喜欢的。（2016-10-30）

网友：平板电脑的细分市场一直想不明白。iPad 的火爆是针对平板电脑市场内的细分，还是相对于原有 PC 市场开创一个新的品类？目前在规划产品时，还是没有办法跳出竞品导向的思维方式，对于这类新生的产品形态，该用什么样的方式进入？我对“敢为天下后”又产生了一些困惑。

差异化指的就是用户需求满意度上的差异，绝对不仅仅指的是外观。产品的差异化不是指所谓的“与众不同”，而是指“与众不同”的东西正好是用户需要而其他人没能够满足的东西。当一个产品找到的差异化正好是很多很多用户需要的东西时，那这个产品大概就很成功了。

差异化的东西是在不断地变化的，当大家（很多公司）都有了的差异化就会变成基本需求。有时候好的产品的差异化东西不一定需要很多，有时候哪怕有一个也会让公司（或产品）很成功。

比如，如果你能想清楚麦当劳的差异化是什么，也许你就会明白些。至于如何找到差异化的问题，那是如何把事情做对的范畴的事情，那可不是一朝一夕之“功夫”啊。苹果能有现在这些个好东西，那也是十几二十年积累的“厚积薄发”而已。（2011-01-10）

网友：能否讲讲您眼中的差异化，小公司该如何做好差异化？

你自己眼里有差异化吗？如果没有，别人讲没用，如果你懂什么是差异化其实也不用别人说，呵呵。（2012-02-21）

明白差异化最简单的办法就是把自己当消费者，想象一下自己的体验，自己常去哪里，因为什么而改变等等。（2012-05-18）

网友：步步高和OPPO进入的市场看起来鸡肋，但是步步高和OPPO都能提供不错的产品和创造价值。显然，这两家公司对进入新市场有一个相当严谨而且理性的判断。你们如何做出进入新市场的决策？

智能手机市场算鸡肋吗？鸡肋市场的意思是指大公司食之无味弃之可惜的市场，比如学习机。实际上是个细分市场的概念，说通了就是差异化的意思。（2013-06-29）

网友：如果云南创可贴让伤口痊愈更快，粘一些也无碍。

你的更快是和不贴比，不是和别的产品比。产品的基本功能不能满足的话，根本就不应该上市。但产品的竞争力往往是基本功能以外的东西。就像好卖的手表不是因为更准一样。我就是昨天刚刚用过以后觉得不好才去7-11买的邦迪。（2010-08-17）

网友：差异化要实际操作下来感觉难度比较大，公司投入大，工厂配合度要很高，市场还不一定认可，风险比较高。还不如直接抄袭爆款稍微改改。特别是在价格战面前，花费很大精力做的一点差异化都被秒成渣渣。目前公司就十来个人，所以我们现在都不追求差异化了。

不是被秒成渣渣的吧？

网友：大部分“差异化”本身就是渣渣，并不是“用户需要但同行满足不了的东西”。真正的差异化大部分都是厚积薄发的结果。小公司得想办法先活下来，国内大部分成功的公司早期都是从模仿成功产品起步的，产品差异化是发展的方向，需要功夫，只能慢慢来。

是啊，所谓“秒成”渣渣的实际上本来就是渣渣。差异化不是简单的不同，而是用户需要但同行还没满足的东西，潜在前提是至少要有同行已经满足了用户需要的东西。苹果这样的公司搞个有差异化的产品可能需要8年10年，我们凭什么就觉得自己想搞就能很快搞出来呢？（2023-06-28）

没有差异化，最后就是价格战

产品要有差异化，不然最后就是惨烈的价格竞争。（2012-07-27）

网友：企业可以通过三方面获得竞争优势：低成本、差异化和专一化。

长期来讲，低成本是靠不住的，差异化最重要，专一是产生差异化的基本点。（2011-08-03）

网友：《穷查理宝典》里提到，一些竞争激烈的行业比如麦片，经常做一些促销打折活动，但是大家都活得很好；而有一些行业最后只剩下几个寡头，但是谁都不赚钱。我没有想通，为什么会存在这两种截然不同的现象。

我觉得决定因素是差异化。比如航空公司，由于产品几乎没办法差异化，最后只能靠价钱。你可以查查从北京到广州的各航空公司的票价，我猜一定几乎是一样的。而麦片毕竟是吃的东西，不同牌子的东西口味不一样，买的人不会因为 5% 的折扣就换口味。

iPhone 也是类似的情况，习惯用 iPhone 的人是不大可能因为别的手机便宜一点而换的。以前人们常换手机，是因为各手机之间的差异化其实非常小，所以新的功能和外观会吸引人们去换。iPhone 有可能会是实际上最便宜的手机，你只要看看你抽屉里那些已经不用了的手机就明白了。

网络游戏其实也是一个有相当差异化的产品，虽然不玩的人看起来都差不多，但对在游戏里面的中坚玩家而言，社区和感觉的差异实际上是巨大的，不那么容易换。能够持续有用户喜欢的差异化产品的公司往往就有了很好的生意模式。（2012-05-02）

产品差异化程度越低，行业内的企业越难赚到钱。航空公司是极致，就是因为产品差异化小。还有一个极致的例子，就是现在很多做太阳能硅片的，下场会比航空公司还惨。（2012-07-11）

网友：造纸、纺织是不是和硅片一样？在我看来产品也没有太大差异化。饮用水或医药算不算没有差异化的行业?

感觉最没有差异化的产品就是硅片，因为用户最后只会关心每度电的成本，所以这个行业实际上是效率的竞争。长期而言，只有某些能真的做出高效率光电转换的产品的企业才能生存下来，而且它们的产品以后很可能就是发电厂。

航空公司的差异化也非常小，除非某航空公司的安全性被怀疑，否则消费者的关心点会主要集中在从 a 点到 b 点的成本。当然，服务态度会有一点点差异（如果服务态度很不好则会有很大差异）。所以以上两个行业的价格竞争会异常激烈。

你说的其他几个行业的差异化程度都比这两个行业或多或少要高一些。有些行业看起来差异化很小，其实有些“小东西”会造成很大的差异化，比如零售行业的地理位置，往往会让人们觉得方便比价钱重要，尤其是价钱不贵的东西。

吃喝的东西心理上的差异化其实很大的，当然渠道的差异化也很厉害，比如可口可乐的护城河中，“在哪里都能买到”这点是非常厉害的。（2012-07-13）

网友：汽车、手机、电脑、电视机这些行业中的公司绝大部分最后都会失败，幸存下来的几个进化成了最有效率的拼装工，拼装工是赚不了几个钱的。手机行业的下场不会比电脑和电视机行业好多少。

汽车有丰田，电脑有 Mac。我见过真正没什么差异化的产品很少，比如航空业、光伏、纺织等。（2013-04-06）

突然想到巴菲特说过的那句话：如果你在坑里，至少别再往下挖了。产品完全没有差异化的公司，将来早晚都会出问题的。航空公司是非常好的例子，其他类似 50 步和 100 步差别的就不细说了。（2015-12-02）

网友：不同的白酒口感不一样，喜欢喝茅台的不会因为茅台涨价而买五粮液，因为有用户黏性。家电是大众消费品，而且以功能取胜，用户黏性要差一点。对客户来说，谁价格便宜就买谁的。同样是家电行业，彩电就比冰箱更喜欢打价格战。20 世纪 90 年代彩电行业老大长虹就率先打起价格战，而空调老大格力却没有这么做。

价格战一般在产品差异化很小时容易发生。酒是有很大差异化的东西，至少我感觉如此。喜诗糖果也是有很大差异化的产品。

电子消费品，尤其是成熟的电子消费品的趋势往往是差异化越来越小，尤其在专利保护比较弱的国家里会更明显。（2011-01-14）

网友：您怎么看产品很难提价？

很难提价的原因很可能是产品差异化不够大，一旦提价用户就会买竞争对手的产品或服务。（2020-12-07）

网友：如果某个企业为了增长的原因降价打压对手，同时对手这一年也做得确实不好，是否可以认为企业有些急功近利了？

我认为，一般来讲，对企业而言降价就有点像核武器，能不用就别用，最后对谁都没好处。主动用核武的属于……（2011-01-05）

网友：价格战后总会优胜劣汰，胜出的大企业会有合适的利润，是否可以这样理解？

价格战的最后结果往往是优不胜，比如汽车业和航空业。（2011-10-07）

网友：企业啥时候能开价格战这个大招？

犯病的时候。（2014-09-30）

网友：企业要去库存，特别是出新产品的时候基本都会对现有产品进行调价。这个调价您怎么看？

这个正常。（2014-10-01）

盲目创新是危险的

用户买的从来就不是技术，也不是硬件，用户买的是好用的产品。

（2011-05-10）

网友：您怎么看技术在构建公司竞争力方面所起的作用？

木桶的一块板，没有是不行的。（2014-06-18）

网友：在步步高的企业文化里没有提“创新”。

我们也没有提要吃早餐、午餐及晚餐等等。（2010-09-06）

很难有企业不靠创新可以生存下来的，但创新是指在用户导向前提下的创新，而不是为了不同而不同的创新。我们公司把这叫差异化，也就是满足用户需要而别人还没有提供的东西。当然，用户需要而大家已经提供的东西我们绝对不能少。盲目创新是危险的，而消费者导向前提下的创新是企业生存的一个重要基础。（2010-03-08）

网友：什么是核心竞争力？

最常见的误解是很多人分不清核心竞争力和核心技术的区别。（2011-01-20）

技术的优势从来就很少是护城河，形成技术的文化才是。（2013-08-17）

网友：苹果现在的团队为荣誉而战，库克是一个斯巴达式的清教徒，比乔布斯更柔软。这一点可以抵消他在创造性上的欠缺。

第一，我不知道库克的创新能力；第二，一家公司如果需要依靠CEO的创新能力并不是一件好事。乔布斯实际上被神化了，他其实主要是建立了创新的文化而不是自己创新。（2013-02-13）

网友：高科技企业的核心竞争力在于持续的创新，而创新本身却具有不确定性，投资者如何在这个不确定性中收获确定的收益？

按你这个理解思路，大概是没办法的。

“高科技企业的核心竞争力在于持续的创新”这句话就是错的，因为你很容易找出一家持续有新产品却完全没有竞争力的企业。（2013-02-18）

对我而言，把经济分成“传统经济”和“新经济”，以及把企业分成“传统企业”和“高新科技企业”也是瞎搞。（2012-06-26）

网友：我觉得苹果也挺有敢为天下后的意味，指纹识别早在很多电子产品上都用过，一直都不成功，我自己的笔记本上也有指纹识别，从来没用过。但是发布会上的苹果指纹识别，非常令人期待。此前 4s 推出 Siri 的时候也是把别人用不好的语音控制功能用到出彩。

乔纳森·伊夫在 Touch ID 指纹功能的视频中说：We believe that technology is at it's very best, at its most empowering, when it simply disappears（我们认为，当科技完全融入生活而让人几乎意识不到它的存在时，科技就达到了最佳状态，也最具赋能作用）。（2013-09-11）

我对伊夫这句话的理解是：最牛的技术就是用户看不到的技术（技术消失的时候）。想想大家以前见过的 PC 上那个巨丑的指纹识别器就明白这是啥意思了。（2013-09-15）

网友：你是怎么找到你们公司产品的使命的？

产品角度，是慢慢摸索出来的，发现不对，赶紧停。比如苹果的充电器，说了一年了，今年没推出来。没推出来，肯定是有问题没解决。没解决就不推。（2018-09-30）

网友：您在步步高时确定的是消费者导向还是技术导向？

产品的设计当然是消费者导向，技术是隐藏在产品里的，是为产品服务的。没有很强的技术是无法实现消费者导向的。（2010-04-23）

网友：在您企业发展早期，研发投入的比例有多少？这个比例会越来越高吗？

你是说茅台吗？可以查下他们的报表。当然，上市公司很多，你可以多看几个公司的统计结果就明白或糊涂了。

其实乔布斯对研发比例有个说法很好，你可以找来看看？（2021-12-15）

网友：我们公司正在接受上市辅导，券商的一个重点工作是帮我们把研发费用占比提高到“行业合理水平”，但是那个合理水平真的很不合理。上市有时候让人看明白/糊涂了，要做一些不合理的事情，好让自己看起来合理一些。

为了上市提高费用比例是非常滑稽的事情，目的其实就是要给买股票的人造点假象，本身也是不诚实的行为。（2021-12-06）

网友：为什么乔布斯缔造了数字帝国，史玉柱仅是一个商业神话？

不懂问题是什么。我觉得乔布斯如果在中国的话，应该不如史玉柱。（2010-03-26）

网友：美国近几十年来确实是技术兴国，我所在行业里就有 Adobe 这样由两位数学家创立的图文软件巨头。

技术兴国是现象。（2010-03-31）

网友：中国在未来十年内也出不了一个乔布斯，出不了一个苹果！

中国能出个马云就不错了。中国的大环境估计相当长的时间里是出不了的，这个时间会比大家想象的长很多。（2011-10-10）

不知道大家对“乔布斯”的定义是什么，但我觉得中国很长时间里还不具备出“乔布斯”的大环境。不过，中国这些年确实还是有很大进步的。当然，如果我能做“乔布斯”的话，我是不怕“鸭梨”的，大不了和苹果一起吃。

网友：您过去和现在同时在做“乔布斯”和“巴菲特”，但真不知道未来您更想做谁？

其实我一直在做自己。真实的乔布斯并不那么美妙的，我可没兴趣当。（2011-11-28）

创新也是可以学的。最重要的一点就是如何创造自由思想的氛围。不过，在我们老中的文化氛围里做到这点确实特别难。（2012-04-27）

网友：不保护知识产权会引发恶果。

“不保护知识产权的恶果”确实是最关键点啊。看上去保护知识产权是件重要但不那么紧急的事，现在看起来是越来越紧急了。（2012-05-12）

如果我们解决不了专利问题，我们就没办法让自己的企业创新，我们就势必长期落后于人。（2011-02-04）

专利是所有中国企业的痛啊，避无可避，尤其是走向国际时。靠自己的专利积累去防御还需要很多很多年。（2011-11-27）

网友：OPPO 确实为中国电子企业争光了。在美国真的能建起来研发团队吗？这种研发模式对于主力部队几乎全在中国的公司来说运作效率如何？

我们在美国的研发团队人不多，和国内的有很强的互补作用。另外，我们运气确实好，居然在硅谷能找到很顶尖的人加入我们这种小公司，大家工作的效率很高啊。当然，我们要走的路还很长，现在才刚刚开始。

网友：OPPO 在技术上面是以整合为主，还是以研发为主？目前 OPPO 的视听领域有已经领先的核心专利技术吗？

呵呵，缺什么什么重要啊。我们有挺多不错的技术，研发的投入也挺大的。恕我不能在此说得太多了。（2010-03-22）

网友：电子的东西更新很快，要持续不断地研发，会不会很累啊？

是的，很累但很有成就感。（2010-03-25）

网友：研发投入的资金，一般多少年后能形成生产力，产生利润啊？

N 年左右吧。（2011-12-06）

性价比是借口

说追求“性价比”的公司大多是在为自己的低价找借口。长寿公司大概是不太强调性价比这个概念的，老百姓心里有杆秤。好货不便宜啊。（2017-03-25）

网友：小米刚成立时说只做发烧手机，1 年后做了青春版，现在又出了更低端的红米。不懂！

低价是条最容易的路，也是一条最难的路。（2013-08-04）

网友：从低端入手有什么利弊？

很少有人这样做的，因为成功率太低。但如果成功的话，成本是最低的。（2013-07-02）

“联想3年，如何走出阴影。”（新闻）

这么长的文章好难看。靠低价得到的份额实际就是阴影本身，很难走出来的。看看诺基亚就明白了。（2012-02-19）

网友：OPPO FIND5真给力，1万台降500元活动冒出35万台预约。

说明便宜还是管用啊，可是以后怎么办？（2013-06-16）

网友：步步高推出了点读机，价格在1000多块，但我在书店的渠道看，步步高点读机周围充斥着大量杂牌，价格都比步步高低，甚至有的低了一半。点读机技术门槛不高，很容易杀进来竞争，面对这些快速和大量的跟进，又要考虑质量的成本，步步高点读机的价格怎么定啊？相对的高价能守得住吗？国内价格战很容易就把一个产品做死。

呵呵，四个轮子的都是车，价格差得比这大多了。真正的用户一般是知道差别的。比如，我们的点读机里所有地方都是原声的，都是在专业录音棚里录的。这还不包括硬件的质量差别等等。买我们的大多是因为老师推荐，这里肯定是有点道理的。

买点读机的家长一般不会为了省钱而买个像点读机的点读机，大多数人会问清楚再买的。要有合理价格最重要的是产品要有差异化，有用户想要而别人又满足不了的东西。今天我们开会时一个朋友告诉我，他非常喜欢iPad，因为It’s not great for everything but extremely good for a few things（它不是样样都好，但有些方面特别棒）。（2010-04-17）

网友：消费类电子行业竞争这么激烈，为什么苹果的产品却有定价权呢？

苹果的差异化做得好，成本控制也非常好。类似的有可口可乐、喜诗糖果，国内的茅台也类似。（2011-02-24）

网友：很多伟大的公司追求的是做消费者体验最好的产品。定位做中低端市场的公司好像很难出现伟大的企业，因为中低端市场很难在成本和消费者体验上达到一个平衡。是不是针对特定消费者，让他们感觉公司的产品或服务性价比最高，这样才是最佳的消费者体验？

最好的产品或最好的产品体验本来就是指的一定范围内的。（2013-04-10）

网友：那苹果瞄准的是哪类客户群呢？因为苹果是财富各个层次的人都喜欢，而且4000–5000元的价格有经济基础的人们都有能力买。

个人认为其实苹果只是努力把自己的产品做好，然后卖一个合适的价钱而已。至于谁会最后落在喜欢苹果产品的范围里看起来是个运气问题。“看起来”是个运气的东西经过很多年的积累后实际上就“看起来”有点必然了。苹果有今天其实是经过30多年的积累而来的，虽然爆发的时候“看起来”有点运气。（2013-04-11）

网友：您当年在一线的时候，产品做得不好您会砸样品（肝火上升）吗？

我什么时候砸过样机？你心目中的“老板”就是这样的？

网友：海尔张瑞敏砸过。

他当时是不得已而为之，为的是强调品质的概念，同时也说明当时他们的品质体系还有很大问题。品质部长是有一票否决权的，没道理会为了不合格的产品打电话问老板是否可以卖。

简单讲，一个公司如果还需要靠老板砸产品来提醒员工注意品质，那他的质量体系水平就确实还处在比较初级的阶段。（2010-11-29）

质量的定义其实是一致性。（2018-07-28）

网友：曾经有批发商拿你们公司的产品然后你们自己贴了地址条，

后来批发商客户找上门来了。批发商的角度当然是不希望让客户知道自己的货源。你们是悄悄放的吗？怎么衡量得失的呢？

那时产品质量法还没出来，国家还没有硬性要求厂家必须在产品包装上打上地址。当时我们只是希望万一机器出问题时用户能找到我们，和质量法要求的意思不谋而合。（2019-06-20）

做企业如跳水，动作越少越好

网友：在财经媒体上看到段先生的一句话，“做企业如跳水运动员，动作越少越好”，深受启发，也把它作为做人的原则之一。

呵呵，我总觉得那是史玉柱说的。他老说是我说的，我自己有点不记得当时是不是用过跳水这个例子。我大概说过企业一定要聚焦，或者是焦点法则等。不过用跳水来形容非常好，谁说的不重要。（2010-03-27）

网友：聚焦是放之四海而皆准的原则吗？

就做企业而言应该差不多吧。（2022-02-12）

多元化一般是主业不够强，想靠多元化找出路，结果找了一条岔路。（2023-07-06）

网友：为什么大公司会比小公司更容易了解些？一般大公司往往代表着复杂的业务，庞大的产品线，似乎不太容易了解，而小公司往往业务简单，产品也少，不应该是更容易了解吗？

“大公司”就一定业务复杂吗？乔布斯笑了哈！苹果非常简单，茅台也是。小公司业务简单吗？“贾布斯”也笑了。（2017-03-21）

网友：马云说，CEO 的主要任务不是寻找机会而是对机会说 NO。机会太多，只能抓一个。我只能抓一只兔子，抓多了，什么都会丢掉。

这是焦点法则。（2010-07-15）

网友：《丁磊，说不大师》这篇文章大意就是讲丁磊很保守，导致了公司仅仅游戏项目成功，其他毫无亮点，你怎么看?

那些批评丁磊的一定不如丁磊。当然，丁磊完全可以做得更好的，他现在高尔夫打不过我，电商做不过淘宝，跑步没有刘翔快。不知道有没有人去看看与丁磊同期开始做企业的那些人里有多少比例是能活下来的?（2013-06-16）

网友：你曾说："诺基亚聚焦在提高市场份额上了，岂有不败之理？"（2013-02-26），现在 OPPO 也搞机海战术，realme 每年推出的手机款式应该有 20 多种，您怎么看?

如果一直如此，将来也肯定会很难受的。（2022-11-06）

真是一个蛮有意思的东西。从 20 世纪 90 年代初我就开始强调要聚焦，30 年了，我们依然会走着走着就又偏了。从这里能看到苹果企业文化的强大，也能看到我们的不足。亡羊补牢未为晚也!

网友：有的空调厂家也是品类多，同样适用 20 平方米的空调，一个品牌对应的空调有好几个型号，差异化又不大，选择起来真困难。苹果这点就特别好，可选择少，错不了。

看上去很简单的一件事情，做到却非常难。销售一线总是会要求品种多一点再多一点，决策者需要清醒面对这种要求。我当 CEO 的时候几乎每天都会有人说希望品种多一点。对我们这种产品而言，品种多一点大概是个非常愚蠢的想法。诡异的是，大家看看有多少人对此乐此不疲，包括我们自己在内。（2022-11-07）

网友：最近有一家著名的 PC 厂商说，今后每年要推出 50 款智能机器。一般来讲，大家都知道苹果这样机型越少越好，为什么有些厂商还要进行机海战术呢?

苹果现在一年都要推两款了，说明用户的需求比较分散。推 50 款基本是技穷的表现，东西绝对好不了。（2013-09-16）

网友：精品战略做得好的公司比机海战略做得好的公司的资本效率

和回报率要好得多，不是一般得多。

如果大凡你能做好一样东西，你为啥还要做很多做不好的东西呢？不过，确实有些会因为做了一些好东西后就以为自己啥都能做好，于是就开始做一些自己做不好的东西了。人的精力是有限的，聚焦的人或公司最后会变得很厉害，这也是我喜欢苹果的原因。（2013-10-17）

敢为天下后，后中争先

“敢为天下后”的整句话是“敢为天下后，后中争先”，没有能力后中争先的地方是绝对不该去的。（2016-03-05）

网友：最喜欢段总的一句话是“敢为人后，后发制人”。但是，未来要想做强做大，扛起行业的大旗可能还不行吧。

给你举几个“敢为人后”的例子，苹果的 iPod 算是吧（之前 MP3 早就满大街了）？ iPhone 算是吧（手机不用说了）？ Xbox 算是吧（之前有任天堂和 PlayStation 等等）？ PlayStation 算是吧（之前有任天堂和世嘉等）？国内的例子就不举了，太多了，相信你能明白。（2010-03-26）

“对苹果来说最重要的不是抢占先机，如果你往前看，第一款 MP3 不是我们研发的，第一款智能手机也不是，第一款平板电脑也不是，平板其实数十年前就有了，但很少人用。但毫无疑问我们发布的第一款 MP3，是初代最先进的。我们的智能手机也是，我们的平板电脑也是。对于苹果来说，我们要的不是第一，而是做到最好。”（库克）

要做就做最好！敢为天下后的苹果做到了！（2022-12-27）

网友：我觉得腾讯是一家卑鄙无耻的公司，在网上很多人都骂腾讯。

有人骂不一定是坏事，最不好的其实是没人骂。（2010-03-28）

网友：腾讯产品很多涉及抄袭。

不“超”谁会买呢？腾讯其实也是一个很好的“敢为人后”的好例

子。（2010-03-28）

腾讯的东西有很多进化的啊！不然怎么这么多人用？为什么我们不说苹果可耻？他那个 iPod 不就是 MP3 吗？微软哪样东西不是在别人之后开始做的？不能因为自己人干得好就说人家嘛。（2010-03-30）

网友：马化腾等别人上瘾了再来收费，比尔·盖茨也这么做。我非常反感这些行为，你们都自称企业家，可是你们都体现出企业家的精神了吗？这和愚弄消费者有什么区别？

那你觉得该怎么做？好东西让人先免费试试没什么错啊，这是最有效的广告。只有很少一部分产品可以这样做，大部分产品很难做到这一点。（2010-07-15）

网友：能讲讲“为天下先”的坏处吗？

不知道有什么坏处，但你可以试试举几个你知道的敢为天下先到现在还不错的例子。（2010-07-16）

网友：2015 年中国智能手机市场 OPPO 8% + vivo 9%，市场份额总共 17%。做到本分不张扬确实不简单，也验证了段大哥在《波士堂》里面说的自己公司会最终进入行业的 Top 前列。

其实也简单（但绝非容易），认为自己进不了 Top 就不进去这个行业，另外长期进不了 Top 的早晚也会被淘汰的。（2015-04-28）

网友：当年步步高选产品，大多数都是当下比较热门的产品，有没担心行业发展太快导致竞争激烈产品寿命短等问题？当时怎么判断自己是否有机会？

我们一般在开始做一个产品时总是认为这个产品是长寿的，不然我们很难做好。怎么判断就很难说清楚了，不然我们也不会有那么多失败的产品。目前看来，智能手机行业对我们蛮合适的。（2020-10-20）

网友：敢为天下后的前提是否是可以做出差异化而且客户需要的产品或服务？

我个人理解，好的公司一般来讲就是能够持续找到用户差异化需求的那些公司吧。如果找不到差异化的东西，那“敢为天下后”的产品就会成为悲剧。所以敢为天下后的前提一定是你能够提供出你的用户群需要而别人没有或不能提供的差异化的产品。（2011-01-10）

我早年提出的敢为天下后的意思是，如果发现适合自己做的产品，即便后也是可以做的。适合这点很难。比如发现“搜索”很好但现在去做大概率是会完蛋的。（2020-11-19）

网友：如何判断能不能“后中争先”？

简单讲，就是长远看你的综合实力是数倍于竞争对手的，或者你的产品确实有用户强烈需要但目前市场上无人能满足的东西，不然就最好别碰。（2020-11-20）

我没有具体量化的概念，毛估估觉得大概有点像“集中优势兵力打歼灭战”的意思，就是在某个时段某个局部市场你的整体力量能比对手强大三倍以上，从而最后使自己占到一席之地。这需要强大的实力，同时也需要时间，需要对的战略也需要对的战术……话虽这么说，我们自己好像从来没真的这么算过，搞得像打仗一样。

只有当你觉得一个行业或产品可以有很长久的发展时，这个做法才有意义。手机是个很好的例子，苹果也是如此，但微软就是个失败的例子。敢为天下后里能后中争先大概是个前提，就像下围棋一样，一直落后手是会输棋的。所以，敢为天下后里还有一个隐含的意思，就是：没有金刚钻不揽瓷器活。（2019-10-20）

案例

网友：我所在的工业地坪涂料行业算不算没有差异化的行业？会不会像巴菲特的纺织业一样？

看上去有点像。不过像不等于是，比如3M的产品看起来都像差

异化不大的产品，实际上很多都是差异化很大的产品，比如贴纸啥的。（2012-07-16）

网友：宠物用品企业的商业模式怎么样？

了解不细，直觉上觉得商业模式一般，产品很难有差异化。就算好吃宠物也无法表达出来。猫粮狗粮似乎都蛮标配的。（2019-10-09）

网友：您怎么看目前电视行业的格局？

我不了解电视机行业，感觉产品难有差异化，是个苦生意。（2020-10-10）

网友：安卓阵营的手机商都成本价卖手机了，似乎小米真的开了一个坏头。如果现在大家都纷纷跟进的话，那安卓阵营最后会不会和美国的航空业一个结局？

安卓手机不赚钱吗？小米不赚钱吗？你听谁说的？手机产品的差异化还是不小的，所以应该总是有人能够赚到钱的。航空业长期确实很难赚到钱，投资者应该尽量避开。（2015-01-11）

网友：目前手机市场同质化也很严重，但苹果手机是其中的另类。

手机里其实有很多差异化的，就像车一样。很多人其实也觉得车的差异化很小，那是因为他们没开过别的车。

有些差异化不出事是看不出来的。不地震就"看"不出的差异。不丢手机 iPhone 的有些好处你就"没办法"知道。但是，有条件的用心的用户实际上是可以事先了解到的。（2013-04-12）

网友：这两年的地震，因为房子质量死了那么多人，怎么没有公司把防震作为卖点？

呵呵，想起当年我们卖防雷击电话机的事。当时我们卖防雷击，所有人也都卖防雷击，可不到雷击没人知道谁的是真的。所以每年开春后我们的电话机销售就会有个小高潮。你这个卖点要等到地震出来后才有效？（2010-07-06）

网友：巴菲特说过要回避轮子上的公司，这里应该是指汽车行业。

欧美走过的路表明，GDP每增长1个百分点，汽车行业就增长3个百分点。1916年的时候美国有500多家汽车厂，现在只剩下3家，中国可能会走同样的路。从上面两点来看，一方面行业的蛋糕越来越大，另一方面行业集中度越来越高。对于这个行业里的优势企业来说，应该是有机会的，为什么巴菲特选择回避呢？

这类企业的产品很难有差异化，所以长期而言很难赚钱。（2011-03-22）

“巴菲特一季度买入1000万股通用汽车。”（新闻）

买通用汽车有点费解，生意模式可不太好啊，感觉像个雪茄烟蒂。不过通用汽车的财务数据倒是不错。

网友：为什么不太好？因为汽车是差异化不大的产品？

差异化小是个重要方面。还有就是工会也是个麻烦，成本下不来，可能10来年后又要破产一次。如果不打算拿10年的企业为何要拿10天？非常可能这个不是巴菲特的决策，那可以看出巴菲特很宽容，但也看出巴菲特之后伯克希尔的能力确实会下降。（2012-05-18）

网友：同样是家电行业，为什么黑电、白电、厨电的净利率会相差这么大？

应该是商业模式造成的。彩电非常难有差异化，白电和厨电产品的差异化显然是要高些的。（2017-10-18）

网友：您曾说顺丰的文化不错，您怎么看一个企业的文化好坏？

我看到的顺丰是非常聚焦在它要做的事情上的，有利润之上的追求。（2020-12-03）

我说顺丰是家好公司的意思是，这家公司企业文化蛮好的，专注在他们想做好的事情上。但这个生意能不能有很好的利润我还搞不太懂。（2020-11-20）

网友：您如何看待快递物流行业的前景？

行业很大但差异化不大，需要投入很多，投入期也可能很长。物流

公司里，亚马逊似乎非常强大，20 多年的持续投入也确实形成了自己的护城河。（2020-12-03）

网友：顺丰今天发了一季报，季度亏了大概 10 个亿。一直觉得顺丰的时效性是个挺宽的护城河，看来对客户而言，差异化并不够大。快递行业现在价格战非常厉害。顺带想起了 Zoom，和顺丰类似。

我依然认为顺丰和 Zoom 都是很好的公司，但商业模式都不是最好的那种。（2021-04-10）

我之前说过 Zoom，没啥要更新的。我很欣赏 Zoom 的创始人和 CEO，也觉得 Zoom 的文化很好，但就是搞不清 Zoom 的护城河在哪里（或者说商业模式不是很强大）。在看到强大的护城河之前，我是不敢大投的。（2022-01-30）

网友：极兔您有参与投资吗？

确实投了，算是友情支持一下，毕竟是我们公司出去的。不过，我不喜欢物流的商业模式，不建议大家投这类公司。（2022-02-01）

网友：极兔实现单季度盈利了。

物流是个苦生意，但也是生意。能赚钱没啥了不起，但商业模式不强大，赚的都是辛苦钱。

网友：运输行业虽然苦，但是大概率可以永续存在，物流运输业的商业模式建立在可靠稳定的需求上。

这话说的！餐饮行业肯定是永远存在的，但大部分餐厅大概率干不了几年就换人了。（2024-08-20）

餐饮行业确实难的，起点低，管理复杂，难以保持产品的一致性……（2020-10-10）

餐饮几乎都是苦生意，高标准化的可能还不错，比如麦当劳啥的。（2024-09-02）

网友：过了两年回头看，Zoom 的生意模式确实没什么护城河，长期看产品很难有差异化，感觉是个越来越难的生意。和顺丰的生意模式比起来，Zoom未来似乎更难一些。

它们都是很难的生意。商业模式不好的生意也是生意。在有个好领导的时期，有时候苦生意也能做得还不错，但对投资而言比较难。

相对于茅台而言，它们真是难啊！（2023-01-14）

网友：饮用水算不算没有差异化的产品？我对依云矿泉水能卖这么贵一直感到很神奇。从科学的角度看它不可能有什么差异，但是被赋予故事之后又俨然很有护城河。

人们对吃喝的东西的信任度是一个重要的差异化来源，而且这种差异不是空穴来风的。口感当然是另一个差异化的重要原因。从生意角度而言，销售渠道应该也算一种差异化吧。对卖水的企业而言，能把水卖成可口可乐那样全球都随处可见其实是相当难的。（2024-03-07）

网友：如何看待券商？

我对券商不了解，感觉产品差异化不太大，护城河不太宽，不是我喜欢的生意。如果准入门槛非常高的话，可能也算一道门槛吧。（2020-12-02）

券商的差异化一般很小而且转换成本也很小，所以一般来说很难是特别好的投资标的。（2023-03-14）

一般来说，券商的差异化应该比航空公司还要小，转换成本非常低（换交易平台是没有成本的），价格战是难以避免的。我没有了解过任何具体的券商。（2024-01-21）

网友：如何看待电池行业？

这类产品差异化小，变化快，建立护城河有点难度。（2019-04-29）

网友：您看得懂宁德时代吗？

我不了解你问的公司，但你可以想想商业模式，想想产品的差异化是不是长期可以维持的，这么想可能会对理解公司有帮助。（2022-02-10）

网友：怎么看待新能源汽车以及锂电池呢？

目前为止我还看不出谁会是最后的赢家。汽车多少还是可以做出一些差异化的，所以汽车企业可能能活得稍微好一点。电池应该很难有差异化，所以最后的结局多是价格和规模的竞争。也许三两年，也许十年八年就能看到结果了。(2023-01-15)

网友：您如何看储能？

假设这个产品成立的前提下，直觉上储能的产品很难有差异化，技术的差异很快就会被抹平的，价格战会一直伴随这个产品或行业。(2023-03-12)

网友：搜狐的最大看点是搜狗和分拆，我认为搜狐是被低估了。

对我而言，感觉上搜狐的最大不确定性在其对视频的不断大力投入。视频是个差异化很小的产品，一堆有钱的公司拼在一起，结局恐怕不太好。(2012-05-04)

网友：感觉视频行业很难做到差异化。但不明白为什么国内那么多公司都往里进，像百度、腾讯、搜狐、暴风、PPS 等等？

这些互联网公司大概是怕失去机会，或者是觉得不能没有。也许人们会觉得一个互联网公司如果没有视频就有差异化了（怕别人因为这个不来上网）？或者大家都是受到 YouTube 的鼓励？本人不在其中，不是太能想明白，但绝对不建议投资专门做视频的网站，因为非常难知道谁将会胜出，而且胜出的公司也未必就有好日子过，结局很可能会像航空公司。谁能明白航空公司这么难的生意为什么还是有那么多资本跳进去不？这个世界真奇妙啊。(2013-04-16)

网友：我看好船运公司黛安娜船舶（DSX）。行业目前处在极度困难期，但公司还是不错的，危机之前它就看到了危机，并储备了大量现金，被业内称为最保守的船东。近几年不但在危机中低成本壮大，还保持了较低的负债和一定量的现金。管理层也是租赁业中一流的！

船运像航空公司，生意模式很不好，时间长了后，什么价都不便宜，不是我喜欢的投资。(2015-11-30)

网友：这家船舶跟别家不一样，比如高峰储备现金，低迷购买船只。

建议你用更长的时间看。感觉你在等别人把价格抬起来以后你再买，对不？不过，我对这个行业不了解，直觉觉得这个行业的生意模式不是我喜欢的那种，要借很多钱（意味着风险大），而且产品没差异化（意味着很难有长期的好利润）。（2012-06-03）

网友：一个不会被淘汰的行业，在产能过剩时期要经历一场异常惨烈的淘汰赛。只有把那些弱者淘汰出局，行业才能恢复正常。以大起大落的航运为例，一艘日成本为2万美元的大船，在船舶紧缺时日租能达到23万美元，会吸引大量投资者投资，造成船舶过剩！当日租金跌到0.2万美金时，船舶每日都处于严重亏损。弱者无力支撑，就会破产倒闭或贱卖船舶，因为船舶维护成本很高，很多还能使用的船舶也会被拆解！当旧船被拆解到一定数量后，就会逐步平衡或紧缺，进入下一轮牛市。

很烂的生意模式。

花了很长时间，守着一个生意模式很烂的公司，机会成本很高，心情也不好吧？花掉的时间也是机会成本。我也有过两个小时赚20多倍的记录，但不知道如何才能重复（200块到5000块）。（2015-09-09）

DSX，谁要八年前拿到现在应该蛮痛苦的。重要的话再说一遍，商业模式非常重要！（2023-10-04）

“谷歌关闭10项边缘业务，覆盖社交搜索、桌面软件和网页安全等多个领域。自从今年1月谷歌联合创始人拉里·佩奇……”（新闻）

看来拉里·佩奇像个不错的CEO。（2011-09-03）

拉里·佩奇上台后马上就砍掉了不少没用的产品，果然厉害！（2011-10-23）

网友：雅虎中国的新闻做得真的不如新浪，也不知道马云到底能不能给整合出来，当年刚并购的时候可是雄心勃勃的，过了2–3年后他的言语中有后悔的意思，不过他好像不服气，因为他感觉自己做的企业还没失败过。

呵呵，不服气是因为年轻啊。我觉得这可能又是个投币器的故事。人要平常心其实不容易。（2010-05-13）

网友：步步高退出生活电器，是回避红海吗？

我们经营这么多年，退出过的产品很多，简单讲就是如果用5年10年的眼光来看这个不适合我们。（2011-04-19）

前面说过N次了，我们的核心竞争力就是我们的文化。比如决定退出生活电器领域就是一个例子，从长期来看，这个领域不适合我们，也就是说对我们而言就是个错误的方向。错了就改，不管多大的代价都是最小的代价。就这么简单，但能做到的人很少。（2011-04-20）

网友：步步高当年退出小家电市场的主要原因是什么？

退出小家电一是因为我们不擅长，二是需要集中精力做手机。（2017-04-04）

网友：自己创业开推拿足浴店有6年，天花板比较低，想寻找新的机会。这两年有代理三家公司的产品，开店面可以维持基本收入，又有一个社交电商的加盟项目也觉得前景不错。我的能力和资源有限，是选择齐头并进还是重点突破好呢？

我不了解你和你的生意，很难给任何建议。不过，就生意种类一般而言，做得越多，赚得越少，所以聚焦很重要。（2019-08-02）

网友：美的在做空调还有电磁炉、豆浆机等小家电，不少人说它不够专一，那步步高现在除了手机、学习机，也在做小家电。想听您谈谈对多元化的理解？

我们这些不同大类的产品都是不同的公司做的，完全独立的不同的团队，不会为其他产品分心，所以不是多元化的产物。我不赞成一般意义上的多元化，尤其不赞成为多元化而多元化的多元化——有很多公司在经历一段不错的发展后，为了分散风险，开始搞起了多元化，结果其中有些公司很快就不用再担心风险的问题了。（2010-09-20）

网友：步步高做过VCD、DVD、电话、复读机、点读机、手机，为何说不是多元化呢?

这都是我们三家公司在不同时期由不同团队做的产品。每个团队都应该是高度聚焦的才能做好。(2010-10-15)

网友：有些公司历来不怎么分红，后来又千方百计把利润弄没了。

A 股有些公司就有这个问题，看着利润不错，可老是不知道公司会怎么用这些钱。一看他们多元化我就有点晕。(2010-05-23)

“盛大非游戏业务盈利前景不明，拖累整体利润。”(新闻)

没有焦点的公司早晚会有麻烦。(2011-09-01)

“盛大迷途，传媒帝国梦想渐行渐远？盛大多年来一直靠网游造血，再输血到长长的新业务线中去，以期实现从网游向传媒娱乐帝国(文学、视频、电影、支付、云计算)的转型。但随着网游收入的锐减，盛大的梦想已经渐行渐远……”(新闻)

渐行渐远？好像一直都那么远。(2011-10-07)

“马化腾否认 QPhone 谣言，重申腾讯不做手机。”(新闻)

这个我能看懂。(2012-06-13)

网友：像 GE 这样的成功多元化公司是非常稀少的，多元化对管理的要求能力非常高，也很容易导致大公司病。我能理解苹果在手机领域产品是高度聚焦的，但是如何理解苹果从手机、到平板、到手表，甚至有可能将来到电视和汽车领域，这样的多元化和其他公司的多元化有什么不同?

关于苹果的东西，你可以查库克都说过啥。该说的他都说过了。你把所有的苹果发布会都看几遍大概就明白苹果是怎么回事了。如果还看不明白，我相信也没有谁能让你明白。

补充一点，理解苹果确实不容易，我似乎从来就没让不明白的任何人明白过，所以也不可能在这里几句话说明白。我的建议就是把库克说过的东西都拿出来看一下，包括每一次发布会都认真看一下，哪怕不是为了投资苹果，至少也可以看到一家好公司应该是啥样子。如果看完这

些还是看不明白的话，我确实也是没办法让人明白的。（2015-02-14）

网友：苹果要是做汽车算多元化么？

不知道多元化定义是什么，看着像是在同一个老板管理下的业务之间关联度很小的东西。苹果的各业务之间高度关联，显然不是一般所说的多元化。

网友：那腾讯有没有多元化问题？

感觉产品上腾讯不算多元化的，他们的绝大多数产品间或多或少都是有关联或者是内在关联的。投资上似乎有点散，但仔细一想似乎也大多是有关联的。至少他们不是在追求多元化吧？（2018-11-03）

网友：我感觉不好的多元化，是这个做不好就看看换另一个事情能不能好这种搞法。

实际情况多数可能会是因为在某个地方成功了，所以就觉得自己很厉害，想做更多的事情，不小心就跑到能力圈外面去了。有时候试一试也没啥错，所以这里其实还是蛮难划一条特别清楚的界限的。很多人的所谓多元化大概都是因为生意而去的，什么好赚钱就跟着去做点啥，和自己原来的用户群没啥关系。举个例子，如果腾讯开始做房地产了，那就叫多元化，但如果他们买块地给自己员工盖宿舍或建自己的办公楼就不算。又比如有个群众因为自己爱好开了个网站，虽然和他以前干的事情不完全一样，也不知道在不在自己的能力圈内，所以依然不算是多元化，但可以叫作创业了。（2018-11-21）

网友：史总也是多元化摔了跟头？

史玉柱做事情还是蛮专注的，当年出问题也不是因为多元化。后来做了保健品以及游戏，在生意上也算是蛮成功的。后来这两个生意的管理团队完全不同，所以不算多元化。（2018-11-04）

网友：是不是在新的领域，自己的能力能够满足现有客户的需求，并能创造价值，获得收益，这叫多元化成功？

多元化的意思就是俗语“不要吊死在一棵树上”，要多找几棵树。

（2018-11-21）

我看到的多元化多是因为自己在某个地方成功了，想要如法炮制到别的地方。比方说篮球打好了就跑去打棒球，或者高尔夫啥的？（这句话是开我喜欢的两个篮球运动员的玩笑哈。）（2019-01-09）

喜欢打棒球那个是乔丹，居然中间去打了一年职业比赛，然后回来又拿了三届冠军。库里和乔丹一样，在篮球以外的运动上都不如其他职业球员。（2019-01-10）

网友：请问您对TCL这些年无论在经营范围或在经营地域都实行遍地开花的做法是怎么看的？说白了，他们似乎也一直在努力，怎么利润回报就不理想呢？

“一直在努力”就一定有利润？先要做对的事情，努力才有用。（2010-10-14）

网友：对企业来说做对的事情如何判断？譬如吉利收购沃尔沃，联想收购IBM个人电脑部门等。

简单的东西不容易啊。做对的事情，把事情做对，就是简单不容易的典型代表。其实从外人的角度来看，我无法判断吉利的收购案或联想的收购案对他们来讲是否是件对的事情，但他们最后自己都会知道的。

关于并购，我可以讲一个我的简单理解。如果当有人本着“大不一定强，不大则一定不强。所以要做强则先做大”的想法去并购的话，那结局一定是很难看的。韦尔奇的自传里写过一些关于并购的原则，你有兴趣可以去看看。（2011-01-26）

“雅虎高管称今年将有重大收购。”（新闻）

一看到雅虎说要开始加大并购了我就有点汗。美国雅虎的现金流还是非常不错的，但市场地位在未来会不断下降。目前雅虎的价钱里基本上就没有考虑美国雅虎的价值，这多少有点不公平但也未必一点没道理。如果雅虎未来几年为了自己“东山再起”的雄心而进行大规模收购的话，

那美国雅虎就真没什么价值了。不过，到目前为止雅虎看起来还是很理性的。（2011-04-08）

“苹果 CFO 称谷歌 125 亿美元收购摩托罗拉移动价格偏高。”（新闻）

别人谁买摩托罗拉都很难有好下场，但谷歌出手则可能有点不同。一方面说明谷歌确实急了；另一方面，谷歌的文化确实强大，或许有机会？无论如何，谷歌的文化和摩托罗拉的差异实在是太大了，如果谷歌能够搞定摩托罗拉那就是谷歌的又一个奇迹。3–5 年后就能看到结果。（2011-08-19）

网友：您觉得并购摩托罗拉的决策做得怎样？

谷歌买摩托罗拉肯定不是为了买摩托罗拉的生意，所以我无法评价。如果是为了生意而去那就是脑袋坏了。（2012-01-24）

网友：如何看苹果的收购？

苹果在建立生态中也许可以通过买这种小公司买到一些人才和技术以及专利，以及别的我不太清楚的东西。苹果肯定不会为了买点营业额或者利润啥的去收购的。（2024-01-06）

网友：如何看待分拆？

分拆一般是没有意义的。我能想出来的意义大概是不同部门都想通过自己的业绩来体现自己的价值，而老板又没办法协调，大概就只能这么做。（2010-04-29）

网友：对集团公司下属子公司分拆上市的股票，我本能地比较反感，总觉得可能有利益输送。段大哥怎么看？

一般的情况下，我也不喜欢。这种情况下，如果我对创始人或者管理层不信任的话，我是不会碰的。（2010-05-25）

网友：腾讯旗下这么多生意，为什么不学搜狐和盛大把旗下有潜力的业务分拆上市呢？

把海陆空三军分拆上市会是啥子结果？（2011-10-16）

网友：苹果分拆，是否更利于旗下的子产品部发展壮大？

不知道你是不是觉得汽车的4个轮子拆开来跑，车会跑得更快？（2013-02-21）

网友：巴菲特的收购例子中，没有提到业绩对赌之类的。

对赌双方一般都比较短视。作为投资方，对赌总是立于不败之地的，对接受投资的人而言，参与对赌是匪夷所思的。（2017-01-07）

品牌是某种差异化的浓缩

网友：如何把商标打造成品牌?

需要好的产品以及很长的时间。（2019-10-19）

好产品最后会有好印象

个人理解，品牌就是产品在人们心中留下的印象。一般来讲，好的印象传播得比较慢一点，坏的传播得比较快一些。广告是企业主动去传播其产品的印象。好的企业会如实地传播而不好的企业经常会蒙人。老百姓心里有杆秤，只要时间足够长，大多数人都会对自己关心的产品的品牌有个大致正确的印象。建立一个好的印象一般需要很长的时间，但破坏一个好的印象可以只需要很短的时间或某一两件事情。所以建立一个好的品牌是非常不容易的。互联网加快了传播的速度和到达目标受众的准确率但不会改变事情的本质，这个本质就是好产品最后会有好印象，能够一直有好产品的公司会活得比较好，短视的公司最后会有麻烦。（2014-08-13）

所谓品牌就是公司过去做过的所有事情（产品）在消费者心中的烙印

（印象），好坏大家都会记得的。（2019-08-20）

要建立品牌一定要想得很长远很长远。简单但绝非容易。（2019-09-21）

网友：一家公司产品的附加值或者说是名牌的溢价，这些多出来的价格，是感觉上的东西还是可以量化？

可以量化。你花钱时就是一种量化，不同的牌子你会给不同的价钱。（2010-04-16）

我不是很相信顾客会有“品牌忠诚度”，顾客忠诚的是品牌后面的东西，不然假的会卖得和真的一个价还会卖得一样好。

网友：有人用苹果是因为其功能，有人是因为其时尚身份。对品牌背后的需求不同，可能在变化时忠诚度也就不同了。我不止听到一个人说，苹果都成街机了，用起来不如最初那般有面子了，这个群体的忠诚度又会如何？

呵呵，这个群体的忠诚度可能更高，因为不用会没面子的。（2012-05-02）

所谓客户忠诚度实际上是客户信任度（了解度），这个是护城河里很重要的一部分。（2010-05-30）

网友：我觉得房地产是缺乏品牌认同的行业，消费者买房子不怎么看开发商是谁，而是看价钱、地段等等。

呵呵，品牌在这个行业里绝对有价值。

想想如果你自己买房子的话，你会在乎品牌吗？我不信有人不在乎。（2010-07-06）

网友：海外买房似乎很少人留意房子是谁造的或者是啥品牌。

社会信任度越低，品牌的作用越大。（2010-07-08）

网友：今天去商场的时候顺便去步步高和OPPO的专柜看了看，也和促销员聊了聊，感觉她们劲头挺足的，盼望国货能自强。

最好不要概念化国货。产自什么品牌有时也是很重要的（我觉得比产自哪个国家重要）。我们的蓝光 DVD 在美国卖得还不错，国内却不行，有个可能就是高档的东西大家不太相信“国货”。老美不太管那么多，只要东西好就行。（2010-06-14）

品牌没有溢价

我个人观点认为品牌是没有溢价的，一般人看到的溢价其实是假象。贵的品牌往往有贵的道理，不然它就不会（或叫不能）持续。溢价感觉像是同样的东西在卖不同的价钱。

网友：如果没有溢价，为什么那么多企业要建品牌？

也许是说法不同。没有品牌连生存都会有问题，因为你的消费者无法识别你的产品。（2010-05-14）

品牌溢价我觉得是一种误解。品牌只是物有所值而已。当一个品牌想当然认为其有溢价时，会很容易犯错误。（2010-06-15）

网友：能不能举例说明？

大多数人买有品牌的东西时肯定不是冲着溢价去的。所谓品牌其实就是某种（些）差异化的浓缩。早年我开的车就是属于特别便宜的车，觉得都是代步，没必要多花钱。后来偶尔有一次试了一下“好车”，第二天就去买了一部，因为发现确实差别好大。

呵呵，看看你自己拥有的品牌产品时，你会发现其实没那么难。（2010-06-16）

网友：我发现一些人非常喜欢名牌，如手机衣服，买不起正品就买山寨的，也许是人的一种虚荣心吧。我现在不太重视品牌，我重视产品的质量。

多数情况下，不知道在不重视品牌的前提下，如何重视质量。（2010-06-17）

不是很理解人们常说的品牌溢价到底是什么意思。所谓的品牌其实就是人们对品牌产品留下的印象（好的坏的）。我个人认为长期来讲品牌是没有溢价的，不然你就不买了。长期而言，品牌卖的就是其该卖的价钱。品牌绝对不只是一个名字！建立一个好的品牌绝对不是一朝一夕之功，但毁掉一个好品牌可以很快。（2011-08-03）

网友：公司如何规划让步步高的品牌价值最大化？

我们没有品牌价值最大化的任何计划，我甚至不懂什么叫品牌价值最大化。我们最关注的是我们用户的体验和如何改进的方法，我们追求的是如何能提供消费者有用且喜欢的东西。如果我们能一直坚持这样做的话，20–30年内说不定的我们也能出个像iPhone或者Wii一样的产品啊。（2010-03-22）

网友：同一家公司在同类产品中实施多品牌策略有哪些好处？这种策略容易成功吗？

大部分产品这么做是非常愚蠢的。早年看过宝洁这么做，所以老是觉得他们的产品多少有点蒙人的味道，将来有一天会有麻烦的。（2017-08-18）

网友：是违背焦点法则吗？

同样的东西分成多个品牌卖显然属于生意导向而不是用户导向。（2017-08-20）

网友：佛山有很多陶瓷企业，一个公司下面就有很多个品牌。

如果是同样的东西，一个牌子都做不好的话，多个牌子就更做不好了。如果一个牌子能做好的话，为什么还要多个牌子？OPPO和vivo的情况不一样，他们是两个完全相互独立的公司，希望不要误导大家。（2017-08-22）

网友：电视上面看到的步步高广告好多呀，音乐手机、点读机、豆浆机，三种不一样领域的产品，消费群不一样，感觉有点相互不照应。

OPPO 也有手机和 MP3/MP4 的广告，但感觉这些产品的消费群体很相似，广告投入是有照应的。

这个问题我们会慢慢解决的。貌似已经找到办法了，还需要点时间实施和验证。我们准备逐步退出小家电行业的最重要原因就是这个产品会影响我们整个品牌的印象。电教产品也会有些办法。估计 3 年左右人们就不会再有那种相互不照应的感觉了。（2011-03-01）

网友：我认为茅台拓展多个子品牌和建五星酒店不妥。

建酒店显得有点愚蠢，希望不会继续。多个品牌看起来也不太明智，但不了解具体情况。

网友：建酒店是集团公司的事情，跟上市公司无关。至于多个子品牌，也有很多是集团公司的。

哦，是集团的，那会有点不同。不过集团搞多个子品牌也不是很明智。（2013-02-24）

网友：一直不明白为什么要避免多元化，另外，可口可乐不也有多个子品牌么?

很少有公司能够做好多元化的，尤其是那些为了多元化而多元化的公司。子品牌是不同的概念，一般是在其能力圈内。茅台出 53 度飞天以外的白酒或许有一定的道理，毕竟还是在白酒的行业里，但如果做别的酒，比如葡萄酒或啤酒就有点怪了。（2013-02-25）

没有靠营销起来并能持久的公司

网友：都说您是营销高手，能否传授下营销方面的知识?

营销很简单，就是把好东西卖出去。

长期来讲，不好的东西谁也没办法卖得好。

说我是营销高手的说法纯属误传，这世界号称营销高手的多了去了，但我不觉得我是其中之一。

顺便说下，我见到的大多数营销高手都过于注重营销了。呵呵，我这个营销高手快有10年不知道我们公司的营销都在干嘛了，这样的“高手”不多见吧？（2010-03-18）

网友：想起一些说法，格力电器好是董明珠很会搞销售；步步高好是段总是营销高手，脑白金好是因为史玉柱广告打得好。

别人我不知道，但说我是营销高手则绝对是源于误解。我从来没学过怎么营销，我们一直做的所谓营销只不过是想办法如实告诉我们的消费者我们的产品是什么、怎么样之类的信息。千万不要以为会打广告就是营销。会打广告的多了去了，几年一过大多数都不见了，为什么？所谓营销对于一个公司来说只是一个环节而已，相当于木桶的一块板，凡是认为公司好是因为营销好的说法其实就像认为一个能装水的木桶是因为有了一块叫“营销”的木板一样可笑。（2011-10-25）

网友：很多企业营销部门很牛，广告满天飞，但是生产管理很烂。

什么企业的营销部门可以很牛？苹果大概也不会吧？好企业的营销部门是不应该很牛的，当然，别的部门也不会。（2010-11-28）

网友：读市场营销时，书里写的是行业竞争激烈，要为产品找卖点。

营销对公司来讲只能锦上添花，千万别夸大其作用。（2010-04-23）

网友：大道营销绝对是顶级的。

没有靠营销起来并能持久的公司，能够让公司长久的唯一办法就是能够不断有好产品。（2019-09-17）

东西好的时候，怎么卖其实没那么重要。东西不好的公司，怎么卖其实最后也没那么重要。（2020-11-13）

网友：是不是在销量不好的时候重点是去大力改进产品而不是花大力气去销售？

销量不好的原因大概率是产品不够好，别的原因可能比较次要。

网友：改进产品一是加强消费者导向，二是对不足能力的加强，是这两个途径吗？

这两个都是需要的。（2020-12-06）

今天去了一趟苹果专卖店，在玩 iPad 2 时旁边有一对同胞母子想买 iPad 2 带回中国去，于是自告奋勇地当了一回销售员，从功能介绍到如何付款介绍了一遍，直到他们点了最后的成交键才算完事。似乎卖个苹果的产品还挺容易的。（2011-03-22）

网友：在中国买苹果的人，都把苹果当成一个标配的时尚品罢了。这和当年一部手机上万元，中国却买者甚众，是相同的道理。苹果最后会发现低估了国人对苹果手机的购买能力。

任何产品开始时跟风买的都是大部分，但最初懂的那 20%–25% 的人最关键。（2012-04-26）

“三星新广告挑衅苹果：你无法阻止的平板。”（新闻）

网友：营销嘛，耍点滑头都是应该的。

拿这个说事比较无趣吧？有本事和苹果卖一个价试试。

耍滑头的结局都会是“杯具”。（2011-12-16）

网友：上海星河湾大幅降价，补偿老业主超 6 个亿！这样做对吗？

如果卖的时候有承诺就应该这么做。对房地产这么做是啥意思不太明白。如果是表示以后也会这么做就很好，不然就是噱头。噱头的东西未来都是要吃苦头的。

网友：没有承诺，大道的意思是现在这么做实际是就对未来的业主隐含了承诺，如果仅仅当噱头未来会遭到更加强烈的反抗？假如你是这家企业的高管你会选择补偿过去的业主吗？

我会不会这么做取决于是否这么承诺过。在地产这个行当我没概念，直觉觉得不应该承诺，因为不应该把自己的信誉押在无法控制的事情上。这个做法有一天会信誉破产的。当然，很多人并不在乎“有一天”这种事。（2011-12-17）

网友：你觉得真有“饥饿营销”这样的事情吗？

“饥饿营销”是那些所谓的不懂销售的市场大师们编出来的，现实当中没这个东西。苹果给人感觉确实是因为供不上货。我见到最早这么卖东西的是任天堂。（2011-05-07）

傻瓜才会饥饿营销呢。饥饿营销的潜台词其实就是蒙你没商量，好公司没人会干这个事情的，干这事的公司很难成为好公司。（2024-10-17）

饥饿营销也许在某些奢侈品上有点道理，比如爱马仕的东西几乎都是限量版的？毕竟物以稀为贵吧。我没买过限量版的东西，也不追求那种感觉，所以很难体会。（2024-10-19）

网友：您如何看待搭配销售？

搭配销售是最愚蠢的销售方式！不好的东西就应该取消，搭售其实就是在奖励落后打击先进。

网友：搭售在很多行业都存在。这是什么原因造成的呢？

原因只有一个，就是短视。（2024-10-15）

网友：产品和渠道您都很懂，能谈谈两者的关系吗？

产品最重要，没有好的产品企业很难活得好。有了好的产品当然还是要建立渠道去卖的。没有好的产品，很难建立好的渠道，反之亦然。（2022-08-30）

网友：您怎么看“终端制胜，渠道为王”？

所谓终端制胜的说法就像最后让你吃饱了的那个馒头。（2012-09-08）

网友：建立好渠道有什么基本原则？

在有好产品的前提下，渠道会变得没那么重要。最好的渠道就是像苹果店这种模式，渠道完全和公司文化吻合，不然就是尽量朝这个方向努力。（2023-01-15）

网友：我们是小企业，产品在行业中处于领先地位，但在网络拓展方面做得不是很好（代理制），请问有什么好办法？

没什么好的办法，只能慢慢来。我们用的也是代理制。你要觉得代理制不好，那就试试别的办法，比如开分公司等等。过些年你也许会发现分公司可能更难。(2010-05-23)

网友：在中国，娃哈哈与双汇的网络比可乐做得好，可乐与宝洁一样，只是在城市市场强势，在农村市场又很可怜了。

如果农村市场大到一定程度可能就不一样了，还有就是你是用多少年来看的。双汇的网络现在还很好吗？宗庆后很强，他绝对可以在农村市场对抗可口可乐很多年，但“很多年”以后呢？(2011-04-08)

网友：前几天到步步高专卖店买了一台豆浆机。今天在网上看到了同一款豆浆机，要便宜20%，步步高专卖店是你们的直营店还是加盟店？在如今网购飞速发展的时代，为何还要大规模开实体店呢？

首先介绍一个商业的基本概念：绝大部分公司的所谓专卖店或直销店卖的都是公司的指导价，不大有可能会是便宜的价钱。去专卖店买东西最大的好处一定不是价钱，而是服务和货真（网上经常会有假货，价格非常便宜）。我估计步步高的专卖店应该都是在公司的原则指导下由各级代理商开的。网购确实在飞速发展，但整体比例依然还小，大部分公司还是需要实体店才能生存。(2011-03-28)

网友：我发现身边很多赚大钱的人都是做某某（比如红酒、挖掘机、安全套等）“中国区总代理”的。“代理”是门什么特点的生意呢？您产品的代理商都是找什么样条件的？

你觉得如果你找代理会要什么条件？你先设一个才能明白别人需要啥。有时候逆向思维会很有帮助，但大多数人不习惯。(2011-03-06)

网友：地区唯一代理商制度是不是阿段的发明创造？在阿段以前，我没有发现别人用，基本上是走商场渠道，没见什么唯一总代理。还有，在建立唯一总代理制度的同时，阿段也尝试过建立直销部，未久，取消。

我不知道是谁发明的，我们只是为了解决自己当时的问题。这套办法在很多年里都是我们的优势，但在互联网年代，我们这个办法会遇到巨大的挑战和威胁。也许在不久的将来，我们会为了继续生存慢慢或快快地进行或大或小的变革。我们不应该让重要的事有一天变成紧急的事。（2012-03-24）

网友：我认为步步高公司的护城河是渠道掌控，另一个优势就是对中国消费者的深刻洞见。

传统渠道的重要性会随着互联网的发展而变得越来越小，但负担会越来越大。如果我们渠道上不能变革成功的话，我们就会有大麻烦。（2012-03-31）

网友：您对电商怎么看?

和别的行业一样，有好的企业，也有烂的企业。严格讲，电商只是手段或工具，不能叫作一个行业。未来无法适应电商这种工具的企业多数都会面临生存问题。（2014-08-23）

网友：未来10年，您认为电商或互联网对实体经济还会产生什么样的影响?

我猜10年后的影响比例会下降，因为不适应的实体可能大多不见了。（2020-12-07）

网友：网上店铺和实体店铺有什么真正的区别?

苹果店是“网上店铺”还是“实体店铺”？（2011-05-24）

出厂价一致才容易保持公平，不然会有很多漏洞的。（2013-08-12）

网友：OPPO和vivo手机的定价从不带有价格战色彩，您怎么看定价?

定价很简单，就是你给客户带来的价值的一部分，所以跟客户和价值都有关。（2017-11-15）

网友：如果厂家根据市场情况制定了产品的出厂价，那就应该是考虑了代理商的利润，至于代理商的出货价格只要不是恶意竞争，厂家就不应该限制。让市场来反映产品竞争力这样应该比厂家设定产品零售价格的上下限通畅一些，而且也少了监管成本。

呵呵，你用长期来想就知道这样不是最好的办法。看看苹果就明白为什么。(2012-05-05)

网友：像茅台对经销商限制最低和最高零售价这种行为对企业会有什么好处呢？

假设你想做个百年老店，你也许能想明白。(2013-02-23)

广告只是表达产品而已

这里讲个最基本的广告概念：广告不会赋予产品任何东西。广告只是表达产品而已，好的广告表达的效率高。一个好的广告的制作是非常不容易的，而且大多成本很高，不了解的人很难想象。(2010-10-16)

广告只是把产品的功能发掘或展示出来，而不是赋予产品功能。没有这个理解，一个企业的广告早晚会出问题的。(2010-10-18)

广告是效率导向的，就是把产品本身用尽可能高的效率传达给你的目标消费群。最不好的广告就是夸大其词的广告，靠这种广告的公司最后都不会有好下场，因为消费者长期来讲是个极聪明的群体。

广告能影响的消费者只有20%左右，其余全靠产品本身。(2010-04-23)

网友：你的第一桶金是不是敢在销售方面打广告，主要会营销，所以赚得盆满钵满？

嗯，当年很多人也是这么认为的，最后他们基本都完了。(2022-01-23)

网友：想起来第一次见到这类观点是在吴晓波的《激荡三十年》，

现在对 OPPO 和 vivo 很多人也是这么看的，不过在这两者身上显然不对。书里面写的企业都死得差不多了。

是的，那些人当年真的那么认为的，于是真的那么做了，然后很快就都不见了。其实我该说的都说过了，30 多年来一直是这么说的，但这很难改变任何人。（2022-01-24）

网友：轰轰烈烈的保健品浪潮，不知道您是否还记得那个疯狂的年代。三株口服液、太阳神、昂立一号，我记得当时我工资只有 200 多元，但是我的一位朋友因为从事保健品的销售，每个月收入居然达到了 4000 元。

三株口服液流行的时候，当时负责乐百氏销售工作的朋友问我怎么看。我说这看着像是家有一天会突然倒下的公司。我当时看到的东西是，这个公司的产品没有实质性作用，知名度还很高，只要出一次事估计就扛不住。

网友：有篇小文章说大道卖过章光 101。不知道是不是真的？

真的卖过章光 101！那时候还在读研究生，稀里糊涂倒过一次，好像赚了不到 2000 块人民币。时间坐标大概是 1988 年初，具体可能有点出入。当时是一个室友说能买到一箱（不知道是 6 瓶还是 12 瓶），根据我的建议提完货后就在厂门口卖掉了，然后我们两个平分了利润。那时好多人在门口等着买，据说拿到日本可以卖到好价钱。我们两个从来没做过生意的读书人，一个负责货源，一个负责找买家谈价钱，一个下午不到就完成了交易，算是赚到了我人生第一笔大钱。那时我读研的工资是 70 多一点。不过，那也是我唯一成功过的贸易。后来不肯做贸易也是和这个经历有关的。两头在外的生意是无法长期的。

记得那是个倒爷遍地的时期，我得到的经验是不能做倒爷，不然会很累。（2022-09-20）

网友：像可口可乐这样的品牌人人都知道，还需要打广告吗？

这是广告学里面的东西。据说可口可乐早年也被质疑过为什么还要打广告，于是做了一个实验，在一个很小的欧洲国家停了一年广告，结果当年相对其他国家或地区的销量下降了很多。（2020-12-05）

网友：网络公司纷纷在传统媒体上打广告，腾讯、拉手网、赶集网等都在央视打广告；高朋、腾讯、微博在电梯上广告。我觉得是泡沫了。

都打广告也可能说明市场大，大家都看好未来。其实大家都打广告的效果和大家都不打的效果是很接近的，所以这是个囚徒的困境，我们也常在这个困境中。苹果的日子好过多了，有点啥东西出来全世界一堆人哭着喊着地到处说，真羡慕啊。（2011-04-08）

网友：我的苹果电脑有一次不小心掉到浴缸的水里。马上拿起来用电吹风吹吹真的还能开机接着用，跟几个朋友说过这事，有些人还不太相信，总说我在推销苹果，我说难道苹果是靠推销的?

我和“厨师”聊天时，“厨师”特别提到苹果是不搞推销的。（2014-08-20）

网友：电视剧《欢乐颂》里的人用的笔记本和手机清一色都是苹果，这样的嵌入式广告真好。

苹果不太做推销式广告，做的基本上都是功能性或场景式广告。苹果广告见效慢点，但影响深，长期的潜移默化力量很大。（2016-05-09）

广告制作一定是找行家的，自己做不可能做得好。如果自己能做好广告的话，世界上最好的广告公司就会是可口可乐广告公司。

网友：我倒有一个小小的反例，我听说三星电子的很多广告都是自己公司的广告部门做的。

你可能讲得是对的，好像对三星的广告从来就没有记忆，确实是个很好的反例。（2011-06-20）

网友：想起大道说的，当年为什么不自己做广告公司。

哈，那是很多年前的事情了。乐百氏当时成立了自己的广告公司，因为广告投放往往需要 5%–10% 的广告代理费。我们广告投放不小，这个钱省下来也不是个小数目。但一想到当年的广告大户们都没有自己的广告公司，我就觉得也许我们还是先不要试错的好。（2023-12-12）

网友：选代言人的标准是什么？

你能告诉我人们选择餐厅的标准吗？（2012-02-23）

网友：马云说长相和事业成反比，我也很认同。

那要看干什么事业。

网友：段老师你也太幽默了！

你们想偏了吧？当明星的长相很重要啊，哪怕是体育明星也很重要，广告价值差很多。（2010-07-23）

网友：步步高前段时间广告都是在央视播放的，请了好几个韩国女星，代言费和广告费加起来应该不是小数目吧？能不能保本呢？是不是会大幅抬高步步高电器的价格？投入和产出怎么样？

广告费只可能占价格的很小一部分。消费者的眼睛是雪亮的，价格太贵他们会不知道？（2010-03-27）

投入和产出的问题我不清楚。不过我知道我们公司投广告一直都很理性，绝不会乱来的。（2010-03-21）

网友：当年您初创立步步高时，花那么多钱做广告迅速开拓了市场，我感觉有些冒险，您能讲讲当年的成败得失吗？

我们做自己懂的东西，为什么你说是冒险呢？和我买网易或者苹果没区别，可不知道为什么老是有人追着问为什么要冒那个险。用一块钱去买两块钱的东西不叫冒险，叫理性，只要记得不用 margin 就行。（2012-02-02）

网友：您怎么计算打广告带来多少收益？

我没算过。（不知道算不算大秘密？）但一般最多只花到净现金流的一部分。（不然不安全。）现在估计也应该是这个意思，只是比例下降了而已。（2019-09-29）

网友：在上海看到有一个很有意思的广告，“全球市值最大的银行”

这几个字N公里外都能看见，但银行名很小，如果段总是这个银行的老总肯定不会这样做广告吧？

这种广告越多，这个老总当的时间越短。（2010-05-05）

历史上有个广告比较，“滴滴香浓意犹未尽”和“味道好极了”，你知道哪一个？另一个现在在哪里？广告想传达什么很重要，似是而非不好。（2018-08-21）

网友：20世纪90年代部分国内企业的发展起步阶段，企业家往往会将全部家底all in在一款产品的广告或其他上，用前期的高额成本投入换来订单增长。我现在也在经营一家小公司，一直经营不善，困惑于试错成本问题，该将资金全押在一款产品的运营推广上还是应该分散风险布局不同产品呢？

我觉得你可能是产品不行。我们当年是觉得产品不错了才敢押身家的。（2020-10-20）

网友：好的名字，是营销成功的关键啊！

关键是产品！营销远没有你想的那么重要。比如茅台的营销不算非常好，不然会更厉害的。（2015-04-05）

“可口可乐凉茶名为夏枯草。”（新闻）

“夏枯草”？不知道为什么听着像毒药？其实我想说的是，我记得我们给产品取名字时一般要做语义测试的，可能产生歧义的名字要尽量避免。夏枯草因为是具体草药的名字，可能不在我说的范畴内。而且，如果可口可乐计划投足够力量去告诉消费者这是什么，那这个名字也不会有啥大问题。（2022-06-13）

名字没取好，事倍功半。（2020-12-16）

网友：为什么别人学不了茅台？我认为是别人没有办法用那两个字。

可惜这种实验做不了，不然按茅台现在市值两万亿，如果有人愿意出价一万亿只买茅台的名字的话，茅台再换个名字要不了多久就会跟原来一样的。

也许做过品牌的人才更容易理解“牌子”和“名字”是有很大差别的？（2023-12-12）

出海是伪命题

网友：OPPO 不是国际品牌吗？印度现在有近 12 亿人口，市场潜力和中国差不多。

国际品牌就应该去人多的地方吗？我不觉得眼前印度对我们来讲是个好市场。也许一段时间以后会是的。（2010-11-08）

“苹果新传奇的中国启示，国际化成关键。”（新闻）

怎么会得出这么个结论？不过，国际化的定义很含糊，如果国际化指的是学到世界上的好东西的意思就没问题，如果指的是拼命到别的国家去做生意的话，对中国绝大多数公司而言还是蛮危险的。（2012-05-03）

我觉得所谓的全球化，像一个伪命题，你并不需要去追求它，到了该去的时候，自然就去了。你根本就没有那个实力，也没有那个需求的时候，走不出去的。（2025-01-05）

好的企业文化就是做对的事情

所谓企业文化，讲的就是什么是对的事情（或者说哪些是不对的事情），以及如何把对的事情做对。苹果的企业文化堪称好的企业文化的经典，多看看苹果的发布会或许能有所悟。（2015-03-22）

文化好的企业活得长些

企业文化作为过滤器非常有威力，为我避免了很多错误。怎么选对的公司是能力问题，不选错的公司是是非问题。（2019-06-06）

好的企业文化可以为好的商业模式保驾护航，甚至可以帮助你发现好的商业模式，但我没想过权重的问题。这是个过滤器，没有权重的概念。（2019-05-23）

我不会只是基于企业文化买公司，但会把有好的企业文化作为想买的前提之一。（2015-05-25）

网友：我会把有“不好”的企业文化的公司作为不买的全部理由。

确实如此，不好的公司文化时间长了一定会伤害到企业自身，而且不好的企业文化一旦建立就很难去掉了。（2015-05-28）

网友：您最看重企业文化的哪些方面？

我看重那些让企业更健康更长久的因素。（2019-04-09）

网友：好的生意模式需要有好的企业文化，只有好的企业文化不一定有好的生意模式，是这样吗？

对，特别好的生意模式也是可遇不可求的，而且机会一旦错过就没了。不过，没有好的生意模式也是有可能成为一家不错的企业的。（2011-12-17）

网友：苹果算不算傻瓜也可以经营好的公司？

其实我并不知道彼得·林奇的定义到底是什么意思，因为现实里没有什么企业是傻瓜摧毁不了的，关键是看给这个傻瓜多长时间。我猜，这里傻瓜都能经营的企业指的是这个企业既有着强大的商业模式，能经得起傻瓜折腾“一小会儿”，同时有好的企业文化能够很快纠偏。就算好的企业经营者也会有犯傻的时候，但好的企业文化会让企业在比较短的时间里改正。比如当年谷歌买了摩托罗拉，结果很快就发现不合适，然后一年多就改了。（2024-05-17）

所谓好的企业文化大概指的就是“利润之上的追求”，而“利润至上”绝不可能成为好的企业文化。好的企业文化未必能形成好的生意模式。个人觉得好的生意模式是一定要有好的企业文化做支撑的，所以是必要条件。但好的企业文化不是拥有好的生意模式的充分条件。（2013-02-12）

企业文化确实很重要，这点上我比巴菲特要更强调。（2015-04-29）

网友：巴菲特说对的管理层，大道强调企业文化，这两者有何区别？

现在巴菲特也说的是企业文化了。（2019-03-18）

可能是因为我想早退休，所以总说企业文化，巴菲特一直是CEO，所以说的是管理层？现在他应该在考虑退休以后的事情了，所以也经常说企业文化了？我猜着玩的，实际上我们讲的是一个东西，没本质差别。（2019-06-23）

网友：企业文化和规矩的关系是什么？

简单讲就是规矩管不着的地方文化管。（2016-07-05）

网友：企业文化这个词有点虚无缥缈，我可不可以理解成马云说的使命感、价值观、愿景、组织、人才、KPI这样的东西？要通过什么维度来判断企业文化好呢？

企业文化其实非常实在，建议你看看苹果的发布会，体会一下不虚无缥缈的企业文化。建议你从现在往前看10年的发布会，看完你会有体会的。（2020-12-04）

所谓的企业文化好并不是百战百胜的武器，他只是能让企业少犯原则性错误而已。或者说，在同一个行业里，平均而言企业文化好的企业活得长些而已。（2011-02-11）

企业文化不好的公司长期必然日子没那么好过，好企业偶然也会有难过的日子。（2023-05-14）

网友：您怎么看待战略和企业文化的关系？

有好的企业文化的公司战略出错的概率低。（2011-08-25）

有好的企业文化的公司往往应变能力要强很多。（2010-04-05）

网友：维持好生意，主要是靠好管理层建立的好企业文化吗？

没有好的企业文化很难维持，但有好的企业文化也未必就一定能维持住的。因为也可能会有战略错误导致企业完蛋的，尤其是小企业。（2013-04-20）

网友：茅台生意属性很好，但企业文化未必好，如果二者不能兼得该如何取舍？

如果茅台的企业文化不够好的话，茅台走不到今天的。这不等于说茅台没一点问题。企业文化不好的公司，好的商业模式早晚是维持不了的。（2019-04-25）

网友：您认同企业文化跟您做企业的经验有关系。可以因为一家公司是百年老店而判断它未来也一定是好的吗？

百年老店不意味着它就一定能活到101年，这就像不能用市盈率去预测明年的利润一样。雷曼好像就有150多年的历史，但只要你注意到雷曼后期的企业文化都变成什么样了的话，你就不会对它的结局感到惊奇。不过，有好的企业文化的企业犯原则性大错误的机会低，和用户比较近，表现好的机会大。《基业长青》里会讲得比较好些。（2010-04-04）

一般来讲，公司的企业文化是由三个部分组成的：使命、愿景以及核心价值观。使命指的是企业存在的意义；愿景是企业内大家的共同远景。（2010-04-03）

我觉得企业文化里最重要的应该是核心价值观的问题，不符合核心价值观的东西不做最重要。（2020-10-20）

网友：国内有些企业似乎很看重且一直在强调自己的市场占有率，这样的公司段总会不会直接忽略掉？是不是只专注于消费者的公司会好一些？

讲本身并不是问题，作为一个大的愿景讲出来没什么不好，尤其是企业初期，有一个大的愿景非常重要。差别在于用什么办法去达到。用消费者导向去达到愿景目标是本手。（2010-10-24）

愿景的意思是大家的共同远景，是可实现的。（2011-10-02）

没有愿景的公司容易陷入利润导向，最后容易被眼前利益诱惑而犯大错，从而导致公司寿命缩短。

网友：很多公司都有愿景，但好像都是写在字面上的东西。我观察公司愿景是真是假，主要看领导有没有真的把它当回事。您经常提到步步高的愿景，所以我相信它是真的。

愿景的意思是大家的愿景（远景），光写在纸上是没用的。我们公司提的是更健康更长久。也就是说不健康不长久的事我们不应该做（哪怕眼前有钱赚也不应该做）。（2010-11-10）

网友：有了愿景不一定会成功，但没有愿景，一般不会成功。

那要看如何定义成功。没有愿景的公司很难走得很远，但也有些小的家族企业可以靠别的东西维持走很远的。（2010-11-12）

网友：能举个例子吗？

那你肯定不知道耐克的故事。值得读一下。耐克还是一个很小的公司时，曾经有一个远景，“打败阿迪达斯”，真是太可笑了（阿迪达斯当时是这么想的）。（2010-05-30）

网友：管理的最高境界是没有管理，制度的最高境界是没有制度！有统一的价值观和统一的目标，员工能自我约束，制度健全与否没有太大的重要性？

没有管理公司很快就会完蛋的。所谓好的企业文化是能管到制度管不过来的东西，不是个神秘的咒语。（2018-11-07）

制度是强制性的，文化则不完全是，所以建立好的企业文化非常难，破坏起来非常容易。

网友：破坏起来非常容易如何理解？

比如建立信誉很难，破坏很容易。（2018-11-08）

网友：您觉得企业文化可以改变或者能改变吗（由不好转好）？

想想企业文化怎么来的就知道可不可以改变了。（2013-12-10）

网友：有些公司经历一些教训后，企业文化有可能慢慢改良吗？

文化有点像习惯，也有点像基因。（2013-05-07）

网友：体制因素和其带来的对于企业经营及企业文化的影响，是否是更多投资于国内企业的投资者应该多注意的呢？

可能我在体制内的企业待过，所以比较敏感，知道有些什么区别。这种区别不是随时都在，也不是哪里都能显现出来，但往往关键的时候就会发挥一些看不见的作用。（2010-08-14）

最重要的是什么不可以做

网友：能用一句话总结一下什么是好的企业文化吗？

做对的事情！（2019-05-29）

网友：好的企业文化应该是怎样的？

也许你自己可以先看看哪些属于做对的事情，哪些属于把事情做对。另外，文化里的东西都是用来约束自己的，千万别用作挑剔别人的工具。企业文化的东西是需要整体认同的，不认同的人会离开或被赶走。没有任何一个所谓的好的企业文化可以适合所有的企业或组织。所谓合适性就是指的员工对企业文化是否适应，而合格性则是指把事情做对的能力。（2016-06-05）

网友：不太理解“千万别用来挑剔别人”。

我早年说过，本分不是“照妖镜”，主要是用来检视自己。但企业同时有自己的不为清单，那个一般是强制性的。（2020-12-03）

网友：如何让字面上的企业文化落实到所有员工的言行中呢？

最重要的是什么不可以做。你可以多看看韦尔奇的书。阿里巴巴在企业文化建立方面的水平也还不错。（2010-04-23）

韦尔奇的《赢》里讲了不少GE是怎么做的。阿里巴巴这方面做得非常好。这是一项几十年或更长的工作，应该和企业的寿命一样长，是一项重要但往往不那么紧迫、常常被人忽略的工作。（2010-04-04）

网友：什么是好的企业文化，如何建立好的企业文化，大道能推荐一本书吗？

我觉得看书可能不如看企业来得明白。书可以看《基业长青》，企业可以看苹果这些年的产品发布会（每年9月份的那个就好），或者多看几遍巴菲特在大学的问答交流。（2019-06-01）

网友：您关于企业经营的知识是如何获取的？

要搞清这个问题，你要回到什么是企业文化就明白了。我没有一套自己的关于企业经营的知识（我认为叫理解可能更合适些）。所有我对企业的理解，这本书或那本书里都有，但没有体会的人一般不会去体会而已。重要的是要有基本的原则：做对的事情，把事情做对。

在如何把事情做对上犯的错往往是不可避免且都还是有机会纠正的。（2011-01-25）

网友：段总在营销本质、企业文化方面的诠释是最简单通透的，一句话或一个例子，就让俺开悟了。

哈，我们确实也有自己的体会，悟出来不容易，你能一下子体会到那绝对是你的造化，多数人做不到的。（2018-09-12）

好企业也可能会犯错的。我一般看到企业犯错时，主要判断这个错是做了错的事情，还是在把事情做对的过程当中犯的错。任何人在做对的事情的前提下，为了把事情做对的过程当中都是会犯错的，这种错误也可能给企业造成很大的短期损失，但长期而言却可能微不足道。而另一种错误的损失却可以是致命的。（2011-01-03）

我非常喜欢谷歌的“不作恶”（Don’t be evil）。（2012-04-14）

网友：我在创业，不知道应该建立一个什么样的企业文化，您能不能给一些建议？

企业文化必须你自己去创立，没人可以帮忙的。企业文化大致由使命、愿景和核心价值观组成，这都是你自己的东西。使命就是你的公司为什么存在，愿景就是大家共同的远景，核心价值观就是是非观，或者叫什么是对的事情，什么是不对的事情。（2013-06-06）

网友：步步高的企业文化是您创办的时候就已经想明白，还是创办之后慢慢形成的？

有很多东西在创办之前就有了，但慢慢补充和完善或修改了一些。基本核心价值观是不会变的。（2013-03-26）

网友：成功企业往往会打上开创者的气质。

那是因为企业文化一般都是由开创者建立的，当然，后期的完善也很重要。

网友：开创的时候企业文化怎么建立？我个人觉得企业文化起初的建立不需要投入多少精力吧？老板如何对待同事、员工、客户及其他合作伙伴，体现出来的这些作风就是企业文化的雏形吧？企业搞大了再整理成易理解的东西，首先传达给干部，干部传达战士。总之应该是一砖一瓦的事情。

同意。（2010-04-04）

网友：企业文化就是老板文化，这个理解对不对？

一般而言，创始人对企业文化的形成起的作用都很大。（2010-05-10）

网友：企业文化如何才能改变？

大概办法就是年年讲月月讲天天讲，而且光讲是肯定没有用的，但不讲是绝对不会变的。（2023-12-12）

听其言观其行

网友：如何判断企业文化好与坏，标准或者共性是什么？

这个问题很大。笼统地讲，就是企业行事是以利益还是以是非为标准。如果凡事是以利益为准绳的，我就不太喜欢。

其实我也没有一个所谓的格式或公式去判别一个公司的企业文化，不过，我经常会用拟人化的角度去想一家公司。我不想打交道的人我也不想投资他们的公司。（2020-10-11）

很难判断一个企业的文化是否好，但看出不好的企业文化要容易得多。（2010-07-10）

基本上就是听其言观其行。看这家公司过去都说过啥，都怎么做的。比如，当年我对苹果开始有兴趣后，几乎看了苹果所有的发布会以及能

找到的库克和乔布斯讲过的东西，也用了很多苹果的产品。（2020-10-19）

我关注的公司和人都很少，可以花足够时间在有限的人和公司上，这样准确率自然就高很多了。（2020-12-07）

我如果不信任公司的文化和管理层了，我会决定离开的。对我来说，要搞懂公司经营的每个细节来决定投反对票还是赞成票是件很费时的事情，比搞懂商业模式或者企业文化可能还要难。如果整体上我看不懂公司的某些重要行为，我多数会选择离开，虽然这样也会犯错，但比老是很膈应要舒服很多。（2023-06-14）

网友：我看企业文化的方法就是经常看领导人访谈。

看访谈确实是个很重要的方法，结合过去他们都说过啥，是否都做到了，也可以看出来他们说的时候是真话还是套话。所以，看一个访谈是不够的，光看访谈也是不够的。（2010-11-09）

网友：怎么判断公司的企业文化和价值观是每个人都认定的，还是贴在办公室里的标语根本没人信？

呵呵，你看企业的领导们信不信就可以了。如果最高领导人都不信，那肯定不行。（2010-04-04）

网友：如何观察公司这些写在纸面上的是不是真的愿景？

看他的历史、说的和做的。（2010-11-12）

网友：绝大部分公司的企业文化，网站上的那短短百十个字都是差不多的。

其实即便是字面也是差很多的。（2013-03-28）

产品文化是企业文化的一部分但不是全部。一般来讲能有挂在墙上的也比哪里都没有的强，但如果不是真的则强得有限。（2012-03-07）

网友：在步步高企业文化中股东居然放最后？如果真是按重要程度排序，这顺序不就是“消费者第一、员工第二、商业伙伴第三、股东第四”吗？

前面三条是要做的事情，最后一条是我们的观点，就是说，我们认为做到了前面三条，股东回报应该不错。二十多年前我们写下这一条时就是这么认为的，迄今依然如此，结果似乎也正是如此。

我们不排序是因为我们认为也许不该排序。（2019-03-10）

网友：步步高企业文化的使命中有一条“对股东：使其投入的股本有高于社会平均报酬的合理回报”，“高于社会平均报酬”该如何理解？

其实就是我们有信心比平均回报好的意思。

我觉得我们确实做到了哈，而且做得还不错！（2019-09-26）

网友：马云讲过，客户第一、员工第二、股东第三。您怎么看？

反正倒过来摆是肯定不对的。（2010-05-20）

我可以接受他的意思。我们公司认为这三者关系是平等的。大家是从不同的角度去说这个问题。（2010-11-13）

网友：我认为马云不是投资人的好朋友。不尊重股东的人，也得不到股东的尊重！

我倒是见到许多许多“股东第一”的公司，由于不停地为了取悦华尔街而采取短期行为，最后业绩差导致股东利益都没有了。马云这种实际上是最尊重股东利益的那一类了。我个人投资时比较喜欢这类“股东第三”的公司，最害怕那种“股东第一”的公司。（2012-01-02）

网友：马云说的客户第一、员工第二、股东第三，是不是有点“利润之上追求”这个意思。

正是！（2012-07-24）

网友：什么样的企业文化是维护股东利益的企业文化？我一直有点模糊。

维护股东利益指的是维护股东的长远利益，这里的长远指的是企业的整个生命周期，因为所谓的股东利益实际上就是企业未来净现金流的折现。（2013-03-26）

网友：难道不包括短期利益吗？

长期利益中，本来就包括不损害长期利益的短期利益。（2013-03-28）

网友：阿里巴巴对于大股东的态度和处理与大股东关系的方法，让我感觉多少有些不确定性。

我没觉得阿里巴巴集团对大股东的态度有什么问题啊。我倒是觉得他们的态度是上市公司里最好的。因为大股东真正需要的是公司能好好地专注在公司的发展上，而且大股东其实只需要这一条就够了。（2010-05-25）

网友：参照巴菲特的 8 项投资标准，不以所有的股东利益而是以大股东利益为先的企业，我们能指望什么呢？

什么叫以大股东利益优先？股东利益只能通过投票决定。还有就是如果你不喜欢，觉得公司不以你的利益优先的话，你是应该卖的，不然你就是觉得他们会以股东利益优先，否则就矛盾了。有些大股东利用控股来为自己牟利，这种股票最好远离。

另外，股东利益优先和股东第三并不矛盾，是不同角度。（2010-05-28）

我反对任何公司（包括我们自己公司）给股东任何优惠，和茅台无关。作为比你们大很多的茅台股东，我很高兴看到茅台取消这么荒唐的东西，觉得茅台在这点上进步了。（2022-06-11）

网友：段先生这样说是直指大股东吧！大股东拿货是 969 元的出厂价，而小股东买的是零售价 1499 元，不占公司的便宜，而且还给公司增加利润。

你是说大股东能赚便宜为什么我不能赚？我说的是谁都不应该赚公司的便宜，包括股东，当然也包括大股东。（2022-07-14）

网友：您如何看同股不同权？

我们是同股同权的，我认为同股不同权不公平，但没仔细想过为什么会有这个东西。可能是有些公司怕被资本大鳄偷袭而产生的一个办法？感觉长期来说这个东西对公司是有害的。（2023-05-11）

网友：你们公司的人要成为公司股东得工作多少年才有资格？成为股东后，如果发现这个人并不适合再合作下去，你们是怎么做的？

我觉得你对股东的定义是不是有什么误解？公司里一股的股东和一亿股的股东都叫股东，他们每股的权利是完全一样的。成为股东非常容易，只要有一股就是股东。公司和股东之间没有合作关系，但股东可以通过投票来决定董事会或者董事的人选以及公司策略等等……（2023-06-14）

网友：《基业长青》里面提到过，企业应该平衡员工、股东、消费者和合作伙伴的利益。最近发现有些企业比较压榨合作伙伴，但是也在比较长（10多年）的时间里面做得不错。这该怎样理解呢？

第一，《基业长青》说的不是充要条件；第二，有时候10多年还不够长，我们邻居都三代了还混着呢。（2014-04-14）

案例

格力电器

网友：您认为格力公司如何？听说格力是先收款再发货的。

格力是好公司。

呵呵，难道还有别的办法可以活下来的？（2010-03-30）

网友：有个人问董明珠，为什么最近格力的股票跌跌不休，她说我只对我的投资者负责，不对投机者负责。她给这几者的排序是：1. 消费者，2. 员工，3. 社会责任，4. 股东。

董明珠对企业的理解非常好。（2010-05-27）

网友：决定买格力不是美的是因为一个标语。我去格力的时候，有一个厂房的标语是：早上吃好，晚上早睡。美的的标语是：大战九十天，创造新辉煌。回来后又问了一些工人当时的工资，格力大概2200元，美的只有1600多。知道这些以后，我就决定选格力而不是美的了。

"早上吃好，晚上早睡"，呵呵，这就是企业文化了。你能从这点看到企业的差别，说明你已经是高手了。记得大概10年前，有个招行的朋友就和我谈起格力空调，说觉得有很多地方和我们公司挺像的，呵呵，我觉得他们很多地方做得比我们好，当然我们也做得还行。（2010-06-02）

网友：担心董明珠退休后接班人的问题。

这正是我担心的地方，不然现在这价就不贵哦。

网友：董明珠很少公开谈到接班人的问题，只说过公司有很多自己培养的年轻人很优秀，如果她打算5年后退休，现在应该还在考察阶段吧。段总以前提到一个逻辑，好的企业文化——好的董事会——好的接班人……

这种机制要维护文化不容易。（2010-07-07）

网友：我认为格力没有好的文化传承。如果董明珠退休了，格力还能有这份坚持吗？

那是你买的时候要考虑的东西。（2014-08-21）

UT斯达康

"UT斯达康第一财季净亏损1030万美元。"（新闻）

神奇的UT斯达康，这么久了居然还没亏完。N年前曾经糊里糊涂买过不少这只股票，然后去拜访过一次公司，见过当时的CEO，回来后就用最快的速度把股票都卖了。好像还赚了点小钱。要是留到现在可就亏大了。现在居然还有这么大的成交量，很好奇都是谁还在买呢？

网友：为什么卖？拜访过程中你发现什么了？

呵呵，不方便细说，但至少六顶帽子里有一顶以上出来说NO了。（2011-05-07）

六顶帽子思考法，呵呵，网上很容易就找到了。（2011-04-08）

网友：您访问企业时主要看哪些方面？怎样才能看出价值呢？

这个我也不会，至少没办法通过参观企业看出好企业来，但有时可以看出来有些企业不太好。有很多企业你参观完了就不想投了。（2010-10-05）

脸书

网友：脸书的商业模式，我个人理解是在链接人的同时，通过用户数据分析了解人，并据此通过广告等形式商业化。如果个人数据的运用权更多地交给用户选择，那么基于信息流推送的商业模式是否还可以成立？

个人认为脸书（FB）还是一样厉害。用户没有别的选择。（2018-05-01）

网友：FB高管的不断离职会不会对公司产生致命打击？现价可以买入做长期投资吗？

我不推荐人买股票，我觉得如果你需要问人该不该买的时候那就还没到你能买的时候。我个人觉得FB也是家不错的公司，生意模式和文化都不错，扎克伯格年轻有为，还能好好干很多年。公司有人离职很正常。（2019-03-20）

网友：您常说本分的重要性，FB近几个月频繁爆出隐私泄露的问题，您怎么看？

FB原来的使命是“连接世界”，但没有注意隐私。现在使命不变，但注重隐私已经是前提了。好公司犯错误时往往是买入的机会。（2019-03-28）

隐私是头等事，扩张是正经事。（2019-05-01）

脸书准备卖掉了，有些不舒服的东西。（2020-07-31）

今天清空了FB，算是赚了不少。由于自己不用FB的任何产品，所以对FB的理解一直没达到很透彻的地步。最近一段时间，抖音就把它吓成这个样子，说明它可能还是有弱点的。我的卖出也符合“对自己不够

了解的公司，涨了也想卖跌了也想卖”的情况。（2020-08-04）

网友：为什么大道认为看不太懂 FB 的商业模式呢？

看不懂需要理由吗？我还以为看懂才需要理由呢。我个人完全不用 FB 以及 FB 的任何产品。

网友：为什么处理掉呢？

为什么？就是觉得不太喜欢了呗。看到扎克伯格在国会作证时说的话后，我就“粉转路”了。（2022-02-03）

FB 真的是我糊里糊涂买、糊里糊涂赚，但很清楚卖掉的公司之一吧。我还记得当时看到“小扎”在国会质询回答问题时，我突然感觉到 FB 的护城河其实很浅，面对抖音他们完全没有招架能力，连阴招都上了。看完第二天就基本清仓了，只有几万股是留到年底卖掉的。话说回来，FB 本来买得也不太多，所有管的账号大概能有 2%，卖光了也没啥不开心的。（2022-10-09）

网友：因为企业文化不好？

是的，我有点不太喜欢他们的企业文化。

网友：我查到了这一段，时间也跟大道表态准备卖掉 FB 的时间相吻合——“到了 2020 年扎克伯格的假面具摔得更彻底，七月时扎克伯格在美国国会举行听证会向中国企业‘泼脏水’，声称‘中国从美国科技公司’窃取技术‘证据确凿’。而对于这一问题，苹果总裁、谷歌总裁、亚马逊总裁的回答均为‘没有发生过此类事件’。”

就是这个事情后就决定卖了。（2022-02-10）

双汇

网友：如何避免投资碰到黑天鹅事件？

黑天鹅事件在买的时候就应该避开了，不然你就不应该投资。

价值投资者其实最喜欢看到黑天鹅事件的发生，这种时候往往会有机会。上一次金融危机无数人中招，但巴菲特那么大盘子，那些一掉到底不复回的股票他一个都没有就是一个例子，这可绝对不是运气哈。顺便说一句，那些股票我也一个都没有。

要是你的“估值”会和公司每一个产品的推出和定价联系在一起，你早晚会在不赚钱的前提下累趴下的。

补充一点：买的时候避开的意思就是不懂不做，事前想清楚。

去年有个朋友想投双汇，问我的看法。我说我不懂，你好像也不比我懂，但我觉得中国食品行业风险大，不知道啥时候就会出点啥问题，结果不幸而言中了。（2011-03-30）

网友：目前双汇的“瘦肉精”事件，到底如何判断目前的危机是危险还是机会呢？

这种时候关键看你对公司及其文化有多了解。比如，GE 的杰夫·伊梅尔特出来说公司没问题时，我是相信他确实认为自己公司没问题，所以我就敢下手买。

如果王石碰到类似问题时出来说话我也会相信的。

但如果是雷曼或美国国际集团（American International Group，AIG）的 CEO 当时出来说，我是无法相信的，因为不了解。

你如果了解双汇并绝对相信他们的话，那就会是个机会，不然还是离远一点好。

阿里的供应商欺诈问题反映了当时管理层的心态已经出问题了，但马云后来的处理还是很给力的，如果股价因此大掉的话，我觉得会是个机会。不过，实际情况好像掉得也很少，看不出有大油水。

我个人认为，一般情况下，急跌的股票还是不要碰的好。资本市场大多数情况下都很聪明，但偶尔的错判往往会是机会。

投资不要怕错失机会，最重要的是不要犯大错。没听说过这种事有规律可循的。（2011-03-24）

网友：当企业出现什么样的问题时您会卖掉，或继续观察或买入？

你只要能分清做了错的事情和把事情做错了，你就会有结论的。

（2011-03-17）

网友：请举个例子。

我个人的经验基本是用“己所不欲”排除法来鉴别企业的，比如一家明知故犯地加三聚氰胺的公司我就会认为是一家不好的公司。又比如一家为 500 大而 500 大的公司我就会很小心。（2010-03-21）

比亚迪

网友：芒格为什么买比亚迪？

我现在觉得有点明白芒格为什么投比亚迪了。如果我能有当时一样的条件，我也可以投。

大概就是个未来现金流折现的问题。芒格投 20 亿（的 1/10）在 40 岁出头的王传福身上，认为他未来 20 年（或更长）肯定可以给出多倍回报。这么看王传福的话，当时那个价确实便宜。（2010-06-21）

网友：不明白芒格为何如此看好比亚迪。

我也一直认为买比亚迪不是巴菲特的风格。无论如何，芒格的面子是要给的，结果也很好。（2010-09-29）

网友：比亚迪回归 A 股，是 A 股价值投资者的一次机会吗？

你问的是什么机会？

到目前为止我还是没完全搞懂比亚迪。我觉得王传福是个对商业机会很敏感且非常用功的人，但不是很明白为什么他们现在还在四面出击，同时还要借那么多钱。

这次在巴菲特那里还和王传福一起吃了个饭并聊了一会，但时间有限，没能了解太深，有待进一步了解。如果比亚迪的储能柜真的能做成的话，那可是大事，因为目前利用太阳能最大的问题就是还不能有效储存能量。可是，比亚迪现在的业务很散，给我的感觉好像是没足够信心集中精力在能源产品上的样子。

另外，我不太喜欢他们的中国第一和世界第一的那些个目标，那些个东西消费者其实不关心。你看看苹果什么时候说过要提高市场占有率了？苹果总是说且只说要做最好的产品（消费者最喜欢的产品）。

为了达到第一的目标（实际上是数量上的第一），企业一定会做些很奇怪的事情，比如价格战，比如因为过于急于上量而导致的质量问题等。当我看到他们说把 2015 年成为第一的目标推迟到 2018 年的时候，我就觉得他们还没有明白过去在哪里出了问题。当然，如果王传福真是像芒格说的那样，是个爱迪生和韦尔奇的合体超人（超人是我加的），那可能一切就都是对的。但这些超出了我的理解能力范围，所以我自己不会去抓这个机会。（2011-05-11）

网友：对巴菲特买比亚迪是买王传福未来几十年现金流能理解一些了，以前单纯看比亚迪年报看不出什么，结合着比亚迪几十年的发展史来看，那个价格买王传福优秀卓越的经营能力确实不贵。

呵呵，我想巴菲特买的也是王传福的未来现金流（的折现）。（2011-01-09）

万科

网友：您和王石接触过吗？

没有很深入打交道的机会，有过几次聊天或吃饭的机会。对他印象还不错，有点“青涩”的味道。（2010-05-17）

那个对王石的评语不是我说的，是他自己说的。不过我觉得“青涩”很难得，现代人普遍太圆滑了。（2010-06-06）

网友：有家公司，总市值 263 亿，净资产 160 亿，净利润 12 亿，这只是商业地产股，对你有吸引力吗？

如果你能保证里面没假账，净资产不贬值，利润不下降还不会用途不当，这个价格倒也不贵。呵呵，了解一家公司不容易就是在这些地方。当然，有时了解也许没那么复杂。

我记得当年我们买万科时就有人问过我，说万一万科假账怎么办。

我说，以我认识的王石而言，他绝不是会关在房间里和财务商量个假账来蒙股东的人。其实那时和王石不熟，现在也不算熟，就是直觉而已。（2010-03-14）

网友：刚听了《财经会客厅》王石的访谈。王石说万科的目标定位是健康丰盛，不是最大、第一，讲到了目标和结果，从急着登顶到坦然的体验过程，讲到了社会浮躁心态——恨不得把三十年的、几代人的事只争朝夕地干完，怎么都听过啊？和段总说过的健康长久、敢为天下后、未必最好肯定能到罗马、快即慢、平常心等等，不是一个理吗？

能够长久经营企业的人对企业的体会实际上都差不多，不信你把马云的东西拿来比较下，你会发现有很多其实也挺像的。不过，“不幸的家庭则各有各的不幸”。（2011-01-27）

利润之上的追求

公司最后能够发展到什么样的程度，不是我们追求的东西，我也不想做 500 强，也不是要去打败谁。我们只是，比方说，我看见你用我的产品我就会觉得很高兴，仅此而已。

——段永平 2010 年接受《网易财经会客厅》专访

赚本分钱，你会睡得好

很久很久以前，我们公司就开始提倡本分和平常心。怎么开始的和为什么会开始，我都不记得了。

网上可以查到许多对这两个词的解释，我只在这说说我自己的简单想法。

本分，大概就是该干嘛干嘛，该是谁是谁的意思。

要想搞明白什么是本分，也许要从什么是不本分来看。

比如说，欠债还钱（包括利息）就是本分，不还就不是。想想周围有多少人和企业欠债不还，就知道有多少人不本分了。这类的例子很多，各位可以自己想。

我们这些年来在本分上做得还不错，有时能自己反省自己是否本分，当然也不是没干过不本分的事。

记得刚刚开始做小霸王时，从一个台商那买了一批散件来组装。当时的东西质量还是不错的，而且给我们货时已经多给了 2% 的 spare parts（备件），可在装的过程当中总会有些坏的，最后坏的那部分我就没给人钱。可能是当时人家很不高兴的样子，我就一直记得这件事，反省了很久，终于觉得是自己错了。可惜后来再没和对方做过生意，也就没有机会补偿给人了。骨子里我也是个不肯吃亏的人呐。

说个我们做得不错的例子，好像是 1997 年左右的事。那时步步高还是刚刚起步，资金还非常紧张，加上俄罗斯外销回款不顺远超想象，造成有一段时间我们无法按期付供应商的款。当时我们开了个供应商会，向大家通告了我们的情况，提出了两个延期付款的条件：一是我们付 1% 的月利息；二是如果有人愿意的话，可将货款入股。当然，都不愿意的话我们也就只能付现金了。多亏多数供应商的支持，我们度过了那个难关。那时可真不容易啊，听说账上只有两万块了。后来是俄罗斯的同事想尽一切办法，从莫斯科扛着两皮箱的美元到香港才最后解决问题的。

呵呵，记得若干年以后，我见到一个挺熟的供应商，发现他头发掉了好多，就问他怎么搞的。他告诉我说，因为当时选择了拿利息，很后悔，现在每天早上对着镜子拽自己头发啊。（这一段是我编的，因为我觉得可能是他太太拽的。）

本分说起来容易，做起来真难。看到别人不本分容易，反省自己不本分更难。

我们自己的水平大概到了偶尔会反省的地步，所以还要继续努力。（2010-03-23）

网友：陈明永说，阿段给我留下的东西就是做企业的道。我们想找一个词来描述这个道，找来找去就找到本分，后来我们形成了很细密的一套理解。

我们总是说，量不重要，利润不重要，最重要的是要做对的事情，要找到消费者的真实需求并想法满足。（2019-10-06）

本分简单讲就是做对的事情，把事情做对。所谓回到原点也是指回到什么是对的事情或者是如何把事情做对这点上。

我们公司在沟通上的成本可能比绝大多数公司要低很多，最重要的一点就是当碰到难题时，我们能经常先回到什么是对的事情而不是停在讨论这是不是最好的（赚钱）办法上。

本分这个东西看起来似乎不起眼，但20年到30年后的差异就是我们公司的现状和当时我们那些竞争对手的现状的差异。我至少还能想起来几十个当年看起来比我们强大很多的对手，从游戏机到学习机到VCD到DVD……（2015-03-24）

明知错的事情还去做就是不本分。本分是个检视自己的非常好的工具。个人认为总是拿本分当“照妖镜”去照别人是不妥的。（2013-03-29）

网友：能不能分享一些关于本分的力量的故事？

假以时日，本分的力量是厉害的。你自己去找例子吧，反过来找就好。

网友：怎么反过来找？

倒过来的意思就是，不本分的话，假以时日，大概率会如何。提示一下：比如查查过去30年破产的公司都是什么原因吧。反面的例子比比皆是。（2019-08-06）

网友：该怎样学习本分呢？

本分是骨子里的东西，应该不是学来的。比如借钱要还等等。（2016-06-19）

网友：看着周围不本分的都暴发了，自己还吭哧吭哧地赚血汗钱，股市投资也是如此，旁边一个人天天投机涨停板，估计周围的人都熬不牢了。

呵呵，如果你赚的是本分钱，你会睡得好。身体好会活得长，最后还是会赚到很多钱的。最重要的是，不本分赚钱的人其实不快乐。（2010-09-21）

网友：本分应该是适用于企业每个员工吧？比如总经理赚了不应该赚的钱是不是不本分？

赚了不应该赚的钱当然就是不本分。虽然大部分人认为有钱赚就行，但我们公司是属于知道有些钱是不能赚的这类公司。如果这类公司越来越多的话，消费者就会安心很多。（2010-03-30）

决策时首先考虑是非

网友："做对的事情，把事情做对"，很难。

做到这句话当然难，不然为什么所谓成功人士总是少数呢？（2010-05-24）

网友：很多人分不清哪些是对的事情，哪些是不对的事情。

任何人都会知道有些事是不对的，但知道不做不对的事情不容易。（2015-12-06）

网友：知道什么是对的事太难了。

什么是不对的没那么难。（2019-09-12）

网友：错的事情排除多了，剩下做对的事情的几率就高多啦。

不做错的事情自然就提高了做对的事情的概率。（2019-09-10）

网友：如何保持自己只做对的事情？

没人可以保证自己只做对的事情，所以需要建立不为清单。可以参考《基业长青》和《从优秀到卓越》。（2015-08-12）

一般来说，我总是努力去提醒人们不要做什么，但多数人最后总是

会回到问我“那我该干嘛”。大概只有很少的人看明白了，我们干过啥对你能干啥不会有太多帮助的。（2019-06-19）

对的事情往往和能长久有关系，投资上尤其如此。所谓不对的事情其实并不总是很容易判断的。有些事情相对比较容易判别，比如不骗人。有些不那么容易，比如是不是该早睡早起。有很多觉得不对的事情都是通过长期的思考和别人以及自己的经验教训得来的，比如我们公司不为别的公司代工。所谓要做对的事情实际上是通过不做不对的事情来实现的，这就是为什么要有不为清单，意思就是不做或者立刻停止做那些不对的事情。也许每个人或公司都应该要积累自己的不为清单。

如果能尽量不做不对的事情，同时又努力地把事情做对，长时间（10 年 20 年）后的区别是巨大的。（2019-04-02）

网友：做对的事情是指战略或是大方向不能搞错，把事情做对是指在执行战略时要把细节操作好吗？

对的事情还包括原则。用战略的说法也可以接受，但有点不够。我们的文化里有个很大的缺陷，就是重利益轻原则。什么事只要有钱赚就行了。如果整个文化能明白有些钱是不能赚的时候，整个社会将会有很大的进步。可能需要 100 年以上，希望不要用一万年。（2010-03-16）

网友：做对的事情大概是最高管理层的事，公司目标及策略确定后只需把握大方向；把事情做对大概是管理层的事，产品的每一个细节都要注意。

做对的事情必须要贯彻到每个细胞，尤其是知道错的事情不去做，发现错了要马上改。（2010-06-17）

网友：在坚持原则与妥协之间如何取舍？例如请一个工头做装修，工头老想偷工减料或临时加价等。如果换工程队，会严重影响工期，带来比较大的损失。如果选择妥协，则可按照计划完工，在可控范围内比原计划成本增加一些。

原则问题不应该妥协，这不是代价的问题。（2019-05-24）

网友：黄峥提到您多次对他讲首先要做正确的事，然后把事情做正确。作为一个初创者的我对“首先要做正确的事”这部分求知若渴，如何才能选对方向？

所谓要坚持做正确的事情其实就是发现错了就要坚决停止，明知是错的东西就要坚决不做，面临决策时首先考虑是非和长远而不是短期的眼前利益。很多年后你就会体会到这样做的区别了。（2019-03-27）

如果你认为你正在做的事情是错的，就应该尽快停止，和它对你有多重要以及你曾经花过多少心血无关，也和你能不能找到更好的事情无关。（2019-05-26）

网友：既有说“欲速不达”，也有说“天下武功，唯快不破”，您怎样理解？

“欲速不达”指的是要做对的事情，不然可能南辕北辙。“唯快不破”指的是把事情做对的能力。想想刘翔你就知道光是快也是不靠谱的。（2014-08-12）

网友：快鱼吃慢鱼，慢即是快，这中间的尺度该如何衡量？

快鱼吃慢鱼指的是效率问题，也就是把事情做对的能力问题。但做对的事情总是要放在前面的，两者并不矛盾。在自然界里，好像“快”的动物的生存能力也是比“慢”的动物的生存能力弱的。（2010-08-31）

网友：在把事做对上，有没有一些共性的东西，比如专注？

在把事情做对上人们是要花很多时间去学习的，活到老学到老大概就是这个意思。专注能让你的学习效率提高很多，犯错误的概率也会降低。（2019-05-30）

有条看不见的护城河

世界一直在变，我们也必须跟着改变，唯一不变的是 integrity，就是正直、诚信、用户导向这类本源的东西。（2021-12-26）

网友：一般来说，企业在哪些方面容易出现问题呢？

任何方面都会出问题。你查查所有倒闭的公司，看看他们都出的啥问题就行了。

网友：我想问选企业的“漏斗”，哪些原则是企业不能违背的？

正直和诚信——integrity。这是所有伟大企业的共性，也是出问题企业的最大“漏斗”。（2010-10-22）

网友：有些公司有瑕疵但公司经营效率还不错您会投吗？瑕疵是比如粉饰财务数据、造假等。有哪些是绝对的禁区？

你说的瑕疵定义太广了，没有完美的企业和人。

我如果认为一家公司不诚信的话，我就不碰了。禁区大概主要是两个：生意模式不好，企业文化不好。企业文化不好最典型的特征就是经常说瞎话，你只要看他以前说过多少瞎话就明白了。（2019-05-20）

网友：商场如战场。孙子说：“兵者，诡道也。”

“商场如战场”是对商场最低层次的理解了。持这种理解的企业很难有百年老店的。（2010-06-14）

网友：认识步步高是从步步高那首歌开始的。步步高在家电这个几乎没有护城河的行业里生存并一步步走得更高。

其实我们是有条看不见的护城河的。

网友：步步高广告中的视听享受、对产品高品质的执着追求、对消费者需求的不断满足，本分专注，在别人的不屑一顾中坚持不懈，这些是构成护城河的要素吗？

最重要的是正直和诚信。广告应该不算吧？（2010-09-22）

网友：您当初管理步步高时会琢磨下属的性格吗？

待人以诚最重要。（2011-07-28）

网友：如何对团队成员以诚相待，无欲则刚？我现在也努力这样做，可是有时觉得很委屈。

你觉得委屈是你想用某个标准要求别人，就是有“欲”的意思？只用这个标准要求自己试试？（2013-08-31）

网友：我理解企业文化和人的性格一样，一经形成后是很难改变的，不好的性格虽然平时可能看不出来，但一到关键时刻会暴露无遗，有时造成的伤害可能会是致命的。

呵呵，回答正确，得一分。只有当你需要付出代价的时候才知道你是不是个守信誉的人。“讲”信誉谁都会，但当需要“守”信誉的时候很多人就不行了。（2011-02-18）

网友：很喜欢您讲的本分和正直。但我自己做不到，我会为了利益或者别人的关注做出很多不本分的事，我试图想重新选择去做个正直和本分的人，但我发现那很痛苦，因为这种选择需要代价，所以面临选择时我还是选择了利益和舒适，但这种选择也令我不安。您曾经为了一个承诺付出 1800 万的代价，那时候你的内心有没有纠结过？你失去这 1800 万的时候难过吗？如果这 1800 万是你的全部家当，你还会这样做吗？

没有人是绝对完美的，但本分和正直让我坦然。其实你做的那些选择留给你的并不是舒服，只是暂时逃避了问题或得到一点点眼前的好处，但很可能会因此失去内心的平静。我没有碰到过为了承诺失去身家的情况，虽然遵守诺言应该和大小无关。（2019-03-30）

网友：正直本分的人可能不太会碰到要失身家的事情。

概率上小很多很多。（2019-03-31）

网友：我觉得，诚信（不隐瞒、扭曲信息）属于一种交易中的策略选择，通常来说，这种策略在社会协作与市场交易中会获得持续的正反馈……

这个说法是基于利益的，当不诚信有巨大利益的时候，基于这种想法的人多半会选择不诚信。我觉得诚信不应该是策略。（2022-12-21）

网友：我们公司与一家上市公司合作一个项目，目前在前期阶段。我们发现该公司董事长虽然热情客气但多次言而无信，让我们很失望。鉴此，我们内部有两种意见。第一种：公司董事长多次言而无信是人品问题，与这种人合作我们是在做错事，基于前期投入损失还不大，赶快终止合作，越快纠正损失最小。第二种：公司董事长虽然多次言而无信，但我们应该求同存异，包容人家，多沟通，力争共同推进项目，完成合作。我偏向于第一种意见。你说呢？

合作伙伴言而无信，合作大概率不会有好下场。停止和你已经投入的无关，损失少是你的运气。（2019-05-13）

网友：我是做高通技术方案的，技术软件代码要开放给客户，客户才能做出优秀的产品。但是客户技术一学到就不要我们，自己做了，根本不会按照合同执行，已经好多次了。我该怎么办？

合作伙伴是你自己选的，本分的意思就是要做正确的事情，包括选对的合作伙伴。（2019-09-29）

网友：如果我们碰到一些避不开而又想要占我们便宜、甚至没有底线地对我们的利益进行侵害的人，该怎么做？

尽量不打交道吧？（2019-07-11）

网友：如何挑选合作对象？

时间，只有时间才可以真的了解一个人。当你觉得对方不合适的时候，一定要尽早分开。（2022-10-15）

让利润追着自己跑

企业文化指的就是利润之上的追求。利润之上的追求的意思不是利润至上，意思正好相反。

利润之上的追求来源于《基业长青》，想找好企业的人最好能看懂这本书以及同一作者的《从优秀到卓越》。

利润之上的追求有时被有些企业用于公益时的口号，我不好说这种用法有错。但是，这种用法的潜意识里好像只有“非盈利”才是利润之上的追求。

说来惭愧，这两本书我也没看完过，但翻过，觉得确实是好书。我不喜欢的地方是书的作者也是用市值来衡量一个公司的价值的。用市值衡量的缺陷是具有时点性，在某些时点对，某些时点不对。如果用未来现金流折现的概念来衡量就好了，但我从来没见过谁这么做，毕竟教授们都不是真做投资的。忽略这点，这两本书就是我看过的最好的关于企业的书（我没看过别的）。（2012-07-24）

利润之上的追求是针对营利组织而言的。利润之上的追求大概意思就是超出利润的追求，但这种追求和非营利组织的追求还是有所不同的。（2013-04-01）

终于找到时间看完了苹果产品发布会。关心苹果的人都应该看看！

网友：大道会觉得讲环保的部分太多了点吗？

你觉得环保不重要吗？利润之上的追求真的那么不重要吗？

在有些人的眼里，道就是术，是更高级的术。对吧？所谓利润之上的追求，只不过是追求利润的更高级的术罢了。

在术的眼里，所有人的东西都是术。利润之上的追求不是术，是道！（2023-09-22）

“当我们付出努力，为了让盲人也可以使用我们的设备时，我是不会考虑该死的 ROI（Return on Investment，投资回报率）的。”苹果在发起

环保倡议、保护员工安全和其他政策时也是如此——这就叫利润之上的追求！（2019-06-27）

网友：您能简单说说利润之上追求对公司的好处在哪里吗？如果我不是一个CEO，只是公司的一个管理者，利润之上的追求这样的想法能用在我自己的团队/组织里面吗？

有利润之上的追求则更容易看到事物的本质，就会更容易坚持做对的事情或者说更不容易做错的事情，就不大会受到短期的诱惑而偏离大方向。

如果你是一个有利润之上追求的管理者，你就会找到很多想法/观点，但如果不是，别人怎么说你都会用功利的角度看的。

补充一点：有利润之上追求并不是好企业的充分条件，但有利润之上追求的企业成为好企业的概率要比一般企业大很多，时间越长差别越大。（2013-03-03）

利润之上的追求指的是把消费者需求放在公司短期利益前面。

多数公司碰到问题时讨论的都是有没有钱赚的问题，而有利润之上追求的公司碰到问题时可能会先问一句：这是对的事情吗？这是应该赚的钱吗？其实差别很小，但20年后差别很大。（2020-07-10）

网友：请教两个问题。1.《好公司为什么会失败》中列出了一些原因：错误数字、遗忘股东、人才代价、滥用激励、广告崇拜、抄捷径、错误预测的风险、迷信大型IT工程、大做表现文章、萧条恐惧症，你认同其中的哪几条？2.《基业长青》《从优秀到卓越》与《追求卓越》相比，你更倾向于谁的理念？

1.“好公司”的定义是什么？“失败”的定义是什么？没定义怎么讨论？如果“好公司”的定义是那些做事成功率远高于一般公司的公司的话，那么“失败”的定义就该是那些高成功率外失败的个案。

所谓的好公司我觉得应该是有原则的公司，不是单纯利润导向的公司；是那些知道要做对的事情（或者说，知道什么样的事情不该做），然后去追求高效率把事情做对的公司。

事情做对的过程是个学习的过程，谁都会犯错误，好公司也不例外。有时候这些错误也是会致命的，如果你把这些叫失败的话。

你说的那本书里论述的那10条大部分都不应该是好公司会犯的错，倒像是一般甚至烂公司会犯的错。错误预测的风险对谁都会存在，有时候也会要命，但好公司犯这种错误的概率比一般公司要低。

知道概率的意思吗？真的知道吗？巴菲特买错过很多只股票，每一只错误的股票都可以被称为“失败”，巴菲特“失败”吗？

2. 他们一个讲的是要做对的事情，一个讲的是如何高效率把事情做对，你更倾向于谁的理念？（2011-09-27）

网友：我觉得马云和王石对“成为一个什么样的企业”思考得挺多的，而不仅仅着眼于赚钱。

其实真正好的能持续经营的企业大多都不是着眼于利润的，利润不过是水到渠成的结果而已，就是所谓让利润追着自己跑的那种。（2011-01-28）

只有平常心才能本分

平常心其实就是在任何时候，尤其是在有诱惑的时候，能够排除所有外界的干扰，回到事物的本质（原点），辨别事情的是非与对错，知道什么是对的事情。（2019-09-12）

网友：在我看来，本分和平常心是一回事，能告诉我两者的区别吗？

本分就是要做对的事情和要把事情做对。平常心就是回到事物本源的心态，也就是要努力认清什么是对的事情，认清事物的本质。（2019-

09-23）

“拼多多参加3年庆，品牌商家遭遇强制‘二选一’。”（新闻）

企业成长的过程当中会有很多磨难的，这个不算什么。

网友：我想以风清扬或者大道的功力，即使当年创业早期，也不大会出现对竞争对手愤怒的情形。

大道当年是有过很多愤怒的。

网友：您是怎么应对这些愤怒的呢？

愤怒一下，然后平常心回归本源，该干嘛干嘛，不要因为愤怒做出任何决定。（2018-10-11）

“刘作虎，坚守商业的本质，只做好产品。这是安静的力量。”（新闻）

安静的力量远超我的期望！

《清静经》上说“人能常清静，天地悉皆归”，一个人能够常清静，天地的力量会回到你生命上来。平常心其实就是这里清净的意思。只有平常心才能本分哈。（2018-12-16）

本分，就是要回归（或者找到）一种心态，在这种心态下往往能做正确的事情，而这种心态就是清净心，是佛家所说的无上智慧。回归清净心，做正确事情的这个过程的坚持，就是本分。（2018-12-17）

“在人的一生中，或者企业经营的过程中，会不断遇到诱惑、挫折，会不断受到挤压。我们会不由自主、随机地做出反应，这种反应往往背弃了我们最开始的路。这时，我们要回到最早的原点，想一想我们本来要做什么，我们最开始做这件事的目的是什么，把这一点牢牢抓住，再考虑外界带给我们的诱惑，这种心态就是本分。而OPPO最根本的，就是对核心价值观的坚守。”（陈明永）

我的理解，我们的本分指的就是原点，平常心就是回到原点思考的心态。（2013-09-29）

网友：是不是每件事情都要有平常心？

对重要的事情而言吧。鸡毛蒜皮的事情不认也罢了。（2019-09-22）

生活中有很多感性的东西，不能啥都要理性的。不过，投资和经营企业需要很多理性。（2019-09-25）

我觉得我们做的事情其实任何人都可以做，但绝大多数人都会拒绝这么做。虽然不是每个人都能成为马云或者马化腾，但做大道做的这些事情其实并没有那么难的。（2019-09-26）

更健康更长久

更健康更长久我们已经提了很多年了。我们认为，要做到更健康更长久，除了应该知道我们该做什么外，更重要的是需要知道什么不该做。

我们是有个不短的不为清单的，今天举个小例子：芒格说如果知道自己会死在哪里就坚决不去那儿。多数企业最后都是死在资金链断裂上（实际上绝大多数情况下这只是表象而不是原因）。投资也一样，不用margin！（2016-11-09）

网友：珠三角大批中小企业倒闭的原因是什么？

中小企业大批倒闭从来都是正常的，每隔一段时间就会来一次，发达国家也一样。其实中大企业倒得也不少。所以更健康更长久才最重要。（2010-08-10）

网友：如果一个企业手上的现金很少，是不是很危险和很被动？

是的，因为人总会犯错。不要让一个错误就把你打倒。（2010-03-25）

网友：企业扩张，您有什么建议？

扩张的时候要谨慎。我把这个叫足够的最小发展速度，就是兼顾足够和安全的意思。多数人在扩张时用的都是所谓的最大速度，最后一个不留神就翻车了。（2011-04-09）

网友：足够的最小发展速度，我的理解重点是“知足”，是否对呢？

核心是安全，在投资里其实就是复利的意思。（2013-06-06）

我说过足够的最小发展速度，强调的是最小和足够而不是速度。当时公司还小，发展比较快，会容易有越快越好的想法，所以我才这么说的。就好比开车，速度是可选的时候，我们总是希望选个安全的速度而不是最快的速度。（2018-12-22）

网友：您怎么看资本支出，怎样的资本开销才算合理的开销？

只要是理性的开支就可称为合理。如果是受股东压力或者说受“成长”的压力而花钱则有危险。（2010-11-01）

网友：“每次我读到某家公司削减成本的计划书时，我都想到这并不是一家真正懂得成本为何物的公司，短期内毕其功于一役的做法在削减成本领域是不起作用的，一位真正出色的经理不会在早晨醒来之后说今天是我打算削减成本的日子，就像他不会在一觉醒来后决定进行呼吸一样。”巴菲特的这句话我不是很明白。

你自己削减一下自己的开销试试？两年后你就明白了。（2016-05-28）

网友：成本控制是日常基本功。

对的，控制成本和经济好坏无关，是个一直要做的事情。最好笑的就是经常看到上市公司为了满足华尔街的预期去减成本，尤其是为了减成本而裁员。（2016-05-30）

债务是个危险的东西，和margin差不多。经营企业中的债务有时候更危险，因为资产往往是很难急着变现的，危险来临的时候跑都很难跑。发展慢一点会健康很多的。

网友：大道的很多看法真超前。

其实不是超前，只是努力往远处看而已。（2024-03-30）

网友：能说说研究公司的一些技巧吗？

做了20年企业，一直找不到技巧。（2010-05-05）

我说“守正不出奇”的意思是“守正”不是为了“出奇”。很多人说“守正出奇”时脑子里想的都是“出奇制胜”“弯道超车”啥的。好企业的“奇兵”大多都是熬出来的，不然也奇不了多久。（2020-10-10）

网友：能否分享一下您在围棋中的感悟？

基本上就是“要下本手，还要知道本手在哪里”。大概就是做对的事情，还要知道如何把事情做对。（2013-05-14）

网友：看到今年高考作文题目，第一时间想到大道。

2022 高考作文（全国高考卷）

“本手、妙手、俗手”是围棋的三个术语。本手是指合乎棋理的正规下法；妙手是指出人意料的精妙下法；俗手是指貌似合理，而从全局看通常会受损的下法。对于初学者而言，应该从本手开始，本手的功夫扎实了，棋力才会提高，初学者热衷于追求妙手而忽视更为常用的本手。本手是基础，妙手是创造。一般来说，对本手理解深刻，才可能出现妙手；否则，难免下出俗手，水平也不易提升。

其实妙手就是本手，所以其实本无妙手。

网友：善战者无赫赫之功，善医者无煌煌之名，善弈者通盘无妙手。

很赞。（2022-06-08）

网友：如何看待企业的跨越式发展，弯道超车。

提高翻车率的有效办法。（2019-02-14）

案例

网友：东方园林董事长最近说 5 年做到 1000 亿市值……

凡是说要把市值做到多少钱的我都不碰。（2012-02-01）

短视的意思就是很在乎这个季度、下个季度的业绩，很在乎自己公司的市值是不是会到 500 亿或者 1000 亿的那种。（2011-02-26）

网友：韦博英语因为资金链断裂而关门，给学生和员工都带来了巨大的伤害。您曾说大部分企业倒闭都是因为资金链断裂，但是断裂只是现象，而不是原因。请问真正的原因，是不是基本上是这些企业都在不断求快，好大喜功，急功近利？

看起来都是“人还在钱没了”，但背后各有各的不幸哈。有些连急功近利都算不上，比如做生态化反的那个。（2019-10-12）

学而思创始人张邦鑫在最近的一次教育理念分享会上表示：公司已经把“百亿学而思”的目标变成要做“百年学而思”，把“成为中国中小学培训第一品牌”修改为“成为受尊敬的教育机构”。看来大家的基本功都不是太好啊，不过最后能悟到这点都很了不起。

网友：基本功是什么？

基本功就是“百亿学而思”“成为中国中小学培训第一品牌”，到“百年学而思”就是巨大进步，因为绝大多数公司到死都不会这么想。不过，“成为受尊敬的教育机构”这句话好像稍微有一点点瑕疵，但这比“成为中国中小学培训第一品牌”要好很多，我也想不出更好的。（2012-07-20）

用户导向

很久以前有个记者朋友来我这问我一个问题："为什么我采访了好几家企业，他们都说自己是电话机行业里的第二？到底谁第一呢？"我说，我们知道但不说，因为消费者不关心这个问题。（2010-06-08）

自己不喜欢的东西别拿出来卖

网友：以消费者为导向，您是怎么想到这个产品哲学的，特别想了解其中的逻辑？

消费者导向这个想法很自然的。设计产品不是简单希望用户买，而是要想到人家买回去干什么。有些人的生意不太好或者没办法长期好的原因往往是太在意眼前生意而忽略了用户的真实需求。没有哪个企业是总能找对用户的需求点的，所以再好的企业也会有失败的产品。但那些一直努力聚焦在用户需求的公司，时间长了往往会比那些生意导向的公司表现好。（2020-10-21）

网友：对消费者导向有点困惑，有好书推荐吗？

这东西还需要看书？最通俗的说法就是自己不喜欢的东西别拿出来

卖。如果你觉得这句话对，你根本不需要看书。如果你觉得不对的话，其实看啥书都没用。

当然自己喜欢的东西未必就一定好卖，那是因为经常没办法让别人知道你喜欢的原因，或者是因为市场营销费用太高，或者就是因为产品教育太难（比如有些工程师喜欢的东西就没办法让普通老百姓喜欢）。（2012-04-28）

网友：您早年做企业的时候，怎么把消费者导向和结果导向深入人心，在做事上不变形的？

事实上我们也会经常有点小变形的，发现了就改。利益导向就像打球时的加力，是个心魔，克服不容易。好的企业文化对克服这个心魔作用很大。（2020-10-12）

网友：您怎么看企业文化中的用户导向、结果导向和追求极致？三者之间有什么逻辑关系？

用户导向是一种利润之上的追求，简单讲就是想着用户到底要的是什么，我们如何去实现。结果导向指的是要把事情做对。追求极致还是要把事情做对的范畴。

对一个公司而言，去找到（开发）能够长期满足用户需求的产品就是做正确的事情。如何找到是如何把事情做对的范畴。（2019-09-26）

网友：我们是美国亚马逊上的一个中国商家，销售服装。您觉得这个生意有多大概率能做 10 年甚至更久？

能做多久应该取决于你自己。如果你一直想着你的用户的需求，10 年或更久为什么会是问题？难道 10 年后大家就不穿衣服了？很久以前黄峥曾经问过我一个问题：用户导向是放之四海而皆准的吗？我说，我相信是这样！我想他懂了！（2019-05-15）

网友：我有缘在 OPPO 工作了五年。这五年，让我对产品、品牌、营销和渠道都有了一定的理解。请问 OPPO 的这一套打法不适用于哪些行业或产品？

消费者导向放之四海而皆准。技巧的东西谁都可以学，但我们之所以成为我们，除了我们一直努力做的事情外，我们不做某些事情的决定也同样重要。（2019-06-10）

网友：企业以消费者为导向是做消费者喜欢的产品，以市场为导向是做市场喜欢的产品。市场是谁？能否说说市场导向与消费者导向的区别是什么？

从字面上理解，消费者导向指的是企业在做产品决策的时候是基于产品最后带给消费者的体验的考虑。市场导向看上去是基于现在是否好卖的。

很多时候这两者区别不是那么明显，因为好卖的东西往往就是消费者喜欢的。但消费者往往只是根据现有的产品来决定自己的喜好，所以经常会显得短视，如果企业总是市场导向的话，则陷于短视状况的概率就会相对大些。而总是注重消费者体验的公司则往往会眼光放得长远些，出伟大产品的概率就会大很多。

过去的国营企业往往基于计划经济，所以连市场导向都做不到。绝大部分企业最后大概只能到达市场导向的地步，因为大部分企业都是利润导向的，而要做到消费者导向需要有利润之上的追求，或者说需要能够放弃一些短期利益去做出最好的产品来满足消费者真实的需求。其实有些企业或多或少也是有利润之上的追求的，但能力上还没有达到做出伟大产品的地步，所以这类企业看起来可能没有那么强大，但生命力却往往会比人们想象的强很多。

只有极少数的企业是真的在骨子里具有消费者导向同时又具备实现消费者导向的能力的，这些公司最后往往会被人们称为伟大的公司。没有利润之上的追求的公司不大会真的有消费者导向的文化，最后也不大可能成为伟大的公司。具有利润之上追求的公司往往多少具有了消费者导向的文化或叫基因，在某些条件下就有可能会慢慢变成伟大的公司。

公司是由人来经营的，所以伟大的公司也不是一成不变的，时间有可能会改变一些东西，让一些伟大的公司变回到不那么伟大。（2013-04-07）

网友：利润导向从表面看是没什么错的，就好像一个家庭的男人要拼命给家里搞钱养活老婆孩子。如果不以利润为导向，男主人拼命把自己所从事的工作搞到最棒，其实钱的问题会自然解决掉。

如果没有“取之有道”的约束，利润导向很容易导致企业不择手段。国内现在这个问题实际上非常严重。（2010-06-09）

网友：我特别在意企业是不是行业第一。

其实是不是第一没有那么重要，因为消费者在买东西时一般并不在乎谁是第一，他们在乎的是买的东西是什么（消费者导向）。为追求市场占有率而追求市场占有率是大多数企业最容易犯的错误。（2010-06-07）

这里不在乎排名的意思是我们只在乎用户的感受，排名只是结果而已，不是追求的目标。（2010-06-09）

长期而言，消费者作为群体是理性的

网友：您认为顾客是理性还是非理性的？您是满足顾客，还是让顾客忠诚于公司产品？

长期而言，消费者作为一个群体是理性的。我们无法让消费者“忠诚于”我们公司的产品，但我们应该尽力去发现消费者的需求并尽量满足。所谓的忠诚度实际上应该是消费者长期的满意度的积累。所以长期满意度越高则忠诚度越高。要积累很高的满意度是需要很长很长的时间的，但破坏则只需要很短很短的时间。（2010-10-29）

网友：长期来说消费者会知道产品价值，但短期不认同的情况下企业应该怎样平衡呢？

短期内不是所有的消费者认同，但总是有认同的。（2010-10-30）

网友：我认为中国很多消费者还不够理性，特别在一些需要专业知识的产品上。

作为一个群体，消费者绝对是理性的。但这种理性不是每时每刻体现在每一个消费者身上，其会表现为不好的东西最后一定不会卖得好！不过，这并不会让好东西自然变得好卖。好酒也怕巷子深啊。（2010-03-25）

哪里的消费者都是一样的。我们认为消费者是理性的意思是从长期来看的，套用一句俗语叫“童叟无欺”。也就是说无论消费者眼前是否理性，我们都一定要认为他们是理性的。不然的话，你经营企业就可能会有投机行为，甚至会有不道德行为。（2010-03-26）

顾客作为整体绝对是理性的，只要时间足够长。没有这个理解的人，是很难理解生意的。（2023-12-23）

网友：今天安装了一个鲁班大师，在补丁更新的时候360竟然提示会导致系统崩溃！我就真不信！结果系统好好的速度还更快了。我依次卸了360杀毒、360安全卫士、360保镖。这下电脑清净了。提供服务的企业太霸道了，我是接受不了！

能真的卸载就不错了。以前装过一个叫3721的东西，装完就发现不对，马上想卸载却无论如何找不到卸载的办法，最后只好重新装了一次机。腾讯要厚道些，我装过3次QQ，都是一装就发现被加了很多东西，然后我就卸载了，不过好像有一次也有点什么卸不干净的，但没认真查。以前装过一次迅雷，也是一装就被强行装上了很多东西，非常不舒服，不过卸载很方便。我也不太明白为什么我们这么多企业对自己那么没信心，非要做那么短视的事情。（2010-11-06）

网友：近两年我最喜欢的广告语是“充电五分钟，通话两小时”，简单明了，直指要点，朗朗上口。

哈，有人说“充电五分钟，通话三个半小时”，然后他破产了，为什么呢？（2018-08-24）

站在用户的立场想问题

网友：您做生意的时候，会不会和对手比较，您会选一个公司作为榜样或者追赶的对象吗？

最重要的是用户的需求或叫体验，其他都是浮云。（2013-07-04）

网友：您公司的企业文化中有两处我不能领会：1. 通过科学、严谨的市场调查，充分研究消费者的需求，一切工作须以消费者的真实需求为原点而展开。（为何不直接写消费者需求，而写成消费者真实需求？）2. 在公司内部的日常工作中，要坚持内部客户导向的原则。（何为内部客户？）

呵呵，玄乎地讲就是用心。用户的需求不一定是问出来的，经常是自己体会出来的。iPhone 就是一个典型的例子。

1. 大概是为了把消费者需求和客户需求分开。客户需求有时候和消费者的真实需求并不完全重合。

2. 内部客户大概就是工作中要打交道的所有人。（2010-10-24）

网友：如何敏锐地发现用户需求，而且是真实的潜在的需求？

发现用户需求的诀窍可能是总是站在用户的立场想问题。（2010-03-30）

网友：iPad 上市之前，乔布斯和媒体记者在一起，被问到在开发新产品时苹果做了什么样的消费者和市场调查，这些调查起了什么作用。"我们没有做任何调查"，乔布斯回答说，"知道自己想要什么，不是消费者的工作。"如何理解乔布斯的话？

他说得很对，因为他知道消费者想要什么。知道消费者想要什么是一件非常困难的事，没听说市场调研可以解决这个问题。市场调研只能够帮你印证你的想法而已，你如果自己没想法，市调是绝对没用的。其实苹果还是会做一些市调的，比如偶尔放点消息出来看看反应什么的。（2011-02-26）

网友：我一直不相信市调公司的数据，他们为钱做的数据在我看来一定会有偏差。我更相信自己的直觉。

市调公司应该是中立的，是否有偏差取决于水平。你如果把问卷完全交给市调公司设计的话，得出的结论容易出偏差。我的观点是，市调结果是用来验证你的直觉的。如果你的直觉已经很清晰，其实用不着市调。但当你觉得没把握时，市调有时能帮很大忙。（2010-03-24）

网友：据称阿里某高管在内部强调，如果只能听一个人的声音那就是用户的声音，将告别过去以 GMV（Gross Merchandise Volume，商品交易总额）导向的发展模式转向为以消费者为中心。大道对此有何看法吗？

“如果只能听一个人的声音那就是用户的声音”，其实如果还能听第二个人的声音，那也应该是消费者的声音，依此类推。（2023-04-23）

“我们砸了自己的脚，我们过去忽视了用户体验，过去几年里，阿里落后了，淘天集团的问题在于忽视用户体验，整个集团已经为此进行了重组……”（阿里巴巴联合创始人蔡崇信专访）

也许“让天下没有难做的生意”要做一些调整了，因为这句话里面最终体现不出来用户？

从第一次看到这句就觉得不太合适，我很久以前应该在雪球也提过。

网友：可不可以理解为用户导向是所有生意的基础和本质，也是所有商业模式的核心，是在做正确的事情？

最终用户是关键。就像花生是地里长出来的而不是商店里买的一样。（2024-04-04）

网友：狗粮的消费者是狗还是狗主人呢？中兴选的是狗主人，真正的消费者导向，应该是选狗，也有可能运营商需求包含了真正的消费者需求。

经典案例啊。（2010-07-07）

网友补充：狗不买狗粮，但狗粮是狗吃的，狗才是真正的消费者。如果狗主人凭自己喜好买狗粮，而狗不喜欢吃，这种狗粮终究还是不好卖的。狗粮的口味（消费者）考察应该是选不同类型的很多狗试验，而不是仅仅在包装上迎合购买狗粮的狗主人。

网友：你以前说过客户与用户有时是有区别的，但我到现在也搞不清头绪。

有个狗粮的例子，就是客户满意但用户不满意的典型。（2012-03-03）

以客户为中心就是生意导向的意思，和以用户（消费者）导向的意思很不一样。（2024-01-14）

网友：能做到市场导向已经很不错了，可以做到消费者导向，并坚持下来更加是了不起！

能坚持下来确实非常不容易，苹果也是几十年后才有今天的。（2013-04-11）

网友：我是中兴通讯手机事业部负责欧洲市场推广的。中兴手机这几年进步也很大，主要优势在于快速定制，满足运营商需求，抓住了类似国内中国移动、电信的大客户捆绑销售，走了跟步步高不同的路线。问题在于基本放弃了渠道市场，在某种程度上忽视了消费者需求，没有做到消费者导向，而是运营商导向。中兴手机的发展方向应该是学习中国台湾的 HTC，从 ODM（Original Design Manufacturer，原始设计制造商）逐步到自有品牌，从单一追求销量到追求销售附加值。道理似乎大家都懂，但做起来很难，是不是企业的文化和基因很难改变呢？每年为了追求销量忘记或者忽视了一些最根本的东西。也许是因为上市公司当期业绩压力大吧。

上市公司当期业绩压力大的说法很有趣（尽管无数上市公司都这么说）。难道大家愿意让下期压力更大？（2010-07-07）

网友：国产手机的售后服务黑幕重重，各个品牌的售后基本都是外包给某个公司。这些公司为了利润最大化，完全没有道德底线可言，这对品牌的伤害会很大。难道厂家是完全不知情吗？

别人不知道，我们的服务绝对是我们自己的。（2013-03-17）

网友：最近几年多次找格力的售后维修空调，需要更换的零件比如电路板、压缩机等都没有现成的，要向公司申请调货，有时候两三天能到，有时候要等一个星期。我搞不懂为什么这个环节一直没改进。空调坏的时候一般是大热天，维修速度对用户来说非常重要。

没做过这种大件，不好评价太多。当年曾经想过空调的生意，就是想不通怎么才能做好安装和售后才放弃的。我当年提的售后服务条款里有一条，叫“立等可取”。当时修不好的可以临时给一台先用着，大件这么做可能有点困难？以前我在这里说过一个例子，我去苹果店，说买新机没有，但坏了可以换个新的。空调似乎更应该如此啊，大热天要命的。（2013-09-06）

网友：品类很少才有可能做到苹果那样吧。你们公司的产品品类不少，售后不可能做到“立等可取”吧？

“立等可取”的意思就是尽量减少顾客的不方便，包括提供一个暂时替代的产品，并不是所有东西都能马上好的意思。（2013-09-07）

网友：您当初经营企业时，对售后服务的原则和要求是什么呢？

我理解的售后其实是销售的延伸，是产品承诺的一部分，企业有义务解决承诺期内产品的所有问题。小霸王学习机的“一年包换”就是基于这个原则定出来的（现在产品周期小于一年，这条可能不再适用了）。（2019-04-27）

案例

技术导向：摩托罗拉

我觉得摩托罗拉以前是个工程师导向的公司。我最早用的就是摩托罗拉手机，当时特别希望手机上能有个时钟，结果等了好几年都没见加

上来，后来就换诺基亚了。我觉得是文化的问题，他们过去不是消费者导向的公司，以后不知能否改过来。（2010-04-05）

利润导向：柯达

“柯达的双重讽刺，日前柯达宣布，为降低成本将逐渐放弃数码相机业务，其实在这一领域，柯达一度遥遥领先，拥有过巨大的优势，但是他们的营销战略从根本上就是错误的，才会走上了今天这条不归路……”（新闻）

“关键的动机并不是让大家更好地拍照，而是为了卖他们的胶卷。”利润导向和消费者导向的差别长期而言就是生与死的差别。突然想到惠普（HP）打印机有点为了卖墨盒的意思（纯属乱感觉，没经过数据比较）。（2012-04-28）

市占率导向：诺基亚

网友：诺基亚股价从 2008 年 28 美元跌到最近 6 美元，市场占有率维持在三分之一以上，从中给我很多启示。该司的行业领导地位，亮丽的财务报表，不错的全球分销渠道，产品链齐全，很好的净资产收益率等，使其本应是很好的投资标的。但从目前来说，重仓投资者亏大了。该司目前面临 iPhone、iPad 的高端市场竞争，手机操作系统被苹果颠覆，这些引起管理层的动荡等系列问题。我觉得以过度竞争的企业为投资标的时应非常谨慎，因为这类企业护城河不宽。

诺基亚太把当前的市场占有率当回事了。

占有率是结果，不是不重要，但不能盲目追求，否则以后会有麻烦。有点像 GDP，不是不重要，但不能盲目追求。

网友：看来市场占有率和利润一样，只能看成做对事情的结果，如果整天盯着看，动作就会变形。满足消费者需求，创造价值才是正道。诺基亚还犯这样的错，可见要做到真不容易啊。

说得好。眼光盯住市场占有率确实会导致公司做一些本末倒置的事情。

网友：占有率只是个数字，不能阻止 OPPO 超越诺基亚。

是否超越谁并不是我们的目标。最重要的是做出好东西给用户。（2010-10-08）

网友：段总言下之意是不应该把追求市场占有率放在首位?

看看 iPhone 和诺基亚就明白了。（2010-10-10）

网友：诺基亚有很多品类产品，低端占市场，中高端挣利润。如果没有苹果，我觉得似乎诺基亚在高端市场还有好日子过。

这是诺基亚的大错之一。从他们推出低端机开始我就猜他们会有今天了。（2010-10-15）

网友：诺基亚是属于做对的事情中做错了事，还是做了错的事情?我觉得诺基亚需要重新回归关注用户体验这条路上。

诺基亚出的问题大概就是“成功是失败之母”类的。由于这些年一直非常成功，他们大概忘了会成功的原因了。盲目追求市场占有率可能也是原因之一。简单讲，我认为是文化出问题了，也就是没能坚持做对的事情（或者叫做了错的事情）。

诺基亚是一家很有实力的公司，如果现在开始真正反省（或者用你的话就是重新回归到关注用户体验上来），几年内说不定还有卷土重来的机会，再过几年就有点积重难返了。

微软好像也有同样的问题，雅虎其实也是犯了类似的错误。我们旁观者清容易啊，当局者确实很容易犯这类错误。（2011-02-10）

好像很多人太在意市场份额这个其实没太多意义的指标。其实要提高市场份额不难，但保持有意义的份额不容易。诺基亚当年就是太在意市场份额才把自己推到绝境的。（2013-02-24）

网友：我不大明白这个“有意义的市场份额”。是不是可以反过来这样理解，无意义的市场份额就如同不能持续产生现金流的账面价值。

你这样理解也是可以的。（2013-02-26）

网友：诺基亚手机为啥死掉了？

当时诺基亚一年出大概50个机种，岂有不死之理？！

说个小故事，大概2001年前后，我还在读中欧时，曾经跟班上一个诺基亚的同学说过，我觉得目前的诺基亚有蛮大的问题。反映到诺基亚北京总部后，对方说有兴趣听听，让我去。我当时觉得他们的问题为什么要叫我去呢，架子很大嘛，所以我没理会。当然，就算我说了也未必会有用的。当年摩托罗拉的一个中国负责人倒是确实飞过来找我聊过他们的问题，但结论是：你说的有道理，但控制权不在我手里，改变不了啊。

其实无非就是要做对的事情。出50个机种显然是不对的，有时候一个不对的事情就会要了它们的命啊，结果也证实了这点。

网友：诺基亚是不是一直没想明白手机是用来上网的，不是用来打电话的？

诺基亚不是用户导向的，你看到的这个现象其实是他们内在文化的外在表现。（2018-10-23）

网友：一般哪些公司会有大麻烦，倒下就起不来那种？

任何公司倒下去以后都很难再起来，所以倒下再起来的故事才会流传开来，不然就是常态了。（2010-10-10）

居然认为管理层没有重大决策失误。诺基亚是典型的成功是失败之母的典范，失误绝对一箩筐。补充一下：有时候必须决策时不决策也是重大决策失误。（2012-05-19）

从更长远的角度看人

“我不确定这是我在苹果学到的，但这是基于我在苹果时掌握的数据中学到的。这一点就是，我现在对人的看法更长远。换句话说，当我看到有些事做得不对时，我的第一反应不是去指正，而是说，我们正在打造一支团队，这个团队要在未来的十年做一些伟大的事情，而不仅仅是在明年做。所以，我需要做的是帮助把事情办砸的人，让他能够学到东西，而不是去把问题解决。这样做有时候会痛苦，因为我第一本能还是想去解决问题。但对于人的看法更长远，是我在苹果所做的最大改变。”（乔布斯，1992）

这个很牛。我一直有点这个意思，但没这么清晰。（2022-08-18）

管理者最重要的品质是正直诚信

网友：什么是管理者最重要的品质？

最重要的是 integrity（正直诚信）。（2010-05-20）

网友：好像特别强势的领导管辖下的组织，其创新能力和纠错能力会差一些。是不是也是因为这个原因，所以《基业长青》里第五级领导人往往都不特别强势？

凡是员工见到领导就战战兢兢的公司，时间长了都会出问题的。因为这种公司员工大多都会慢慢变得没有担当，凡事希望交给上级去决定，效率慢慢会降低。

除非这种公司的产品非常聚焦，大老板确实可以照顾到所有大方面，不然早晚会出问题的。我觉得日本企业这些年在有些行业出问题就是这个原因。

网友：我感觉乔布斯就特别强势，下属做得不好，直接一顿臭骂。

所以他累得不行，早早退出了，还好选了库克！（2018-09-22）

“迪士尼前 CEO 鲍勃·伊格尔解释退休原因，他是在感觉自己过于轻视他人的意见后开始思考卸任 CEO 的。伊格尔说：渐渐地，我开始越来越不愿听取别人的意见，甚至少了一些宽容，或许是因为我对自己有些过于自信，当你有点成绩的时候，就可能发生这种情况。”（新闻）

“我开始越来越不愿听取别人的意见”，这可能是我见过的最好的辞任 CEO 的理由！（2021-12-22）

网友：您觉得领导者对待员工的两种方式“爱兵如子”和“慈不带兵”，如何平衡比较好？

我不太喜欢把公司看成军队的想法。顾名思义，“爱兵如子”就是要时刻想着他们的需求，“慈不带兵”指的是该严格要求时要严格要求。没觉得这两点之间有矛盾，所以不该搞平衡吧？（2019-05-19）

董事会的作用是不让做不对的事情

网友：有没有好的制度来制衡 CEO 的行为？

一般来说都是靠董事会，最重要的是企业文化，体现在如何选人上。一旦选错，一般损失都很大。这些年看到不少公司选错 CEO 的，最典型的就是惠普，当然也包括雅虎。其实阿里当年 1688 用错 CEO 的损失也不小，但相对整个公司而言被忽略不计了。（2018-07-02）

网友：腾讯游戏收入已占到公司第一比重。假设您是腾讯董事会成员，您会在游戏拓展方面提些什么建议？

董事会的作用是不让做不对的事，不应该建议什么。（2010-08-30）

网友：您现在是不是不管步步高的具体运营了？

我大概 10 年前就不在一线了，所以不了解具体运营的东西。我只管做对的事情或者叫发现错误及时纠正，至于如何把事情做对，我不太在行，大把同事比我强。我在公司里大概可以算个顾问吧，没人问我我就没事。（2010-03-03）

网友：您对 OPPO 或步步高还有没有自己的期望和目标？虽然您说不怎么管，只把把大方向。这个大方向，更倾向于您自身的期望吗？还是凭职业经理人们运作，只要不会有什么问题，您也就认可他们对公司发展上的决定，哪怕和您的设想方向有些出入？

我当然有期望。但目标是大家定的。我在公司的角色是顾问。理论上讲连大方向都不归我管，但我可以提我的意见。

出入总是有的。我在公司里是个反对派，几乎做什么我都会提反对意见。如果连我的反对意见大家都不怕时，做什么我都会放心一些。

我最怕的就是当老板说什么大家都说“好”。那时公司就危险了。

当然，这里的前提是我认为我们很多同事都在许多方面比我强。如果认为自己是公司里最聪明的人的“老板”是很难认同我这个观点的。（2010-04-02）

从 5 年 10 年的角度看，CEO 至关重要。从 10 到 50 年的角度看，董事会很重要，因为董事会能找出好的 CEO。从更长的角度看企业文化更重要，因为一个好的企业文化可以维持有一个好的董事会。GE 就是一个好例子。好的公司之所以是好的公司，必然会有些好的产品。但所谓好的产品的寿命是非常有限的。所谓好的生意模式可以让好的产品的寿命

大幅度提高。(2010-04-04)

网友：苹果公司在20世纪90年代陷入困境时董事会决定请乔布斯回来，IBM公司的董事会在IBM出现问题时也一致决定聘请郭士纳为CEO。在这种关键时刻，公司董事会的选择是否也是公司文化的一种体现？

是的，没有好的企业文化就很难有好的董事会；没有好的董事会，公司将来的CEO人选出问题的概率就会大很多，因为董事会会变得短视。(2013-04-16)

网友：如果持有的企业现在不错，但原来的CEO退休了，换了新的最高决策层，您是否会卖出谨慎地观察一下新的决策层？或者认为企业文化跟新的CEO关系不大呢？

企业文化可以看作是护城河的一部分。换CEO对任何公司都是会有影响的，但企业文化强大的公司往往能选出好的CEO，从而能让公司继续好下去。(2011-01-09)

最重要的是建立企业文化

网友：作为企业创始人，工作重心要放在何处？

取决于缺什么。

网友：最缺的是什么？

这个问题问得好，我不知道怎么回答。一般人会问企业什么最重要，我一般回答缺什么什么重要。接下来问缺什么，我还真有点晕啊。无论如何，缺什么的问题应该是经营企业的人自己应该知道的。(2010-10-20)

在公司里显得最重要的那个部门往往是做得不够好的部门。(2017-06-22)

网友："我过去常常认为一位出色的人才能顶两名平庸的员工，现在我认为能顶50名。我大约把四分之一的时间用于招募人才。”乔布斯的这句话对吗？您觉得CEO每天安排时间应该侧重于哪些方面？

乔布斯是对的。我当CEO的时候并没有一个时间分配表，但大致知道什么是重要的。简而言之，不要让重要的事情变成紧急的事情。（2019-03-16）

网友：有什么好方法？

就是重要的事情要尽早开始做，不要让其变成紧急的事情。（2020-12-07）

网友：请问经营公司有哪些需要注意的关键点？具体来说，对于300人规模公司的一把手，需要在哪几件核心的事上持续花时间？有哪几件事，虽然很重要，却应该尽量分给副手？

我觉得企业领导最重要的是建立企业文化，确立什么东西不能做。如何把事情做对当然也很重要，但只要是在坚持做对的事情，时间就会站在你这边。（2020-10-26）

网友：我的企业属于100%控股，我每天时间都被各类管理的事占满了。我想在未来省下时间来做投资，请问如何既能控制公司发展又不用事无巨细都要我拍板？

关于授权的问题，能比我理解得更好或做得更好的人确实不多。授权的过程一般是：指示、指导、协商、授权、放权，最后一条是“Never out of control”（永远不要失控，只有好的文化才有可能做到这一点）。这里最重要的还是做对的事情，把事情做对。

在能够把握做对的事情的前提下，容忍把事情做对的过程当中所犯的错误。这一点是大多数人做不到而且是很难学会的，就像投资一样，授权也是简单但很难的事情。（2011-01-04）

网友：老段化繁为简、放权的能力真的是很少很少有人能匹敌。

其实是真的有这种意愿的人很少，和能力关系没那么大。（2024-07-10）

狼性文化最终会输给人性文化

网友：您如何看待狼性文化？张朝阳最近也在反省之前搜狐的好人文化。

狼性文化最终会输给人性文化。

此“好人”非彼“好人”，你这么看说明你也还没有是非观。（2017-02-26）

我们不用好人坏人这种词去形容做对的事情和把事情做对，容易引起误解。（2017-02-27）

网友：您认为文化差异是东西方企业经营理念不同的原因吗？中国不少企业都在加班加点，有些急功近利。

好企业在哪儿的经营理念都很相近。美国急功近利的公司也很多，中国公司也不都是急功近利。我本人很多年前就很反对没事加班加点的。我一直认为老是强迫加班加点的部门负责人的管理水平有问题，老是强迫加班加点的公司老板的管理水平有问题。（2010-04-14）

我一直都不鼓励加班，但不是说我反对加班。需要时加点班无可非议，但过分加班会影响员工的生活，长此以往也会让竞争力下降的。我总是希望大家能够高效率工作，同时还能好好生活，能多陪点家人孩子啥的。我们接受“慢慢地富起来”的观点，事实上我们做得也还不错啦。（2019-03-22）

网友：乔布斯性格不好，心是善的。得知癌症，他的唯一诉求是要活到参加儿子毕业典礼那一天。

我认识好几个当年在乔布斯身边工作的人，也认识几个跟他合作过的人。没见谁说过不喜欢乔布斯的任何话，除了说他就事论事的时候是非常严厉的。（2024-10-12）

网友：《马斯克传》那本书里，他身边的几乎所有工作人员都说他的缺点，说跟他无法相处……

我也认识几个曾经在他身边工作过的人，私底下大家会非常含蓄地说点啥。（2024-10-14）

芒格对马斯克的评价非常中肯，他说马斯克是个被证明了（certificated）的天才，他的智商可能有190，但他自己以为自己是250。现在看来他干的事情有时候真是250啊。马斯克的天赋有时候可以让他做一个不错的报时人，但他太享受报时了。（2018-09-28）

选人合适性比合格性重要

网友：能不能保证由合适的人来管理公司，会不会出现由不合适的人来管理公司的风险？或者一旦出现由不合适的人管理公司的风险是否可控？

没有绝对的办法来保证，但如果选人时先看合适性（价值观匹配）会比只看合格性（做事情的能力）要好得多，选中合适的人的概率要大得多。许多公司挑人时，首先看合格性的，概率上就容易出问题。许多公司本身价值观就有问题，选人自然就困难了。不合适的人管理公司的风险很多时候是难以控制的，结果公司很可能就会垮掉。企业文化比较好的公司往往会更快发现问题，所以纠正的机会会大很多，存活下来的概率就会大很多。（2018-06-30）

选人本分诚信比聪明重要，合适性比合格性重要。（2019-09-10）

人才的合适性往往比合格性重要。合适性就是人才对企业文化的认同，合格性就是人才做具体事的能力。合格性是可以通过培训提高的，合适性很难改变。企业文化如何传递的问题建议看韦尔奇的《赢》。（2011-03-26）

网友：如何对文化价值观进行有效考核？

主要靠时间吧。三观不合在一起时间长了一定会知道的。（2020-

10-11）

网友：如果本分上有瑕疵就不用的话，很多企业和单位可能会面临无人可用的局面。这就是我纠结的地方。

那只能说明你企业做得不太好，早晚都是麻烦，所以纠结。（2024-06-24）

网友：怕犯错的同志，不是好同志？

做对的事情过程中犯的错和做错的事情导致的错误结果是完全不同性质的。（2022-08-20）

网友：您的公司有没有请空降兵？

专业人士很多，CEO 位置没有。（2010-08-25）

网友：大道分享一些看人小技巧或者方法？比如库克决定聘请那位之前担任巴宝莉 CEO 的女士最后证明是错误的。而大道一开始就认为库克选错了人。

我没说库克选错人吧，我只是觉得从苹果之外选人，我有点怀疑企业文化的匹配性。事实证明我的怀疑是有道理的。（2023-07-22）

网友：有人说惠普的董事会之所以会选择菲奥莉娜，是被其面试时的表演能力所迷惑。

找空降兵其实不是上策。惠普要走这一步实在可惜。（2010-08-24）

韩非子曰："宰相必起于州部，猛将必发于卒伍。"雅虎这么老从外面找 CEO 的办法，说明美国雅虎董事会确实很烂啊。（2011-09-08）

网友：工作上长时间与 OPPO 和 vivo 的代理公司有合作，这些代理公司也都沿袭了 OPPO 和 vivo 的企业文化，本分的行事风格在能接触到的所有人身上都有很好的体现，在手机品牌百花齐放、竞争最激烈的 10 多年前，那时的步步高和 OPPO 代理公司是显得有些"格格不入"的一股清流。业务人员基本都是高学历人员，新人基本都是校招的，有一股书生气。几乎没看到他们用其他公司跳槽过来的人（当时业务人员在各个公司跳槽很普遍），其他公司业务人员大多有点江湖气。OPPO 和 vivo 的人员沟通都很坦诚，诚实也务实，各种细节做得相当细，不说大话假话，价格明码实价……这也许就是大道说的本分，今天看这些好像都是应该的，但当时其他品牌为了出货量讲虚话假话的情况是很普遍的。

校招新人是我们最早的策略，因为觉得企业文化很重要，从其他企业招过来的人往往带着其他企业的文化，认同不容易。前些年为了发展快点我们公司好像确实从其他企业招了不少人，好像也吃了些苦头。欲速不达其实就是这个意思。（2024-08-27）

网友：该怎么安排资历老但是能力有限的早期员工呢？

马云安排得好，叫心软刀子快。（2011-11-03）

网友：我觉得裁员对于管理层来讲是个很艰难的事情，但有时候又不得不做，怎么处理这个问题？

裁员也许是每天都该做的事情，或者说每年都要做的事情。不合适的人早点让他们离开对大家都好，不要等到不得不做的时候才做。裁员大概是最难的一件事情，尽量不要因为短期的困难去裁员。

网友：如果个别同事不符合我们的文化，我们也找不到好办法改变他，该怎么处理？

不管怎么样，如果融不进这个文化，你不让他走他也会想走的。（2019-03-18）

网友：从经营企业的角度看，您认同 10% 末位淘汰吗？

个人不太喜欢这种淘汰的办法：如果都是认真招进来的不错的员工，如何才能挑出 10% 赶走呢？（2016-04-28）

网友：大道怎么看相对考核法（一群人进行排列，前 10% 打 A，后 5% 打 C，中间是 B）。感觉在相对考核法下跟同事的竞争大于协作，在这种环境下做得不是很开心。步步高的方法是什么呢？

我当 CEO 时没这么做过，现在应该也不是这么做的。我记得曾经看过很多类似的东西，但始终觉得有点不踏实，所以没用过。（2020-10-10）

网友：您如何看待离职员工在平台或知乎上发表对公司的负面评价？

这是公司收集意见然后改进的好渠道。有则改之无则加勉吧。（2019-03-16）

公平心是基本原则

公平的定义其实非常复杂，有兴趣大家可以看看网易的公开课。

我个人理解，其实没有绝对的公平——就是所有人都觉得公平的公平。

作为游戏规矩的制定者，最重要的是要有公平心。

公平并不等于平等，也不是平均主义。

看某样东西是否公平往往从旁观者的角度会比较客观些。

公平同时也是很难的一件事，需要很多的功夫，比如一个公司的绩效考核体系等。客观讲，我自己没有能力去阐述什么是公平，也许这是大学教授才能干好的事。不过，我可以举一些我们这些年的经历或我们制定的小规矩来说明我们对公平以及平等的理解。

在美国，机场安检有时很严，有些人偶尔会被抽到详细检查（包括搜身）。有时候，我们会看到被抽到的人很不高兴，觉得为什么是他而不是别人，觉得那不公平。我被抽到是感觉很坦然，也很配合，觉得那是公平机制下的结果，也是为了我们每一个人好。

以前经常看到很多公司会有各种规定，比如关于什么人可以分什么样子的房子，什么级别可以配什么样的车，什么级别以上的人出差可以坐头等舱或商务舱等等。我们公司里不分房子、不配车（都是自己买），任何人出差都可以坐头等舱（但公司只报销经济舱）。记得刚开始有这个规矩时，有一次我发现我的头等舱机票被全报了，就问财务为什么。回答是公司只有我可以报头等舱，然后我说，这是不把我当人看，因为我们的规矩是对所有人的。后来就都一样了。

我记得曾经和一家公司的某部门头讨论奖金问题。由于他们部门利润好，不敢按全额把奖金发下去，另外也怕奖金的分配会不公平。我个人认为所谓的奖金其实也是某种契约，公司把一定比例的获利分给员工，封顶实际上是违约的。而由于怕分不好而不发则是最大的不公平。不过，要发得好也确实是一件非常难的事，不光要有很好的绩效考核体系，同时可能也需要很多年经验的积累，但不发肯定是错的。（2011-02-21）

网友：出差可以坐头等舱是对的，休息好工作效率就会高，我发现有些公司都不可以坐头等舱，我就觉得这是个问题！

那你没看懂我说的是什么。我的规定是所有人一视同仁，想坐头等舱（或者商务舱）就自己掏钱。我就一直坐头等舱，也一直自己掏钱，因为我不想为难自己，但同时我也不喜欢等级概念。（2022-02-22）

网友：强制而公平。

这里没有啥强制的概念吧？这里其实强调的是没有等级概念，不是什么级别的就可以坐商务舱或者头等舱啥的，毕竟薪水待遇都已经尽量表达清楚了，其他开销就应该自己来决定。其实按我的概念，酒店标准也该一视同仁，所有人的报销标准都应该一样。

网友：我经营企业4年，发现员工对已有的规则和流程不严格遵守，屡屡犯错，可实际规则是由下至上订出来的。现象举例，上班不打考勤机，以忘记为由事后去打考勤。针对上述现象，该怎么应对？

我觉得大家都不遵守的规矩有可能会是不合理的规矩。小部分人不遵守规矩是执行者的问题。一般而言规矩定得一定要有道理、有意义并且尽量简单和易于执行，比如这个博客博友发言的规矩。

一个组织如果有大家都不执行的规矩存在，长期来讲就是鼓励大家不执行制定的规矩，未来大家的麻烦可就大了——比如国内常见的没有交警和红绿灯的十字路口。面对的方式其实也很简单，就是执行你的规矩或者废掉执行不了的规矩，最好不要有中间地带，不然大家会很忙的。

举个我们自己的小例子。有一年，我回了一趟公司，发现总部大楼前那些没有停车线的地方也都停满了车。我就问我们管后勤的同事，为什么这么多车停在“不可以”停车的地方？他告诉我说，因为“没地方”停。后来他们把那些原来“不可以”停车的地方都画上了停车线，这个违规的问题就解决了。（2011-01-05）

网友：你们公司违反了就要开除的规矩有哪些呢？

涉及开除的条例应该是不多的。我印象中有过因为贪污被抓起来的。（2020-12-03）

网友：您对采购员拿回扣是什么看法？

采购员拿回扣应该开除，给回扣的供应商应该列入禁入对象。（2020-12-04）

网友：考核员工短期拉客户数量，必然导致盲目寻找不诚信的人。我认为应该增加一个长效指标：培养的客户产生了多少销售额？引导业务人员更注重客户的质量。

呵呵，指标的设定实际上要复杂很多。比如如果你用客户的销售额做指标的话，可能就会有人和客户联手做假销售额。我记得以前有时候为了找一个好指标要花几年时间。（2011-03-06）

网友：遇到一个工作难题，公司规定配套厂家未按计划完成，每缺一件罚 200 元，造成生产缺件每台 500 元，每天有 100 多台未完成计划，这样持续罚款，厂家挣的钱不够罚款，公司领导也就不罚了。如果制度没有持续性，对配套商也就没有约束了，段总有何建议？

是自己公司内部的配套厂家还是外部的？如果是外部的，也许你们要有个备用的厂家，内部的也一样。如果定的规矩不实施，比没有还糟，但如果因为定得不合理而实施不了的规矩就一定要改规矩，不然公司会很麻烦。（2011-05-03）

网友：我是一个30多岁的研发部门基层管理者，自己技术能力尚可，但在管理下属方面，有时候会对下属过于苛刻，似乎在一些无关紧要的细节上非常执着（事后来看），要求过高搞得下属反感；但有时候又感觉自己很没有原则，甚至在一些重要的事情上容易妥协。

原则问题上确实不应该妥协，其他时候需要将心比心。我有时候也会很严厉，但都是就事论事。另外，我觉得自己做不到的事情我也很难要求别人（我对小孩也这样，我小时候做不到的事情我是不要求他们的）。不过，管理公司还是要有规矩的，这就需要你找到办法。比如我非常不喜欢一早去上班，所以早年我当CEO的时候，也不好意思要求大家早上班，于是就让各个部门自己定一个上班时间，前提是所有部门至少要有4个小时以上的交叉时间，结果除了我以外大家都选择了8点上班，但我却可以心安理得地10点以后才出现。（2024-10-09）

网友：公司最早的一些政策文档应该都是您还在公司时制定的，比如每年利润股权分配、代理商打分考核。最初第一版本设定时，您是如何考虑可以让规则的基础那么简单清晰，同时兼顾效率和公平性的？

简单清晰才有效率啊，公平心是基本原则。这里公平心非常重要！公平心和公平性是有区别的。最高领导制定规矩一定要花够时间，一定要想长远，要防止大漏洞。修改时一定要有提前量，承诺的东西一定要执行，所以绝对不能轻诺……很久没在一线，一下想不起来还有啥要注意的，但基本原则依然是想长远！（2022-02-24）

网友：人有恒产，就有恒心，然后生活就踏实。

其实企业也一样，只要企业内的规矩是靠谱的，员工就会有恒心，我当年就不会离开小霸王，也许阿里这个生意就是我们在干着，马云可能就要去干别的了（玩笑哈）。（2013-03-03）

网友：在不靠谱的公司待过才知道啥应该是靠谱，跟不靠谱的人交往过，才知道啥是靠谱的人。

其实只有在靠谱的地方待过才知道什么叫不靠谱，反过来其实不成

立。(2013-03-06)

网友：创业公司中如果有配偶或亲戚或朋友在一起工作，您觉得长期看有哪些好处和坏处？

创业公司里如果亲戚朋友一堆，可能短期对凑齐人有好处，长期坏处比较多，会形成裙带关系，而且不容易留住别的人才。(2020-12-05)

我觉得在我们中国文化的大前提下，如果允许直系亲属在公司的话，那10年8年后重要岗位基本上就都是那谁谁谁的亲属了，那企业怎么可能还有竞争力？再说，有了这条规矩，我们同事们可是省了无穷多的麻烦啊，不然每个稍有点权力的人都会背上很多人情债的。

网友：您认为一个企业的采购等敏感部门都是大股东家属，是否会有些问题，这样的企业能投资吗？

从好的地方讲那可能是大股东找不到他信任的别人。从不好的地方讲，他有可能通过这个为自己牟利。我个人认为从长期而言，还是尽量不要用亲属的好。很难单用这个作为是否投资的标准。(2011-02-21)

钱是保健因子，不是激励因子

网友：管理人才有什么重要原则，可以分享一下吗？

据说马云说过，人待不住就两个原因，钱给少了或者是心委屈了。马云这句话非常经典，把保健因子和激励因子说得非常形象。钱是保健因子，不是激励因子，给多了没用，给少了不行（绝大多数人在这点上都错了，因为钱不是万能的，当然没钱也是万万不能的）。激励因子实际上就是不要让人心委屈了，要让人觉得有意思。(2019-10-19)

经常看到报道说有人发多少多少钱去激励员工，甚至据说还有扛着钱到球场边督战的。

不知道是不是真的重赏之下必有勇夫，但在企业经营中靠多发钱对员工其实是没有激励作用的。

钱其实是保健因子，多了没用，少了不行的东西。比如，如果员工已经很努力在工作了，多发钱并不会让他们更努力，但少发是会留不住人的。所以，发多少其实体现的是公平。

公司应该按承诺发给员工应该得的报酬，多发少发其实都会破坏公平。

某些所谓老板给员工发红包的说法其实也是有点问题的，因为其实这个红包就是员工应该得的。记得早期还在小霸王时，由于公司人还很少，很多同事的年终奖都是我自己一个一个发到大家手里的。

有时有人会说“谢谢老板”，我就会很严肃地说应该是公司谢谢大家一年的努力。这个真不是客气。（2011-02-17）

“传 OPPO 员工离职后照发 12 万年终奖，主动离职、辞退都 N+1。”（新闻）

过去 20 多年都是如此，那是契约精神里的东西，没什么好说的。（2019-04-20）

网友：您对股权激励计划怎么看？

实际上是保健计划，可人们非要叫激励计划。（2013-06-26）

你如果不理解股票激励政策的好处，只要想想没有股票激励的坏处就明白了。如果员工的工作和结果无关的话，最后的结果就一定是老式国营企业的样子。（2011-05-28）

网友：在小公司里给核心员工分股权有没有实际意义？

你是说谷歌的初期还是苹果的早期？（2015-02-25）

网友：当年步步高给员工分配股权的时候，是用现金或者股息来购买股份的。能否介绍一下具体怎么分的？

我离开一线 20 多年，很多细节已经不太记得了。应该没有所谓“分配股权”的时候，但早期确实有过允许一定级别以上的员工用年终奖的一部分（好像是 20%）自愿购买公司的股份。（2022-07-05）

这里给个小建议：股权激励（实际上是个保健因子）需要高管们拿钱买股票的时候，可以用期权的形式，或者公司借钱给他们（用未来的收入分期还）。（2024-10-29）

我们30年前就这么干了。（2024-10-30）

网友：怎么对待离职员工的股权，如有员工干了几年离职，企业付费把股权回购，违背本分吗？

如果是有言在先没问题，这是双方的契约精神。（2019-03-22）

网友：国内很多公司给员工派发的股票越来越少，搞得新人很心寒，这样没有新人的动力，公司能持续发展吗？

呵呵，如果你反过来想想，比如给员工发的股票越来越多会怎么样？这个问题看看那些百年老店怎么做的就明白了。

《从优秀到卓越》里好像讲到过这个问题。好公司的收入一般都不是最高的。我在中欧EMBA时学过一个很重要的东西，就是钱是保健因子而不是激励因子。（2010-03-28）

网友：请问在分配奖金时，需要遵循什么标准才能最大限度调动员工的积极性？对于业绩突出和业绩最差的员工，如何拉开收入差距？是公开还是不公开？

钱是保健因子，就是少了不行的意思，奖金并不能调动大家的积极性。

奖金实际上应该是种契约，是跟业绩挂钩的（所以不是老板赐给大家的），比如在某些条件前提下，企业获得的利润的20%给员工。分配时则是根据你的绩效考核体系去分的。

不宜公开。公平指的是公平心，但从每个人自己的角度看，未必就觉得公平。不过，如果绩效考核体系完整的话，其实也和公开没太大差别了。（2019-04-26）

网友：经营企业赚到了钱，如何分钱给合伙人及员工，应该基于什么去分配？

应该按照事先说好的原则吧？最重要的是要有公平心。（2020-11-30）

网友：您对挖竞争对手的人才怎么看？

我们公司一般不主动挖人，但招人总是可以的。

一般整编制挖人的短期效率高，但长期对企业文化传承不利，而且经常会出现损人利己的事情，最后倒过来破坏整个行业的生态环境，最后也会伤害到自己公司。自己培养人短期看起来慢，但长期看往往是效率最高的办法。不过，老是被挖人的，尤其是关键人物老被挖的企业，一定要好好检讨自己的保健因子是不是不够，为什么会留不住人呢？由于机制的问题，国有企业要留住人才确实困难大很多，好的人才不被人挖也有很高的机会自己流走。（2011-03-08）

网友：您在步步高的时候，有没有定期找时间亲自培训下面的人？您怎么看待员工培训？

培训的成本很贵，但不培训的成本更贵。不知道第二点的企业走不远。（2013-10-28）

第三章

公司点评

苹果公司

喜欢苹果的理由

说说我喜欢苹果的一些理由。这不是论文，想到就说，没有重点和先后次序。

1. 苹果的产品确实把用户体验或消费者导向做到极致了，对手在相当长的时间里难以超越甚至接近（对喜欢苹果的用户而言）。

2. 苹果的平台建立起来了，或者说生意模式或者说护城河已经形成了（光软件一年都几十亿的收入了）。

3. 苹果单一产品的模式实际上是我们这个行业里的最高境界，以前我大概只见到任天堂做到过（索尼的游戏产品类似）。单一产品的模式有非常多的好处：

（1）可以集中人力物力将产品做得更好。比较一下 iPhone 系列和诺基亚系列（今年要推出 40 个品种）。苹果产品的单位开发成本是非常低的，但单个产品的开发费却是最高的。

（2）材料成本低且质量好，大规模带来的效益。苹果的成本控制也是做到极致的，同样功能的硬件恐怕没人能达到苹果的成本。

（3）渠道成本低。呵呵，不是同行的不一定能明白这话到底有什么分量（同行也未必明白），我是 20 年前从任天堂那里学会的。那时很多做游戏机的都喜欢做很多品种，最后下场都不太好。

4. 苹果的营销也是做到极致了，连广告费都比同行低很多，卖的价钱却往往很好。

5. 苹果的产品处在一个巨大并还有巨大成长的市场里。

（1）智能手机市场有多大？你懂的！

（2）平板市场有多大？你也会懂的。

总而言之，我认为苹果现在其实还处在其成长的早期，应该还有很大的空间。（2011-01-22）

实际上，排名不是我们要追求的东西。能做出用户喜欢的产品才是我们的追求。也许真有哪一天我们也能做出个伟大的产品，希望 50 年内。（2010-06-08）

不在乎排名的意思是我们只在乎用户的感受，排名只是结果而已，不是追求的目标。（2010-06-09）

上面两句话是在买苹果之前说的。苹果确实做到了我想做的事情，2011 年 1 月的时候我就是想通了这点才开始买苹果的。（2024-09-12）

说一点我特别喜欢苹果的地方：苹果是非常难见到的能够长期聚焦在做对的事情上的企业。

多数人在投资时很习惯去看有没有把事情做对这点，从而会很容易掉进短期表现当中。即使是伟大的企业，在做对的事情的过程当中，也是可能会犯错的，因为把事情做对往往需要一个过程。所谓长期投资，从某种角度上说，就是要能够相信坚持做对的事情的、有能力的公司，最后会把事情做对。（2013-02-13）

OPPO 和苹果其实有很多相同的基因，这也是我最后能看懂苹果的原因之一。（2011-08-07）

网友：巴菲特卖 IBM，买入苹果，到底是看到了什么本质？

现金流，现在的现金流和未来的现金流。（2018-03-04）

苹果最厉害的是生态系统

苹果最厉害的就是在苹果的企业文化下建立的生态系统，这是个非常强大的商业模式，非常难以撼动。(2020-11-16)

网友：苹果公司在乔布斯回归之后，推出 iPhone 之前，是不是也算企业文化强大的苦生意？

至少 iPhone 出来后苹果的商业模式变得更好了，生态圈建成了。(2025-01-25)

有些东西进步到一定程度后其实后面的变化就不大了，比如 20 世纪 30 到 40 年代的汽车发动机和现在其实没本质差别。有些国家（虽然我们很多人很看不上）40 年代就能造航空母舰，说明由于某些原因，时间有时候帮不上大忙。

苹果最厉害的是现在这个平台以及生意模式，以我的水平我看不出谁能打破它。当然有很多以为水平比我高的人非说别人可以，当然也有自己说自己可以打败苹果的，你看看他们像吗？

也许，能打败苹果的人快出生了，也许正在某个地方徘徊，但怎么看都不是现在大家知道的这些，这是个大家可以看很多年的故事。(2012-01-28)

苹果厉害的不仅仅是硬件，这是所有其他竞争对手没辙的地方。三星顶多不过是新的诺基亚而已，对苹果没有威胁。苹果的生意模式实在是强大，其他的“对手”已经难以撼动苹果了。(2012-02-05)

除苹果以外的卖智能手机的最后结局可能会有点像卖 PC 的，多数大概都生存不下来。(2012-03-08)

其实苹果的强大实力是不容易也不应该被忽视的，除非你有意去忽视，但鸵鸟的办法不会有任何帮助。任何一个被苹果直接或间接、现在或未来影响到的行业里的企业，大概早晚都要面对苹果的强大实力。随便举几个已经受到影响的行业或产品吧：手机、电脑、手提电脑、游戏

（包括网游）、游戏机、中低端相机和录像机、音乐、电影、书、电视、网络、运营商、所有相关产品的零售、几乎所有的电子消费品……欢迎补充。找到在苹果生态系统里生存的方式也许比挑战苹果要来得更现实一些。能够避开苹果也许是另一个办法。（2012-03-12）

网友：如果苹果某次发布的新产品失败了，那对苹果的影响应该很大，这时候它还是好生意吗？虽然苹果现在的客户黏性很大，但是我想也经不起连续2年的新产品失败吧？

你见过在别的同行不停推新品的同时能够按兵不动一年营业额依然不掉的公司吗？而且这还是在上个产品不那么轰动的前提下。如果这还不叫模式好，那什么叫模式好？现在轮到苹果出招了。顺便补充一下，凡是认为iPhone 5是失败产品的人都应该问一下在人类历史上有过几个单一产品比iPhone 5成功的？（2013-09-04）

网友：用习惯iPhone的人，一般改用安卓系统会不习惯的。苹果只要一输入ID，程序、音乐、通讯录等等都会出现，通过Apple TV，可以把其他设备上的图像、视频、音乐随时显示出来。通过查找iPhone随时可以知道在外地的亲人在哪，然后通过FaceTime免费视频。当iMac电脑的图像一键显示到投影上，当随时在中国用iPhone启动在美国家中的电脑并打开摄像头查看自己的宠物有没有捣乱，你就会感觉到科技的力量。苹果成为世界第一大公司是理所当然的！还有苹果绝对是消费者导向的，你想要的功能它基本都已经实现了。安卓系统这些功能可能借助其他应用也可以实现，但感觉一切都乱，设备互联性太差。苹果是个大系统，音乐、视频、游戏、软件、相机、电脑等的钱它全赚了，关键你买的音乐、视频、程序等，一辈子都是你的，但必须在它的设备上才可以用。谁还会轻易换设备？Apple TV一定要买，它可以把所有苹果的设备都联起来。

你说得很清楚，这个就叫生态系统。安卓的问题是现在卖得越多，将来可能就越乱，慢慢跑到苹果生态系统里的人就会越多。

还有一个重要的东西，就是苹果的安全性。那么多企业要用 iPhone 和 iPad 是有道理的。美国 500 强里 95% 开始用 iPhone 和 iPad 系统，世界 500 强里 85% 开始用——库克在股东大会上讲的。

听说目前好像只有 iPhone 不能被装窃听器，其他的手机绝大部分好像都可以，怕被人窃听的要小心了。（2013-03-04）

网友：国内支持 Apple Pay 的地方不多，不过也不用带信用卡，零钱也不用带，微信支付能覆盖所有场景。

我有微信支付，也知道微信支付确实很成功，不然我这腾讯股东就白当了。不过，Apple Pay 在很多国家里已经慢慢普及开了，国内慢慢也会有越来越多人用的，但因为有微信支付等的原因，估计要慢很多，但 10 年后也许也会很普及的。我想说的是，苹果系统未来在很多国家和地方会在金融体系里起到很大作用，当然这个长时间内不会在国内体现的。（2022-04-02）

网友：你对你们公司怎么定位？

有一天我们也有可能在这个行业生存不下去的，安卓手机的差异化未来会越来越难。当然，我们也有可能会成为生存下来的不多的几家之一。

网友：现在华为也大举推广智能机了，是不是会挤压其他厂商？

彼此挤压吧。这也是导致最后大多数人都没钱赚的原因之一。（2012-03-10）

网友：为什么安卓的体验总是差强人意？

安卓本身占用资源大，比如如果都是两核或四核的手机，表现就要差不少，加上大家看到的苹果的东西是几十年积累下来的，安卓要全面达到恐怕不太可能。但是，安卓的表现其实已经很不错了，已经比当年诺基亚智能机的感觉强了许多倍，某些使用方面和苹果相比各有特色也是一定会有的，而且价钱还可以便宜很多。未来安卓手机之间的差异化会越来越小，三星的价钱要挺住不容易。苹果的生态系统会保住特别喜欢或习惯的用户，所以受安卓的影响不会像想象的那么大。不过，有苹果和三星在上面顶着价格，其他卖安卓智能机的企业应该还有一段不错的小日子。（2013-01-23）

网友：您如何看三星的生意模式？

三星的生意模式其实不太好，属于疲于奔命的那种。三星的问题在于其实没有产品追求，是生意导向的公司，焦点太发散，时间长了大概率会出问题。不过韩国企业非常努力，会把危机延长到比较大才出来，这点和日本企业比较像。

看三星和苹果有点像看篮球里美国队对其他队的比赛，场面上很激烈，其实差距很大。（2013-02-13）

网友：目前智能机市场，一种模式是类似三星这种“多机型”模式，另外一种是类似苹果的“精品”模式。哪一种模式更好，为什么？

有本事做成苹果的会愿意做三星吗？（2013-08-02）

苹果倒是像卖车的，一年出一款。三星像诺基亚，结局可能也像，不信过 10 到 15 年再看。（2012-06-30）

网友：1. 三星、HTC 一直搞机海战术，其实大部分厂商都是这招，苹果出来后，这招不灵了。HTC 今年出 one 系列，说不玩换壳了，真能转性吗？ 2. 苹果真是独步江湖了。安卓阵营跟苹果的差距，不是简单的机子外表问题，是整个商业模式和生态系统的问题。如果专注研发 ROM（Read-Only Memory，只读存储器），把消费者体验提升有戏吗？ 3. 我发现国内很多用 iPhone 的只是觉得很漂亮或者纯粹是炫耀性消费，iPhone 的威力他们恐怕一小半都没用到。

1. 人大概是不会变的。

2. 苹果以外的市场依然很大，而且上升空间也很大。专注于用户体验的企业总是会走得远一些的。

3. 我也发现很多人还没有发现 iPhone 的很多好处就已经很喜欢

iPhone 了，所以觉得 iPhone 的潜力还很大。

网友：您评估苹果的时候，有没有担心有一天会有新的颠覆性的技术出现，取代现有的东西？

没有天上掉下来的技术。如果真的有重大的技术变革，我相信我是能够看得见的，而且我认为这种变化会大概率地来自苹果。（2014-02-06）

网友：以后会不会有新技术代替手机？

一定会的，但不会很快。你需要想明白的是谁，什么时候，等等。（2015-11-10）

网友：有可能是苹果也不出奇。

以前我们做 VCD 时，有人向我挑战说 DVD 将来会取代 VCD，我说你觉得将来卖 DVD 的会是谁？（2015-11-11）

网友：很多公司市值超过 5000 亿美元之后就会增长缓慢或走向衰落，苹果是不是也一样？苹果已经是地球最大公司，不论它现在基因多么优秀，最终会因庞大而死亡。这个公司已经没有增长空间了，除非地球经济飞速增长，否则无法支持这样的市值了。

科技类活不长指的是微软吗？即使今天来看，如果从某一时点用同样代价让你可以拥有 1% 的微软或可乐的股份，哪个会让你觉得更开心呢？现在很多科技类的公司走下坡路实际上都是同一个原因，你懂的。还有就是，消费类的公司就一定活得长吗？只要看看可口可乐这么多年的同行还有多少活下来就明白了。（2012-04-29）

网友：苹果是否会盛极而衰？

多年来人们一直这么说，可他们就是不明白。（2012-03-29）

做最好的产品

昨天去苹果的股东大会，听到库克讲了类似的话，大意是：虽然我们可以有个按钮，可以随时做最多的产品，但我们的文化是做最好的产品而不是最多的。不过，他也顺便提了一下，认为要建立一个强大的生态系统，必须要有一定的量。所以苹果是会兼顾最好的产品和足够的份额之间的关系的。

另外，库克也提到量的概念其实不仅仅是卖了多少，而是人们买了以后用多少。有兴趣的可以查下新浪上微博的活跃用户都在用啥，也许大家会发现用苹果的人的比例其实远远超过印象中的市场占有率。

参考的统计办法：可以看热门微博 Top100 里发帖人是用什么发的帖，还可以看评论人用什么写的评论，也可以看微话题下面评论人是用什么评论的。

网友：刚才数了一下，Top 100 微博：来自 iPhone 20 个；来自 iPad 5 个；来自 Android 3 个；来自“其他手机”1 个；其他的是显示来自微博，或某个应用某个网站之类。

看一下娱乐版的会更有趣些。这个比例说明苹果产品的使用率明显高于其他产品，好像没有别的指标可以更好地鉴别一个产品的好坏了。在微话题下，苹果的使用量大概接近 50%，其他的所有移动设备占到 50% 多一点，这些都是普通上网者。

记得库克还说：我们最重要的是聚焦在做最好的产品上，利润会随之而来的。（2013-02-23）

网友：当年做 PC 时，封闭的苹果输给开放的微软 + IBM，今天的苹果一样封闭，难道它一定能赢谷歌 + 三星吗？

我觉得不一样。你用一用产品就明白了，不是一回事。（2011-01-23）

我不是所谓的“果粉”，像我这个年纪和这么理性的人，不大会是任何人或东西的粉丝，我甚至不是巴菲特的粉丝。实际上我以前一直多少有点不太喜欢苹果，毕竟用了 PC 和诺基亚这么多年，但 iPhone 和 iPad 的出现确实彻底改变了我对苹果的认识。作为一个普通人，我没能力从技术上去说这些产品，所以只说说我都用 iPhone 和 iPad 干什么。

1. 首先，iPhone 和 iPad 都非常容易上手。早年用摩托罗拉的时候，心里那个烦啊，用户界面太难用了。后来用诺基亚的智能手机时又找到了当年用摩托罗拉的感觉。以我个人的水平而言，安卓的界面水平还远远比不上 iPhone（也许我们自己的出来后会改变一点这个局面？期待中）。上个月我曾经想买个安卓手机试试的，在商店里转了半个多小时，店员给我介绍了 10 来分钟，在 3 个牌子（HTC、三星、摩托罗拉）间挑来挑去，晕晕乎乎中最后还是决定不给自己添麻烦了。

iPhone？呵呵，我几乎拿到手里时就会用了。店员只是告诉我开关在哪里，那些图标是什么，前后花了大概 15 秒钟。当苹果的销售员可真容易啊，我自己前段时间在苹果店里只花了几分钟就推销了一台 iPad 2。

2. 我用 iPhone 干什么？我的 iPhone 上下载的软件其实比大多数人都少，毕竟不太花时间玩这个东西。电话、短信、E-mail、上网、世界时间、天气、图片、地图、记事本、YouTube、相机、录音、录像、字典、相册、图书馆、iPod、FaceTime、电影、电视、股票查询及交易、报纸、指南针、日历（记事本）、游戏，等等，不太注意但特别常用的是手电筒。这些功能可能只是 iPhone 的沧海一粟。其实我想说的不是 iPhone 有多少功能，最重要的是所有这些功能都非常容易上手。一学就会，无师自通！

3. 很多人说 iPad 其实就是个大号的 iPhone。在用 iPad 之前我同意这个说法，但用了一段时间后觉得这个大确实大得非常有道理。我现在基本上已经不太用我的手提电脑了，旅行的时候带上 iPad 就绝对够了，iPhone 有时候还是觉得有点小。对我而言，iPad 2 最强大的地方就是网络功能很强大，上网非常快，又没有手提电脑开机的麻烦，用起来真是很爽，携带起来又轻便。还有一个特别强大的功能就是图片，包括上网看图片。我的 iPad 2 里有大概 1 万张照片，记录着我们生活中的很多瞬间，没事看看真的觉得生活很美好，这个玩意儿该值多少钱呢？ FaceTime 也是一个很好的功能，在有 Wi-Fi 的前提下用起来那个叫方便，比打电话还容易。

我给我妈妈也买了个 iPad 2，最近能让人带回去，里面也装上我们的照片。以后视频通话就非常方便了（以前曾经想过用电脑视频，实在是有点麻烦），没事老人家还可以翻翻照片，真是好啊。

别的就不说了，有机会大家自己体会吧。总的来讲，如果经济上不是个太大的负担的话，iPhone 和 iPad 2 是绝对值得拥有的产品，生活确实因此变得不同了。（2011-03-31）

不知道大家有没有丢电话的经历？丢了以后怎么办？

前段时间我在旅行中丢了一件行李（iPad 在里面），当时以为是丢在机场了，后来突然想起苹果的 Find my iPhone 的功能，结果用 iPhone 一查（可以用任何别的 IOS 设备），发现我的 iPad 还在酒店里。（值钱吧？）马上打电话给酒店告诉了他们，结果几天后酒店就把行李寄回来了。还有一次把 iPhone 掉在沙发的缝里了，一时半会找不到，结果还是靠 Find my iPhone 找到的。（这个功能你愿意付多少？）

当然，就算找到在哪里，万一捡到的人不肯归还怎么办？ Find my iPhone 上还有一个功能，那就是可以立刻消除你丢失的 iPhone 或 iPad 上的所有资料。另外就是，在补一个新的 iPhone 或 iPad 时，只要用自己的 Apple ID，几乎所有的资料就又都回来了。（这个功能值多少钱？）

有个朋友前几天说丢了电话所以丢了所有电话号码，对于 iPhone 使用者来说，这个事情不会再发生了。（这个值钱不？）

好像只要记得自己的 Apple ID 就可以用这个办法找到自己的 iPhone 或 iPad，只要开始用的时候把 ID 开通了就行。（这个其实也很有价值，因为人们往往是丢了以后才知道这个功能的。）

都说 iPhone 贵，想想丢电话时自己愿意付多少钱把丢掉的资料找回来并且不失密吧。如果觉得这个重要的话，那就……

iCloud 确实强大，不然三星的人不会回家后用 iPhone 和 iPad 的。（2012-12-13）

网友：哪位朋友能谈谈 iWatch？

那还是一个传说，从何谈起？不过，关于苹果的传说最搞笑的就是廉价 iPhone。有了这个传说后，接着就有了苹果该不该这样做的争论。其实讨论苹果该不该卖廉价 iPhone 的人大概都是不太懂苹果的，因为苹果的文化里根本就不会有这个争论。（2013-02-15）

网友：关于苹果 AR 眼镜和汽车有什么可以分享的么？

我不知道苹果在搞什么，但确实相信苹果产品最终都会是精品。（2020-12-06）

Vision Pro 对喜欢它的用户而言是个“nice to have”的产品，而 iPhone 则是“need have”。Vision Pro 要上升到“need have”我猜可能需要 10 年。

我说 10 年的意思是需要很长的时间，就是短时间里概率很低的意思。（2024-06-29）

网友：我这样理解苹果，现在苹果已经不是靠一种新产品就可以打败的了，因为它有良好的企业文化（用户体验）、生态链（App 应用商店、电脑和手机、平板共享平台），等等。

其实革命性的产品并不会贴个标签在上面。iPad mini 绝对是个革命性的产品，大家会看到的。另外，苹果的产品是非常细致的。三星最近据说要推 8 寸的平板，比苹果 7.9 寸的大一点。别的不说，有一点可能就会很有趣。iPad mini 我是可以放进裤子口袋的，但只是刚刚好放进去，个人觉得 iPad mini 可能是测过的，8 寸的很可能放不下。（2013-03-01）

网友：从苹果的哪些做法中能看出下一年推大屏的可能性很大？

我知道大屏市场有多大，苹果当然也知道！只要在苹果的原则范围内和能力圈内，苹果没道理不推。不过，我可能快两年前就说过苹果必推大屏，没想到等了这么久。5s 出来后，苹果大概就可以抽出手来推大屏了，所以我认为苹果一年内就会推的。（2013-09-16）

网友：乔布斯说的 Think different 是什么意思？

Think different 是不从众的意思。这个说法并不完全对。正确的说法是消费者导向。当年苹果一直不出大屏手机就是个例子。消费者需要大屏，但苹果 Think different，结果晚了 3 年多。（2020-11-26）

其实大屏手机也从另外一个角度说明了苹果厉害的地方。可能因为乔布斯说过不要大屏，所以苹果犹豫了一下，但消费者的需求摆在那里，所以最后他们还是用不同的办法想通了。我和方三文曾经打过一个小赌（没赌任何东西）。方三文问：你觉得苹果一定会出大屏手机吗？我说：他们一定会的！果然 3 年后他们就出了。苹果大屏手机出得晚给了我很多时间去思考苹果和买苹果，不然我可能要少买很多苹果哈。（2020-11-27）

网友：今天看到苹果官方出售二手 iPhone 的消息，包括各型号的回收价与售价对比，段总怎么看？

我的看法是，只有苹果能够做这件事情，别人其实做不了。（2015-04-14）

苹果产品的残值高也说明苹果的东西确实好。（2013-12-13）

网友：大道怎么看 Meta Orion，会是手机之后的下一代爆品吗？

他们完全不是苹果的对手。我用过他们以前的产品，确实不是一个级别的。（2024-09-28）

网友：您对安卓的前景怎么看呢？安卓做高端有前途吗？另外您觉得苹果会不会着力占领廉价手机市场？这样做的话对他们好处多还是坏处多？

在相当长的时间里，安卓的量依然会是大的。不能说安卓做高端如何，但某个品牌用安卓做个很贵的手机出来是很可能的，会买的人当然要叫那个高端了。另外，在安卓里也有高低端之分。

苹果大概永远都不会专门做所谓的廉价手机市场，对你提出这个问题感到有点意外，说明你对企业的理解已经和大众很接近了。苹果的策略一直都在那里摆着呢，做最好的产品，让前面的产品做入门级以及提高级的产品。大约 3 年内，当 iPhone 7 出来的时候，iPhone 5c 就会变成入门级的产品，大概会卖到 2000 出头，那个时候会有点好看哈。

另外，iPhone 5s 绝对是划时代的，不知道为什么那么多人会视而不见？我可以肯定的是，三星里很多人要开始“熬夜多压力大”了。（2013-09-15）

iPhone 很可能是最便宜的手机

我一直觉得 iPhone 很可能是最便宜的手机，因为单位时间里（比如 10 年 20 年）需要花在买手机上的钱的总额很可能是最少的，如果你想省钱的话。（2023-11-03）

网友：成为街机的 iPhone 的热度会持续多久？已经无法成为身份象征的 iPhone 是否还会得到富裕人群的青睐？

一个季度 3700 万富人买 iPhone？买 iPhone 只是因为 iPhone 好用，只有不用 iPhone 的人才可能认为 iPhone 是身份象征。（2012-01-31）

网友：我是果粉，家里用苹果和其他品牌的产品。就产品而言，无论技术、外观、感觉和吸引的手段，苹果打 100 分，其他品牌打 85 分。苹果公司在品牌上有很强的优势，很高的忠诚度，这些是其他品牌难以追赶的。

对于价格不那么敏感的用户而言，谁愿意买 85 分的东西而不是 100 分的东西，尤其是每天都要拿在手上用的手机呢？（2012-02-03）

网友：iPad、iPhone、iPad mini 是我拥有的最超值的产品，喜欢用的功能都做到了让我非常满足的程度。要是没有苹果，我花更多的钱和时间也达不到它们带来的效果。这两年很轻松地就推荐出去十几部，还没有一个抱怨买亏了的。

是哦，看起来免费的东西往往最贵，看起来便宜的东西往往不便宜。买东西如此，投资也常常如此。我也觉得 i 系列是最便宜的东西，一个是消费体验好（这个值很多钱哈），换机的钱也省了。（2013-02-28）

网友：免费的东西往往不便宜，贵的东西有时其实很便宜。比如，买本好书才几十块钱，收获可能远超几百倍书的价钱。再比如您请巴菲特吃饭，巴菲特说最重要的是生意模式，您说收获远超饭局的价钱。我现在也更看得懂了，既是很好的投资，又顺带做了慈善。

能明白贵与便宜的关系非常不容易啊，绝大部分人大概一辈子都很难明白的。（2013-03-29）

特斯拉看起来很酷，但有点贵，不是那么容易买得起。iPhone 虽然相对贵不少，但绝对值差别非常小。（2013-05-14）

网友：看不懂“相对贵”和“绝对值”？

你两个都多用一段时间就明白了。1000 块和 800 块的绝对值差异是 200 块。如果 1000 块的东西好用那么一点点，带来的回报会远超过 200 块。大多数人会觉得 800 块的东西便宜，实际上往往相反。（2013-05-23）

网友：我的观察，买苹果的人大部分不是因为性价比高。人们用苹果主要是因为好用、放心用、有面子。性价比其次。当然，有很多人因为售价高而不舍得买的。但这部分人也不是因为性价比不够高而不买的。

我同意苹果产品是高性价比的。高性价比的东西不等于便宜，该知道的人最后都会知道的。好的车往往也是性价比高的车，而且这些车往往比较贵，想通这个就明白苹果的性价比问题了。当然，对于那些整天换手机，最后换到 iPhone 的人们而言，这个问题就不是问题。（2014-08-28）

每个人都是会看性价比的，但每个人对价格的敏感度不同。还有就是每个人对钱的看法不一样。比如有人会为了便宜去买不安全的车，等等。（2013-02-27）

单一产品模式

单一比较容易聚焦，这意味着把事情做对的概率高同时犯错误的概率低。

要做到单一是非常难的一件事，因为市场的需求是多样化的。iPad 和 iPhone 有一样神奇的东西，那就是不管什么年龄段的用户都觉得这是个专门为自己设计的产品。

我那个“著名”朋友李录是个孝子，给 70 多的老爸买了个 iPad，结果老爸一天到晚地捧着 iPad，还跟李录说：这东东简直就是专门为我设计的嘛。（2011-04-09）

网友：当年的小霸王学习机也差不多是单一产品模式，记得当时单一款 486B 卖得很好，而且在旺季来临前就备足了货源。

呵呵，这是我能看懂苹果的重要原因之一，没有那段经历，不一定会知道苹果有多厉害。（2012-02-01）

网友：为什么单一产品模式可以降低渠道成本？

你倒过来想也许就明白了。举个例子，20 多年前我们卖小霸王游戏机（还没到学习机）时，小霸王游戏机只有两款：红白机和蓝白机（有点像 iPhone 的黑色和白色），对手们经常都是有好几十款的。当时我们的销售部门被质疑最多的问题就是款式太少。好像最后款式多的那些对手绝大多数都消失了，原因大概就是品种太多最后导致的问题（其实是表象）。（2013-02-16）

这里说的渠道成本的意思就是品种越多，占用的渠道库存越大，是几何级数的关系。（2011-04-09）

一般来说，因为技术进步非常快，电子产品一旦一定时间内卖不出去贬值就会非常高。同一品牌的产品的品类在超过一定数量后，库存会比较难管理，处理成本会非常高。（2020-10-29）

网友：品种越多，占用的渠道库存越大，是不是说会给经销商增加负担？

经销商的负担难道不是自己的负担？怪不得有人为了 2015 年成第一而向经销商压货呢。（2011-04-09）

网友：您当年是怎么控制库存的？

安全第一的原则。小步快跑，宁愿少赚些，不要出大问题。（2011-12-15）

“iPhone 4s 再出问题，有用户反映耳机出现间歇性故障，向外打电话时无法听见声音。据苹果官网显示，关于耳机失灵的讨论已经多达近 30 页，不少用户表示这次故障能够通过重新开机或者拔掉耳机后恢复，但是这仅是暂时解决问题。”（新闻）

品种少的好处之一，有问题反应快，解决也快。

网友：好观点！

It’s not an opinion. It is a fact.（这不是一个观点，而是一个事实。）（2011-11-07）

我十多年前就明白这个道理，从任天堂那里学的。这些年来很惊奇地发现，很少有人能看懂。（2011-11-08）

网友：苹果和 Windows 的用户体验很不一样，我和朋友们的归纳就是两者都很强大（当然还有 UNIX 系统也很强大），但是苹果让人用近乎白痴的方式使用强大的功能，而 Windows 让人用近乎专业人士的方式使用强大的功能（UNIX 平台的系统是让人用近乎天才的方式使用强大的功能）。

你这个形容很形象，这正是苹果厉害的地方。苹果还有不少特别厉害的地方，比如品种单一，所以效率高、质量一致性好、成本低、库存好管理等等。我从做小霸王时就追求品种单一，特别知道单一的好处和难度，这个行业里明白这一点并有意识去做的不多，我们现在也根本做不到这一点。比较一下诺基亚，你就马上能明白品种单一的好处和难度了。

诺基亚需要用很多品种才能做到消费者导向，而苹果用一个品种就做到了，这里面功夫差很多啊。（2011-01-22）

把用户导向真正做到了极致

苹果把用户导向真正做到了极致，它绝对是我们制造业学习的榜样。（2011-01-08）

iPhone 4s 发售第一天我就跑去排队买了一台，出来时碰上国内某著名公司的一个朋友，然后去他们公司看了一眼，回车上时居然把 iPhone 的面给摔裂了。今天有空去苹果店换了一台，本来还想给太太也买一台的，发现 iPhone 4s 已经卖空了。现在要买的人必须晚上 9 点上网订。第二天去拿，稍微晚点恐怕就要再等第二天了。有意思的是，我先说要买一台，苹果店的人告诉我今天没了，然后我说换一台行不，结果换一台有货。iPhone 4s 这个卖法，这个季度的财报要创纪录了。（2011-10-20）

网友：为什么要买的需要等一天，要换的却有货呢？是因为要优先保证退换的人可以及时拿到吗？看来我是被“教育”得很好的消费者，如果我要去换，人家告诉我和买的人享受同等待遇而不是要等货源宽松再给我，我就谢天谢地了，如果说我还有优先权，那真是惊喜啊！

你不明白没关系，反正大多数人或公司也不明白，说明你很正常哦。（2011-10-23）

网友：是不是高科技公司也只是满足顾客的消费需求？

不知道什么是高科技公司。在消费者眼里其实没有这个东西。（2010-10-30）

我也常常想苹果现象。乔布斯真是个绝顶聪明的消费者导向大师和市场营销大师。他们在产品上做的很多取舍是让人叹为观止的，同行其他人没人敢做他们做的一些事。（2010-05-25）

网友：苹果5代出来了，配置不好。苹果说他们不拼硬件，那他们拼软件吗？

体验。（2012-09-16）

网友：我觉得乔布斯比较牛的是帮用户创造适用的产品，而不是迎合用户的需求。

这两者其实没本质区别。乔布斯是把自己当用户，所以别人以为他先知先觉而已。哪一个改变游戏规则的成功者不是这样呢？（2012-07-06）

网友：苹果是消费者导向的典范。

苹果确实特别在意消费者体验。（2013-04-08）

网友：亲自处理用户来信，这个非常不难，但在这个公司的这个位置上非常难。

非常不难？！苹果用户那么多，每天来信恐怕是数以千计吧？各种问题都会到库克那里的。前段时间我的 Apple Cash 账号出问题，我的助手就是直接发邮件给库克，然后第二天就接到苹果的人的电话了。

网友：您不会觉得市长信箱是市长在亲自处理吧？

你肯定觉得自己很聪明是吧？顺便告诉大家一个数据：库克每天早上大概花3个小时处理用户来信。（2022-09-21）

网友：一线用户的反馈真是非常重要，我记得丁磊就说过网易的客服绝对不能外包，苹果这个体量，库克亲自处理每一个用户来信，还是让我有点意外。

那只是客户反映问题的渠道之一，库克大部分也是直接给相应的部门去处理。这样做非常接地气，比较容易感受到用户的需求。（2022-09-24）

苹果一直聚焦的就是用户体验，所以这样的公司才能出伟大的产品。居然有些人会站在死胡同里说苹果的路会越走越窄，呵呵，有趣。（2013-02-18）

网友：常常提到好公司的企业文化是以消费者为导向，但是又常说我们不能太在意市场，太在意华尔街和别人的看法。别人和市场的看法也算消费者的看法吧？

说不在意的是指应该不在意短期行为或期望。比如不在意华尔街的看法指的是不在意华尔街短期的看法。短期的看法是投票器，长期才是称重器。比如华尔街希望苹果出低价机多占领市场份额，而苹果想的是做最好的产品，所以短期就让华尔街失望了。（2013-03-07）

网友：Think different 的理念是不是影响了苹果更好地做到消费者导向？

Think different 其实非常了不起，长期而言力量是巨大的。Think different 其实是内含消费者导向的，因为那是前提。（2020-11-27）

苹果进入一个产品的时机往往不是因为苹果在择时，而是因为苹果在这之前还没准备好或者说苹果还不满意自己的产品。苹果推出产品的最重要的基点是“我到底能为用户做什么”。很多年前，网上疯传苹果会推苹果电视，我说那么大一台电视，苹果能做什么？结果苹果确实没推。（2023-06-13）

苹果的角度一般是看能不能给消费者带来点什么，而不是生意上能不能成功。根据这个观点，我推断出苹果不会推苹果电视机，前些年我还认为苹果车大概率不会在近些年见到，除非技术条件达到了苹果的要求。（2024-02-05）

苹果果然取消了电动车项目！（2024-02-28）

网友：记得一开始传苹果要做电动车的时候，大道说过：“苹果不太可能做电动车。”苹果花了那么多时间、人力、物力研究电动车，最终还是放弃了。苹果真是理性啊。大道说的，“长远看不合适的东西最合适的办法就是现在就停下来！”

10 多年前曾经盛传苹果要推电视机，有业内资深人士甚至告诉我他已经看到样机了。我说，你可能不太了解苹果，样机不说明任何问题。同理，差不多的时期，有人问我 iPhone 会不会出大屏，我说一定会的。尽管后来还是等了 3 年。（2024-03-02）

《乔布斯传》最后一章“遗产：无比辉煌的创新天堂”中的一段自述，我反复读了很多遍，字里行间跃然纸上的是一个虽有阴暗面却始终闪亮的灵魂。

吉姆·柯林斯在《基业长青》中曾经总结过伟大企业的其中一项特质是利润之上的追求，乔布斯和他的苹果给予了这项特质以最完美的诠释。（2014-01-31）

网友：是不是再好的公司如果没有优秀的管理人，迟早会衰落，就像苹果。可是优秀的管理人员迟早会离开公司，那这个公司是不是就不值得投资了？

苹果衰落了吗？苹果其实从没有像现在这么强大过！这段话的意思是，没有强大的文化，就不会有伟大的公司。乔布斯就是想建立强大的企业文化并且确实做到了！只有强大的企业文化才能不断吸引到好的人才并留住他们。不能理解这点的人们大概就只能炒一辈子股票了。（2014-02-02）

库克是乔布斯最伟大的发明之一

网友：您是看好苹果公司的文化，还是看好其CEO？

我曾经一直认为乔布斯是个造钟人，最近突然觉得只有乔布斯的苹果是不可能成为今天这个样子的。今天的苹果，乔布斯的作用已经不是那么大了。就算乔布斯不打算再回来，今天的苹果也会靠惯性向前的。还有就是，当年的苹果董事会为什么会在赶走乔布斯后又能请他回来呢？这可不是容易做到的事。（2011-01-23）

《基业长青》这套书专门说过乔布斯是个“报时人”，所以大概2002、2003年第一次看苹果时（当时市值好像只有大约50亿美元，现金也是差不多这个数），我受这本书的影响，没太认真看就直接跳掉了。还好2011年初突然想明白了，觉得乔布斯实际上是个恰好也会报时的“造钟人”，而且库克是个更好的CEO（更理性）。想通这两点后，就开始下手买了……（2020-01-07）

网友：是什么事情让您突然悟到乔布斯还是一个很好的造钟人？

因为我看见那个钟了。（2012-03-29）

其实，库克是个比乔布斯更好的CEO。库克更理性，同时骨子里对乔布斯的追求非常理解。前段时间见到一个投资界的老前辈时，我说我认为库克其实是个更好的CEO，他老人家说：“其实我也这么认为。”《基业长青》里说乔布斯是个报时人，其实乔布斯同时还是个非常好的造钟人，库克其实就是乔布斯最伟大的发明（发现）之一。（2018-08-07）

网友：我很了解乔布斯，但对库克有偏见，可能是我内心拒绝承认苹果的CEO已经变更为库克了。我会好好看近十年的发布会。

乔布斯选库克是绝对有道理的，这其实也是乔布斯对苹果的最大贡献！对库克的不敬其实是因为对乔布斯的不了解。2011年我就是想通了这个道理才决定开始投资苹果的，看起来我确实做了一件对的事情。我能理解库克能成为好的CEO可能跟我自己的经历有关。我本人不那么懂技术（远不如库克），但不影响我创立和经营一家好公司。我跟库克打过交道，我很喜欢他，觉得他是一个绝对值得信任的人。我认为我还会继续持有苹果很久很久的时间。我相信我看到和理解的东西。（2022-10-19）

网友：看了《乔布斯传》，终于明白苹果公司为什么伟大了。无论从战略到细节，乔布斯都100%全力掌控，战略和执行都到位。

小说的东西不可全信。对多数人来讲，看这本书只是看了个热闹，很多人会得出很片面的结论，比如没有乔布斯的苹果会不行，等等。有趣的是微软得出的结论和我一样，就是没有乔布斯的苹果更厉害。（2012-01-25）

维持现金中性

苹果的策略非常清晰，就是维持现金中性，大致意思就是留够运营需要的资金后，多出来的钱都通过派息或者回购返还给股东。苹果应该是没有实质性债务的，但海外赚的钱回美国税比较高，所以苹果可以用美国海外的钱（或可流动资产）做抵押在美国发债。前几年利息低的时候苹果发了很多长债，然后用这些钱的一部分回购了股份，股东们赚大了哈。不过，海外的钱最后怎么回到公司我还没搞明白过，但看到过某些年政府会开个小口子让钱以比较优惠的汇率回美国。我没看过财报，有时间的人可以去研究，我就简单相信库克说的逻辑就好了。（2024-04-30 ）

网友：如果管理层能用好现金最好是少分红不分红，分红还要交税的，如果管理层无法用好现金，那就应该分红。

苹果的文化不会乱用现金的，就这么简单。（2012-01-27）

网友：您觉得回购股票好还是分红好？

我觉得分红简单且透明。回购则总是和价格有关，公司需要花时间去判断股价是否够便宜，有点难。（2012-02-24）

“苹果每股派息 2.65 美元，回购 100 亿美元股票。”（新闻）

这个花钱法只会越花越多嘛。分红也许该再多些才好，不过由于海外钱回美国要打很多税，这样可能也有道理。总的来讲，开始下毛毛雨了。

分红和增长其实没有必然联系，把这两种联系在一起的逻辑不通。现在的苹果更理性，现金太多没用很可能会用于派息，但回购要麻烦些，因为需要判断股价高低。（2012-03-19）

网友：段哥说了，今天的苹果依然便宜。那么苹果的超额现金是否应该优先回购自家股票呢？

对于管理层而言，回购的问题是需要判断股价是否便宜，但派息则更简单。我估计苹果在留够现金后会有个派息和回购的计划，回购只是在一定情况下实施。如果我是苹果的CEO，就简单宣布以后每年的获利拿40%出来回购，40%派息，20%留下。（2012-02-07）

网友：巴菲特谈苹果股价低迷时，说我若是库克就回购。

苹果其实一直在回购，在前面100个亿没回购完以前是不应该出新的回购计划的。另外，这么大的回购计划可能也需要时间去制定，不能有纰漏。长期来讲，股价低对苹果没任何坏处，回购到便宜的股票实际上对长期股东也非常好。举个极端的例子：假设苹果股价在这里不动3年，苹果每年赚450亿，3年后加上现在手里的现金资产近1400亿，手里留400亿周转，再去掉分红300亿，苹果可以投2000亿进去回购，那3年后苹果的市值就只有2000亿左右了。那个时候苹果可能一年可以赚500多亿或者600多亿（如果不是更多的话），很难再继续在2000亿市值上待着吧？（2013-03-05）

网友：假如苹果只宣布提高分红，而不大量回购股票（一年至少200亿美元以上），是否可以判断苹果对自己的前景不乐观？

其实任何股票都只有一个真正的买家，那就是公司自己。

苹果现在拥有远多于运营需要的现金，所以苹果一定会用他们认为合适的办法还给股东，这是人们在投资苹果时应该认定的，不然就是投机。之所以认为这是个回购好机会的理由，因为这个价位以上套住的人很多，股价很可能不会反弹得太快，所以苹果有机会买到好价钱。我如果是苹果，现阶段宁愿贷款也要回购，因为分红都比利息高了。等将来有窗口时再将海外的钱汇回来就行。（2013-04-19）

网友：苹果那么多现金，您要是库克您会怎么花？

如果我是库克，用现金的办法和他一样，就是留够需要的尽量用来回购。这次的回购在2015年底以前结束，相信后面还会有很多类似的回购。最好股价别动，然后别人都把股票卖给苹果了，按这个速度，10年内我就是苹果唯一股东啦，然后我会决定下市的。（2013-04-26）

网友：这么好的公司，也许巴菲特正在买入苹果股票，很快会到500

美元的。

我不希望苹果股票涨。最好是几年都不涨，这样回购价钱就可以低一些。（2013-04-28）

去年这时总股数是59.648亿，现在是56.735亿，少了2.9亿多股。这样下去20年后苹果公司就是我的了。

网友：再回购下去，段总想要低调就很难了，要进各种财富排行榜了。

20年就可以了。

网友：以后可不能把它给私有化了啊！

如果目前这个价格能够持续10年的话，想不私有化也难啊。（2015-10-29）

网友：苹果刚宣布增大回购，市场就提供低价机会，感觉特配合。

反正每年苹果都是要宣布回购的。和有些企业宣布不一样的地方是，苹果是来真的。希望苹果的股价继续掉，现金流继续强悍，回购当然也是会继续的，10年8年后我可能就真是苹果大股东了哈？（2016-04-28）

网友：查了下资料：苹果公司目前已完成回购1000亿美元计划的30%，从2012年到2018年，苹果已通过股票回购和派息，向股东返现了2750亿美元，其中股票回购就达到了2000亿美元。再加上这1000亿，回购高达3000亿！我觉得这传递了两个信号：苹果认为自己股价不贵；苹果想更多地回馈股东。

没完全看出你说的信号，但至少可以看到一个事实，就是如果加上已经返还和回购的部分，现在的苹果市值确实早就到了1万亿了。（2018-11-20）

对自己懂的公司估值没那么难

我在 2011 年买苹果的时候，苹果大概 3000 亿美元市值（当时股价 310/7=44），手里有 1000 亿净现金，那时候利润大概不到 200 亿。以我对苹果的理解，我认为苹果未来 5 年左右盈利大概率会涨很多，所以我就猜个 500 亿（去年 595 亿）。所以当时想的东西非常简单，用 2000 亿左右市值买个目前赚接近 200 亿 / 年、未来 5 年左右会赚到 500 亿 / 年或以上的公司（而且往后还会继续很好）。如果有这个结论，买苹果不过是个简单算术题，你只要根据你自己的机会成本就可以决定了。但得到这个结论非常不容易，对我来说至少 20 年功夫吧。能得到这个结论，就叫懂了。不懂则千万千万别碰，我有个球友 320/7=46 买了一些，结果一个回调，310/7 就卖了（现在苹果加上分红可能早就超过 200 了），还跟我讲为什么要卖的道理，从此我不再跟他说投资了。（2019-05-20）

网友：任何企业都应该有个合理的估值，还是某些企业根本就无法估值？

大部分人说的估值都是指市场应该给什么价，这个概念的估值不说也罢。如果你不是这个意义上的估值，你自然会明白的。

其实对自己懂的公司估值没人们说的那么难，难是难在不容易找到自己想买的公司。我对苹果的估值就是个例子，只有两个方面，简单来说就几句话（大概）：

1. 3000 多亿市值，1000 多亿净现金，一年净利润 400 亿，未来会到 500 亿或更多（看不懂这个的为什么要对苹果感兴趣？）；

2. 苹果会将利润以合适的方式还给股东。

第二条在 A 股比较难解，这也是当时博友问我会选苹果还是茅台时，我毫不犹豫选苹果的原因。记得两年前有个朋友在球场碰到我，很沮丧地说他 600 多买了苹果，那时苹果一路在往下掉。我当时只说了一句：也许两年后你会觉得 600 很便宜哈。（2014-11-15）

网友：以前 400–500 美元的时候，我是能看出便宜，现在近 1000 美元了，贵吗？

现在其实也不算贵，只是没有以前便宜了。就我自己而言，拿着苹果的选择如下：1. 继续持有，享受苹果的成长和成就。现在拿着苹果，在可预见的未来复合回报应该还可以有 8% 或以上的（这里指的是企业获利）。2. 找到比苹果更好回报的投资。我目前还没有任何目标，主要是自己能搞懂的生意太少。3. 卖了拿着现金吃利息？这个显然不是太靠谱。当然，有人会说现在卖了等回调再买回来，这么说的人如果有过苹果的话应该早就等得胡子都白了吧？（2015-02-27）

网友：您曾经说过苹果的市场份额会到 40%，是因为快消品超过 40% 都很罕见吗？这几年下来苹果确实还没到 40%（日本、美国到了）。

40% 只是毛估估的想法，理由是 iPhone 虽好，但安卓系统要便宜很多，而且现在的安卓比当年诺基亚的智能机已经好用太多了。这是个多元的世界，总有人会因为各种原因选择不同产品的。我的 40% 的意思是，如果苹果能有 40% 的份额的话，这个投资就是极好极好的投资了，而且 40% 是有可能达到的，因为在很多发达国家或地区目前已经达到 40% 或以上了。实际上，苹果只要有 25% 以上的份额就足够好了。（2015-04-26）

网友：持有容易吗？阿段 2011 年买了苹果公司后，2012—2013 年出现了 55% 的下跌；2015—2016 年出现了 36% 的下跌；2018 年出现了 40% 的下跌；2020 年出现了 36% 的下跌。美股，几乎单仓一只。甚至阿段身边的朋友知道阿段还持有苹果的情况下，都忍不住卖掉。

是啊，苹果每次大跌的时候我都会加码，每一次！想到 10 年后的时候，自己喜欢的股票大跌怎么会心情不好呢？不过确实绝大部分早年跟我买苹果的都早卖掉了。（2020-11-06）

前些年一直有人在说，树不会长到天上去的。他们是对的，树确实不会长到天上去，但这不会影响苹果的成长。（2021-12-08）

在我的理解里，苹果的商业模式非常强大，未来的复利回报大概率是会高过长期美国国债的。我总是习惯把美国长期国债作为第一机会成本（就是最低的意思，我如果看不到公司的长期盈利是能超过长期国债的，就会直接过滤掉），苹果第二。所以除非看到未来几十年会好过苹果的公司，不然我不愿意换的。（2022-01-27）

网友：现在持有现金不急于买入苹果是怎么样的思考角度？

这个问题巴菲特其实也没完全说清楚过。我是这么想的：我手里的苹果如果卖掉的话，买什么呢？目前看来只能买短期债券。我的现金目前买什么呢？苹果还是短期债券？当然，如果你有其他更好的投资标的就没有这个问题。我今天其实买了 10 万股苹果，价格是 176 美元多一点，钱已经付了，但要一年后交货（就是按现价买了苹果同时卖了一个一年后到期的 200 的看涨期权，收了 21 美元。最高收益是赚 25 美元 / 股）。今天我有很多期权到期，我把赚到的钱的一部分买了苹果，但这并不是这么花钱的理由。我想得最多的是 176 美元的苹果便宜吗？按这个价钱你愿意买下这个公司吗？其实对阿里我也是在想同样的问题，1800 亿你愿意买下这个公司吗？腾讯我想的也是这个问题。很多问题不是马上能够得到结论的，好在我们有时间。需要考虑什么因素？当然是所有因素啦。（2023-12-16）

AI iPhone 大概率会导致一波换机潮，主要是因为 iPhone 太耐用，平均换机周期比较长，很多人都没啥换机的动力。AI iPhone 会给大家一个很好的换机理由。不过，换完一轮后大概又会进入相同的换机周期甚至更长的换机周期。估计未来十年内 iPhone 至少能卖个 25 亿台或者接近 30 亿，活跃用户估计也会从 13–14 亿增加到接近 20 亿。未来 10 年里 iPhone 这个产品大概率会给苹果带来一万亿以上的利润。毛估估乱猜苹果 10 年后的年利润可能会接近或达到 2000 亿美元。（2024-07-22）

前段时间我就说过苹果确实不便宜，巴菲特换点到石油是非常容易理解的事情。但目前我也没有太强的意愿拿苹果去换别的公司，主要是我能理解的公司太少。不过，我最近确实花了一点时间去想西方石油（OXY）和雪佛龙这两个石油公司。从占有资源的角度看，这两家公司似乎确实是蛮有价值的。所以我卖了不少苹果的 call，同时也卖了不少 OXY 的 put。

一般来说，巴菲特开始减持的公司是会继续减持的。我不会卖苹果，但很乐意看到巴菲特先生减持一些或更多。（2024-02-15）

网友：能详细讲讲西方石油的逻辑吗？巴菲特这么长时间频频加仓，可是市场上都是看空原油的。

其实就是按不错的价钱买了个油田。石油资源大概率是会紧缺的，只是不知道什么时候而已。（2025-03-04）

山也还是那座山，梁也还是那道梁！

今天开始买了一些（或者卖 put）苹果、英伟达、谷歌、台积电，一会儿再卖点腾讯的 put。

感觉起码要折腾一阵子，卖点 put 来回一起折腾也许是个好玩的游戏。还是老话，千万别用 margin。如果 put 进来的价格从 10 年后看回来是便宜的价格，那这个投资就值得做，长短皆宜。（2025-04-08）

网友：苹果受关税影响挺大的。

10 年后看也许没那么大。（2025-04-09）

贵州茅台

茅台生意模式强大

网友：在你看来苹果和茅台有哪些共性？

产品文化和生意模式都很好。整个企业文化方面，茅台由于某些原因不如苹果，但生意模式的强大能弥补一些。（2019-06-19）

网友：酒这个东西对人体好像只有诸多坏的影响甚至造成损害，没多少有益因素，造酒是否是在做正确的事？

呵呵，难道你觉得所有人都应该出家？酒给人们带来快乐，如果你的字典里有快乐，你会明白的。（2013-03-19）

价格战一般在产品差异化很小时容易发生。酒是有很大差异化的东西，至少感觉如此。（2011-01-14）

网友：茅台召开媒体见面会时透露了一个数据，说："茅台酒应该说前几年一直非常紧张，但是茅台的库房现在有120多栋，每栋库存有6层楼，我们储存了接近14万吨基酒。"14万吨酒按500元/斤算就是1400亿，现在的价怎么算也不亏。

茅台这个生意和我们的消费电子比较起来，最大的差别可能就在库存上。我们这个行业的库存几乎就是垃圾，茅台几乎就是个宝。（2013-

12-12）

网友：茅台的优点太多了，不怕库存、追加固定资产较少、好产品、国内的面子送礼文化。当我们普通人有能力消费时，肯定会首选茅台，如同现在的中华烟。

酒这个行业确实不错，毛利高但新牌子少。（其实很久没见过新牌子了，哪怕有些很有实力想建新品牌的公司好像也没啥办法。）（2019-04-11）

网友：请教茅台核心价值的源头在哪里？

好喝！对喜欢喝茅台的人来说。（2020-11-30）

最近有机会品尝（抿了抿）了几次茅台，有30年的和50年的。由于自己不喝白酒，所以还是体会不深，但能体会喜欢茅台的人对茅台的感觉，确实不一样。（2010-07-05）

网友：个人感觉一家白酒企业能不能成功，长远来看在于好不好喝，其他的都不重要。

是啊，好不好喝是关键。茅台已经好喝这么多年了。居然有人非说人们买茅台是因为茅台贵，有趣。有点像说iPhone的用户都是为了显摆一样。消费者的眼睛是雪亮雪亮的，只要时间足够长，啥事都能明白。

我发现真茅台确实非常好喝，连我这种不喝白酒的人都会想喝哈。（2013-04-23）

网友：连大道都不怎么喝茅台，这茅台业绩还能增长吗？

大道喝的酒单位酒精量比茅台贵很多……

网友：茅台好喝，但大道很少喝，是因为红酒还是比白酒对身体好一些？

分类不是这么分的。红酒每瓶的价格可以从2美元起到几千几万美元。白酒有茅台以及比茅台便宜很多的酒。当然，肯花那么多钱去买那么贵的酒的人肯定都是很“傻”的。

网友：几千和几万一瓶的红酒喝起来的口感到底有啥不一样呢？

没啥不一样，就是“钱多人傻”呗。

网友：对于我来说喝酒不如喝杯奶茶开心。

We don’t know what we don’t know.（我们不知道我们不知道的东西。）（2024-06-29）

网友：有报道说现在年轻人不太喝白酒，您觉得茅台需要逐步地调整酒的口味来适应未来的年轻人吗？

你是说让茅台改成红酒的口味么？跟不喝茅台的人说茅台就像跟鱼说岸上行走的感觉一样，或者跟不会打高尔夫的人说打高尔夫的乐趣一样。茅台之所以是茅台就因为它是茅台，改了就玩完了！茅台酒的销量在酒的总销量里比例非常小，没啥好担心的。（2015-06-13）

网友：喝茅台酒是不是真的对肝有好处？

那是老季说的，大概意思是喝茅台对肝的坏处比别的酒要少得多，所以就是有好处了？我不太相信喝酒会对肝有好处，喝多了肯定不太好吧？也许适量的情况下没啥大坏处？另外，茅台的制作（酿制）工艺去掉了很多不好的元素，所以才会“不上头”，在喝多的情况下对身体的伤害会相对小很多。但无论如何，什么东西多了都可能不好的。（2013-04-24）

网友：以前我周围的朋友喝酒都很喜欢五粮液，不太喜欢茅台。这两个企业有什么差异呢？

多认识些喜欢喝茅台的人也许会对你有帮助的。（2013-02-23）

我只关注茅台，不关注其他的。我现在偶尔喝点茅台，不喝别的白酒。（2013-05-11）

网友：经常喝一种酒会不会喝腻？

有些酒是有可能喝腻的，比如假酒。喝惯了茅台大概会有一点点依赖。（2013-09-17）

网友：白酒含塑化剂事件累及整个板块大跌，茅台跌到 13.5 倍市盈率以下，五粮液跌到 9 倍以下，您对此黑天鹅事件如何看？

虽然我不喝白酒，但觉得喝酒的人不会因为这个就不喝白酒了。（2012-12-06）

网友：茅台塑化剂美国送检情况……

确实是我委托朋友去送检的，那瓶30年的茅台因为检测的指标多，时间确实有点长。报告上能有的都有了，大家只要不带预设观点去看，或许能有个理性的结论？如果茅台会为了改善口感加点啥的话，那30年的茅台肯定是最有动机加的，检测结果很能说明问题。

个人观点一直认为茅台不可能故意加塑化剂，这次的检验结果也从侧面间接证明了这一点。我绝不可能做空任何一只股票的，当然也绝不会做空茅台，看了这次检验结果后想多买点倒是真的。这个价钱拿个5年或更长时间的回报应该会不错。

大致重复一下自己的观点：

1. 茅台不可能主动加塑化剂，但由于之前工艺或环境等问题可能真的多少有点，这次的检验结果间接证明了这点；

2. 在1的前提下，该喝茅台的还是会喝的，因为酒精的伤害要大得多，按报告结果的分析也大致可以说明这点；

3. 禁酒令对茅台销量的影响应该不会太大，这个纯属个人看法；

4. 茅台这个价从长期来看不贵。这里不贵的意思是现在这个价买茅台，5年以后怎么看都应该比存银行要合算得多。（2013-02-07）

好像当年我们就是根据这份送检报告确信茅台没问题然后开始大规模买入茅台的。（2018-08-21）

网友：你当时怎么发现茅台机会的？

早就知道茅台，但后来慢慢理解了这是一个非常值得投资的机会，塑化剂事件是契机。（2019-09-21）

做好酒的文化

网友：您对那些生意模式和企业文化能力二缺一的企业怎么看？一是比如茅台这样的，生意模式让人叫好，企业文化和能力实在是太蹩脚了；二是像步步高这样的，文化和能力一流，生存的行业竞争激烈。

虽然我不是很了解茅台，但不是很同意你说的茅台企业文化和能力很蹩脚的说法，但可能不是你想象的那种完美文化吧。

很难想象一个没能力和没企业文化的公司能够建立一个好的生意模式。如果茅台没有企业文化，茅台的产量早就上去了，用不了等这么多年。（2011-05-09）

网友：要看懂茅台的企业文化应从哪些方面着眼？

茅台酒质量铁律“四服从原则”已经广为人知，即产量服从质量、速度服从质量、成本服从质量、效益服从质量。无论是过去还是现在，国酒茅台始终不渝地把产品质量视同为与生命一样重要。在市场旺需的情况下，茅台从不为绩效显著的利益诱惑而产生短见和浮躁，当产量与质量、效益与质量、速度与质量、成本与质量这四对矛盾尖锐对立的时候，茅台始终坚定不移地严守“四个服从”，把保持和发扬国酒茅台的质量摆在首位，而产量、效益、速度、成本始终都摆在以质量第一为前提之下的从属地位，一切服从于质量。“不挖老窖，不卖新酒”“出厂酒品酒龄至少在5年以上”，都显示着茅台人对茅台酒品质的苛刻追求。

上面这段话是网上的。

作为国企，茅台确实是有点东西不是很完美，但做好酒的文化是茅台之所以是茅台的原因。有着这种文化的酒也就茅台了吧？！（2014-01-23）

网友：茅台也是一家有利润之上追求的公司？

茅台目前还不太像一家有利润之上追求的公司，不然集团不会有那么多种酒，也不会有某某年要多少营业额的目标。茅台顶多算是取之有道吧，但作为国有企业，相对而言，茅台算是很不错的公司了。当然，由于属性所致，茅台管理层是有可能有利润之外的追求的。这里不是指目前的管理层，只是泛指。（2014-08-07）

网友：对茅台现在不断的推生肖、定制和扩产系列酒怎么看？

生肖和定制应该是不错的主意，扩大系列酒就不懂了。（2018-10-06）

网友：如果茅台管理层有阿段十分之一的经营理念与管理水平，就算我不懂酒的价值，也愿意重仓它慢慢发酵。

人家这么多年下来，做了这么好的酒，然后我们说人家如果水平高点就好了，听着很不合适哈。（2013-11-01）

网友：茅台在筹划股权激励，您会不会担心茅台管理层为追求快和大而让强调严苛质量的企业文化有所变化。

不担心！茅台的品质文化已经形成，相当长时间里大概没人敢动的。（2015-04-21）

网友：刚从浙江喝喜酒回来，连喝三天。发现上茅台的时候，大家都喝茅台，一点儿不剩。上五粮液的时候，大家都说不胜酒力改喝红酒或啤酒。喝完茅台睡觉不难受，第二天头不疼，都是真实体验。以前说同龄人已经多数喝红酒不喝白酒了，现在看来并非如此。

好红酒上来的时候，喜欢喝红酒的人往往会先喝红酒。不过，好的红酒实在太贵（单位酒精量的单价），远不如茅台来得实惠。茅台的质量文化不错，这也是茅台能走到今天的原因，季克良功不可没。（2017-08-19）

网友：茅台酒换了董事长，说是要大干快上了，企业文化或会变化？

茅台就是那个 53 度飞天，谁改谁下台哈。（2018-05-20）

个人觉得茅台的产品文化已经定型了，那么多人盯着，不会有人敢改变的。国营企业的优势在茅台上发挥得淋漓尽致，民营企业可能反而会因为个人的因素而有所变化。（2019-03-15）

我对茅台的产品文化，尤其是53度飞天的产品文化蛮有信心的。（2019-04-05）

“老干妈换辣椒了？”（新闻）

买茅台的时候想清楚了非常重要的一点：这类事情在国营的茅台发生的概率比在私营企业要低很多，因为大概没有人敢动茅台53度飞天的工艺。（2021-06-29）

网友：怎样才能改变茅台在中国人心中的地位啊？

多推一些便宜的非53度酒，包括茅台啤酒和红酒，甚至茅台米酒啥的，以及茅台矿泉水、茅台酒店、茅台手机、茅台空调，加快推出的速度，5年出厂的规矩也不要了，假酒也不管……10年后，茅台的地位就应该彻底不一样了。（2015-02-16）

网友：除了茅台手机、茅台空调，其他都会有的。茅台机场、茅台文化中心、茅台生态园区、茅台旅游园区也会有的。茅台留了很多钱，总要发展嘛，不然钱有什么用？管理层能力怎么体现？

地方的东西可能是不得已而为之的，冠名的东西有时候也说得过去。最怕茅台扩展产品线，不过似乎目前还比较清醒，在减掉一些不太合适的东西。（2015-02-17）

少喝酒，喝好酒

网友：茅台提价的本质是什么？

需求。（2019-08-21）

网友：茅台现在量价齐升，近一两年不可能再提价了。

量价齐升，所以不可能提价了？什么逻辑？如果茅台能真正解决假茅台的问题，茅台这个价绝对还可以提。很多人不太买茅台的原因绝对不是因为贵，而是不知道在哪里可以肯定买到真的。买到假酒的问题人们是没太多办法解决的，总不能每次买的时候先打开喝一口吧？总不能把一整箱酒全部打开各喝一口吧？有些卖假茅台的甚至用的办法是一箱真酒里混几瓶假的，利润率立刻就大幅度上去了。我现在甚至怀疑我上次在美国送检的茅台酒里都有可能有假的。（2013-04-23）

网友：找到一个让自己放心的算法，中国15岁以上人口约11.5亿，假设11.5亿人口中只5%有能力消费茅台那就约6000万人……

我没算过，但认为茅台只要能解决假酒问题，销量还会上升，而且价钱也会至少赶上通胀。（2013-03-19）

价格会被炒高的内在原因是真实的需求，作为股东没啥好担心的，就算价格掉下来也是会再回去的。万一这一幕重演，那一天真来了，请翻到这一页，想想内在原因，然后再多买点股票以及53度飞天，就像上次那样哈。（2017-08-17）

我不懂什么叫金融属性。茅台确实具有存储增值属性。我猜绝大多数存茅台的人都不是为了增值的，但大家确实会体会到要想买到以前存的那些年份的酒，价钱会比原来贵不少。塑化剂事件的时候，我买了一些两斤装的和30年的茅台（现在两斤装的也已经自然存了10多年了），因为自己不太喝茅台，所以大部分还存着。偶尔有喝茅台的朋友来喝都喜欢得不行。如果想要再买这些酒，假设能找到的话，价格应该会贵不少了，大概率比拿着黄金合算。（2024-06-16）

“金融属性”就是伪概念！（2024-06-17）

网友：不明白白酒市场还能再大多少。

对茅台而言，不需要更大。对别的白酒而言，我不知道。（2013-02-01）

网友：现在喝白酒的人应该是在递减的，不知道白酒以后会不会成为小众化的商品？

多年前我就以为喝白酒的人会递减的，结果好像和我想象的不太一

样。即使递减，喝茅台的人也很难减，因为人们会倾向少喝酒和喝好酒。（2013-04-05）

茅台酒量非常小，你说的这些东西不会影响喝茅台酒的人。我认识的很多喝白酒的朋友都是除了茅台什么白酒都不喝的人。试想想，大家聚会时说："我们今天不喝茅台喝 ×× 酒。"估计很多人会马上说今天不想喝白酒……社会发展带来的结果是经济条件好的人越来越多，所以茅台的成长应该也是大概率的。（2019-09-12）

在加州这种产红酒的地方还到处都是卖烈酒的店呢。茅台在中国白酒里的份额极小。对一个份额只有千分之一的好酒你到底着的是哪门子急？（2013-10-28）

我很怀疑年轻人不喝酒的说法。这几天正好有机会跟几个年轻人吃晚餐，每次我拿酒出来大家都是很想喝的，好酒是很难抗拒的（对不起不是茅台）。其实喝酒的害处喝酒的人都知道，我说的是好酒很难抗拒。有些人会有喝得起的那一天的。（2023-11-23）

网友：最近我去贵州的机会比较多，发现茅台还真是好喝。

前几年我们每年都按出厂价买几吨茅台酒，今年已经不行了，量不够，我们只拿到了两吨。变化得似乎很快啊。（2016-07-30）

好多人一直在担心茅台的销量和销价的问题，但另一帮人则一直在努力申请直购茅台的资格。我就知道有一年 100 亿人民币营业额以上生意的朋友申请很多年了还没批下来。（2024-10-23）

网友：今年你们有没有人买茅台年份酒呢？

好像没有。我前几年买了些 2003 年出的 30 年茅台，前些天开过一瓶，和去年出的 50 年茅台比较了一下，大家都认为十来年前出的 30 年茅台明显比今年出的 50 年的要好喝。所以，买普茅放够年头后会比年份酒好。（2016-07-31）

茅台应该学学法国红酒的做法，让每一瓶酒都成为年份酒——每一瓶酒上都写明出厂年份。以后大家喝 53 度茅台前会说今天喝的是哪年

哪年的茅台，而不仅仅是茅台哈。现在的年份在酒瓶上实在是不起眼。（2015-01-28）

对赚到的钱的处理方式不尽如人意

网友：茅台与苹果相比差距在哪里？

茅台的生意模式不错，但对赚到的钱的处理方式不尽如人意，苹果在这方面则是完美的。从这两年两家公司出现回购机会时完全不同的表现就可以看出这点。茅台甚至有些滑稽的地方是分红居然还因为股价掉了而下降了。苹果对分红和回购策略的阐述是非常清晰的，作为股东基本可预期，而茅台则会受到非股东因素影响。（2015-04-09）

“贵州茅台拟回购60亿，上市23年来首次。”（新闻）

网友：果然如大道所说，现金淹没脖子的感觉不好受。可是，国内没有红利税，是不是直接分红更好点？

回购分红并没有本质差别，都好过公司把过多的钱拿在手里浪费哈。（2024-09-21）

网友：茅台拥有的现金是否存在没有被有效利用而贬值的可能？

如果用不好贬得更快，不如分红。（2012-04-11）

网友：茅台公司为什么不提高派息率？

那你应该问茅台才对。不过，似乎茅台在A股已经算是最好的了，如果因为这个不喜欢茅台，大概A股就不知道能投啥。（2013-05-14）

网友：贵州茅台发布年报。2013年实现总营收309.22亿元，同比增长16.88%；净利润151.37亿元，公司拟每10股派送红股1股、派发现金红利43.74元（含税），共分配利润46.45亿元。

分红好像比去年少了？

嗯，有点费解，可能是打算要用点钱？不然应该多分红，然后集团增持是正道。不过，这个分红也比利息好了。

网友：送股的意义何在？

长期而言，送股除了能增加一点交易费用外是没有任何意义的！（2014-03-25）

打假是件非常难的事情

我觉得茅台最重要的事情可能是打假和防假。茅台实际上是很有条件杜绝假货的，不太理解为什么会有那么多假货。现在IT技术这么发达，茅台飞天绝对有条件可以让每一瓶真酒都有自己的身份证。（2013-02-24）

网友：最近茅台有两个好消息，茅台真酒的身份证有了，消费者可以放心买了；茅台销售的转型开始了，从重视机构到重视个人消费者。

如果普通消费者能够轻易鉴别真假茅台的话，首次消费茅台的用户应该会显著增加的。（2013-06-11）

网友：我就是这种典型，以前总是觉得要买到真货太费劲，直接不予考虑。

几乎所有用户都有类似问题，所以能解决是非常大的变化，长期来讲对销售的影响可以是数以倍计的。（2013-06-12）

i茅台这个主意非常好，用户至少知道上哪里去买真酒，应该给管理层一点掌声！道理上来说，供求平衡的价格是比较接近合理的，目前这种中签率说明茅台零售价不是很合理。希望i茅台的量会慢慢占到主流，这样能够平滑地解决很多矛盾。（2022-04-01）

我要是茅台，我就悬赏一个或几个小目标给能彻底解决假货的企业或个人，发动全社会来干这件事情。打假是件非常难的事情，那些说“只要……就……”的一般都是没认真面临过假货问题的。（2023-03-20）

网友：如何看待茅台国际化？

国际化其实也就是给出国的中国人一个方便，没必要搞得像“我们也能赚外国人钱”的样子。培养口味是个很难很难的事情（我试过给不少老外喝茅台酒，没啥下文），先好好满足国内用户的需求就好。一二十年内能先把假酒和销售渠道解决好就是件非常了不起的事情了！（2022-12-03）

网友：近期茅台宣布2035实现茅台国际化，投入资源做国际化是正确的事吗？

国际化的定义是什么？现在喝茅台的老中满世界乱蹿，茅台酒的售点跟上就是国际化了。（2024-12-04）

便宜或贵取决于对10年后状况的认识

网友：段大哥说投A股非常难，是指A股大部分时间里都非常贵吗？

便宜或贵的说法取决于对公司10年后的状况的认识，很难在A股找到能看明白10年或以上的公司。我喜欢茅台也是基于这点。（2013-06-21）

长期看，在人民币不能流通的前提下，茅台这种商业模式我愿意给20倍的市盈率。未来10年茅台如果可以做到平均每年利润100亿，今天这个价钱就不贵了。如果能高些就有利润了。不要太在意季报或半年报或年报啥的吧？（2013-08-31）

网友：让暴风雨来得更猛烈些吧！茅台140元了。

“茅茅雨”哈。用5年10年的眼光看，中间的起跌都不是事儿。（2013-09-17）

我觉得茅台的生意模式很难得，价钱合适就可以买，未必要等到很便宜。从10年以上的角度看，130或160或200差别其实没那么大。

（2013-09-30）

茅台还是茅台，生意模式杠杠的，10年后人们还是会说10年前那个价格真不贵。（2017-12-14）

网友：您是怎么考量给茅台20倍市盈率的估值？感觉拿捏得很到位。

长期来说，存银行很难有5%的利息，所以茅台长期的回报能到20倍市盈率或更好，茅台就不贵了。（2019-03-15 ）

网友：未来10年20年，你觉得茅台增长的瓶颈是什么？

我觉得在相对于通胀而言，茅台增长没有瓶颈，应该可以轻松打败通胀。（2019-04-06）

网友：用大道毛估估的算法，茅台未来20年以上的年利润比现在只多不少。

茅台未来利润大概率是会比现在高的，而且大概率是越来越高……（2019-04-07）

网友：现在茅台30倍左右市盈率，是否考虑过买入时机问题？怎么看待市盈率这个指标？

假设有个公司现在市盈率是30但未来30年每年利润的平均增长率为10%，你怎么看待？（2019-04-25）

对有稳定成长的公司而言，这几乎就是道简单的算术题。10%的年增长率，假设投之前的盈利是1的话，30倍市盈率就意味着投入30，第10年的回报总和就是17.5，第20年是63（如果我没算错的话）。而且，茅台10%的平均成长很可能低估了。假如你有一笔现金，长期没有使用计划，你觉得投在哪里最舒服（合算）？每个人的机会成本都不一样，自己看着办吧。（2022-05-02）

网友：茅台未来3年净利润预测与买点……

3年的估计并没有太大的意义，但如果用这个办法去保守估计一下10年20年的净利润，再和自己的机会成本对比一下，其实就很容易判断这笔投资是不是合适于自己了。假设一家公司未来20年的平均加权成长

（复合增长）是 1%，目前利润是 100 亿，市值 1000 亿，你愿意投吗（可能也比存银行好，但你的钱可能会有更好的去处）？如果这些数据变为：20 年的利润加权成长 –1%，3%，5%，10% ，15%（大家可以假设任何比例去得出不同结论的），目前年利润 80 亿，市值 2000 亿，你愿意投吗？所谓愿意投的意思就是 20 年后看回来，你把钱放在你能放的最合算的地方了。最简单的机会成本对比其实就是银行利息和国债利息的最高值。如果无法大致判断一个企业未来 10 年 20 年的基本利润，其实作为一个投资人就不该碰这个公司，但投机是可以的。这里基本利润指的是至少能赚多少钱。如果能判断出来一家公司未来至少能赚多少钱后，其实就是个小学算术题了。所以投资其实就是要搞懂生意，无他。简单但不容易就是这个意思。

以上发言和茅台无关。

这里最有意思的一点是：20 年的角度可以抹平一些（不是全部）不确定因素，提高投资的确定性。投资有风险指的是那些一直存在的不确定因素，所以拉长时间看会容易看很多。（2024-08-13）

大道没建议过任何人买茅台。大道的意思是，如果你有闲钱，买茅台大概率会比存银行合算，如果你是打算拿 10 年以上的话。这个不意味着茅台不会跌，也不意味着茅台会比别的股票涨得快。（2024-10-26）

网友：如果现在茅台涨到 60 倍市盈率，您是否考虑先卖出一部分？或者在什么情况下才会卖出？

目前还没有考虑过卖出的问题。好公司很难找，找到就先好好拿着吧。

跟眼前多少倍市盈率其实没关系，但跟未来 30 年的生意状况有关。（2023-05-14）

步步高

网友：到目前为止，您认为自己最成功的投资是哪一次？

当然是我们自己公司了。（2020-12-06）

创立小霸王

网友：您 24 岁的时候资产有多少？

大概每个月 56 块，基本花光，也许能有 20 块身价。（2010-04-28）

网友：那您几岁才开始对未来成竹在胸？感觉自己能干大事？

好像到现在为止还没有这种感觉。我一直不知道什么是“干大事”，能把自己手头的事做好就不容易了。（2010-05-01）

我 1988 年底到中山找工作时，口袋里真的就只剩 5 块钱了，第一个月还没有任何收入（在同学那里混了一个月的饭）。这也是为什么我们公司会给刚来的大学生安家借款的原因，因为刚刚毕业的同学们很多是非常窘迫的。（2022-09-18）

网友：您二十七八岁时在忙什么？

在读研究生，28 岁开始做小霸王。（2011-07-08）

网友：您一进小霸王就是总经理吗？

我们开始做的时候账上只有 3000 块钱，却有 200 万债，连工人在内只有十几个人。小霸王这名字是后来取的。（2011-07-10）

网友：您当初去中山是怎样说服领导让您在这么短时间内就成为厂长的？

因为原来的那个小厂（连生产线工人在内共有十几个人）的厂长不干了，想做贸易，觉得那样赚钱快。所以我就“被”说服当了厂长。（2011-09-22）

网友：你接手工厂后遇到最困难的事是什么？

没钱。（2010-03-30）

网友：大道从佛山去中山，是陈智勇“引进”的。

当年在佛山时，有天有个办公室同事从澳门带了台任天堂游戏机回来，我们一帮小年轻当晚就玩得通宵达旦，不亦乐乎。很快听说有两个中山同学在一家公司卖游戏机，于是我就过去了。陈智勇把我介绍给了大老板陈建仁，大老板就收我了，并给了一个副厂长的职务，大概因为我是学经济的研究生，本科还是学电子的，还有几年的工作经验，履历很好。当时那个厂长对我们三个态度非常刻薄，他也不想做工厂，于是大老板没多久就问我，这个工厂交给你负全责如何。我没啥经验但也没啥可害怕的，于是就接下来了。那是一个非常小的工厂，连工人在一起也不到 20 人，账上没现金还有 200 万的负债，而且那还是 1989 年 3 月，开始非常艰难。故事说起来非常长，但大致如此。

网友：没有这台任天堂和陈智勇，阿段或许会走到电子电器行业的另一个赛道，当然极大概率也会非常成功，但故事的次主角、配角和群演估计有一多半会发生改变了。普通人一生中遇到可以改变自己命运的机会不多，阿段的确是很多人的贵人。

你最后都会成为你本该成为的那个人的。（2023-03-28）

小霸王这个厂当时欠了总公司（集团公司）200 万。我接任之前厂子还有 3 万元现金存款。我接任第一天就给我发了一张利息单，把那 3 万都收走了，还剩下 2000 多元，老板还要拿走，我就去找老板说不行。所以，我们就只有 2000 元现金，库里一堆卖不出去的烂货，还有 200 万欠款，就是在那个基础上起来的。我们最开始找供应商进了一些 SKD 散件帮忙进行组装，但必须要在 7 天之内卖完，因为答应了供应商第 7 天要给钱。第一单就赚了 20 万人民币，然后开始慢慢做起来了。（2021-07-10）

乐百氏、王老吉当年都是租来的牌子，最后也都遇到了很大的麻烦。很少人知道当年我们也租过牌子。我们最早开始做游戏机时，曾经用过中国台湾的一个牌子，叫“创造者”。由于我们质量好，这个牌子一开始就还不错，但当时中国的台商（以及代理的中国港商）比较短视，居然开始将同一牌子的产品包装盒偷偷卖给其他人。（仅仅是个包装盒啊，当时一块多人民币一个，大概是 1990 年？）我当时想，长此以往怎么可以？于是就有了小霸王。（2016-11-17）

小霸王“始创”于 1987 年，始创其实是广东话。最早叫日华电子厂，是中山怡华下属公司。我是1988年底加入，1989年大概3月接手这个烂摊子。最早用的是台湾人的牌子，叫创造者，后来曾经注册个商标叫“合家欢”，大概 1990—1991 年才开始推的小霸王。1995 年 8 月离开。小霸王这个名字是珠海一个客户在饭局上提出来的，我当时就觉得非常好，回来就注册了。小霸王这个商标简单无歧义，易于传播，缺点是“霸”字笔画太多，商标很难有美感。对比之下，小天才会好很多。（2024-02-14）

创立步步高

网友：您当年是因为经营者持股的问题从小霸王出走的。如今在步步高，这个问题是如何解决的呢？

最早成立这个公司的时候，我是占最大股的，因为很多员工手头没有现金。很多专家讲，你应该用期权。期权其实是没有用的。如果不是上市企业，有期权没有用；就算是上市企业，如果不是一个成长性非常高的企业，期权也没有用。我想的办法是把自己的股份稀释了。当时我占最大股，有 70% 多，现在我的股份连原来的 1/4 都不到了。股份我全都送给员工了。怎么送的呢？白送也不行。我借你一块钱的现金，你买我一块钱的股份。然后你欠我一块钱，你也不用还我，将来用股份的利润，或者股份增长的股息还我。每年的利润有多少是给员工的，有多少股份是要稀释给现有的员工的，规定得都很清楚。在这个问题上，我们企业碰到的问题比较小。

网友：您怎么舍得把股份都分了？国内像您这样的人不多。

就觉得自己一个人干没那么有意思，大家能一起分享企业的成长会比较开心，反正我也不在乎股权的多少，因为成长起来了绝对额会足够大的。我的授权确实不错，但那不是一朝一夕之功。（2020-10-11）

网友：当初一起做小霸王的那个团队现在还在吗？

很多人都还在。（2011-07-06）

当初成立的时候叫力高，后来改名叫步步高的。步步高 1995 年 9 月 18 日在东莞长安正式成立。（2012-09-19）

网友：步步高想不做百年老店都难！期待步步高 IPO，让我们有机会投资。

争取做 103 年。不过，我们这种公司的生意模式还不好，不是很好的投资目标。

网友：为什么是 103 年呢？什么样的生意模式是比较好的投资目标？

呵呵，因为有人 102 年。所谓好的生意模式大概就是有很宽的护城河的那种。我们的生意竞争太激烈，但也许有一天我们也找到一个类似苹果或谷歌那种生意模式的话，我们会有点厉害的。（2010-09-19）

网友：步步高成立至今，一直很健康，所在行业基本是第一，盈利也很好，品牌美誉度也很高，您还认为商业模式不够好，为什么？

好坏是相对而言的。我们的生意模式和苹果比确实不是好的生意模式。但是，我们的企业文化还不错，所以生存能力应该还比较强。（2012-04-11）

网友：一个拥有优秀企业文化的公司，即使是商业模式一般，也是挺值得投资的，对吗？或者说企业文化和商业模式一样重要，甚至更重要？

企业文化也非常重要，不然很难维持好的商业模式。我们公司的商业模式过去确实没那么好，直到做了智能手机。（2019-05-05）

网友：为什么？

现在是互联网入口，是个平台。（2019-08-01）

网友：您当时为什么从那么多征名里面挑选了步步高？

步步高是我们征名征来的。

我们当时建这个品牌的时候，很多人给我们提建议，比方说你起一个洋名字，那样看起来像一个洋品牌，我说这个……因为我做企业一开始，就提出要以诚为本，不能蒙人家，你起个洋名字本意就是已经想蒙人了，就让人家以为你是个洋东西，所以我跟大家讲我一定要取一个本土的名字。

品牌它有最基本的特征。

第一，字的笔画不能够复杂。

就是因为我做小霸王的时候那个霸字给我带来很多困惑，所以我就有一个这样的定义，名字不能够笔画太复杂，让你有很多地方做不了。

第二，不能有疑义。

步步高，哪个步哪个高你一定很清楚，对吧？

第三，容易传播容易记。

第四，当时在设计征名时还出了个问题，征名一般是取唯一，我们没有想过这个问题，没想过征名会来那么多，其中有 8 个是叫步步高的。

我们那时候的选用标准是用了你的，我们就付 5000 块钱，所以最后是这 8 个人每个人付 5000。（2004-05-15）

网友：给商标起好名的原则是什么？

你随便找个不知道这个名字的人说一下，看看需要多久他可以复述（说对并写出来）。然后用小天才或步步高对比一下。多出来的时间的比例就是你未来为推广这个牌子要多花的代价（如果达到一样的知名度和美誉度的话）。（2012-03-02）

网友：如何看待步步高教育电子这块业务，似乎瓶颈挺明显的？

其实教育电子的小日子目前还过得不错。小日子过得还不错就说明有很多消费者非常认同我们公司的产品。我觉得我们教育电子的表现肯定比大部分上市公司好。

A 股 3500 家上市公司，我们教育电子至少比 3000 家表现好，不容易哈。（2019-03-30）

OPPO、vivo、小天才

OPPO 这个品牌是步步高注册的，当时的 AV 厂启用了，于是有了 OPPO 的 DVD，蓝光 DVD，直到晚些的手机。我个人参与了 OPPO 品牌最早期的设计（2001 年前的部分），但没参与过任何产品的设计以及后期发展。陈明永是 OPPO 的 CEO，后面的故事都是他们的。

vivo 的前身是步步高电话及步步高手机，vivo 这个品牌是原电话机厂建立的，大概是 2005/2006 年前后，或许更晚些，我个人没有参与 vivo 品牌建立的任何过程。vivo 的 CEO 是沈炜。借此机会说明一下，我 2001 年就真的退休了，公司后面的发展和我没有任何直接关系。当然，如果没做好的话，过错应该还是我的，因为领导的选定我起了最重要的作用。（2020-07-01）

vivo 的商标都是小写的，小写的有些道理哈。vivo 的商标设计有些小问题，在西班牙语里 vivo 是直播的意思，另外 vivo 在美国有同名的公司，似乎这个设计时有点仓促，当然找个合适的名字非常不容易。（2015-05-07）

网友：我感觉用 BBK 这个名字打国际市场，也很好啊？

我记得曾经测试过 BBK，好像在有些市场不太合适，有些地方发音都不同。OPPO 则在绝大部分地区都基本一样。（2010-04-02）

网友：听说 OPPO 诞生经历了 5 年酝酿期。

OPPO 这个品牌我们推出来花的时间远远超过大家的想象。2000 年我们就开始设计这个品牌，设计的主要动因是我们为长远考虑，当我们走向全球的时候，不可能用步步高这个牌子去走，那么一定要有个国际品牌，OPPO 其实就不是中国人设计的，我们自己要出一个中英文品牌的话，肯定会很怪异，自己觉得挺好，老美还读不出来，或者说不顺口、不舒服。OPPO 是请欧洲人设计的，而且是全球一个一个国家都做过语音语义测试，包括网站。所有这些花了很长时间，也花了很多钱，等到搞好了，大概也都花了几年的时间了，然后才开始做产品。（2010-03-22）

网友：我是 OPPO 的一员，听很多前辈讲过您的很多故事，您是我们整个体系的精神领袖。很希望下次您回东莞时到 OPPO 来转转，和大家合个影。

好，下次回去一定去。祝你们生意越做越火啊，最重要的是要东西好。（2010-03-24）

网友：大道的公司商业模式看起来很一般，或许是有很好的企业文化强力支撑的作用。

商业模式很一般？ Top 1% 应该没问题吧？（2023-08-18）

其实你要找出 10 个以上比目前活下来的商业模式好的智能手机公司可能是非常困难的。（2022-05-13）

网友：您认为 OPPO 或 vivo 未来 10 年内有较大概率做到每年赚 1000

亿人民币吗？

概率上是有可能的，多大概率则没人知道，而且这个不重要，完全不重要！我们觉得更健康更长久比赚多少钱要重要得多，虽然更健康更长久其实也意味着最后会赚很多钱，但那不是目的，只是结果而已。（2022-01-23）

我喜欢小天才这个名字。（2011-02-08）

这个产品对适龄的小朋友确实蛮好的，而且市场上基本没有这么好的东西，不过 iPad 会有影响。小天才现在是我们公司的品牌了，说起来话长啊。（2011-07-08）

苹果和唯冠的 iPad 商标之争还是没结果，也确实很难猜测最后的结局。也许这是个不该发生的故事，如果当年苹果买唯冠的 iPad 商标时能多付点钱的话。不管结局如何，感觉苹果在这件事情上都是赚了小便宜最后吃了大亏，属于聪明反被聪明误的那种。

不过买商标确实也是件不容易的事，我们的小天才宝贝电脑用的小天才商标就是买回来的。20 世纪 90 年代初的时候，小天才在游戏机领域是个非常响当当的牌子，产品的质量和口碑都非常好，在我的感觉里是曾经唯一可以有机会和小霸王一比的牌子。后来不知道什么原因小天才就慢慢在市场上消失了。

实际上小天才这 3 个字比小霸王这 3 个字的平衡性要好很多，主要是霸的笔画太多，导致小霸王 3 个字怎么设计都不太好看。在步步高创业初期，我们曾经找到小天才商标所有人，提出想买这个商标（那时他们在市场上已经没产品了），并出到了 300 万的价钱，结果被一口回绝了。

10 年后的某一天（大概是 2007 或 2008 年），我突然想到也许我们该再试试，因为想个好商标名确实是件非常难的事，尤其是 3 个字商标基本上都被注绝了。如果能够以不太贵的价钱买到一个好的商标名字绝对是合算的。

于是我们费尽九牛二虎之力终于找到了小天才的商标所有人。不过这一次我们吸取了上次的经验，委托了一个中间公司出面购买。结果对方直接出价就是 30 万，而且一再强调他这个牌子是很值钱的，10 年前步步高就曾经出过 300 万想买。过程自然是很顺利，一切按照法律手续，大概大半年后这个牌子就归到我们公司了。

其实我们当时还是打算用 300 万买的，哪怕今天当时小天才的所有人找到我们，我们依然还可以补足他，因为实在是不想赚他的便宜。

不过据说后来又找不到他了，希望他运气好能看到这个帖子哈。

网友：明明 30 万已买了的商标，您怎么还愿意补偿给商标所有人？是不是只有厚道的生意人才能做得大？

因为我们本来就觉得 300 万是个很好的价钱，没想到对方给的价钱那么低。厚道和做得大没有必然联系，但厚道的生意人可能能睡得好点吧。（2012-03-01）

网友：今天读到一个关于小天才商标购买过程的故事，求证一下。"当商标真正过渡到步步高手上时，金志江却派人找到原来的商标持有人，并告诉对方自己就是当年的步步高，当年我们认为你的品牌值 300 万，现在也值 300 万。我们今天让你签字，把 270 万补给你。"

确实发生过。（2020-08-03）

网友：30 万商标价格是对方开的，买回来之后，再去找对方补 270 万，这个行为还是挺难理解的。

这个故事其实没那么复杂。小天才在 20 世纪 90 年代是游戏机里最有名的牌子之一，美誉度也不错。我们公司刚刚成立时，就曾经找到他们，想出 300 万买小天才这个品牌。当时他们已经没有产品了，但品牌没有受到破坏。当时他们一口拒绝了，我们也没再强求。隔了差不多 10 年后，我们再通过中间人找到了小天才品牌的拥有者，原计划还是出价 300 万，结果他自己开口 30 万就卖了。成交过程中我们了解到当时他已经比较潦倒，所以就决定还按我们原计划的出价补了差价给他，就想帮他一个忙吧。像小天才这样的中文品牌应该属于稀缺资源了，我们还是非常感谢对方愿意转让给我们的。

小天才作为中文品牌确实难得，无歧义，易传播，笔画简单均衡……现在估计 3 个字的牌子都被注册完了吧。（2020-08-24）

小天才这 3 个字作为儿童产品的中文品牌真是好得不行哈，但品牌的价值最后还是要靠产品赋予的。（2020-09-22）

智能手机的出现真是干掉了很多行业啊。复读机、电子词典、相机、表、地图、天气预报、新闻、日历、指南针、单位换算、测量、计算器、录音机……都不复存在了。小天才还活着且还活得不错真是不容易。我非常为它骄傲。（2023-03-22）

步步高的“不秘”诀

人们常说的那些：广告、员工股份分享、经销商入股、网点密布、线下渠道等，都是不对的！

我们的秘诀其实就是：本分 + 平常心。

或者叫公开的秘密……就是本分二字！

极其简单但绝不容易，可以一秒钟看“懂”但绝大多数人一辈子做不到。

关于本分是什么，读者可以去看陈明永或沈炜的解读，他们从各自的角度，用不完全一样的语言做了几乎一样的解释。（在我眼里如此哈。）

本分是什么？

我们理解的本分就是：做对的事情，把事情做对。

什么是做对的事情？

难道还有人明知是错的事情还会做的吗？看看周边有多少人抽烟你

就明白了。为什么明知是错的事情人们还会去做呢？那是因为错的事情往往有短期的诱惑。

其实，人们往往知道什么是错的事情，只要把错的事情停止做了，就离做对的事情更近了一步。所以，做对的事情其实就是发现是错的事情的时候要马上停止，不管多大的代价都是最小的代价。

人们常说的坚持到底，指的是坚持做对的事情，而不是坚持做错的事情！

很多人都希望知道把公司做好的秘诀是什么，其实秘诀不是做了什么，而是不做什么。好的公司都一定是有一个长长的不为清单，就是不做的事情。

不做的事情其实也分两类：一类是谁都不应该做的事情，比如欺骗；另一类是和自己公司的使命和愿景相违背的。

下面我举一些我们自己的"不做的事情"的例子，这也算我们的小秘密吧。

不做 OEM（Original Equipment Manufacturer，原始设备制造商）。最早提出不做 OEM 的就是现在 OPPO 的 CEO 陈明永，不记得是哪年了，大概可能有 20 年了吧。为什么我们不做 OEM 呢？长远来讲，我们想建立自己的品牌，我们需要把所有的资源投入到我们自己的产品上。做 OEM 有很专业的公司，他们有很专业的办法去满足很多不同客户的不同要求，我们根本就没有精力去做这些事情，所以长远来说我们是会输给那些专业做 OEM 的公司的。既然知道长远会做不过别人，那我们干脆就不做。记得大概十五六年前，我还是 CEO 的时候，沃尔玛的供应商曾经来找过我，说要给我们下 100 万台 VCD 的单子，我在电话里直接就拒绝了。对方还问我，难道价钱你都不想谈吗？我说，对的，不管什么价钱我都拒绝，反正你也不会给我好的价钱，谈来谈去浪费大家的时间。我当时还类似地拒绝过南方贝尔的代表要下的"巨量"电话机订单。当时给我打电话的人还嘟囔着说，在中国还没有人拒绝过我们的订单呢。

不讨价还价。我刚到广东时，就发现人们在谈生意时谈来谈去谈的都是价格，当时我就想，如果能不谈价钱，那至少可以省掉 70% 到 80% 的时间吧。后来，我们花了两三年的时间，建立了一套销售体系，确确实实做到了所有的客户在我们这里拿货的价钱都是完全一样的，不管生意额的大小，没有折扣，没有返点！也许很多人很难想象，我们这个公司实际上是没有销售部门的。

不赊账、不拖付货款、不晚发工资、不做不诚信的事情、不攻击竞争对手（郁闷的是偶尔看到一线的友军在线上展开各种攻击，企业文化贯彻到神经末梢是一件非常不容易的事情）……

我们的不做的事情是一个非常长的表，每一个不做的事情都有背后的故事、道理和逻辑的，就不一一在此说明了。

什么是把事情做对？这个可能比较容易理解一点点，但其实也没有看上去那么容易。把事情做对是一个学习的过程，中间会犯很多的错误。如何坚持做对的事情，付出为了把事情做对的过程当中所需要付出的代价，其实是非常不容易的。在把事情做对的过程当中，其实是没有办法避免犯错误的，比如打高尔夫的人是没有办法避免偶尔把球打下水的，能做的仅仅是学习如何能降低犯错误的概率。

平常心。平常心其实就是在任何时候，尤其是在有诱惑的时候，能够排除所有外界的干扰，回到事物的本质（原点），辨别事情的是非与对错，知道什么是对的事情。

最后，顺便说个把事情做对的小例子。

前面讲过，把事情做对是一个漫长的学习过程，学习能力和所受过的教育程度是非常重要的。我是 1978 年上的大学，当时连电脑都没学过，基础也非常不好，自己又是个非常懒散的人，不是那么愿意去学那些新的东西，所以一直觉得自己不是一个做 CEO 的好人选，所以，我就找到了比我更好的人选。现在 OPPO 以及 vivo 的 CEO 都比我年轻大概 10 岁，所受的教育程度以及学习能力都比我强，对企业文化的理解也和我一样

（我们叫同道中人），所以我当时选择了离开一线。 十多年过去了，今天我可以非常得意地说，我确实是对的。在这里我也可以非正式地宣布，我已经于十几年前离开了 CEO 的位置（其实我早就不在其位也不谋其政了）。虽然作为创始人之一，我依然会非常关注我们公司（和所有人一样，我了解我们公司的办法目前主要是从网上），但早就不参与任何一线的决策了。网上说的所谓运作或者遥控是完全不存在的。

顺便补充一下，我们的教育电子公司做得其实也很好，在国内的教育产品相关的企业中应该也算是最好的一个了，CEO 也非常年轻（对我而言哈）。

有空我会写一些我能记得的回忆（都是十几年前的事情），以及相关的对于经营企业的理解或感悟。由于离开一线的时间已经很长了，回忆的东西未必准确，而且所有我不喜欢的东西我都会想不起来的。（2016-10-12）

产品会说话

网友：段大哥的产品可都是比同类的国产产品价格高。

你有空上网查查 OPPO 的 Blu-ray DVD Player 在美国卖什么价吧，也看看老美们是怎么评价我们的产品的。同一个地方产的产品不一定是“同类”产品。

OPPO DVD 和 Blu-ray DVD Player 可是在这几年里有过好几次 CNET 的评分第一名啊，好像目前还是，具体我也没查过。

我们现在的产品比我当 CEO 时可是强太多了，有些方面和产品的水平已经可以说是世界一流的了，当然整体实力上还有不小差距。（2010-10-04）

“一加 7 系列手机在京发布，售价 3999 元起。”（新闻）

据说瞬间就抢光了，产品会说话哈。（2019-05-22）

网友：正在抢一加 7 pro，感觉刘作虎真是创业者的典范，大道能分享一些他的经历和对他的看法吗？

刘作虎很踏实，既知道要做对的事情，也很努力地把事情做对，而且把事情做对的能力也极强。以前美国市场的 OPPO DVD 和蓝光都是他领军做的，做得那是相当好哈，哪怕 OPPO 退出这个市场后，影响力还依然很大呢。看看产品现在还在网上卖什么价就明白了。（2019-05-20）

网友：现在国内二手网站 OPPO 蓝光 DVD 205 已经被炒到 2 万多。这不科学哈。

当初上市的价钱好像就是 1500 美元？（2021-12-18）

网友：在网上看到的，“刘作虎曾负责蓝光 DVD 的开发。产品原计划在当年圣诞节上市，可效果一直没达到预期。他纠结地向步步高创始人段永平汇报。意外的是，老板听完，轻描淡写地回复，赶不上今年，赶明年呗。结果，这款 DVD 真的推迟了一整年才问世”。同作为产品经理的我真的佩服。

这个故事跟刘作虎无关。我管事的时候他可能还没来或刚来没几年，不是直接和我联系的。（2019-05-20）

网友：这些是不是真的？

确实发生过，但和刘作虎无关。（2019-05-21）

网友：我是 OPPO 蓝光北京代理（2011—2018 年，大陆首批），23 岁身上就 1 万块钱，运气好跟着 OPPO 蓝光做了代理，去年 OPPO Digital 彻底结束，最后一批货溢价很高，赚了很多。

结束蓝光部门是不得已的一件事情，不然无法维持一个高质量的队伍，因为这个产品确实江河日下了。目前原蓝光的团队大多转入一加了，他们现在干得也很不错哈。（2019-09-12）

网友：每次听到有人讲互联网思维，刘作虎都想驳回去。他说：“当年步步高做得风生水起，阿段是多么厉害的一个人物，但我从未听他说过什么惊人的语录，说来说去就是做对的事情，把事情做对。听起来很普通，但商业不就是这样吗？把产品做好，不要欺骗消费者。”

刘作虎当年负责的DVD和蓝光在北美市场还是非常厉害的，现在虽然退出了，但上eBay看看目前大家的收藏品卖什么价就知道我说啥了。一加也还不错，但进步空间还很大。（2020-06-19）

网友：一加当时好像是OPPO分出去的。

其实从来都是OPPO的一部分，只是算法问题。

网友：段永平的徒弟现在都是厉害人物了。

他们一直都很厉害，只是大家不知道而已。（2021-12-18）

个人认为OPPO的东西确实比绝大多数的安卓强。安卓的市场非常大，OPPO还有很多机会。（2013-09-25）

网友：我觉得国产手机和外国的手机还是有差距的。

哪个外国？可以肯定的是，能比我们公司手机好的外国手机已经很少了，差不多但各有特色的确实还有一些。（2012-12-18）

网友：我现在用的就是vivo。多个安卓系统牌子都体验过，从外观、尺寸、工艺制作、手感，软件的优化、功能的完善、性能的反应、电池的续航时间、信号的稳定性、边用边充电时的系统反应和发热程度等，觉得vivo做得最好。

vivo确实很好啊，不然这个价不会有这个量的。当然，继续改进还是很需要的。iPhone每年也改进不小啊，每代iPhone都比上一代有相当大改进，隔代看尤其明显。（2015-04-27）

网友：作为用户感觉OPPO和vivo的产品看得见和看不见的地方都会做好，特别是电池，很久出门都没用充电宝了！

电池属于看得见的哈。（2019-08-08）

OPPO员工：想到阿段上次在博客回复里说到所谓创新的实质。问一个困惑的问题，品质标准和造型要求有冲突的时候，究竟该如何决策？

正解应该是既满足跌落标准又满足外观满意度。这绝对不是容易的事，但很简单。想想 iPhone 大概就明白了。

跌落试验是不戴套的，但我不记得是多高了，也许是 100 或 150 厘米？不知道是什么角度？感觉 100 厘米高掉到地上，玻璃的应该有事啊。我的 iPhone 已经摔裂了，但完全不影响使用。我总是会买 Apple Care 的，因为基本上每年都会不小心摔坏至少一次，我的 OPPO 和 vivo 从来没摔坏过。（2018-12-05）

步步高员工：想想这么多年，我们自己的产品除了家庭影院用得不太多外，所有步步高或 OPPO 的产品自己都会用，并推荐朋友使用，朋友也会再推荐他人用。

呵呵，所以家庭影院不太成功哦。（2012-04-26）

网友：我想给儿子买点读产品，发现你们家的都是点读机。

你买点读产品是想给小孩学习的吧？我觉得这种产品最重要的是内容以及使用的趣味性及方便性，当然产品质量的可靠性是最基本的东西。（包括内容的可靠性啊，很多人在买的时候往往会忽略这个最重要的东西。）步步高点读机能有这么大销量绝对是有道理的，不然不会有那么多家长和老师推荐啊。如果你的小孩在 6 岁以下，强烈建议你看看小天才宝贝电脑。这个产品主要的特点是可以帮小孩从小培养一些好的习惯，如果你知道好的习惯有多重要的话。（2011-11-24）

网友：买了一台小天才宝贝电脑，小孩子很感兴趣，游戏设计很好；家长能够控制时间，防沉迷；方便，小孩子像玩具一样提过去提过来；声音非常好，是原音；我的时间也多了，把小天才一放，孩子不用缠我了。

特别说明一下，里面有好多游戏都是学习的游戏哈。幼儿园缺人手时这个都能帮上大忙。小天才宝贝电脑最有意思的地方是可以教会小孩的不是一般的知识，而是良好的习惯以及其他知识以外但小孩也很需要学的东西，比如情商啥的。（2011-07-25）

网友：小天才平板电脑一出来我就想买两台给小孩用，让小孩从iPad解放出来。我是知道小天才是步步高的。真担心其他消费者不知道小天才是步步高的而选择购买其他品牌的产品。

小天才平板电脑就是给小孩用的，在小孩的眼睛保护上下了功夫，比iPad强。至于品牌嘛，本来就是产品的积累，到时该知道的就知道了。（2014-11-16）

网友：小天才据说6月份要出一款针对儿童的电话手表，值得期待。

我也听说了，和苹果表概念也许不一样。我不是很明白推这款产品的目的，也很好奇想看看到底会怎么样，但肯定不会比苹果表更受关注的。（2015-04-27）

网友：针对儿童使用群体主打安全概念，尤其是在国内，儿童走丢和被拐的现象频发，加上城市上班族中很多家长都没有时间自己接送孩子。当然，家长可以给孩子买手机，但是很多学校是不让孩子带手机的（手表还没有限制），所以安全的概念还是颇受关注。

安全的想法非常好！（2015-04-28）

"微信的战场不是鸿蒙，而在小天才。"（新闻）

小天才确实厉害的！

网友：我有个疑问，如何能让儿童继续使用微聊，而不是长大后使用微信呢？

不太可能，社交圈完全不一样。相当于从步行距离到现代交通工具一样，长大后人的活动空间会大很多。

网友：确实厉害，5年前给大女儿买了某儿童电话手表，用了2年就坏了，换了小天才。现在给小女儿也买了小天才，确实好用。当时买的某电话手表有个家长监听语音的功能（不知道现在有没有），其实让我这种做家长的很不舒服，感觉孩子被家长监控了，这种不信任孩子的感觉很不好。不管怎么样深深地让我理解了便宜的往往是最贵的。

赞。（2024-11-06）

企业文化是我们的核心竞争力

网友：请问步步高的核心竞争力是什么？

是我们的企业文化！10多年前我就这么回答，现在可能有些人已经开始明白了。（2010-03-09）

我们能活到今天并且活得还可以是有些道理的，当然也可能是运气哈。（2022-03-02）

网友：我喜欢拿步步高的企业文化去比较其他的企业文化，用于判断其他企业文化的优秀程度，如本分、专注、对的事情、发现不对立即改正等等，我理解最接近步步高企业文化的企业是苹果。

在要做对的事情上，我不觉得我们会更好。在把事情做对的能力上，我个人认为整体上我们还是有些差距的。（2019-07-05）

网友：您把小霸王和步步高从小做到大的过程中，资金的状况怎么样？

基本上是靠滚雪球，钱多就多做些，没钱就不做。我比较保守，老觉得借钱不太舒服。再说，那时民营企业很难借到钱。（2011-05-12）

网友：我觉得你早年成功最主要的原因是紧随当时的行业领袖——任天堂。不知道你同意吗？或者还有更好的答案？

呵呵，那个可能是我们不够成功的原因。如果那时我们就开始做搜索的话，就没谷歌什么事了。所谓成功人士，运气看起来固然重要，但其实运气对大家是均等的。那个时候做游戏机的人恐怕比现在做手机的人都要多，是不是都算跟对了行业？做搜索的人多了去了，但谷歌只有一个。顺便问下，这里有人知道当年的小天才游戏机吗？（2011-11-14）

网友：很多人并没有看明白OPPO和vivo的成功，以为只是简单的广告+渠道胜利！要我说，段总如果去当产品经理，照样把这个行业的高手们打趴下99.99%。

没有人可以把别人打趴下，趴下的都是自己趴下的。（2016-10-12）

网友：步步高和 OPPO 在埋头苦干。也许三年后，步步高和 OPPO 将是前三甲；也许步步高和 OPPO 的手机市场开拓，又将是一个敢为天下后的经典案例。

你小看我们了。

网友：我觉得 OPPO 的竞争对手目前来说是三星、索爱，以后的竞争对手是诺基亚和苹果。

我一直认为我们最大的竞争对手就是我们自己。（2010-06-07）

大家是同道中人，有着共同的价值观（改变人的价值观几乎不可能）。但凡几十年如一日坚持做对的事情（或者叫坚持不做不对的事情），同时一直努力把事情做对，有个不错的结果是大概率事件。价值观是道不是术，很难学的。假装一下的人坚持不了很久。黄峥的公司看起来似乎运气更好点，才 3 年就这么厉害，但实际上黄峥十几年前对企业理解也已经很好，且这个公司之前的公司就做得不错。其实黄峥十几年前问过类似的问题，看来当时他确实明白了。（2019-02-15）

在我心里，陈明永、沈炜和黄峥他们最后有啥成就我都不会太意外的，啥都成不了我才会觉得意外！（2018-09-15）

步步高企业文化

1. 愿景

成为更健康、更长久的世界一流企业。

2. 使命

对消费者，提供高品质的产品和服务；

对员工，营造和谐、相互尊重的工作氛围；

对商业伙伴，提供公平合理、对等互利的合作平台；

对股东，使其投入的股本有高于社会平均收益的回报。

3. 核心价值观

3.1 本分

· 保持平常心，坚持做正确的事，并力求把事情做正确。

· 本分规范了与人合作的态度——我不赚人便宜。

· 本分是当出现问题时，首先求责于己的态度。

3.2 诚信

· 诚，即诚实、无欺，内诚于心。

· 信，即守承诺、讲信用，说到做到，外信于人，即使遭遇挫折、付出代价也要坚守。

· 诚信是一种责任、准则和资源。

3.3 团队

· 没有团队的成功，就没有个人的成功。

· 相互信任，坦诚沟通，将个人融入团队，以共同愿景为最高目标。

· 尊重每一位员工的价值，我们相信，员工和公司共同成长，这是我们的责任和骄傲。

3.4 品质

· 品质是精益求精的一种追求，是必须要满足顾客的需求并且有高于竞争对手的满意度。

· 品质是设计出来的，是全员关心和环环相扣的一个系统工程。

· 不断提升产品品质，这不仅是我们的价值，更是我们的尊严。

3.5 持续学习

· 步步高必须成为学习型公司，持续学习永远是对公司与员工的鞭策。

· 积极主动地学习、借鉴和引进世界一流企业已经进行或正在进行的最佳实践，改进和优化我们的管理和运营系统。

· 头脑清醒，永不自满，保持开放的思维。

3.6 消费者导向

· 从消费者的角度来设计产品、提供服务，避免做貌似消费者喜欢的东西。

· 通过科学、严谨的市场调查，充分研究消费者的需求，一切工作须以消费者的真实需求为原点而展开。

· 在公司内部的日常工作中，要坚持内部客户导向的原则。

4. 品质方针

不懈进取，步步登高，为用户提供完全满意的产品和服务，我们的“步步高”品牌，必须是高品质的象征。

5. EHS 方针（环境、职业健康和安全管理体系）

遵守法律法规，持续减废节能，保护员工健康安全，共同建设绿色家园。

网友：步步高的企业文化有点长啊？

把每一条的解释都放进去了。企业文化是需要逐条解释的，不然无法传达。我觉得我们的和阿里巴巴的有点像。（2010-04-04）

网友：现在很多企业的目标是做行业的第一名、做行业的霸主，但感觉您在谈到步步高时从来没提这种口号，而是谈做出消费者喜爱的产品，也是您常讲的消费者导向。这两者有什么区别吗？

好像区别还挺大的，一个是因，一个是果。

行业第一好像对消费者而言并没有实际意义，很少有用户是因为看到你是行业霸主而买你东西的。所以总的来讲，我们最关心的只是消费者体验，而不是行业排名，不然可能就容易犯一些很奇怪的错误，比如发动价格战，等等。也许这也是我们“胸无大志”的体现吧。

不过，貌似我们坚持做的很多产品最后据说都成了“行业第一”（其实没认真考证过，没有权威数据），比如最早的小霸王学习机，后来的步步高 VCD、DVD、电话、复读机、点读机，等等。手机恐怕需要的时间会长很多，对手们很厉害啊。想想有一天可能要和苹果或诺基亚 PK 一把还是很兴奋的。（2010-10-15）

网友：步步高教育电子最近推出了 imoo 学习手机，从学生这个细分领域切入，主打学习，应该是能打到家长的痛点上。但感觉量较难起来？

量本来就不是我们追求的东西，重要的是用户是不是有这个需求。（2016-06-30）

网友：不追求量而关心用户是不是有这个需求，这个量是指只要用户有需求，不管需求量是不是很大都会生产？还是只要用户有足够的需求量，就会出好产品而不怕销量上不去？

不追求利润不等于不要利润。企业不赚钱就是罪恶啊。不追求量的前提是你认为这个市场有需求，就是有量的意思，不追求量的意思实际上是不为了追求短期的量而做不对的事情。只要坚持做对的事情且做对了，量自然就有了。（2016-07-04）

网友：步步高和OPPO每年会如何定目标？会定每年做多少营业额吗？

我们好像从来就没有太具体的目标。（2013-12-19）

网友：我觉得OPPO的核心技术就是段先生和段先生培养的价值观、企业文化和制度。

我这10年在公司办公室待的时间总和可能还不到10个小时，在OPPO的时间总和可能不到一个小时。我们公司做得好的话一定是大家的功劳，但如果做不好则确实有我很大的责任。

网友：是不是你觉得你的最大责任是为企业找到最好的经营者，如果经营不好，则是当初经营者没有找好？

多数人也许会这么认为，找个所谓的职业经理人。我们不知道怎么找职业经理人，所以直接找的就是老板。（2011-03-09）

网友：步步高、OPPO、vivo、realme，企业文化基因这么有序和有力地传承，段总功力很深啊！

你看到了我不当CEO的原因哈。（2018-07-30）

网友：段总用十年就可做到从打工者到大企业家（不是一般的大），

再到投资家，而且打造了中国三个名牌产品。

三块牌子的说法不要乱讲。其实严格来讲，我对小霸王操心最多。步步高只是头两年还算在一线。其实我离开一线后我们每个公司的进步都非常大，我本人并没有什么功劳。我大概每年能回一趟公司，偶尔说个类似“我们要好好干”之类的话，然后干好了就成了我干的了？

其实我最高兴的事就是我不在一线公司做得比我在的时候好。

我这个人比较懒散随意，不是一个好的CEO人选。现在证明我对了。（2010-03-27）

网友：期待您说点沈炜的故事，他的实力本身不允许他低调，但是基本找不到有关他的媒体访谈，甚至他什么时候毕业加入小霸王，在网上都查不到。

沈炜大学毕业前来我们公司（小霸王）实习，他当时是保送研究生，两年内（也许是一年？我不记得了）可以回学校读研究生。他后来决定不去读研究生了。其实故事就是这么简单。（2022-03-25）

“要有超乎利润之上的追求，即vivo人的三个梦想：要有世界一流的文化、产品与品牌。文化是前提，产品是因，品牌是果。

企业文化就是水桶的桶底。所谓战略、技术无非是围着的木板而已。

坚持让企业利益相关者都持续快乐的使命不变，只有这样，我们企业才能健康长久、基业长青！”（vivo沈炜的50条商业思考）

看到这个，我可能是世界上最开心的人之一了哈。（2022-10-08）

网友：做投资是相对被动的事业，做实业相对主动。您放弃事业选择投资，是否后悔过？

我啥时候有过放弃事业选择投资的事情？我只是因为弟兄们比我能干而退休得比较早而已（不在一线了）。投资是个好玩的游戏，虽然我花的时间不多。（2019-03-16）

网友：为什么您后面选择了做投资？我理解更多的金钱对您的意义已经不大，而且您说过企业要有利润之上的追求，我相信您在投资中应该也有利润之上的追求。做投资是单纯因为乐趣吗？

我怎么觉得我一直都是在做投资的呢？做投资和做企业其实没啥区别，差别只是在不在一线而已。投资的利润之上的追求可能体现在寻找那些有利润之上追求的企业上面。（2019-06-21）

网友：相比于您在股票投资领域的成功，我更佩服您的识人能力。做投资成功的人很多，但能投中两个中国首富的人太稀少（我认为黄峥会在未来十年的某一年当一次中国首富）。您当年和巴菲特吃饭，带着26岁黄峥的原因是什么？或者说您看中了他身上的哪个特性？

黄峥是特别难得一见的一直关注事物本质的人，有悟性，又聪明，未来有任何成就我都不意外。（2019-09-09）

对我来说，事业从来没有过宠物的感觉，倒是有点像自己的小孩，我并不拥有但非常开心伴随其长大。（2021-03-19）

网友：您觉得自己像哪个武侠人物呢？我觉得您比较像张三丰，他为人正派，创立武当派，培养了七个徒弟，一个徒孙，自创太极拳。这类似您和步步高。不像的地方是张三丰没有做好传承，而步步高在您退休后发展得比您在的时候更好了。

非要说像谁的话，也许有点像《功夫熊猫》里我们村的乌龟大师，其实打不过谁，就把位置交给年轻人了，结果发展得不错哈。（2019-09-18）

巴菲特的魔法正是源于他的不间断学习和不间断思考，喜欢确实有强大的力量。

我退休以后就没有办公室了，虽然长安我的老办公室好像还一直保留着。你倒是提醒我，如果需要的话，公司应该将我的老办公室移作他用，不然也是浪费哈。顺便说下，我也没书房，也没啥太多工作需要做的，抱着苹果就好哈。不过每天我都会打开 iPad 看看有啥新闻或者需要我关注的事情。虽然我很喜欢和尊重巴菲特，但我绝不会成为巴菲特的，因为那不是我想成为的人。我的人生里有很多事情比投资重要。

网友：库克说过，苹果公司一直保留乔布斯办公室且维持原状。我想这既是一种怀念，也是传承企业文化的一部分吧？

乔布斯是现象级人物，他的办公室确实应该保留。（2023-01-12）

不为清单

网友：步步高企业文化是如何这么好地落地的？有负面清单吗？

我不在位很多年，不知道现在的不为清单，但每个人最好去积累自己的不为清单会比较有效果。（2019-03-14）

网友：建立不为清单时是不是内容尽量具体细致一些？比如像通用的“不要抱怨周围环境”，可以细化成许多具体内容如“被安排不喜欢做但不得不做的工作时，不要抱怨”“被客户拒绝时，不能抱怨客户”等等。您的清单大概有多长啊？有几十条吗？

我没有真的统计过我们的不为清单有多少条，但似乎不是几十条那么多。所谓不为清单指的都是不对的事情，但列入这个清单的东西一定要尽量少，不然可能会束缚大家的手脚。你说的抱怨有时候未必就是不对的事情。抱怨往往是老板们需要收集并改进的东西。（2019-08-06）

网友：你们公司不做的事情是怎么发现的？有哪些作用？

很多都是试错试出来的。不做的事情有些是在过程中发现的，比如给人加工；有些是本分带来的，比如不能不诚信。不做的事情让我们减少犯错的机会，日积月累效果很好。（2019-09-26）

网友：怎么看 OPPO 关闭哲库业务？

大道退休 20 多年了，不知道目前具体业务是如何运行的。我知道停止库泽业务比我在网上看到早了 10 分钟而已。不过，我们这些年用类似的办法关停掉很多业务了，我能记得的就有不少。从最早的电子宠物到跳舞毯，后来还有小家电，家庭音响，彩电（居然关了两次，其中一次就在前不久），DVD（蓝光 DVD），小天才的手机（估计大部分人不知道）……这不是我们关掉的第一个业务，也绝不会是最后一个。长远看不合适的东西最合适的办法就是现在就停下来！在所有主动停止的业务里唯一让我们感受到生存危机的是我们卖出的第一批 VCD，当时的三洋机芯出了问题，我们把卖出的 20 万台机器全部召回了，那一次确实难受，但我们还是决定做了。改正错误越早越好，不管多大的代价都是最小的代价！（2023-05-16）

网友：看来是真不管事了，人家叫哲库啦。

晕，查了一下，居然把名字搞错了。我那天接到短信，说是哲库停了，我问哲库是什么，回答是芯片业务。停的那天我是第一次听到这个名字，记错也正常。

我们能成为我们，不光是因为我们做过的那些事情，很重要的一部分是我们不做或者停止做的那些事情。（2023-05-16）

不讨价还价

网友：淘宝目前正在运作电器城，可是电器城的卖家却是经销商，而京东却是直接向厂家拿货的。这怎么能够竞争得过京东呢？

“厂家”货一定便宜吗？能想明白这个问题其实也不容易。

网友：您的意思是否是指经销商采购量不够的情况下，厂家给的出厂价是比大经销商还要高的？

卖得多就给得便宜的办法是对销售非常短视和初级的理解，尽管很多大公司也这么做。

网友：聪明厂家需考虑所有经销商的利益，不能偏袒。所以价钱不会便宜。

差不多吧。看看当年戴尔和康培的关系也许就明白了。（2010-07-06）

我觉得看得明白这一条的人或者公司不多。（2022-10-08）

网友：家电零售业在价格上，是标高一点再讲价呢？还是标价就是卖价不讲价好点？

任何东西都是标实价不讲价的好。（2015-06-10）

可以讲价实际上对卖家而言是个非常短视且成本很高的行为。成本很高指的是无法授权且容易造成管理漏洞，短视指的是如果可以还价，那就是在鼓励回头客来讨价还价。对于客户而言，任何讨价还价都会让他们有可能吃亏了的感觉，因为客户很可能觉得价钱还没还够。

这里透露一个小机密：我们公司卖东西是没有还价空间的，所有的客户都是一个价，不管生意大小，生客熟客……刚刚开始经营企业时我就发现，所谓谈生意谈来谈去主要是在谈价钱。人们把大量时间放在谈价钱上，而且在谈的过程中经常还需要诈来诈去的。对于卖东西的业务员来说，价钱的授权是件非常困难的事情，所以他们总是要找更上一级领导去获取更多授权，领导就会变得非常忙且没有效率。所以我们在 20 多年前就没有讨价还价了。不讨价还价的好处实在是太多了，大家慢慢想哈。（2015-06-12）

网友：做步步高的时候如何控制商家的终端零售价格？记得您说过“商家不分大小供价都一样”。

是的，我们给大代理商（一级代理）的价格是一样的，绝对没有返利！零售商价格控制不了，我们只能建议。（2020-12-04）

网友：没有销售部门，大小经销商提货价格是一样的，这样做的道理在哪呢？

这样就不用整天花时间讨价还价了。

刚刚开始经营时，我就发现每天绝大部分时间都花在和不同的客人讨价还价上面了。我当时一想，我们还是这么小的生意，那将来怎么办？我们大概花了 3 年时间才建立起了这套系统，简单不容易哈。

网友：你们公司的产品种类并不多，为何制定这套系统需要 3 年时间呢？

建立信任很难。

网友：3 年后有底气说服经销商相信并接受这套系统？

相信的人会留下来。

网友：如果是小公司的话，面对财大气粗的经销商时，怎么让他们服从这套系统？

我们那时候就是小公司。

网友：按你所讲，不论大小经销商提货同价，那么你们对完成约定提货量的经销商，有不同比例的返利奖励吗？

我们没有返利，从来没有过。我从来就不认同返利的逻辑。（2019-09-22）

不做代工

网友：在中国民营企业发展的初期，可能没什么人不做国际大公司的代工，没有人拒绝他们的订单。几年前当我意识到步步高从开始就选择不代工这条路时觉得非常惊讶，因为这个觉知实在是太早了。只有文化非常好的企业才可能想得到、做得到。

如果你想的是 10 年 20 年后的事情，这个决定其实非常简单且容易。凡事能往前（后）想几年，往往难度会大幅度下来。（2016-10-18）

网友：想起来 OEM 在投资里对应的术语就是属于生意模式不好，一早就应该避开。

很专注地做 OEM 也许是可以做得不错的，比如台积电。（2016-10-25）

网友：25 年前，半导体代工才刚刚起步。目前代工的竞争更加激烈，英特尔也加入战团，三星、台积电，段总更看好谁呢？

谁更专注，谁就更有机会。（2016-10-26）

网友：从段总 20 年前就不做 OEM，建立自己的品牌。我越来越深信功夫熊猫里的一句经典台词，There are no accidents。

我们其实从来就没做过 OEM，但 20 年前确定了不做，所以谈都不谈了，省了很多时间。（2016-10-25）

网友：我经营着一家做汽车音响的小公司，这几年自有产品和品牌在行业内发展得算是小有名气，在全球范围也有了一些代理商。公司也确定了未来以自有品牌为主的发展方向。可目前公司销售额和利润的 50% 依然来自 OEM 生意，但我认为这两个生意是有冲突的，可如果马上停止 OEM 生意我担心对公司目前的经营会有较大的影响，想了解如果是您会怎么做。

我们有过这种经历。我觉得最好慢慢放弃一种才能做好另一种。不专注有难度。（2019-05-24）

网友：你们当时选择不做代工时面临的压力或诱惑大吗？

我们其实从来没做过代工，但偶尔会有人来谈。当时就是觉得代工很烦，长期没啥意义，就决定不做了。（2019-10-13）

网友："我们之所以成为我们，还因为我们那些不做的事情。"能讲一个您印象最深的例子吗？

我们的不为清单上很多事情都是有例子的。记得有次和台湾做代工的一个大佬吃饭聊天，他也问到为什么你们这么厉害，我说因为我们有个不为清单，他也让举个例子。我说：比如我们不做代工。他马上问：为什么？我说：如果我们做代工的话很难和你们竞争哈。

网友：你这是拐着弯儿夸人啊。

其实可能算互夸，因为人家有点羡慕我买了很多苹果。（2019-06-17）

网友：想起你以前的话，拒绝沃尔玛供应商 100 万台 VCD 的单子，拒绝南方贝尔代表的巨量电话机订单……

这个经历也蛮有意思的。很多事情，就跟生意一样，想一单或者想 20 年得到的结论会完全不一样。

网友：也许这就是段先生和台湾代工大厂发展路径的根源差异。20 年前的 VCD 和电话机早已没有技术壁垒，换任何一个台湾大厂都不会拒绝代工的大单，当年广达、仁宝、明基如日中天，技术能力和制造能力以及管理能力只会强于步步高，而今仍然困在制造业，赚取微薄利润。

是啊，当年那些台湾企业确实有很多强过我们的地方。但可能是地缘关系，我发现我接触的大部分台湾企业眼光似乎都不太长远。当年就是觉得台积电还不错，现在看来确实也是如此。（2022-10-09）

不贷款

网友：为什么有些企业都挺不错，还喜欢负债啊？我个人感觉做企业尽量不要负债。

我们也不负债。负债的好处是可以发展快些。不负债的好处是可以活得长些。再说，一般来讲，银行都是要确认你不需要钱时才借钱给你的。（2010-04-21）

网友：之前有个朋友用杠杆比喻企业贷款，感觉理所当然！

其实我们公司也不用贷款做生意（偶尔有一点点周转需要）。我们是明文规定不贷款的公司。我看到很多公司都是倒在了借贷上，尤其是在犯错误的时候，很多人一时意识不到，于是会借很多钱来放大自己的错误，最后连回来的机会都没有。难道大家最近没看到那些个活生生的例子吗？房地产行业好多这种例子啊！我以前有个做房地产的朋友，我曾经跟他说过若干次，你们借贷太高，早晚有大麻烦。人家的理由是，这个行业都这样啊……好吧，希望你属于运气好的那个。很多人说，你们不借钱发展速度会慢很多。慢点有啥问题？谁在乎呢？

顺便澄清一下，如果有那种 10 年以上的低息企业债券，我们应该还是愿意发的。（2021-01-23）

大概 7–8 年前，有个做地产的校友来找我聊天。当时问我有啥建议，我说不要借钱，不然将来早晚会有麻烦的。估计他现在肯定蛮后悔当时没听我的吧？常在河边走，没有不为清单早晚会湿鞋的。（2021-09-22）

网友：实业经营应该用杠杆吗？

你问下那些房地产公司？本来他们已经在过好日子的，但他们想快一点？我记得十多年前我劝一个做房地产的朋友。我说你们的债务太高了，能减就赶紧减下来吧。人家说，我们这个行业都这样，很多人债务比他还高。我说，如果别人跳楼你也觉得大家可以一起跳吗？那时好像是2011/2012年。那时他要听懂了，现在就不至于消失了哈。（2024-10-19）

不赊账

我们好像确实不怎么有收不到的钱。我们比较平常心，收不到钱的生意我们不做，不管听起来有多好。记得以前有家美国公司“倒”了国内一家同行4–5亿美元。这家美国公司之前也找过我们，一听说我们的条件就走了。呵呵，我是后来才听说的。

网友：“收不到钱的生意我们不做，不管听起来有多好。”你们的条件主要是什么，能让对方一听说你们的条件就走？我很想知道您对应收账款是怎样管理的？

我们的条件大概就是让对方开不可撤销信用证吧。对方显然是有备而来的，对我们的条件没兴趣。

别人怎么管的我不知道。早期我们也有过烂账问题，不过比例很小。我其实不知道我们现在是怎么管的，大概还是我们很久以前定的方案吧。

我们一般给客户的放账额度是过去该客户在我们这一年的营业额的3%–5%，当然信誉不好的就一点都没了。这意味着一开始的时候是完全没有的。

我们比较平常心，少做生意没关系，收不到钱就麻烦大了。追款的成本非常高，而且还会对出问题的地区生意造成影响。我已经好些年没听说过有钱收不回来了。

呵呵，我记得上次（不是这次）金融危机时，有个韩国供应商问我：听说中国三角债问题很严重啊。我回答说：嗯，我也听说了。隔了半天，他问我：那你是说你们没有这个问题？我说：对！（2010-03-26）

步步高业务员：我们现款或者预付款，不铺货的。

呵呵，开始卖手机后听说好像真是这样。（2010-03-28）

网友：对于账期有什么看法？我们创业中遵照本分的思维，成长得不错。过去受产能限制，供不应求，原则是现款现结，账期免谈，因此送走了很多潜在大客户。今年产能扩充，有些股东强烈提议接受账期喂饱产能。我心底有点犹豫，账期带来一定比例的坏账是可以预见的，控制住筛选标准不会形成太大风险，但是过去行业里都知道我们公司不给账期，现在一旦开口，怕有蝴蝶效应。您的企业在早期发展过程中对于放账期是什么态度？

最好不要给账期。但是，对你信得过的客户，如果非要给的话，也许按上一年营业额的5%–10%（淡季5%旺季10%）作为放款上限，而且要收付利息。这里最重要的是公平，要保证所有的客户得到的条件是一样的，不然会有很多人会来找你“谈生意”的。利息的收法也不难，你给所有的客户15天账期，超过15天的付你利息，少于15天的你付利息给他们就可以了。具体方法你可以自己想，但一定要对所有人公平！（2018-10-04）

网友：行业普遍都给账期，如果一家行业内的小公司开始就坚持不给账期非常困难。大道在创业初期是如何克服这些困难的？

克服的办法很简单，想想给了账期以后的麻烦就好了。追账的成本经常是会高过账本身的，至少我早期是如此。（2020-10-31）

不赚人便宜

俗话说，好汉不吃眼前亏。我一直不太明白这句话的意思。不过，我看到的文化现象是大家都不愿意吃亏。我不知道需要合作的时候，如果大家都不吃亏的话会是什么结局。事实上我们中国人在生意上合作成功的机会好像确实比较小一些。很久很久以前，我们公司开始提倡不赚人便宜的文化。

我不知道我们到底在多大比例上做到了，但我们和人的合作好像成功比例确实要比平均高一些。也许我们公司能活到今天而且活得还不错的原因和这有点关系？（2010-03-11）

我们公司财务如果逾期给不了款应该属于“没能力”的表现。早年我当CEO时曾在一次供应商会议上向所有供应商提供了我的手机号码，告诉他们如果有人不守信就可以打我电话投诉。好像一直没人打过。（2010-03-12）

OPPO厉害是因为OPPO有厉害的文化和厉害的团队同时还赶上了好产品和好模式，其实vivo也很厉害啊，原因也是一样的。转型是2012年中，我没有参加过转型的决策，但确实参加过一个有点悲壮的会。当时OPPO和vivo都面临很大困难，我们当时不是很确定是否能过得去，所以当时大家达成一个共识：如果我们要倒下的话，一定不要倒得很难看，不要欠员工钱，不要欠供应商钱，要尽量保护代理商……我们2012年没亏钱，2013年没亏钱，但2012—2013年那一整年亏了非常多的钱，到2013年中终于挺过来了。

我明确表示不会重出江湖比这个还要早差不多10年，我当时说的意思很简单，大家都比我能干，如果大家搞不定的事情我也肯定搞不定的，所以我绝对不会重出江湖的。（2019-05-22）

网友：2001年，段永平在步步高退居幕后，并移居美国。用他自己的话就是：“只是每年回国两次参加步步高的董事会。退出前，他把步步高一拆为三，由黄一禾负责教育电子业务（后来由金志江接任），陈明永负责视听电子业务，沈炜负责通讯科技业务。”临走前，他给弟子们留下一句话：“干好了分钱，干不好关门，别有负担。”

我从来没说过这话，也从来就没有临走前这样的时刻。事实上我虽然不管事但还是挂着步步高总经理的头衔过了好几年呢。

2012年我们确实遇到过一次危机，就是从手机功能机转型到智能机的过程中我们遇到过一点危险。当时现金消耗得特别快。我们当时觉得，如果转型不成功的话，我们公司是会有危险的。我当时专门回去了一趟，确实说过类似于“如果我们要倒下的话，一定不要倒得太难看”的话。我们看过很多倒得很难看的公司，欠员工钱、欠供应商钱、欠经销商钱……我们确实讨论过一些细节，就是万一要倒的话，我们该如何处理，如何不让利益相关方损失。然后我说了句：“好吧，Let’s fight now（现在战斗吧）!”其实那时候我没那么担心，因为那时我的投资已经有点成效了，后备部队还是蛮强大的。OPPO 和 vivo 的转型相当成功，2013 年中后我们就算彻底度过那次危机了。说实话，我对整个过程没有参与过，完全不了解，毕竟那是我退休十多年后的事情。（2020-07-01）

网友：在企业经营中我们经常发现有些企业会尽量占用上游供应商的货款，以保持企业经营与拓展的需要，我认为这种做法是不理智的。我发现若厂家要多压供应商一个月货款，供应商就会自动提升报价。您认为企业花这么高额的成本获得资金是理智的吗？

你说得对，过长压供应商款是不对的，而且羊毛一定要出在羊身上。我当 CEO 时是规定过压款不能超过 60 天，不然我们要付利息。我们从差不多 30 年前就是这么做的了，和是否滋润无关。（2019-07-26）

网友：我老婆公司的财务领导，故意拖欠供应商的账期，然后拿这个事情去老板那里请功，并且对一线采购人员也搞这个考核，拖欠得越久越好。大道说的这个道理，确实很多人不懂，他们都以为自己占了便宜。

那些人都是在把自己或者自己公司往死里整，大概率时间长点他们就很难活下去了。头上三尺有神明哈！（2024-10-09）

不攻击竞争对手

“为什么手机厂商开发布会都喜欢硬怼苹果？”（新闻）

并不都是！（2018-06-12）

网友：我刚毕业时曾在步步高工作过，步步高的企业文化也比较好，人性化，能够调动员工的积极性。陈明永总经理 2005 年曾因为手下的问题而自己罚自己一年的薪水。

陈明永罚过自己一年薪水啊，呵呵，没人告诉过我。（2010-03-22）

网友：有过。2005 年时因为开发部与厦门同行业一个企业竞争（说竞争对手坏话），陈总认为开发部违背了步步高的精神（不攻击竞争对手），所以自罚薪水。在公司 OA 里面向 AV 厂员工说明，这也给员工一个很好的表率。

不参加展会

网友：网易拒绝参加文博会，有个性。

呵呵，我想网易是对的。（2011-12-22）

微软终于明白去 CES（Consumer Electronics Show，国际消费类电子产品展览会）是件费力不讨好的事情了。苹果早就明白了，我们公司也算一开始就知道的。现在还有很多国内公司每年在 CES 劳民伤财，希望他们能再想想。

网友：您公司小的时候参加过广交会吗？小公司新产品用什么方式推广最有效？

我们不去任何这类展会的，包括拉斯维加斯的 CES。这种推广的办法对推广品牌事倍功半。小企业一旦开始用这个办法找生意后，很可能就会很难发展品牌了。（2013-10-27）

网友：为什么？

如果我这么说了你还是不懂的话，怎么说你都不会懂的。自己慢慢想个几年也许就能明白。

我说的是我们公司的产品不摆展，人还是应该去看看的！（2013-10-28）

不收购和兼并

我们不会走收购和兼并这条路去发展。我们这种办法短期看来好像慢很多，但从10年20年的角度来看，有可能是最快的。(2010-03-25)

网友：如何看待并购？

关于并购，我可以讲一个我的简单理解。如果当有人本着“大不一定强，不大则一定不强，所以要做强则先做大”的想法去并购的话，那结局一定是很难看的。韦尔奇的自传里写过一些关于并购的原则，你有兴趣可以去看看。(2011-01-26)

网友：吉利买下沃尔沃轿车品牌，联想买下IBM笔记本品牌，海尔将三洋中华区品牌买下来。请问段大哥，品牌还能这样出售吗？万一收购方将品牌越做越差，不是更影响未出售的品牌和产品？到时连叫停的权力都没有了。

你是为买方着急还是为卖方着急？一般来讲多是只有错买没有错卖的。你说的这几个例子也是如此，卖方没啥要担心的。(2016-11-25)

对上市没有太大兴趣

网友：一个能持续产生现金流的好公司需要上市吗？

很多公司是在上市后才成为好公司的。如果没上市，可能开始阶段没足够的资金起来，这也是为什么会有上市的原因。当然，也有很多公司是成为好公司后才上市的（比如谷歌），因为上市同时也是退出机制，早期的投资者可以通过上市选择部分或全部退出。不同的投资者经常会对投资目标有不同的期许。(2013-04-09)

网友：盛大要退市了，是否是企业走向衰退的开始？

下市和上市与企业是否走向好或坏应该是没有直接关系的。(2011-11-25)

网友：当当网现价是IPO价格的2倍，于是李总愤怒了，写了一首摇滚歌词……IPO 以后股价大涨这种事情有必要这么愤怒吗？如果是您的步步高上市遇到这种情况，您会怎么想呢？

我觉得投行有该被骂的时候，但作为 IPO 公司，既然接受了人家的价钱，就不应该再骂人家，不然就太没有“契约精神”了。再说，上市价未必就是越高越好。当年巨人网络（Giant Network，GA）的 IPO 价可能就有点定高了，老史估计到现在还有点不舒服呢。

如果我们公司上市以后碰到这种情况我会怎么样？我还真没想过。和我们有什么关系吗？股价的短期变化和企业本身不一定有关系的。（2011-01-18）

“上市的代价已经变得非常高了。一个小公司谋求上市是没有什么道理的。很多小公司正在走私有化的路以摆脱上市公司的繁冗负担。”（芒格）

小公司上市确实没啥道理。在美股，大概上市公司最基本的费用也得接近 200 万美元 / 年？如果是一家赚不到 1000 万美元 / 年的公司，上市干嘛呢？想起看到不少国内来美股上市的公司，还不断把已经上市的公司拆成更多的上市公司就觉得费解。（2012-06-26）

我们要上市了的话，大概率还是会像不上市那样经营的，不会受任何股价变动影响。（2019-05-22）

10 年内上市的可能性是存在的，但不上的可能性也同样存在。我们是一家对上市没有太大兴趣的公司，虽然近 30 年前就讨论过上不上市的问题，但到今天也没想太清楚。

我们绝不会因为缺钱上市，30 年以后应该也不会。（2023-05-09）

1999 年底，《亚洲周刊》的记者问我：“如果 50 年以后，在一个大报的头版头条，登载一条有关你们公司的消息，您最希望是什么样的消息？”我当时直接的回答是“任何消息”。其实只要公司还有任何消息，就表示我们公司还在。更健康、更长久。真的蛮有意思！

一转眼，50 年已经过了一半了，我们确实还在哈。我觉得大概率我们可以超过 50 年，也许 102 年也不是梦。也许 102 年后的头版头条有关我们的消息是……（2023-08-18）

网易

就像自己经营的公司

网友：您怎么判断出网易的价值呢？因为了解吗？

是的。就像自己经营的公司。（2010-03-27）

网友：你网易赚 100 多倍而没有中途卖掉，信仰是什么？

主要取决于对其生意的理解。也可以说是信仰自己对生意的理解。（2010-07-07）

投资最重要的是投在你真正懂的东西上。这句话的潜台词是投在你真正认为会赚钱的地方（公司）。比如我们能在网易上赚到 100 多倍是因为我在做小霸王时就有了很多对游戏的理解。（2010-02-06）

我从来就没认真估过所谓内在价值的区间。在卖出大部分网易之前，我一直理性考虑的问题主要是这家公司未来到底可以赚多少钱而不是想我的股票已经赚了多少钱。要大致想明白这个问题，对公司、行业、产品等等的了解不深是做不到的。（2011-01-11）

网友：你当时是如何调研网易的？是凭直觉，或是对丁磊的了解？

我就玩他们的游戏来着。（2010-04-01）

直觉对避免错误和发现目标很重要，但最后的决定要靠理性。（2010-

04-02）

网友：听说您经常上网玩游戏，您对您儿子说："爸爸上网玩游戏是在工作。"

呵呵，我儿子前些天跟一朋友讲：其实我爸爸就是喜欢玩游戏，根本不是工作。（2010-07-10）

网友：你买网易时说它"企业里面的现金就有2块钱，股价不到1块钱"。这里的现金指的是净资产还是现金流？

是账上现金。他们没有负债。（2010-04-06）

网友：您说的净现金指的就是货币资金吗？

应该也包括短期可以变现的一些东西，比如债券。（2010-05-11）

网友：您指的净现金大致是怎样计算的？

大致就是账面现金（加短期可变现的如股票）减负债。（2010-04-25）

网友："负债"有很多含义，您指的是长期负债、短期负债，还是别的什么负债项？

都是。（2010-04-26）

好的游戏绝对是好生意

网友：想听听段大哥对游戏的理解。

游戏是永恒的，形式可以变化。（2016-07-16）

网友：游戏是门好生意吗？游戏公司的护城河是什么？

好的游戏绝对是好生意，但一般的游戏未必是。好的游戏公司绝对是那些有护城河的公司，但大部分游戏公司是没有护城河的。（2018-09-02）

网友：什么是好游戏？

梦幻西游属于简单的"弱智"游戏。我喜欢那种简单的"弱智"游

戏。(2016-07-14)

网友：马云说："饿死也不做游戏。"

会的。马云这话说得非常不好，很没有道理。(2010-06-18)

网友：不明白马云为什么不涉足网游。

据说是为了专注。(2010-07-08)

网友：怎么看待中国网游业的发展？

中国网游业可以和广告业相提并论。(2010-03-28)

我个人觉得游戏市场有点下滑是正常的。游戏无非就是时间，有些人可能在别的事情上（比如短视频）花很多时间，于是在游戏上就花少了呗。(2022-11-19)

网友：抖音起来后把整个互联网的流量都分走很多。

是的，我能理解短视频的厉害。我前段时间看微信里的短视频有时候不小心也能看几个小时。估计这个对游戏也有影响。不知道短视频这个产品能持续多久，我自己已经不太看了。(2022-08-11)

呵呵，又来一位骂我是"营销天才"的。史玉柱也不是什么营销天才啊。看来误解是最容易传播的。

我是非常支持游戏之人，谁因为这个骂史玉柱就是骂我。我喜欢玩游戏有啥错？给人们带来快乐的行业有什么错？我一直不太明白在国内为什么那么多人跑出来说游戏这个行业不好，包括马云在内。美国、日本游戏行业比我们发达很多，而且很多年了，也没见有人出来说三道四啊。难道玩物就一定丧志？呵呵。其实，史玉柱的投资好像收获也很大。(2010-03-30)

网友：怎么看游戏企业的社会良知？

我就很喜欢玩游戏，要不写博客的话，平时我会花时间玩游戏的。

我认为游戏公司给消费者提供好游戏和别的公司提供好产品相比没有任何差别，不存在良知的问题。我们不认为有人沉醉于麻将是麻将的错吧？我们也不会认为有人喝醉酒是酒的错吧？我们也不认为有人在赌场倾家荡产是赌场的错吧？那为什么我们会认为有人沉迷游戏是游戏的错呢？

网友：麻烦是孩子很容易上瘾，对社会来说似乎弊大于利？

所以家长有责任啊。其实现在会沉迷游戏的主要还是成人。（2010-03-28）

人们对游戏有许多误解，其中最大的误解就是认为游戏都是小孩在玩。其实，游戏的主要玩家是大人！沉迷于任何东西都是有害的，包括游戏，包括权力、金钱、烟酒等等很多东西。

人们其实都是喜欢玩游戏的，只不过游戏的形式不同。比如权力的游戏、赚钱的游戏（投资或投机）、各种体育竞技等等。

游戏最根本的东西实际上是消费时间同时获得快乐。网络游戏对大多数人来说，是性价比最高的获取简单快乐的办法。

本人已经玩了很多年的游戏，现在有空时依然会玩。当年就是因为喜欢玩游戏才有了小霸王游戏机。（2011-11-26）

网友：偶尔玩德州扑克，如果一款游戏打打杀杀、单纯耗时练习的场面少一些，玩的过程中能导人向善、益智，并且还能粘住玩家，那就真是一款好游戏。

德州扑克导人向善了？不要说得像个伪君子嘛。游戏就是游戏，就像打麻将，打完了都无聊，但过程很快乐。其实人生也如此，结局都一样，过程最重要。（2011-12-06）

网友：愿开发游戏的人多开发一些善意的游戏，引人向善。

其实一般而言，绝大部分游戏都是善的。如果不明白这句话，可以假设把所有游戏都关掉会怎么样。那会增加很多社会不和谐因素的。

网友：这个想法很有个性啊！

这是事实啊！我猜出版署的同志们比谁都明白，不然早就一声令下那个什么什么了。（2010-07-10）

网友：您觉得哪些游戏定位做得比较好？

大凡有很多人玩的游戏都是在某些地方定位比较好的，尤其是能够比较长时间有很多人玩的游戏。梦幻西游绝对是我目前见到过的最成功的游戏。当然，游戏好坏其实不是“定位”那么简单，“定位”其实有点像在说电影。游戏不是电影，这也是太多人不懂游戏的地方。

网友：游戏较长时间都有人玩，但电影只会看一次，最多看两次。就是这区别？

电影上映完了就完了，不可能有变化（当然推广会有作用），游戏“上映”只是开始而已，后面的变数非常大。（2010-09-06）

网友：相关网游的股票，不到大师级还是少碰为好。拿网易来说事，产品大话西游、梦幻西游运营好多年了，严重老化！

梦幻西游严重老化？什么意思？我可是玩了很多年的玩家啊。不要想当然啊。好像梦幻西游刚刚有个新高，260 万人同时在线，比新加坡人口多。

网友：梦幻还会不会再有新高了？

只要有人好好经营，这种社区游戏掉下去的机会很小。会不会创新高并不重要。我说的新高，没说是巅峰。

网友：那明天腾讯发布一款“梦幻东游”，场景更华丽，互动性可玩性更好的游戏呢？有多少玩家会继续“西游”？

呵呵，梦幻西游快八九年了，至少有五六年以来国内无数人都在想干这事啊。（2010-07-09）

网友：我觉得网游公司估值低一个原因可能就是波动大，一款游戏就定成败，8 年可能不是天上就是地下了。

其实一个好游戏运行 8 年是完全有可能的。网易的大话西游和梦幻西游都快 10 年了还依然不错，何来波动大之说？（2012-03-07）

网友：游戏也要比较，我玩过欧美网游，感觉和国内不在一个档次上。

呵呵，你玩过梦幻西游吗？你要能明白为什么梦幻西游有这么多人喜欢玩大概你就不会简单地说欧美网游档次高了。（2010-10-21）

网友：段总说过不一定玩的人多就是好游戏。欧美游戏确实大外景，3D效果。

我说过这话？不太像我说的。我倒是认为没人喜欢玩的游戏一定不算好游戏。那个偷菜的游戏是几D的？好游戏不一定复杂，但一定比较耐玩。俄罗斯方块也算是难得一见的好游戏了。（2010-10-22）

网友：如何看待高ARPU（Average Revenue Per User，每用户平均收入）值和好游戏之间的关系？比如征途曾经ARPU值很高，虽然很多人玩，也用了许多引导的手段去让玩家投入。还有如何看待付费用户的体验比非付费用户的体验好？

ARPU值太高的游戏一定不太长寿。付费用户的体验比非付费用户的体验好是正常的。（2010-10-23 ）

网友：我觉得游戏收费模式转换一下好些。要是总是花钱买装备的游戏确实长久不了。因为给玩家明显的感觉就是不公平。

其实游戏和现实一样，没有绝对的公平，比如时间也是一种优势，有人时间多，同样是不公平。（2010-10-24）

网友：段大哥还在玩征途2吗？最近网上有几篇研究征途2这种第三代交易模式的文章，您对这种模式有什么看法？

没时间玩了。当时玩了一下，觉得所谓第三代交易模式其实就是一噱头，没有什么特别影响。（2011-03-30）

补充一下，其实绿色征途用的就是这个模式。游戏成不成功主要取决于其好不好玩，怎么收费没那么重要。最好的收费模式其实还应该是时间收费模式。目前国内最好的两个MMORPG（大型多人在线角色扮演游戏）实际上还是时间收费的，它们是梦幻西游和魔兽，都是网易的。（2010-03-31）

丁磊是个很有悟性的人

网友：看了丁磊在浙大的演讲，发现他和您的观点都是一个模子里刻出来的。关于创新和企业发展速度还有做对的事情，把事情做对等等，几乎都是您的原话。丁磊是不是您带出来的徒弟啊？

可能是英雄所见略同吧。(2010-03-09)

网友：网易丁磊的"活一千年的'不'哲学"反复看了几遍，喜欢这样的企业家。拥有这样的企业的股票也是最放心的。基业长青，成就百年老店。

丁磊是个很有悟性的人。(2010-03-18)

网友：怎么去了解游戏的研发团队？

看产品其实就知道，不过花的时间多。有机会能接触最好，可以了解到他们的心态。我印象中网易游戏部门的几个头的心态真不错，不然我猜网易游戏很难有今天。(2010-07-09)

网友：写中国互联网历史的《沸腾十五年》里提到丁磊向段总请教出售网易的问题。段永平反问他："卖了公司之后干嘛？"丁磊说："我卖了公司有钱后再开一家公司。"段永平笑了："你现在不就在做一家公司，为何不做好呢？"听了这番话，丁磊如梦初醒，决定放弃门户模式。想和段总求证下，大概的情形是这样吗？

所以说媒体有时候很可怕。在我的记忆当中，这段对话是有的，但对话后的"如梦初醒"则完全不知道别人是如何杜撰出来的。

客观讲，个人记忆当中，如果我对网易或丁磊有过帮助的话，那可能就只有当年的这段对话，那就是劝他不要在 2 美元（相当于现在的 0.5 美元）一股的时候把网易卖给新浪。

至于如果没有这个对话是否丁磊就一定会把网易卖给新浪，我们大概永远都无法知道了。我个人的猜测是即使没有我们的对话，丁磊也是不大可能会卖的，因为他就是因为不想卖才会和我聊起这事的。也许我

们的对话只是把他的想法从 80% 肯定到了 100% 而已。(2011-01-11)

网友：我猜测既然媒体会知道您二位的对话，那应该是丁磊先生对他们讲的。

我想了一下，也不太可能是丁磊讲的，因为网易根本就没有放弃过门户。(2011-01-12)

网友：关于网易诉讼那个事，好像判断是风险很小（即使败诉），因为不是故意造假，是收入确认的问题，而且是公司自己主动披露的，不是败诉的可能性很小。

是那么回事。当时最重要的是判断是否是有意作假以及以后是否还会做，官司的影响实际很小。(2011-09-27)

"盛大私有化或吸引网易完美世界跟风。"(新闻)

丁磊不会干这种傻事的。(2011-10-19)

以铜价买金子不需要勇气

网友：您当初买网易时是以什么方式对网易估值呢？

好像巴菲特讲过：有一个 300 斤的胖子走进来，我不用秤就知道他很胖。我买网易时可真没认真"估值"过。(2010-03-06)

说起孤独，让我想起当年买网易的时候。从开始买到网易跌破 1 美元满 3 个月的那天总共两个多月的时间里（这句话绕不？），每天的买单可能有一半都是我的（每天只有几千股成交），当时确实感觉很孤独，尤其是最后一天，居然一下买了接近 50 万股（相对于现在的 200 万股）。据说那天卖的人是害怕 3 个月满了会被摘牌。买的那个人的想法非常简单，认为买的是公司，上不上市无所谓。孤独有时候确实价值连城。(2012-05-21)

网友：需要众人皆抛你独买的勇气啊，难道您买网易和 GE 的时候没有感觉到不同于常人的豪情和勇气？

当有人非要把金子按铜的价钱卖给你的时候，你是不需要勇气的，你只要确认那真的是金就行了（有可能其实是镀金的铁块或石头）。买网易时我觉得有点孤独，好像这个世界就我一个人在买。买GE时我很平淡，略微有点兴奋。我想可能是我有进步了。（2010-03-05）

“网易董事会批准股票回购计划，价值5000万美元。”（新闻）

网友：网易的这个回购太难令人理解了。难道自己觉得现在股价很低吗？整个网易历史上，现在45美元也算高价位了；而按网游股来估值，网易也不便宜啊。如果真的觉得自己被严重低估的话，为什么只回购5000万啊，那18亿现金，等着贬值？怎么看网易这个回购？

记得很久以前我就跟丁老大说网易的最大问题可能是现金太多。现在的现金显然已经比那个时候要多多了，但丁磊似乎没有因为有这么多现金而犯什么大错，这是非常不容易的事情。连巴菲特都说以前他现金一多就容易犯错。如果网易对自己公司的未来有信心的话，回购永远是最好的消耗现金的办法（在价格过得去的情况下）。目前网易的市值扣掉现金大概只有8到9倍的P/E了吧？如果网易相信未来依然能赚这个利润，这个价钱回购应该还是相当有道理的，因为现金放在银行里实在是没啥回报，去投在自己不熟悉的地方会更糟，还要占用精力。所谓的5000万股只不过是阶段性的吧？如果网易觉得合适，还可以有第二个或更多个的。（2011-12-02）

前面提到苹果的回购问题，最后苹果真的像我认为的那样举债回购了（由于境外的钱暂时回不来）。好公司是知道怎么花钱的那些公司。这点上网易不算好公司，账上躺太多现金。账上的现金不用是会贬值的！茅台在这点上做得也不太好，虽然他们比下还有很多“余”。（2014-06-06）

什么时候卖股票？这是很多人提的问题。我其实也没有答案。但是我有个理解，就是无论什么时候卖都不要和买的成本联系起来。该卖的理由可能有很多，唯一不该用的理由就是“我已经赚钱了”。不然的话，就很容易把好不容易找到的好公司在便宜的价钱就卖了（也会在亏钱时该卖的不卖）。买的时候也一样。买的理由可以有很多，但这只股票曾经到过什么价位最好不要作为你买的理由。我的判断标准就是价值。这也是我能拿住网易 8 到 9 年的道理。我最早买网易平均价在 1 美元左右（相当于现在 0.25 美元），大部分卖的价钱在 30–35 美元（现在价）。在持有的这 8 年到 9 年当中，我可能每天都会被卖价所诱惑，我就是用这个道理抵抗住诱惑的（其实中间也买卖过一些，但是很小一部分）。我卖的理由是需要换 GE 和雅虎。所以为什么卖网易的问题已经回答过了。我会一直保留一些网易的股票的。（2010-03-27）

网友：段总您还一直拿着一部分网易的股票，目前也确实创新高了，是因为您看好它的管理层？还是您一直看好网易的业务模式？（因为除了游戏，感觉在门户竞争中网易已经败下阵来。）

最近又卖了些网易，换成苹果了。剩下得不多了，成本才 1 万美元左右。

网易的游戏不错啊，和暴雪合作后对未来更好了。其他的部分我从来没注意过，没有发言权。

至于应该值多少钱我没啥概念。反正当年我不明白人们为什么死活都不肯买，也不太明白人们为什么现在那么起劲买，前几天还有人向我推销网易呢。（2011-03-29）

网友：您网易究竟是多少钱卖出的？

这是想知道八卦啊？我当年买的时候就是觉得它便宜，其实也不知道如何估值，但知道他们未来会有很好的盈利。当时卖的时候大概赚了 100 多倍，如果没卖到现在可能有 500 倍了。所以不要轻易卖掉好公司哈。（2019-03-20）

网友：为什么卖网易？

因为丁磊就是个大孩子，那么多钱放他手里不放心，虽然股价证明我可能卖错了。

说丁磊是个大孩子绝对不是贬义啊！大孩子的意思是虽然是大人，但非常单纯，不会算计人，做朋友很好啊。至于卖掉大部分网易股票，事实证明也是不对的哈，虽然当时卖是为了换雅虎，后来又都换了苹果，但要都留到今天似乎收益好像还要好点。(2018-10-05)

腾讯控股

通过社交媒体将流量货币化了

网友：每次你分析公司总能直达本质，一针见血。估摸着大道要出手腾讯了。

长长的坡，厚厚的雪！（2018-10-15）

最近确实已经投了一些了，但比例还很小。用苹果换似乎有点不舍得，我似乎更懂苹果些。要再仔细想想。（2018-10-16）

我觉得 10 年后回过头来看，腾讯赚的钱（我买的份额占的比例）应该比我存银行的利息要多。（2019-03-16）

网友：您去年建仓腾讯肯定是基于多年的观察，您投资前有做过什么功课吗？

我投资的标准很简单：商业模式，企业文化，合理价钱。所以当商业模式和企业文化不错的公司价钱也不错时，我就会有兴趣。（2019-03-17）

网友：未来十年可能会创造 2000-3000 亿元的年利润，请问这个数字是怎么来的？看了您以前的文章您几乎都能提前五六年预测苹果和茅台的收入和利润，而且它们俩还真做到了！

其实都是瞎猜的。生意模式好，企业文化好，基本上你就可以简单地希望他们会正常增长，所以给个五年十年的，有增长不奇怪啊。关键是要看懂生意和商业模式。（2019-03-17）

网友：你对苹果说得多，对腾讯很少提，你如何看腾讯的企业文化？

我对苹果了解比较多，对腾讯了解相对少。直觉上觉得腾讯商业模式非常不错，企业文化也还可以哈。（2019-04-11）

网友：您最认可腾讯哪些方面？

马化腾人不错，而且年轻，微信及微信支付的影响非常大且深远。我们确实买了一点腾讯，但比例很小。（2019-10-15）

网友：您觉得腾讯 10 年后会怎样？能看到 50 年吗？

简单讲，腾讯就是通过建立社交媒体，将流量货币化了。感觉 10 年后腾讯应该依然强大，但 50 年就不好说了。我对腾讯的理解度远不如苹果，所以投的比例也小很多。（2020-10-09）

网友：大道评价一下阿里跟腾讯吧？

我觉得阿里的护城河没有腾讯的宽，但今日的出现让人觉得腾讯的护城河也没那么宽了。投资确实很难哈。（2022-03-09）

网友：感觉大道在腾讯的买入上还是要保守些，相对苹果来说。

是的，目前还不到 1%，还不算实质性投入。还在想……（2022-08-02）

网友：确定的好是第一位的，从长期来看只有确定的好才可能是便宜的，或许苹果便宜些。

是的，腾讯对我来说确定性确实比苹果小不少，这也是现阶段一直下不了大决心多买的原因。苹果下来的时候我完全不用下决心就能下买单哈。不过，腾讯对我而言依然是非卖品，找到一个商业模式好的公司不容易。我猜未来几年内我还会有机会进一步加仓腾讯的，目前确实还是有些事情没想清楚。（2022-08-07）

我对苹果确实完全不操心，掉多少都不往心里去。腾讯总是觉得懂得不透，下不了重手。

网友：最疑虑的点是哪些？

未来现金流看不透。（2022-10-05）

网友：大道唯独对茅台和苹果买入的价格没那么敏感，基本是有钱就买。

是的，苹果跌得多的时候我一定会买的，茅台经常会，腾讯有时候也会买一点。（2022-10-30）

用户为本，科技向善

腾讯目前的股数比 2016 年还多，所以这些年的回购实际上全部都变成了员工股？苹果过去 10 年的股数已经减少了 40% 左右了。

苹果在过去 10 年里每一年的股票都是减少的。腾讯除了 2023 年比 2022 年股数略有减少外，其他年都是增加的，而且 2023 年的股数居然比 2016 年还多。这种回购实际上就是在给员工发奖金哈。

网友：这或许就是大道一直不重仓腾讯的缘由吧？

原因之一吧。我们买的到底是什么很重要。（2023-12-26）

我一直在投资腾讯啊，只是投得比较少而已。有些顾虑挥之不去，只好慢慢来了。（2023-12-28）

网友：请教下你如何看腾讯的企业愿景？

以前是“做一家受人尊敬的互联网公司”，现在是“用户为本，科技向善”。我非常喜欢新的愿景！太牛了！八个字，该有的都有了！老的那个我很久以前就说过，不是很喜欢。

网友：“应该有的都有了”，指的应该是消费者导向和利润之上的追求这两条。同样很喜欢，现在的愿景，英文是 Value for Users, Tech for

Good。

我喜欢你的解释！（2023-12-12）

根据自己的机会成本做决定

网友：未来 10 到 15 年，您认为腾讯能到的市值是多少？

市值是别人愿意出多少钱买这家公司的意思。我不知道别人愿意出多少钱买这家公司，所以我不知道腾讯能到多少市值。不过，我认为腾讯这家公司大概率 10 到 15 年内一年可以赚 2000–3000 亿人民币，愿意出多少钱买这家公司完全取决于你自己的机会成本。（2019-03-14）

如果考虑腾讯的投资部分，P/E 实际上已经低过 20 了。（2024-08-15）

网友：老段这个算法怎么回事？腾讯投资部分公允 5000 多亿，账面价值 3000 多亿，看利润用的是哪个，扣非净利润，自由现金流？

我没算过，但你可以假设腾讯把投资都卖掉，把钱还完债务后全部用来回购，完了你再算 P/E 就比较真实了。这是假设，没必要但可以这么做。（2024-08-17）

拼多多还是一家初创公司，未来变数还很多。腾讯相比之下要更成熟。该说的都说过了哈。（2024-10-28）

网友：我觉得腾讯的模式比苹果还牛。

让腾讯上 6000 亿美元试试？腾讯确实是不错的公司，但要成为苹果还需要很多东西，包括大环境的变化。顺便说一下什么叫生意模式：生意模式就是赚钱的模式，最后赚得越多的模式就应该越好。苹果现在一年的利润比中国所有互联网公司（包括腾讯）从开办以来赚的利润的总和都要多，你说腾讯的模式更好的逻辑是啥？（2013-03-04）

腾讯早晚会再上 6000 亿的。（2024-10-19）

阿里巴巴

那个面对一堆偷井盖的大汉还敢大吼一声的马云，每当想起这个时刻，我心里总有一丝感动。（2018-09-20）

从雅虎到苹果是一个跳跃

网友：雅虎有什么优势么？

我想我从一开始就说得很清楚，我买雅虎是为了买淘宝和阿里巴巴集团。所以雅虎只要过得去就可以了。（2010-05-29）

我已经买了不少雅虎了，如果价位在这附近或更低，我应该还会再买些，就看其他资源调配的情况。我觉得雅虎便宜的理由非常简单。

1. 现有资产情况（美元）：现在雅虎的市值是215亿左右，现金45亿左右，雅虎日本和阿里巴巴香港上市公司属于雅虎的部分大概有100亿。所以按市值算，现在买雅虎实际上只要花70亿左右。这里的不确定因素是雅虎日本和阿里巴巴上市部分的市值是有可能变化的。

2. 70亿市值（价格）的雅虎值（价值）多少钱？现在雅虎的盈利能力不强，但也有5–7亿/年，现金流还要多些。和微软的合作如果开始的话，还可以每年节省 5–6 亿 / 年（10 年以后不知道，但也不重要），这样的话，雅虎一年的盈利应该在 10 亿以上。这里的问题是，雅虎的盈利能力能持续吗？和微软的合作会被批吗？我个人的观点是：现在的 CEO 在管理和战略上比以前强，而且没有包袱，容易平常心去做正确的事。处在一个上升的市场里，以雅虎现在的策略，我感觉他们的盈利能力没道理下降。至于和微软的合作，我想不出任何欧美政府会反对的理由。

综上所述，以雅虎这个价（格）就不贵呀。我看美国很多机构投资者买雅虎的理由也差不多就上面这些。

对了，忘了说淘宝和支付宝。我说不清淘宝和支付宝值多少钱，但好像没那么重要，因为无论值多少都是白给的。不过也不是那么不重要，因为这是我买雅虎的最大理由。

我个人认为淘宝加支付宝可能值 500 亿。在未来 5–10 年里市场大概会反映出来的。呵呵，市场的反映永远都是不知道的，也许只要 5–10 天啊，如果他们明天上市的话。（2010-02-07）

网友：我在一篇报道里看到您说觉得雅虎“怎么看都值 30 美元”，是您的原话吗？

是的。我毛估估地认为美国雅虎值 15 左右，其他投资价值也值 15 左右（包括雅虎日本和阿里巴巴集团雅虎所占部分）。（2010-03-01）

网友：您的意思是，即使没有阿里集团，现在买入雅虎也不算亏，这是安全边际所在。

没有阿里巴巴集团的话，雅虎就不便宜了。（2010-03-03）

网友：如何分析雅虎，怎么得到 30 多美元 / 股的结论？

大概说下。

每股（都是大概数，没细算过）：现金 3，雅虎以外上市部分属于雅虎的部分（包括雅虎日本约 30% 和阿里巴巴 B2B 香港上市部分约 30%）4.6+2.1=6.7。雅虎本身现在的现金流大概有每股 1.4 / 年，估计盈利在 0.8 左右，在互联网这样一个成长的市场里，雅虎的广告总量还是有很大可能成长的，所以我给这部分 12 倍的 P/E（这里给多少都可以，看每个人对他们业务的理解），这就是 9.6。以上总和是 3+6.7+9.6=19.3。所以我认为雅虎现在的市场的合理价格大概就在 18–20 美元之间，所以我认为雅虎不贵。

另外，雅虎拥有 40% 阿里巴巴集团的股份（所有没上市部分，包括淘宝、支付宝还有它们的妈妈等），我也不知道那一块到底值多少钱，反正是送的。如果整个阿里巴巴没上市这块值到 500 亿的话，雅虎就一定在 30 块以上了。如果值 200 亿的话，雅虎大概值 25–26 块。

不管大家对淘宝的前景怎么看，我对美国大部分投资者的理解是他们根本还没开始看淘宝呢。也许这才是雅虎可以便宜的机会吧。等个几年之后，也许大家就慢慢注意到那一块了。（2010-04-03）

网友：以上总和 3+6.7+9.6=19.3。你这里算的现金 3，是去掉负债后的净现金吗？

我说现金一般就是指净现金，不然就不知道什么意思了。（2010-04-06）

网友：段总好像说过净资产是产生利润的条件之一，不必重复计算在公司价值之内，而雅虎又挺重视净资产的，我就是不明白什么时候要把净资产计算在价值内，什么时候不计算在价值内。

呵呵，你提的问题是个非常好的问题。

我说的雅虎的这些资产的盈利（能力）并没有反映在报表里，所以要计算。

雅虎现在的盈利是没有包括雅虎日本、香港阿里巴巴和阿里巴巴集团现在的利润（和将来的成长）的。总而言之，尽量不要重复计算。（2010-05-11）

网友：有条件可以控股雅虎。

呵呵，我有 200 亿美元我就把雅虎买下来。（2010-03-26）

网友：淘宝加支付宝的那个 500 亿是怎么估计的呢？eBay 也只卖 300 亿呢。

我这 500 亿完全没有科学依据，纯粹拍脑袋的。我只是觉得若干年后淘宝的盈利能力超过现在的 eBay 是非常有可能的……

另外，我不认为淘宝会马上上市，因为我实在想不出有什么理由会让他们这么做。但如果现在他们上市的话，市场也许不会给到 500 亿这么多，如果让我猜的话，我会猜 150 亿以内。但如果淘宝的盈利模式清晰以后再上市的话，可能结果会完全不同。呵呵，太多如果了。我猜若干年后阿里巴巴集团或腾讯会是中国最早到 500 亿、甚至 1000 亿美元市值的民营上市公司。（2010-02-08）

网友：我现在心里最没底的地方在于虽然知道阿里巴巴集团很值钱，但是值钱到什么地步，没有数据可以估计。

用一用他们的产品，看一看他们的市场。（2010-07-25）

网友：通过这次团购和 B2C 的寒冬，会加大电子商务的集中度，获益者就是淘宝系，日均 3 万到 4 万的交易额，或许用不到 10 年。

日均 3 万到 4 万的营业额？我说的可是一年 3 万亿到 4 万亿的营业额啊。（2011-10-03）

网友：阿里巴巴最近一轮融资后，有传言将其估值定为 430 亿美元，几个月之后大摩又给阿里定了 660 亿到 1280 亿这么个伸缩性极大的估值，如果是你，你给阿里估值多少呢？

你看我几年前的说法，我认为阿里会是 1000 亿美元的公司，当然包括支付宝在内。觉得阿里是 1000 亿的理由是因为我认为阿里早晚能赚 100 亿或以上的。（2013-03-19）

网友：阿里应该值 1000 亿美元，淘宝一年就应该赚个上百亿人民币。

只赚 100 亿人民币是不可能值 1000 亿美元的。我的意思是阿里早晚一年能赚 100 亿美元以上，这个数字可能在 5 年左右就能看到了。（2013-03-20）

在这里，我想举个极端的例子来说明一下用“未来现金流折现的思维方式”去毛估估公司内在价值的方法。

假设有家公司，比如叫“美国虎牙”，以下是所有的假设条件。

1. 没有债务，以后也没有。（现在有净现金。）

2. 股票发行量永久不变。（其实由于期权和回购的原因，一直在变。）

3. 每年有 10 亿美元现金流（正好 = 净利润）入账，并且每年都把入账的现金流派给股东。（现在现金流大过 10 亿但利润没有到，不分红。）

4. 拥有“日本虎牙”公司 30% 的股份。2020 年后市值 500 亿美元。（也许更高，谁知道呢？在日本，虎牙可是比狗牙要流行啊。）

5. 拥有香港“一路发发”公司的 30% 股份。2020 年后市值 1000 亿美元。（呵呵，CEO 有这个信心，我也觉得有可能，但不确定。）

6. 拥有中国大陆未上市公司“阿拉奶奶”40% 股份。该公司 2015 年上市，IPO 价格是 500 亿美元，到 2020 年市值 1500 亿美元。（很可能。）

7. 2020 年美国有家叫“相当硬”的公司以 200 亿美元的价格收购了“美国虎牙”的美国部分，同时把其他部分资产（3 个上市公司）的股票直接分给所有“美国虎牙”的股东。（没人买也没关系，就为了计算方便。）

8. 不考虑股东拿到分红及股票的税收问题。（怎么可能没税收？）

9. 假设贴现率 6%。（如果是 4% 或 5% 的话，差别还挺大的，谁没事算算？）

现在来算这颗“虎牙”可以值多少钱：

（1）每年 10 亿的收入，共 10 年：$10+10/1.06+10/1.06^2+\cdots\cdots+10/1.06^9=10+9.43+8.90+8.40+7.92+7.47+7.05+6.65+6.27+5.91=78.02$ 亿美元。

（2）“日本虎牙”的折现：$500/1.06^{10}\times30\%=83.76$ 亿美元。

（3）“一路发发”的折现：$1000/1.06^{10}\times30\%=167.52$ 亿美元。

（4）“阿拉奶奶”的折现：$1500/1.06^{10}\times40\%=335.04$ 亿美元。

（5）“相当硬”的折现：$200/1.06^{10}$=111.68 亿美元。

（1）+（2）+（3）+（4）+（5）=776.02 亿美元。如果以上所有假设条件都成立的话，这就应该是这家公司的“内在价值”了。问题是事实上以上所有条件都是假设，任何一个条件的改变都会改变这家公司的内在价值。这里只是说了 10 年，实际上如果能够用更长的时间去评估一个公司的话，可能会更清楚些（但更难）。

对所有条件是否成立的理解或判断是很难的，按芒格的说法是不会比当一个“鸟类学家”（或者是“经济学家”）容易。

特别说明的一点：如果一家公司拥有大量现金在手却一直不能增值的话，长期来讲这个现金是会贬值的。问题是如果这个现金用得不好的话，贬值更快。

这个例子的缺陷是（2）（3）（4）用的都是市值，这会和内在价值有偏差的。

以上所有数据都是为了方便计算而假设的，和任何真实公司无关。

引申的结论：烟蒂型投资的回报可能要低于好的成长型公司。这号称是芒格对巴菲特的贡献。

另外，这个办法最好算的例子可能是房产。

用未来现金流折现来计算现在的价钱贵不贵。这里的未来现金流指的是（租金减费用）。不明白的想想房子。再不明白就回去看看《富爸爸，穷爸爸》，明白的就可以有机会当“富爸爸”了。（2010-05-26）

网友：跟风买雅虎，把钱分成 3 份，每跌 1 块钱买 1 份。

雅虎就是个例子，里面还有很多变数，自己好自为之。看了《穷查理宝典》之后，总觉得对我而言，雅虎并不是最理想的投资。

网友：这句话怎么理解？

呵呵，我觉得这种产品市场的变化很多。买雅虎的假设前提是雅虎本身不能出太大的问题，比如不能亏钱（现在看起来一时半会好像确实不会，但10年以后就不知道了）。理想的目标是自己能觉得清楚地看到10年或更长时间。对阿里巴巴，10年以上我不太担心，但雅虎本身却说不清，有一些问题。

呵呵，最理想的就是可以长期持有、永远不想卖的股票（巴菲特讲的）。（2010-05-16）

网友：大道用非常便宜的价格买了个一般的公司——雅虎。这么想对吗？

这个说法可以接受。从未来现金流折现的角度看，这公司的未来有点不太靠谱，最值钱的未来都会被“不懂事会”卖掉，所以最后不会成为特别好的投资。（2012-02-08）

网友：未来现金流折现我理解为未来利润折现，是否大错？

没什么错，但利润必须是真实的利润。（2010-05-27）

网友：假设先不谈折现率，假设我确切地知道这个企业的未来，企业的价值 = 股东权益 + 未来20年净利润之和，然后再进行折现？

大概就是这个意思吧，毛估估算下就行。这种算法其实把成长性也算在内了，如果你能看出其成长性的话（这部分有点难）。（2010-04-24）

网友：78.02亿美元是“美国虎牙”每年10亿收入一共10年折现到今天的收入，这点比较明白，不明白之处是每年产生10亿收入的那些“资产”是什么呢？“美国虎牙”的市值和每年产生10亿收入的“资产”没关系。

把这个例子改成“房子”，你可能就明白了。假设你收了10年租金，然后卖了这个房子。难道你会觉得租金和房子没关系？（2010-05-31）

网友：那是不是意味着估值 = 净资产 + 未来现金流的折现呢？

房子不卖就不是资产了？不卖的房子继续产生现金流（收租）！未来现金流的时间变长。这个例子里是为了方便计算才卖的，不然就要一直算下去。（2010-06-01）

公司价值实际上只和其未来（净）现金流折现有关，净资产只是产生

现金流的工具而已。（2012-01-27）

网友：假设一个永续存在的企业，产品是和人口有关的（这样假设时间越久增长越趋向于人口增长），一直有稳定现金流入的话，1000年盈利折现值可能在几十万亿。如果有这样的企业存在的话，按现价买未来现金流的思维，是不是现在任意价格都属于低估了呢？

怎么听起来像是美国国内收入署（IRS）。如果人口下降怎么办？人口是不可能一直涨的。（2010-05-27）

其实这个例子说得很清楚，把所有未来的可能现金流都算了，这就是为什么我说2020年要卖掉的原因（卖掉是一次性把现金全部拿回来的办法），不然就要一直算下去。（2010-05-28）

网友：这个长期没有什么具体的期限吧，比如是3年还是5年10年的，老是持有得不够长久！

未来现金流的折现其实是没有期限的，慢慢琢磨下。（2010-12-07）

网友：这里只是说了10年，实际上评估一个公司如果能够用更长的时间去评估的话，可能会更清楚些（但更难）。

时间越长当然越难评估，但如果你能做到那就更清楚能否投资了。喜诗糖果是个很好的例子，巴菲特看到了很远，所以就投了。（2010-05-27）

网友：想起当初跟着学长为了阿里买雅虎股票的往事。

当时雅虎拿着40%的阿里，却只有100多亿美元市值，比白送还便宜，所以当时想的是，只要他们不瞎折腾就好，但他们就是瞎折腾了。这家南非公司倒是没听说有过折腾腾讯的事情。（2022-05-23）

网友：讨论雅虎的时候，会有很多数字的概念，包括账上现金、各业务营收、占阿里的股比等等，后来就不怎么听到学长说具体数字了。

定性比定量分析重要，最重要的是商业模式。商业模式把绝大多数公司都过滤掉了，定量分析的重要性一下子就下降了很多。所以这些年想通了的最重要的一点就是商业模式。这点通了以后，投资确实就变得非常有意思了。

网友：有些人基础财务分析都不懂，只是根据定性战略分析大致把握住模糊的正确，长期看也能持续稳定地获得超额收益。

投资到目前为止我还真没看过财报，也许确实有点看不懂（其实就是因为懒），也许真的觉得没必要。我见过太多很懂财务分析的人对投资可真是一头雾水哈。（2023-01-20）

网友：感觉大道从雅虎转到苹果后投资功力大涨。

确实，从雅虎到苹果是一个跳跃，从那以后就彻底摆脱了市场的影响了。（2023-01-19）

强大的企业文化

一般来讲，公司的企业文化是由三个部分组成的：使命、愿景以及核心价值观。使命指的是企业存在的意义，愿景是企业内大家的共同远景。大家可以看看阿里巴巴集团的企业文化。

使　命：让天下没有难做的生意

愿　景：做一家经营102年的企业

成为世界最大的电子商务服务提供商

成为世界最优秀的雇主

价值观：客户第一、员工第二、股东第三

客户第一：关注客户的关注点，为客户提供建议和资讯，帮助客户成长

团队合作：共享共担，以小我完成大我

拥抱变化：突破自我，迎接变化

诚信：诚实正直，信守承诺

激情：永不言弃，乐观向上

敬业：以专业的态度和平常的心态做非凡的事情

我理解这里的 102 年是形象解释基业长青或百年老店的意思，是从每一天开始算，而不是从 1999 年开始算的 102 年，不然现在就只有 91 年了。

“平常的心态”大概就是我们常说的平常心吧。这里的“诚信”指的就是 integrity。阿里巴巴的企业文化是我在中国企业里迄今见到的写得最好的。

拥有这么好的企业文化再加上已经找到的这么好的生意模式，阿里巴巴想不成功都不容易啊。这也是我愿意买雅虎的最重要的原因！（2010-04-03）

网友：阿里的愿景是“成为世界最大的电子商务服务提供商”。阿里要成为最大，步步高要本分。

本分和最大本身并没有任何矛盾！事实上，我们公司做的产品大部分最后都是国内“最大”的，只不过我们罕有提起而已。我们不提的原因是认为这不是我们用户关心的东西，但这往往是我们关心用户而产生的自然结果。

我个人认为，追求最大确实有点问题，因为它是一个结果而不是一个方向，而且有可能和核心价值观产生矛盾（比如有时可能不符合用户导向等）。不过，阿里巴巴作为公司还比较新，等它真到了第一以后才能明白我说的问题何在，那时再改也来得及。（2010-04-05）

网友：什么原因让您这么看重马云？

我觉得马云对企业文化的理解和推行在国内是首屈一指的。（2013-01-15）

网友：马云的特点就是擅长“忽悠”。

马云其实不忽悠。忽悠指的是自己不相信的东西却想让别人相信。马云其实是个很好的鼓动家，能用很形象的语言或比喻去表达自己真实想表达的事情。虽然不是每一个比喻都 100% 恰当，但到目前为止，我看

到的大多数比喻都说得非常好，至少比我强啊。(2010-07-15)

单纯的理想主义者走不远，单纯的现实主义者做不大。马云两个都是。(2011-10-02)

网友：很多人评价马云是带来了一点激情，也带来了一点狗屎，但加起来还是狗屎。特别令人不爽的是他到处演讲，唯恐天下不知道他很有口才！

再好的东西对不懂的人来讲都可能是 ××。头几年到处讲讲没啥坏处，企业文化是要不停地宣讲才能慢慢深入大家的骨髓里的。(2010-04-05)

网友："阿里巴巴 CEO 卫哲引咎辞职"，这件事是否也说明马云要的优秀的企业文化还没有构筑得很坚固?

在阿里巴巴里，马云比其他人更有平常心而已。(2011-03-26)

网友：坦率地说，我觉得这件事情没有这么简单。继任者陆兆禧先生的淘宝网，同样假货很多，如果不是更多的话。当然 C2C 控制起来更难。我没有细心观察和调研过这家企业特别是内部文化，没有什么发言权。但据朋友和他们员工说的情况，感觉这家企业洗脑非常厉害，而且搞马云先生的个人崇拜。从卫哲先生的辞职信也有这样的感觉。诚信应该落实在实际当中，愤怒、焦虑这些不是长效机制。个人觉得淘宝的假货，应该不是半年一年的问题了。马云先生这一两个月的焦虑愤怒，我不太理解。如果我去看这家企业，看些什么比较重要?

讲几点我的理解。

1. 好的企业文化不是万能的，但能让公司少犯原则性错误，而且可以让公司及早发现错误。同样的事情如果出现在企业文化不如阿里巴巴的公司的话，估计认识到错误就不容易，改起来就更难了。

2. 你这里所谓的洗脑估计讲的就是对企业文化的宣导。我看到的倒是觉得阿里对企业文化宣导很有一套。当然，从这次事件来看，大家可以知道要把企业文化真正融到骨子里还是非常不容易的。至于个人崇拜嘛，那是我们中国文化的产物。能有马云这种成就的人在中国周围会没一堆人去有意识无意识搞个人崇拜？能不能抗住这种个人崇拜的副作用则主要要看马云是否可以一直保持清醒状态了。从这次事件看，马云还是很清醒的。

3. 假货不是淘宝造的，没有淘宝抓假货将更难。我了解淘宝在抓假货上还是很花功夫的，至少绝对没有故意纵容。

4. 马云的焦虑和愤怒是很容易理解的，因为在他自己的领地里居然有这种破坏原则的问题。将心比心，我处于同样的情况也会感到愤怒的。

5. 不知道到这类公司里你能看到啥，聊也很难聊出什么东西的。不过，去看看至少有个直观感觉。当然，如果真有什么特别不好的东西，如果你敏感的话，有时候可以"闻"出来。（2011-02-22）

他们出这个问题我也多少有点意外，看起来在上市公司的业绩压力下，要坚持做对的事情不容易。从卫哲以前说的一些话来看，犯这种错误恐怕也不是偶然。好在马云很明白大是大非的问题，不然将来会有大麻烦的。从这事也能看出来，企业文化的建立不是一朝一夕之功哦。（2011-02-24）

网友：其实在目前的大环境下，卫先生做得已经非常棒了。

我不能理解的是为什么这种欺骗可以在那里存在那么久，难道没有投诉？这种零容忍的行为居然被容忍了这么久你居然还觉得不错？那你还有没有原则了？（2011-03-01）

网友：有些事情是很难做到本分。拿淘宝来说，卖假货是肯定违背原则的，但如果真的一刀切不让卖假货，那淘宝肯定会被其他类似的网站打倒。所以，阿里巴巴的问题非常难处理。理想主义者是很难生存的。

不知道哪些事是容易做到本分的。最后能生存下来并活得好的其实大多是偏理想主义的。理想主义并不是远离现实，知道如何生存也并不是没有原则。比如，如果哪个真有办法做到绝对没有假货且买卖双方都

很方便的话，那这个网站肯定可以超过 eBay 了。简单但不容易！（2011-03-06）

网友：您说得对，没有哪些事是容易做到本分的。

我其实还不是很确定淘宝让人卖假货是文化问题还是技术和决心的问题。这次 1688 的事出来后，基本可以看出来应该是技术和决心的问题。有了决心后，技术可能就是个时间的问题，但要把事情做对往往是非常不容易的。但如果是文化问题的话，那可能在企业的生命周期内都没办法解决。（2011-03-08）

"马云首谈卫哲离职事件：我是在治疗'癌症'。"（新闻）

做对的事情，把事情做对。发现错马上改，不管多大的代价都是最小的代价。这是我喜欢马云和阿里巴巴集团的原因。有强大的企业文化不等于不会做错事。强大的企业文化往往体现在做错的事情的概率相对低，做错了发现得早、改得快。

负责调查的居然是关明生。关明生来自 GE，早年对阿里企业文化的建立起过巨大的作用。他写过一本书，好像叫《关乎天下》，我很久以前曾经浏览过，印象中觉得写得很好且非常实用，值得做企业的人一看（或多看）。（2011-03-25）

"阿里巴巴'二选一'事件。"（新闻）

网友：你觉得阿里是一笔确定的投资吗？

我看企业一般先看企业文化和商业模式。当我看到"二选一"这种"让自己的天下没有难做的生意"的企业文化时，我决定卖出了自己的股票。

网友：是不是投了拼多多的缘故？

不是！是因为失望。（2019-06-11）

网友：感觉平常人很难保持平常心与理性。

所以马云说平常心就是不平常心哈。对谁都不是件容易的事。

网友：阿里新的企业文化已经改成“我们不追求大，不追求强，我们追求成为一家活102年的好公司”。如大道所说，阿里已经不追求大了，但是也不追求强，感觉又变得有点问题。我觉得强还是应该追求的，强一般都是指的公司能力。

我觉得追求102年的意思就是要做对的事情，就是凡是有违长远的事情都不做的意思。强和大都是结果，如果有人能一直坚持做对的事情102年，你觉得他们会不强不大么？尤其是那些商业模式已经很好的公司，想不强不大恐怕都不太可能吧？（2020-09-02）

网友：腾讯在微信限制抖音属于企业文化有问题吗？和阿里的“二选一”区别在哪里呢？

阿里的文化里有“让天下没有难做的生意”，我觉得二选一违背了这条，现在改了就好，不然对企业文化传承可能会有副作用。

很多人以为我说的是“二选一”，但我实际上说的是在“让天下没有难做的生意”的文化前提下的“二选一”，我觉得那是和企业文化冲突的东西。别的企业“二选一”是垄断问题，是法律范围内的事情。我觉得阿里是这次罚款的最大赢家，他们终于又可以重新该干嘛干嘛了。（2021-04-12）

网友：我看OPPO、腾讯、阿里都对企业文化内容进行过几次升级修改，什么时候应该对企业文化进行更新呢？

应该是自己觉得有必要的时候吧。（2021-05-30）

网友：你对阿里“不喜欢”的东西是什么？最早讨论雅虎持有的阿里巴巴股份的时候，我记得您没有怎么谈到阿里巴巴的“不喜欢的东西”。这是不是有个发现、放大、确认的过程？

我对阿里最不喜欢的就是“二选一”，因为那是违背“让天下没有难做的生意”的。“二选一”的宗旨是让阿里的天下没有难做的生意。不过，后来我发现这并不是马云主导的（虽然不是100%确定，但应该也是大概率的了）。雅虎年代，阿里如日中天，价值完全没体现在雅虎上。现在阿里受到各方面影响，价值很可能也被低估了一些。作为一个做卖期权生意的保险公司，我还是要花点时间考虑一下有没有苹果以外的保险生意可以做的哈。

网友：觉得马老师选的人有些利润导向，不太重视用户，比如张勇和当年的卫哲。

哪个公司都可能有不合适的人，淘汰需要时间和事件。（2023-12-10）

网友：能谈谈您对雅虎企业文化的理解吗？

以前的雅虎文化不太好，有点乱。现在在调整过程当中，至少开始聚焦了。总而言之，雅虎目前还没有很强大的好文化，似乎以后也不容易有。

网友：怎么看出比较乱的？

观察所有的东西。（2010-06-21）

"雅虎高管：今年将有重大收购。"（新闻）

这个看着有点恐怖，不知道这个"重大"到底有多大。企业文化很弱，收购的结果很难太好，个人认为长期而言出问题的概率大。（2011-03-28）

"雅虎高管认为，未来几年显示广告营收增长率可达13%–16%。"（新闻）

看不懂，"未来几年"的成长率是怎么得出来的？而且还可以准确到13%–16%，真是神啊。自己做企业这么多年，从来就没有过"未来几年的营收成长率13%–16%"的感觉，所以觉得他们可能是在乱讲。（2011-05-27）

雅虎的风险在于董事会。由于没有好的强大的企业文化，又失去了梦想，美国雅虎本身很难东山再起。不过雅虎自己的业务也不容易出现崩溃性下滑，加上其亚洲资产的价值，雅虎可能是个很好的卖covered call的目标。只是买call的人越来越少，钱都被我们这些卖call的人拿走

了，后面的 premium 越来越没有吸引力了。(2012-02-03)

雅虎“不懂事会”搞来搞去的给雅虎的价值增加了很多不确定性，太高比例持有似乎也不太合适了，但如果有什么生机的话，也许股价会有一定升幅，但如果是卖亚洲资产带来的升幅实际上已经变得没意义了。(2012-02-09)

“雅虎杨致远发备忘录，将在数月内确定战略选择……”(新闻)

从外面请顾问对自己公司做战略评估一定是件非常有趣的事情。很难理解当自己都不知道该用什么战略时别人可以帮得上忙，不管别人都是谁。旁观者清的情况下，旁观者或许可以指出错误，但要教会自己该干嘛，大概是不可能的事。 还有就是，让问题自己找问题大概是不会找到问题的。

网友：以段总的能力，是能够为雅虎制定一套可行的战略和企业文化的。

以我的理解，外部人是做不到的，就算有啥好主意也不会有机会实施。(2011-09-24)

电商的护城河似乎不够宽

网友：阿里巴巴的商业模式非常简单，主要就是做网上商业中介，收取中介费。

是啊，就是一个现代掮客。其实谷歌、百度也差不多。它们都不做“产品”，但给人提供方便。(2010-06-09)

网友：能否讲讲您对淘宝和京东模式的看法?

京东的模式好像不复杂，就是砸钱——融资——砸钱的过程。淘宝说不定有一天会成为中国最大的广告公司的。

网友：京东目前没有办法，互联网企业总是这样。

建不起护城河的话，砸多少钱都是没用的。

网友：虽然 eBay 自身增长乏力，被亚马逊赶超，但 Paypal 的发展势头依然很猛。您怎么看这个问题？我觉得对阿里巴巴也是一样，支付宝的价值大于淘宝平台的价值。

在国内淘宝约等于 eBay+ 亚马逊。（2010-07-07）

我讲的是生意模式。（2010-07-04）

网友：您为什么不看好京东？

我没说不看好，只是说不了解而已。不过，作为行业中人，确实也没有想出来能特别看好的理由。（2010-09-16）

网友：阿里最具前景的业务淘宝，其互联网生意模式并不具有护城河。我每个月都会上淘宝买两三样东西，最近发生一些令人不愉快的事情，比如我通过旺旺和商家聊，最后决定不买时，对方会回复“滚”。这就是我对其远景的担忧。

它那个护城河很宽啊，不然你可以想象一下和它做同样的生意会是什么感觉就明白了。貌似你还需要进一步搞懂护城河的意思。哪里都有很烂的买家和卖家，你碰上一个也很正常，但这种不好的卖家未来是没法在淘宝混下去的，这也是淘宝的护城河的一部分。（2010-10-11）

“刘强东接受采访说 2012 年京东新进 2.5 万新员工，最大挑战来自团队。”（新闻）

这么低的 margin（毛利）和这么点营业额要用这么多人啊，这个生意模式看起来不是很美妙。（2011-12-28）

我觉得如果他们真的需要增加那么多员工，为什么不分三年而非要在一年里完成呢？除非他们真是超人，不然这种做法后患比较大。（2011-12-31）

网友：看过刘强东的采访，感觉人很踏实，他说京东从不会亏本卖货（除了促销）。

除了促销是什么意思？

网友：我说的是指类似于超市里的每天一款特价商品，京东有时会搞限时抢购，就几款产品，非大面积。

不好的生意模式也是有机会在一段时间里赚钱的，但赚起来累，效率差，持久性不好。需要用很多人（相对营业额和利润而言）是不好的模式的一个特征。另外，短期内增加很多人往往也是很危险的（比如一年内在一万多人的基础上增加两万多人），当然有些公司可能会是例外，虽然我还没见过例外。（2011-12-29）

网友：也得看跟谁比吧。我没记错的话 2010 年京东的人均销售额大概是 100 万元，国美不到 20 万元，这么看效率还可以。

逻辑上讲，两个火鸡加起来也不会变成老鹰的。我这里讲的实际上和京东无关，只是就商业模式说点看法而已，5 年以后大家就知道对错了。（2011-12-30）

网友：对比亚马逊、沃尔玛，您觉得它们的模式好吗？

你对比一下双方的人数、营业额、利润等指标看看，我没认真研究过。印象中亚马逊的模式不错，但沃尔玛恐怕很难再有更大作为了。

网友：淘宝的模式本质上无法把控品质和服务等，这是硬伤。从消费者层面，京东是胜出的。

如果两者规模相当的话，你可能会得到不同的结论。（2011-12-29）

网友：我认为京东也很牛，京东的理念与亚马逊一致，会是阿里的强劲对手。

亚马逊是不错，但美国物流环境好。京东需要建自己的物流，我有点不太懂。目前京东这个规模依然亏钱，感觉商业模式不是太理想，但没太认真研究过。（2012-02-29）

物流大概要靠大环境了，自己搞物流费力不讨好。京东那个搞法长期是要吃苦头的。（2011-09-27）

网友：能谈谈京东与亚马逊的区别吗？

两家公司我都不太了解。似乎两家公司都是物流公司，而且都不太

容易赚钱，但亚马逊似乎在未来要厉害很多。另外，贝佐斯几乎每天回家吃饭洗碗。（2018-09-26）

想象中，因为天猫是厂家的旗舰店，所以应该很难有假货吧？感觉电商平台是无法完全靠自己的力量杜绝假货的，天猫似乎是个不错的办法。哎……因为自己不是消费者，要真的理解它们的生意不容易啊。

网友：我的大件（除了手机和汽车）都是在天猫购买了。

在消费者容易鉴别真假的产品上，天猫没太大优势，比如手机。苹果就算在天猫开店也不会和别的地方有啥不同吧？差别大的是那些容易造假又难以马上鉴别的。（2021-12-28）

阿里已经掉到我上次买的价钱之下了，但我目前还没有加仓。最近忙着打球，没时间好好看。我觉得我对阿里商业模式的护城河还不是很有底，很难下重注。（2021-12-09）

网友：您觉得阿里和京东谁的商业模式好一些？

以前我觉得阿里好一些，现在觉得它们都不完美，但都还过得去。仔细想来，非要比较的话，我还是觉得阿里好一点点。不过，我对两家公司的了解其实都不够，尤其是其他电商依然能够起来这点让我挺困惑的，似乎电商的护城河不是很宽的样子。我很难下大决心投大比重。阿里现在都跌破上市那天的价钱了。我还是看不太懂。（2022-03-09）

我对京东的了解度是零。（2023-04-07）

电商我老觉得看不透，不知道护城河到底在哪里，不知道 10 年后谁还能活得比较好。比如，我很难理解拼多多厉害的那些东西为什么阿里等不学或者学不像。如果厉害的东西大家都跟着学的话，10 年后谁会更厉害呢？苹果的东西大家想学但学不会。这个世界学不会的东西其实是很少的。（2023-12-10）

网友：阿里没有好好学拼多多。

我不觉得阿里以前想过要学拼多多吧？以后也许会认真研究一下？

拼多多市值超过阿里对阿里的冲击可能是不小的，不知道会不会警醒阿里？话说回来，据阿里的朋友说真正影响阿里的是抖音。从这条消息看，阿里之前对拼多多很可能是不够重视的。（2023-12-11）

网友：卖了几十个阿里后年1月份到期的puts，收了几万美元。在新东方遭受政策风险市值跌得很惨时，选择相信俞老师，卖了些puts，也收了我觉得不算少的美元。

我只是象征性支持，新东方当时也是象征性支持的。阿里要想再现辉煌不容易，面临的问题和困难很多，不确定性很大，但机会可能还在。

网友：大道对孙宏斌认可吗?

我跟用很多杠杆的人绝对不是一路的。

网友：身边用天猫的人确实越来越少，抖音电商和拼多多对阿里的冲击很严重。马云曾经说“拿着望远镜找不到对手”，说得太早了。

竞争的真正对手往往只有自己，拿望远镜确实看不到的。（2023-12-09）

我不是太了解电商（包括拼多多），但我喜欢马云身上的很多东西。过去我觉得马云很了不起，今天我依然这么觉得，和股价无关。我眼里的马云就是那个骑着自行车随时准备逃跑但依然壮着胆子对着那几个偷井盖的大汉大吼一句的汉子。

这里说的是情怀，不是投资，不是投身家的事情。有一首歌叫作I Bet My Life — on you! 是梦龙乐队（Imagine Dragons）的歌。我喜欢这首歌，我听这首歌的时候经常会想到投资。这里的bet看起来像是赌，但其实不是的。

网友：愿你出走半生，归来仍是少年！马云教授没变过。我高中时候认识的那个马老师，现在变成香港大学和东京大学的教授了！

其实我们都是年轻人！能开大音量听着梦龙唱“I bet my life, I bet my life, I bet my life on you”的人们都是年轻人！（2023-12-05）

其他

拼多多

“拼多多要上市了。很多人都感觉震惊。一个成立不足3年的‘初生儿’，居然就要上市了？而且是以高达300亿美元的估值上市。”（新闻）

我计划再一次买点Pre-IPO（上市前股权融资）。也许10年后人们会发现拿着望远镜也找不到对手的年代已经过去了。（2018-07-10）

我还没用过拼多多，但我对黄峥有很高的信任度！给他10年时间，大家会看到他们厉害的地方的。（2018-07-22）

网友：拼多多动了很多竞争对手的奶酪，现在各种造谣恐吓的软文出了不少。

上市就是为了被监督，现在监督来了，虽然不一定是预期的形式，但长远来说，对拼多多的改进是非常有好处的。希望拼多多能以开放的心态接受哈。

亡羊补牢，会有机会的。（2018-07-30）

网友：现在买拼多多会不会有点当年买网易的感觉？

我的说法不构成投资建议。目前拼多多受到的攻击非常猛烈，没人知道会是什么影响，虽然我不认为会对业务造成任何影响。我看到很多文章都像是有组织写的，大家对比一下那些写我的文章，基本都是拼的感觉，就明白我的意思了。如果拼多多能渡过它的难关的话，未来拼多多这个流量，怎么着一年 200–300 亿（人民币）的利润似乎不应该是问题吧？至于应该以什么价买这家公司，不是我可以回答得了的。（2018-07-31）

网友：看好拼多多，学段大哥，我也做个毛估估。拼多多现在 3.44 亿活跃买家，未来 10 年到 5 亿活跃买家……

你厉害，但不是学我的。我不是这么算的，这种情况我根本就不会算！目前这种情况，根本还无从算起。唯一我觉得可以做风投的理由就是，在目前这种成长情况下，我相信他们的好文化最终会有不错的概率会带来好结果。（2018-08-31）

网友：当年投网易也是风投了一把吗？

网易不同，我非常懂游戏，当时非常确定他们将来会赚很多钱，不知道的只是到底能赚多少。对拼多多来说，我目前的水平依然不知道他们未来能不能赚到符合目前市值的利润。3 年前我投拼多多时就不知道最终他们能不能赚钱，现在看了一下数据后依然还是不知道，但显然他们的影响力已经大了非常非常多了。我现在觉得他们能做出来的机会比 3 年前大了许多。（2018-09-01）

这里风投的意思是：这么一帮人，这样一种文化，这样一个生意模式，如果一直这么发展下去，10 年后跟淘宝平分天下还是有可能的吧？如果他们做到了，股东回报自然高。风险的部分在哪里呢？我要知道就不是风投了。（2018-09-02）

网友：段总的“猜”，是在懂的前提下的猜。

我懂得不多，但知道流量经常是很值钱的。他们流量很大，而且都来源于看得见的生意，所以变现不是问题。我相信他们本分的文化会让他们找到非急功近利的办法的。（2018-09-05）

网友：每次听黄峥的访谈，都感受到他有段大哥常常提到的那种利润之上的追求，那份平常心。

他确实有。(2018-11-10)

网友：段先生当初是怎么发现黄峥的，怎么判断一个人能成气候？

我不知道如何判断一个人能否“成气候”，没有成气候的充分条件。黄峥是丁磊介绍给我的。我很喜欢跟黄峥聊天，他的逻辑性非常强，非常关注事物的本质，而且学习能力也非常强。我当时确实觉得他最后能做出什么成就来我都不意外。(2024-10-09)

黄峥的学习能力和把事情做对的能力显然是比我强的。黄峥对什么是对的事情也有很清醒的认识。(2019-04-27)

《财经》：你认为作为 CEO 的本分是什么？

黄峥：我不是一个典型意义的 CEO，我一负责给公司输入价值观和文化，以及为员工树立人生理想；二是我管那些突然冒出来的、以前没遇到过、也不知道分配给谁的问题。

《财经》：你的员工说你说过的话做过的决定说一不二，你是不是觉得多数人都很蠢？自己的决策和判断要明显优于其他人。

黄峥：这和我对自己的认知是很不一样的。在我的脑子里，绝大多数人在绝大多数方面都是比我强的，我只在很少的方面比很少的人强。

这个像黄峥说的！(2019-02-14)

网友：您怎么看拼多多的商业模式？

我还没认真看过拼多多，但过年回国时体验了一下，感觉蛮好的。这么多人用可能是有道理的。(2019-03-15)

开市客 + 迪士尼，这个定义有点意思，也很难找到更好的定义了。(2019-04-25)

网友：能否演示下拼多多 10 年后是什么样？

如果他们能活下来的话，肯定会比现在厉害很多。我认为他们能活下来的机会很大。(2019-05-17)

网友：您说没看懂拼多多的商业模式指的是什么？

我不懂商业模式的意思是不知道公司未来是不是能长期有好的利润，护城河是什么。大多数公司的商业模式不容易看明白，或者看上去未来很难有好的利润。（2021-05-13）

我说我不懂这个商业模式不是不知道他们做的是什么样的生意，而是说我没办法看懂 10 年后这个公司会是什么样子。很早我就说过，我觉得拼多多赚到 100–200 亿人民币应该是有机会的，但未来到底会怎么样我看不懂。电商不是一个容易看懂的行业，很难知道 10 年后谁会是最后的赢家。

网友：如何理解没看懂未来 10 年？

两个方面：是否能赚到钱（匹配价格的利润）；如果能赚到钱，是否有护城河。（2022-03-24）

我依然不是太懂拼多多的商业模式，所以加不加仓和目前的价格没啥关系，毕竟已经有很多在手了。不过，我依然觉得给他们 10 年，也许大家真能看到点啥。现在距离我说“给他 10 年”的时间应该已经过去两三年了吧？那就再看个 7 到 8 年，看看我这个风投结果到底是什么。（2022-10-30）

抖音抢了很多市场，但好像对网易影响很小，对拼多多影响也很小。（2023-12-11）

开始卖点 put。虽然对拼多多的商业模式还不是完全懂，但这些年看来看去还是觉得蛮有意思的。（2024-08-27）

英伟达

网友：英伟达在 AI 行业处于上游，感觉很难做出差异。

英伟达（NVDA）非常厉害，产品其实有很大的差异化，堪称芯片界

的苹果！英伟达涨成这个样子是有道理的，继续涨也非常有可能。这也是不能空一个好公司的一个例子。（2024-03-10）

网友：时间长了，别家会不会也能抄出功能效果一样的芯片呢？

目前看，一时半会儿好像很难。可能需要 10 年？

科技公司非常难看懂。

我看不懂，也没时间看，就只能错过了。（2024-03-11）

我还真跟老黄吃过饭，但那是十来年前的事情了。当时参加了一个朋友的饭局，老黄就坐在我旁边。不记得当时都说过啥了，但感觉这个人蛮有点意思的。（2024-03-12）

简单讲，我对老黄没有任何负面的印象，觉得这是一个很真诚的人，似乎浑身充满了能量。可惜他中文似乎说得不多，当时的场合也是英文为主，所以我们的交流不是很多。不然当时买他 1% 就好了，哈哈。（此处注明一下：这是幽默。）

科技公司很难看懂的原因是他们的产品不是消费品，我没办法直接感受他们的产品。英伟达是一个，微软也是一个……我在打高尔夫的过程当中错失了不少这类公司了，我在乎吗？我一个满仓主义者，其实我啥都没错过，对吧？

网友：其实感受英伟达的产品不难，自己买一台 DXG Station 训练几个模型就行。

买苹果也不难啊，你试试？（2024-03-13）

看懂一家公司确实很难。以前没看懂，现在再看也还是没懂。搞不清楚这家公司 10 年后会是更好还是不如现在。

苹果我可以肯定 10 年后大概率还是这么厉害。其实在这里我想表达的是：我对英伟达感兴趣。英伟达确实厉害的，而且目前似乎看不到谁能对英伟达有威胁。目前我没能明白的东西是：他们的这种垄断到底能持续多久？对英伟达芯片的需求到底能持续多久？如果整不明白就很难下重手。下不了重手说啥都没啥意义。（2024-04-20）

网友：特斯拉现在如何?

电动车的同质化太严重，激烈的价格战是无法避免的。如果说他是做AI的，那还真不如就投资英伟达呢，反正都是赌他们的未来。关键是，我不想是赌才有的今天。（2024-04-21）

英伟达很难看懂的并不是短期的增长，而是长期的护城河到底是什么。10年后的英伟达肯定还在，但还是目前的市场地位吗？（2025-02-24）

网友：是会有更强的竞争对手比如AMD，国产GPU？还是说以后核显越来越强，私人家用足以分走一部分独显市场？还是说DS（DeepSeek）出现，显卡算力市场并不需要那么大?

我没啥可解释的。我说的是我看不懂。未来算力的需求肯定是会继续增长的，算力的供应包括DS这种效率提高也大概率是会继续增长的。英伟达目前的毛利率巨高，因为各大厂都不敢不买算力。同时，各有钱的大厂肯定是不甘心一直这么高的价钱去买算力的。这么多有钱的企业搞个三五年难道还不能搞出点名堂来？总感觉英伟达的护城河不是那么牢不可破，但这确实不是我能力圈内的东西。（2025-02-25）

我知道目前英伟达的护城河是CUDA，也知道CUDA的生态有点像苹果。我也早就看到黄仁勋说的目前别的芯片白给都比英伟达提供的方案贵，也看到他说的10年后算力会是百万倍的增长。但10年后就不能有别的替代方案吗？特别说明一下，我在这里不是表示质疑英伟达，而是表示对英伟达有兴趣，想努力看看能不能看懂英伟达，到底是不是可以成为我的投资标的。我其实跟很多业内人士聊过，甚至当面还听苏姐说过几句，但到目前为止依然一头雾水。看不懂10年真的很难下手。（2025-02-26）

网友：“英伟达之所以成功，并非因为它的电路更出众，而是因为它的软件更优秀。”

这句话我看到过，也知道CUDA有点像苹果的生态圈，但就是没办法理解这个护城河到底有多宽。大家说的都是眼前的事情，这也是英伟达芯片能够卖得这么贵的原因。另外，英伟达的自动驾驶的芯片似乎也很厉害，而且进步也很快。不管如何，我卖了点 put，开始保持近距离关注，对别人没有任何指导意义。AI 是非常值得关注的现象，最后未必一定要老“听”在英伟达上。（2025-02-28）

如果护城河够宽的话，商业模式不错。他们的企业文化也不错，可以放点短期 put，年化 premium 比较好。看懂确实不容易，但关注一下是需要的。

网友：苹果价格有掉下来，估计大道还是会选择苹果，苹果的护城河比英伟达宽吧？

苹果价钱好我当然会选择苹果，毕竟我更理解。（2025-03-04）

通用电气

一直说有机会讲几个我自己的例子，但一直不知道该讲哪个好。

这些年我碰过的股票其实也不少了，有亏的有赚的，就是没有一个从一开始我就 100% 觉得自己一定能赚大钱的。不管买哪个，都觉得多少心里有些不踏实，呵呵。

想来想去，觉得 GE 可能比较有本人特色。

最早开始经营企业的时候，我最喜欢的可能是松下。后来慢慢对松下有些失望，尤其是去大阪拜访过松下总部以后，确实觉得松下有些问题，慢慢自己也就不太再提松下了。

大概也就是那段时间（应该是去松下之前），我们开始越来越多地反思我们自己，希望能建立和加强我们自己的企业文化。那时我好像正在中欧读 EMBA，同时还把中欧的一些课引进了公司内部。

在那段时间里给我印象最深的书就是 GE 的上一个 CEO 韦尔奇写的

自传。在那本书里我看到了企业文化对建立好公司的强大作用，同时对GE强大的企业文化留下了极为深刻的印象。之后又读了韦尔奇后来写的书《赢》，更进一步了解到他们是怎么建立企业文化的。

从那个时候起，我还花过不少时间去了解和思考GE。去想为什么GE会是家百年老店，为什么GE的董事会总是能选个好CEO出来，为什么世界500强里有170多个CEO来自GE，等等。当时我其实就注意过GE的股票，觉得GE当时的股价并不便宜（好像40美元左右），也就没再关心它的股价了。

从2008年9月雷曼倒下开始，金融危机的影响越来越大，整个市场风声鹤唳。到11月时我看到市场的恐慌情绪越来越厉害，当时就想，这大概就是巴菲特讲的人们的“恐惧”要来了，也就是轮到我该“贪婪”的时候了。

开始的时候我并没有特别明确的目标，只是觉得市场上到处都是便宜货，就是不知道哪个安全，好像每个都有很大问题，每个公司都可能要完蛋一样。我当时想得最多的就是如何把手里的所有资源调动起来去抓住这一生难遇一次的机会。

到2月时，GE已经向下破了10美元。那时雷曼、AIG、花旗集团等很多和次贷有关的公司都已经破产或到了破产边缘，关于GE的负面新闻也越来越多，华尔街上很多人都在说GE将会是下一个雷曼。

我知道GE过去好的时候每股能有两块多钱利润，就算以后差一点，危机过去后怎么也会有个1.5美元/股以上吧。如果我给他个12到15倍的P/E，怎么着这也应该是20美元以上的股票。所以，当GE到10美元左右时我已经开始着手买一些了，但还没有下大决心买。直到有一天当GE跌到9美元左右时，我看到了杰夫·伊梅尔特的一个讲话。我忘了原话是怎么说的了，大致意思是，他认为GE的形象被破坏了，这都是他的错。GE将在未来几年调整其业务结构，让财务公司在整个公司中的比例降到30%以下。他还重申GE整体是安全健康的等等。

当时有问题的所有公司当中，好像我只见到GE出来承认错误并检讨对策，这大概就是企业文化不同的地方吧？GE是个巨大的公司，我也曾试图想看清楚GE到底都有哪些业务，也试图想分析清楚他所有的业务模式的优劣，但发现非常难。我能看到一些非常好的模式，同时也能看到一些不太好的模式。

最后让我下决心出重手的决定因素还是我对GE企业文化的理解。我认为金融危机并不会摧毁GE强大的企业文化，GE的问题只是过去的一些策略错误造成的，假以时日一定可以改正。伟大公司的错误往往就是千载难逢的投资机会。（呵呵，有人也把这叫投机。）

想明白以后的事情就简单了，后面的一段时间我几乎每天都在忙着买GE，不停地想办法调集资源，从9美元左右买到6美元再买到10美元出头，好像到十二三美元后还买了些（有些钱是后来从别的股票调过来的）。直到GE股价比雅虎高以后才停了。当时还曾动过用margin的念头，后来觉得不对的事不做的原则不能破，就算了。

回头来看，去年我买的股票当中GE并不是涨幅最大的，但确实是我出手最重、获利最多的且担心最少的股票，其原因只能说是我对GE企业文化的了解最后帮助我做出了一个很重要的决定。也许就是个运气？

其实当年我买万科和创维好像也有类似的感觉。顺便提提创维，因为有博友问起我为什么买创维。创维和我们算是同行了，他们这个公司到底怎么样我们多少还是了解的。由于体制的因素，我个人一直认为创维是中国彩电行业里最健康的企业。虽然当时出了些事，但公司最基本的东西并没有因此改变。我们买创维时创维的市值好像还不到20亿元（我不太记得了，也有说20出头的），我怎么想都觉得便宜，就买了。我们是买到差一万股到5%的时候停的，因为再买就要公告了，所以很想在公告前和黄宏生沟通一下，怕人家以为我要去抢人家那一亩三分地，呵呵。结果当时由于不太方便，最后我们就没有再买。一直到前两个礼拜才和黄老板通了个电话，道个谢，问个好啥的。对创维而言，我并没有一个很清楚的到底值多少钱的概念，对他们现在的业务情况了解得也不细，所以涨上来以后就一直在陆陆续续减持，现在可能还剩不到最高持有量的 20% 了。我觉得现在买的人可能比我更清楚创维的价值，后面的钱应该是他们才能赚到的。（2010-03-29）

网友：押宝企业文化啊，这个太感性了，能不能换算成账面利润？逻辑上企业文化似乎只能折现成无形资产才好评估，价值几何不好测算。

呵呵，不是押宝是理解。我其实是有一定量化的，你也许没注意。我的观点是企业文化能保证它长期实施量化。我在投资里用定性分析确实比较多，这也是我和华尔街分析家们的区别，不然我怎么有机会啊。（2010-03-30）

网友：那文化可以量化吗？

量化的单位可能是年吧，就是说有好的企业文化的公司活得长的概率要大许多。（2010-05-23）

网友：您认为公司价值会变吗？

我个人认为公司的价值是会变的，因为公司是人经营的，而人是会变的，而且环境也一直在变化。不过，不是那种每天都变的速度而已。（2011-01-16）

网友：您觉得 GE 的投资和苹果的投资有什么不同？

如果放到今天来看，我大概不会买 GE，而是应该那个时候就买苹果。因为回过头来想，我对 GE 的理解并不是很透，但苹果却是我能真的理解的公司。不过，当时我认为 GE 的文化很好，公司应该可以转危为安的。（2017-05-22）

网友：对现在的 GE 怎么看？

GE 产品太复杂，现金流也不好，居然还一直分红，不容易搞懂。虽然现在价钱已经回到我几年前卖掉时的价钱了，我依然不太有兴趣，但作为基本文化不错的一家公司，还是可以关注一下的。（2017-10-22）

最近偶尔有人会问我 GE 掉下来了，是否值得关注。GE 以前的文化我是喜欢的，前些年我也曾经买过不少 GE 的股票。后来卖掉 GE 的一个很重要的原因是，有一天我去 GE 的公司主页看了一眼，发现根本找不到我在杰克・韦尔奇书上看到的他对 GE 文化的描述，后来发现当时的 CEO 居然有“去韦尔奇化”的倾向，加上这家公司的生意实在是太复杂，所以我就统统卖了。现在价格已经显著低过我当时卖的价格，但我还是没提起兴趣来。（2018-01-20）

网友：GE 是企业文化出现了问题？

GE 这些年确实出了问题，CEO 出差居然有另一架飞机随行，更恐怖的是 CEO 居然说不知道，还真没见过这么不靠谱的。（2018-07-01）

网友：你有没有做过这样的交易，赚了钱，事后却发现事实或逻辑搞错了？

我的特斯拉就是典型哈。

认真想来当年的 GE 也算是买错了，放在今天我大概会做不一样的决定。我们在 GE 上的收获也还是不错的，好像是 6–9 美元买的，20 出头卖掉了。当时卖的原因就是我突然发现我买的 GE 和我的想象不一样。

网友：什么事让你发现不一样？

我是看着《基业长青》和韦尔奇的书买的 GE 哈。杰克・韦尔奇说他们的企业文化里最重要的一条就是正直诚信，他还说过不少企业文化的东西，结果后来我发现在 GE 网站上居然都找不到。当然，还有一个很重要的原因是，GE 的生意太复杂，我看不懂。再就是，我有点怀疑这家公司做假账，因为他们的盈利老是刚刚好。简而言之，我觉得当初买 GE 是欠妥的。

网友：杰克・韦尔奇入主 GE 早期做的一些战略主要是聚焦、做减法，但到了晚期，又走回去了。

这个我同意。我当时一直都说，从来没见过企业多元化成功的例子，GE 是个例外。现在看来，时间长了都不行哈。（2018-09-21）

当年我对 GE 的理解可能是错的。因为发现自己一直没能完全看懂。目前 GE 的价钱已经到了我当年买 GE 的价钱，但我没啥兴趣，因为满足不了好的商业模式，我当年卖掉 GE 其实也是这个原因。（2020-07-01）

我买 GE 的时候，似乎还没有把商业模式放在第一位。那时候觉得 GE 的企业文化很好，“世界在变，所有的东西都在变，但正直诚信不变”这句话让我非常欣赏。后来发现，GE 官网上的企业文化都不再提正直诚信了，觉得非常怪异，加上后来对商业模式的重视度大幅提高，于是突然某一天就决定都卖了。记得当时卖在 20–21 美元之间，不知道相当于目前价位的多少。好像是很久很久以前的事情了，很可能是在我打算买苹果的前后（2011—2012 年的样子）？我记得我买入 GE 应该是在 2008 年底到 2009 年初的样子。（2023-06-05）

松下、索尼、任天堂

松下

以前就说过想把很久以前（大概是 2003 年）去松下参观的一点点感想写一下，但好像一直就抽不出心情写。

松下对我的影响很大，到今天我也依然从心里尊重松下本人和松下公司。

在松下公司我看到过两个大大的汉字——素直，我猜大概就是我们公司说的本分吧。

总的感觉松下非常训练有素，依然非常强大，我们要达到松下的水平恐怕还要很多代人的努力（也不一定能到）。

但是，我也确实看到一些问题，而且我觉得这些问题时间长了是可能要命的。

这里只举一个小例子。

当年我们就看到手机市场有机会，但苦于自己拿不到牌照，同时又发现了中国市场上很多外资品牌的手机都有明显的弱点，加上本人对松下的认知，于是就产生了个想法，想找松下合作来共同经营中国这个市场。

我当时大致认为，如果我们和松下联手，几年内在中国做到第三名甚至第二名都是很有可能的（我认为一时半会肯定超不过诺基亚），所以就很想和松下聊聊我们的想法，然后就有了我的松下之行。

有趣的是，我首先发现不知道这事要和谁讲才有效，所以我就见谁都讲。从若干科长到若干部长再到社长都见过了，除了跟当时的社长没机会讲以外，大部分人我都或多或少提到了自己的想法。居然，居然没有一个人问过为什么我们认为自己可以做到前三名甚至前两名。感觉这事好像没人关心一样。

这么多年过去了，好像在中国市场再也没见过松下的手机，我们的手机也起来了。

网友："居然从没有一个人问过我为什么我们认为自己可以做到前三名甚至前两名。感觉这事好像没人关心一样。"您认为松下有点自大了！

我不认为是因为自大，是企业文化出问题了，大家不太关心公司的整体和未来，只想混自己的日子。（2010-10-14）

网友：可能松下太大了，他们对中国手机市场的潜力认识不够，同时也错过了像段总这样的商界奇才、不可多得的合作伙伴。

确实，如果你还认为这是"商界奇才"，那说明你还是没太理解啊。（2010-10-18）

网友：随着你们企业越长越大，怎么避免同样的事情发生在自己身上？

不知道。可能已经在发生了。组织小型化可能是个办法，企业文化的建立应该是最重要的。

网友：既然您很早就看准了手机行业，为什么 2004—2005 年国家放开牌照的时候，步步高没有立即进入，而是观察了很久之后才进去？

好像我们是第一时间拿的啊？

别人是贴牌的吧？我记得当时好多人贴牌，但是不太规范，我们有点不敢做。

网友：听说日本企业人员素质都很高，也很敬业，但是竞争力要大打折扣，因为每个人都是用一辈子熬到自己的位置的，当领导的全习惯了听上面的意见，到自己拿主意的时候都特别地谨慎，董事会里全是白头老翁，这是日本大企业的普遍现象。还是美国的企业有活力。

日本人有点太形式主义，效率比老美低多了。死不认错这点倒是和我们差不多。创造力相对于老美也弱，但纪律性、条理性和精细程度都非常恐怖。这个民族一旦有了压力的时候确实有点可怕。当面对日本企业直接竞争时一定要打醒十二分精神。（2010-10-15）

网友：您希望从松下获取怎样的支持？

他们有很多不错的东西。（2010-10-14）

网友：如果现在有个中国小伙子找你说，他可以把 ×× 做到中国前三，你会天使投资一下吗？

我起码会问为什么。再说，我们并不是街上随便的一个人跑过去说的，他们应该知道我们是谁，不然我们怎么会见到那么多人？不信你随便跟他们说说试试？呵呵，你再想想。（2010-10-18）

网友：如果当时有人问您为什么可以做到前三甚至前两名，您的回答会是啥？

呵呵，不会在公开场合说。（2010-10-20）

网友：段总对公司的核心竞争力——企业文化还是很有信心的，低调不说而已。

不是因为低调，是因为说这个就必须要说当时前三名的那些公司有哪些弱点和长处，我们有哪些弱点和长处。如果合作就可以弥补我们双方的弱点，发挥我们的长处，一定时间后的市场表现就会超过前三名中

的一个到两个了。由于要谈到别人，就不好在这里说了。（2010-10-21）

网友：如果现在投资松下或者索尼，您会投资吗？

事实上几年前我投资过松下，而且赚了些钱（200万美元左右，70–80%）。没投过索尼，觉得索尼没松下健康。（2010-10-15）

大概N年前，松下市值曾经掉到过100多亿美金。以我对松下的理解，这个价钱不太对，就买了。大概N－2或者N－3年前，松下又回到了300多亿，我就卖了。由于松下在美国上的是ADR（American Depositary Receipts，美国存托凭证），成交量特别小，当时很难买。后来好像松下在美国的上市部分又下市了。（2010-10-16）

“乔布斯曾告诫团队：遇到事情不要问乔布斯会怎么做。”（新闻）

当年去松下时，当时中村社长就是这么说的：“我总在想如果松下老人站在我背后，他会怎么想这件事。”（希望不是翻译错了。）我马上心里就想，松下要有麻烦了，回来后就把松下的股票慢慢都卖了。

当一个社长都在这么想的时候，这个公司的文化肯定都是这样的，那他们的产品时间长了以后就不会好到哪里去。（2011-10-22）

网友：大道一方面认同乔布斯，一方面又认为伊梅尔让GE从卓越变成了优秀，同时认为中村社长是不对的。我想来想去还是迷迷糊糊的。望指点迷津。

希望你不要寄希望于有人可以一句话让你明白。我花20年理解的东西，如果你花10年能搞懂就至少比我厉害多了。（2011-10-23）

“探索新能源，谷歌雄心未改。谷歌曾经轻率地相信，它的工程师们能够发明出解决世界能源问题的方法。”（新闻）

这让我想起很多年前去松下时看到松下有很多为了未来50年的开发项目。当时的感觉是佩服加困惑。佩服的是这些有钱的大公司为了改变世界的努力，困惑的是为什么他们觉得他们可以在一个完全不熟悉的领域里大有作为。不过，看起来谷歌这类公司的纠错能力要比松下这类公司强很多，调整起来快很多。（2012-04-16）

网友：不管有没有可能在完全不熟悉的领域大有作为，但现在就看到50年之后的趋势，这本身就很靠前了。

问题是他看到了吗？事实是，可能正因为这样，松下今天的日子才很难过。我猜松下这么多年来花在研发上的钱恐怕比谷歌有史以来赚的钱还多，但好像效果不是很好。（2012-04-17）

突然想到查一下松下是否也提过类似于本分的东西，居然发现松下在社训中用的是完全一样的词。

想起很多年前去参观松下，见到包括当时社长在内的不少高层，也许语言不通的缘故，交流不是很好，但确实看到一些问题。有些东西我至今难以理解，比如松下在日本为了提高就业，居然在日本不同地方建了50多家工厂，这成本可怎么控制啊？又上哪里去找那么多好的管理人才呢？（2016-11-29）

网友：同样的管理体系下，分散各个不同地方的组织，有些组织已经盈利，但有些亏损，能否认为一段时间后亏损的也应该会盈利呢？

同样的"管理体系"在不同的地方不能保证盈利。"同样的"东西不一定是同样的。

网友：管理体系不是盈利的充分条件，"同样的东西不一定是同样的"我就不太看懂了。

比如同样的管理体系在不同的地方一定是不同的人来管的，理解和效率差个几倍是非常常见的现象。（2010-10-15）

网友：请问您觉得是什么因素导致有些民营企业，特别是制造业，异地发展效益低下？

这和民营企业没啥关系。其实制造业在不同地方开设分厂的情况非常罕见，除非是很重的产品比如水或者啤酒类，不然怎么着也是愿意靠近供应链的。感觉你对生意还不太有概念哈。没人能够知道为什么有些公司或工厂效益低下的原因的，因为原因可能会有一万种。（2019-09-07）

关于靠近供应链的事情，我想起早年长虹电视很火的那段时间，有

次我跟一个朋友说，长虹离供应链那么远，成本会远高于竞争对手的，长期而言他们肯定不行。（2023-02-22）

网友：真是小常识里有大道理。

这个不是简单的“常识”。30 年前我们给各地发货，最难的就是那一带，成本也是最高的。所谓蜀道难可不是随便说说的。（2023-02-23）

网友：听说经营企业如果亏损，那么就是在浪费人力物力资源，浪费资源就是在犯罪。

松下幸之助讲过，企业不盈利就是罪恶，但是企业的目的不是为了盈利。（2010-05-14）

想起一个往事。很多很多年前有一天，在某个地方开会，旁边有个会议室敲锣打鼓的非常热闹，我好奇过去看了一眼，是某门户网站的业绩发布会。我问会议室出来的一个人，为啥这么高兴，赚大钱了？答曰：亏少了。我当时非常无语。这家门户目前依然亏着钱，但中间好像有些年是赚过钱的。（2021-03-02）

索尼

网友：2010 年 5 月，索尼公司发布了 2008 年至 2009 年财年严重亏损 989 亿日元的业绩报告……

大概接近 10 年前开始我就觉得索尼要出问题了。那个时候开始索尼就变得非常利润导向，质量不好的东西也卖。从不合格的 DVD 机芯、明知要出问题的跳舞毯到可以烧出泡泡的手提电脑和漏电的电池（这都是我自己接触到的东西，没接触到的东西就不提了），再加上看过一次出井伸之（当时的 CEO）不知所云的采访，就觉得伟大的索尼好像已经迷失了。现在开始亡羊补牢也许还有机会，不过好像栏里羊已经不多了。

网友：家中索尼电视买了一年就坏。

索尼确实出问题了，大概 1997—1998 年时我就发现索尼的品质关开始出问题了。（2013-04-05）

网友：能说说怎样发现的吗？

具体不太记得了，大概就是当时买的几乎所有的索尼产品好像都有一些我觉得不该有的问题，似乎整个设计生产都是急急忙忙的样子，体验开始变得不好。那个时候的索尼已经开始做好多产品，而且开始让别人某种程度打它的牌子，比如当时新科的 DVD 机芯就是索尼的，而索尼自己的 DVD 却不用当时他们卖给新科的机芯（表示他们自己知道质量可能有问题），等等。（2013-04-09）

网友：索尼现在能拿得出手的东西基本没有了，笔记本、数码相机、DV、手机、平板、录音笔……我想索尼真的是没落了。

饿死的骆驼比马大，现在这么说索尼还太早。（2013-04-08）

任天堂

听一个认识黑莓原 CEO 的朋友讲，那个 CEO 是个非常骄傲的人。黑莓有今天大概和他的性格有很大关系。突然想到前段时间新闻里看到任天堂 CEO 讲的坚决不做手机游戏的说法，感觉任天堂也快了（小朋友好像对 DS 掌上游戏机已经没啥兴趣了）。智能手机给这个世界带来的变化实在是太大，原来的很多产品都将不复存在。我们自己碰到的就不少，比如电子词典就彻底没了。（2012-04-01）

前些天心血来潮买了一点点，想逼着自己再看看这家公司，希望不是抄底了。毕竟这是当年的偶像公司之一，了解一下。简单看过，好像任天堂的财务状况依然非常好，30 多年前就很厉害。

网友：大道做小霸王的时候就很中意任天堂了吧，当年的偶像吸引您的是商业模式多一点还是企业文化多一点呢？

30 多年前的事情了。当时听说任天堂这家公司只有 800 个人但一年的盈利却有 30 亿美元以上时，我只能惊讶，完全不能理解。

其实更惊讶的是，30 多年后竟然觉得那也是可以理解的了。30 年前不能理解是因为当时那个规模太大了，超出了我能理解的范围。（2023-

11-09）

任天堂目前地位显然远不如30年前了，应该也不如20年前。（2024-01-28）

网友：以您对任天堂企业文化的了解，觉得任天堂会出适配Vision Pro的游戏吗？我记得很多年前任天堂的社长说不会做手机游戏，你说他们慢慢走下坡路了。

会不会做匹配Vision Pro的游戏我无从得知。任天堂是个蛮有追求的公司，财务也蛮健康的。（2024-04-30）

任天堂是个非常那个啥的公司，他们不觉得微软或任何其他人有资格"收购"他们。不过，我打算再买点任天堂，毕竟是情怀哈。最近可能是因为日元贬值的原因，任天堂的价格又下来了一些。（2024-05-01）

网友：30年内能超越日本优秀企业的中国企业，将会是很大的奇迹。

个别企业有可能，整体则不可思议。如果像韩国那样搞国家资本主义，国家狂推几个企业出来，在某些行业里搞出几个比日本企业还"大"的企业绝对没问题，但对整体没好处。（2010-10-15）

网友：有人把日本人比作蚂蚁，但与吃苦耐劳的中国人相比，日本人差得远。

我怎么觉得日本人比我们中国人更能吃苦，而且更有纪律？我记得一个在日本待过10年左右的朋友回来说，日本人给公司干活比中国人给自己干活还要认真。不要小看日本人啊。（2010-03-27）

网友：日本企业长盛不衰的奥秘，拥有200年以上历史的企业，日本有3000家，德国800家，荷兰200家，中国16家，美国14家，印度3家。

个人认为主要是文化的原因。日本人守规矩，可以坚守一些东西。（2012-03-31）

网友：你认为日本索尼、松下、东芝等日企现在低迷的主要原因是什么，有什么教训需要我们吸取？

我觉得日本企业创新文化不够好，很教条。我们总体上还不如日本企业。（2012-05-11）

网友：日本企业在消费电子方面节节倒退，国内开始唱衰日本制造，您如何看？

整体上日本其实依然非常强，差距依然非常大。（2017-11-21）

任何时候都不要小看日本！（2017-11-24）

我没你那么仔细地看过日本，但走马观花地看到日本确实相对干净，大家整体都比较守公共秩序，在公共场合也比较注意怕影响别人，这点韩国人就差一些。日本企业普遍较有规矩，也比较守信誉，但大企业病似乎比较厉害，多数人都不愿意负责任做决策，所以这些年变化快的行业日本企业似乎很快就落后了，比如手机。但有些行业还能看到日本企业厉害的地方，比如有些零配件。总而言之，日本让人一言难尽但绝对不是不厉害的那种。（2019-05-21）

完美世界、巨人网络等

完美世界

终于把电影公司给卖了。搞个电影公司实在是个低级错误，知错能改就是好事。盈利看起来不错，研究一下可持续性有多高。（2011-08-23）

网友：9 月 5 日完美世界宣布旗下控股的一家实体将投资一只风险投资基金。

呵呵，看来钱多有时候就容易想干点啥啊。巴菲特都说以前他手里钱多的时候就容易犯错，别人如此也正常。

网友：巨人、网易似乎也有这样的倾向。在这样的情况下如何做？

有钱容易犯错不等于一定会犯错，没钱一般难有机会犯有钱的错误。（2011-09-07）

网友：您觉得完美世界跨界做股权投资，是犯错吗？

不能简单用对错来判断这件事。但如果是因为钱多而做这件事，尤其是看到其以前的表现，感觉多半是错的。钱多（相关业务用不掉）就应该回购或派息，不然就是对自己公司没自信，那股价掉也正常。（2011-09-13）

“完美披露回购股票情况，已回购357万份美国存托股份。”（新闻）

为什么要披露这个？担心买的价格太便宜？（2011-09-27）

网友：呵呵，担心别人不知道自己在买，多吆喝两声也算正常，给市场也给股东听，缓解压力吧。前几天还发了关于公司近期活动的一个公告，都是“自愿”的。

20年后回头看这些事（这类的宣布、盈利预测等等），公司或股东们得到什么了吗？好多上市公司都爱干些20年以后回头看一点意义都没有的事，但却经常要为这些事大动干戈、劳民伤财，实在有趣。（2011-09-28）

网友：可以说说对完美世界的看法吗？

不是特别了解，感觉像一群短视的聪明人做的公司，本人不是很看好。（2011-09-29）

网友：完美世界现金已接近市值，业务等于白送？完美的游戏业绩下滑，一方面的确由于新网游不给力，另外也与公司主动减少游戏内的活动有关，为了延长游戏寿命，减少道具的投放。另外，完美公司此前还主动对地面推广人员进行裁员，以及将完美影视卖掉。我认为管理层是在积极主动地采取措施应对长远的未来。

“与公司主动减少游戏内的活动有关，为了延长游戏寿命，减少道具的投放”这句话看起来不是太可信，似乎是不得已而为之，也就是说前面做得可能太过分了，流失率高，所以不敢做了，说明公司文化里利润导向比较厉害。另外，公司便不便宜公司里的人最应该知道。如果我是大老板同时又对自己公司有信心，在净资产以内的市值状况下我会拼命回购的。可我们看到的情况似乎不太像，完美宁肯拿钱去做别的投资也不愿意回购，所谓的回购也就是意思一下给股东看的。总的来讲，有点怪，不是很看得懂，感觉似乎公司老板们对自己公司未来不是很有信心的样子。如果他们都没信心，你的信心又从哪里来呢？（2011-11-23）

网友：这些现金是否是真的？

如果你认为自己公司未来的现金流会像现在这样强大，你会慌吗？慌什么？我其实没有任何怀疑账面现金的意思，我只是觉得他们自己好像对自己（的网游业务）不太有信心，而且觉得这种没信心似乎是事出有因的。另外，电影公司的事感觉也不太好，有点像公司做了个风险投资，成熟以后只拿回成本，那以后还会不会有这样的事呢？总的来讲，完美有点乱，可能需要点时间好好反省一下。其实如果公司真的能在网游这个行业好好干的话，完美这个价真是便宜。

网友：为何您觉得他们对网游的业务没有信心呢？我感觉他们去收购工作室，就是一种有信心要深挖的做法。否则这种事费力还不一定讨好，谁去做呢？

有信心为什么会拿钱去投资别人而不是自己呢（回购）？想把鸡蛋多放几个篮子的意思就是担心自己这个篮子靠不住，对吧？

我这里说的拿钱投资别人指的是去建立投资公司，不是买工作室。买工作室属于战术问题，我不想说什么。另外，投资一个公司往往很大程度上是投资在公司的文化和主要领导人身上，如果这帮领导人还有一堆别的事在干，就有点不太靠谱了。

网友：鸡蛋多放几个篮子也可以有效降低风险，篮子再好也有漏水的风险（比如国家政策的风险）。再说对于老池来说，玩玩风投，万一东边不亮了，西边还有可能亮呢？

希望你什么时候能明白把鸡蛋多放几个篮子其实是有效提高风险的最好办法，虽然能明白这点非常不容易。

网友：是不是笔误啊？

绝对不是笔误！不过有点调侃的意思。不是说“一定会”，但很多情况下会的，有兴趣你可以看看有多少多元化的公司最后都遇上大麻烦了。有本书叫《聚焦》，也许你可以找来看看，里面有很多很好的公司把鸡蛋放多几个篮子最后鸡飞蛋打的例子。

网友：我看到很多优秀企业的多元化，联想控股、史玉柱、复星等，当然情况各有不同。有些某个时期只专注一件事，例如史玉柱先生。希望完美也这样吧。我觉得池先生骨子里就是行业决定论者，也许有些像史先生？所以确实难像丁磊、马云他们那样做到极致，叹。

联想控股是个投资公司吧？史玉柱早就没担任 CEO 了，所以史玉柱不管干什么不等于巨人不专注。我也觉得池宇峰确实是个“行业决定论者”，所以我才会担心他似乎对网游这个行业信心不足了。不过，再怎样也好过有些这个行业的人自己瞧不起这个行业啊。

网友：多元化似乎确实有人干得还可以，例如三星？

三星是国家资本主义的产物，借无穷多的钱，很容易出毛病的。（2011-11-24）

网友：把鸡蛋放在一个篮子是本质，放到多个篮子是一个篮子放不下的结果。专注和多元化貌似也是这个逻辑。

呵呵，一个篮子放不下和上杆子要放多个篮子还是不一样的。

网友：多元化是能力问题。

大概是吧，就像没办法做成 iPhone 就多搞几个品种一样。（2011-12-01）

网友：今天听一名玩家点评网游股，她说巨人网络、网易对游戏是有爱的，完美世界、盛大游戏没有。

这个点评很好，至少说明不要碰完美世界和盛大游戏了。玩家的眼睛是雪亮雪亮滴。（2012-02-10）

网友：完美世界目前市值 4.88 亿美元，市盈率 3.45 倍，账上现金和短投到达 5.23 亿美元。这有点像当年段大哥买网易的案例呀。

像吗？现在的诺基亚像以前的苹果吗？猴子像人吗？当年网易的生

意在我的认识当中是处于上升刚刚开始的阶段，这个是处于不知道哪个阶段，看起来有点像是开始下降的阶段。如果真是下降，那就不好说了，况且里面还有不信任的原因在。但是，如果谁真是很信任完美的管理层，同时又很了解他们的生意会在相当长的时间里至少不下降，这个价钱确实看着便宜。透露一下，我实际上有点完美，但下不了重手，看不懂我觉得必须要看懂的东西。（2012-07-10）

网友：如何看待完美的文化？

完美的文化不太好，九城好像更糟，这类公司我都不敢碰，不知道会怎么样。（2013-04-25）

“完美世界欲打造网游进出口国际平台。”（新闻）

如果将来有一天完美倒了，“国际化”会是最后压倒它的那根稻草（可能是很重的稻草）。

网友：成也萧何败也萧何。

“成”了吗？当然，如果败的话，这个其实也不是原因，但是很好的理由。（2012-05-04）

巨人网络

我比较喜欢玩游戏，很早就属于每天上网超过 135 分钟的“中毒青年”了，我总觉得中网瘾的毒好过中某些网瘾“砖家”们的毒。其实每个人的生活中都会玩很多游戏，从麻将到各种球到炒股等等，网游只不过是其中一种而已。如果没有各种游戏，这日子还怎么过？由于喜欢游戏，所以对网游公司也比较熟，同时还靠投资在网游公司上赚了些钱。除了大家知道的网易外，其实我也有（或有过）完美世界、畅游和巨人的股票。巨人是我目前获利最少的网游股。我认为巨人目前这个价不贵，下行空间很小。巨人每股有 3 块多现金，每年有 50 美分以上的获利，虽然老征途目前很难成长，甚至有可能有些萎缩，但从长期而言，由于史玉柱非常专心在游戏上，巨人早晚会推出些不错的游戏。绿色征途就还可以啊，有钱没钱都能玩，有点梦幻西游的感觉，我在里面玩得也挺开心的。巨人其他的游戏我还不太了解。我对巨人的担心主要是怕他们太把“华尔街”当回事，从而为了追求短期盈利而忽略了玩家的真实需求。实际上，史玉柱并没有追求短期盈利的压力和需求，通过自己的慢慢“反省”，他会找到办法的，毕竟他经营企业多年，对企业的理解非常好。我认为巨人回到IPO价钱是早晚的事，但再往上就可能要点运气了。（2010-02-09）

“纪学锋：很多人问我征途2目标是多少，我历来不做大目标，都是10万10万地往上做，现在我的目标是40万，因为现在同时在线是30多万人。”（新闻）

个人觉得其实最理想的做法大概是心中没有人数目标，只管闷头关心玩家体验，人数是否上升只是验证玩家体验的一个工具。（具体运作是要对玩家数量做预测的，不然没法满足需求。）

如果有想提高玩家数量的想法，就有可能会落实在行动上，犯错的概率就有可能增加。看起来纪学峰还是非常关心玩家体验的，但如果把关心人数的那一点点想法也去掉的话，可能他们将来会更好。（2011-04-26）

“巨人总裁刘伟谈巨人网游新战略。”（新闻）

呵呵，看来还是希望股价涨上去一点？不是在回购吗，为啥子着急嘛？如果是我就根本不烦心做这些事，让业绩说话就是了。（2011-10-11）

网友：您说长期而言巨人很难跑赢大市，那您还为什么要去买它？是不是您认为巨人是烟蒂，它价值被低估但前景看不清。

呵呵，我不知道烟蒂的定义到底是什么，也没见过巴菲特具体说的话，但直觉有点像你给的这个定义。以巨人目前的现金以及现金流而言，我一直觉得有点便宜，但一直没办法看明白所谓10年以后的事。

前些天突然发现自己管的很多账号都多出来一笔现金，一查发现是巨人的分红到了。一直没太想明白为什么巨人在发行价以下选择分红而不是回购，有点像融了资以后拿融到的钱给新老股东分红一样（分红时还要被代管者扣掉5%），虽然自己是新股东，但也觉得不太舒服。一直觉得他们的“华尔街”顾问水平有问题，不然就是他们自己的信心不足。

巨人的49%对51%的招还是很厉害的，算是把保健因子的某些方面做得很好了，对留住以及吸引人才有很大的好处，如果行业不出问题的话，长期会有很大的竞争力。（2011-04-14）

“巨人网络Q4净利润3920万美元，同比增6.6%。”（新闻）

网友：市盈率高于10倍的话，分红意思就不大。5–10倍之间分红比较理想。分不到多少钱，没意义。而且市盈率这么高，应该增发才对，分什么红呀。

4块多的股票分3毛居然还有嫌少的？可能看惯了A股那种蒙人的每10股分红3毛的了？

网友：这个分红比A股大方多了，很满意的分红。

不过分不分红和股票价值无关。

网友：是挺高，但通胀也挺高的，扣除通胀率后，您还满意吗？

我根本就不关心分不分红，所以没有满不满意的问题。

网友：那差不多，我关心分红方案，但不为了分红。

我连分红方案都不关心。

网友：如果在创业期，可以不考虑。如果企业进入成熟期，分红方案不好的公司，就可能存在董事会侵占和业绩不真实的状况，怎能够不关心？

这和分不分红无关。你要不相信他们就不该买他们的股票。巴菲特从来没分过红。分不分红其实和公司价值无关。（2012-03-07）

金山文化

网友：投资游戏公司比较难把握。之前金山的剑侠情缘3，玩家很期待，画面很美，我以为还不错，谁知道现在没多少人玩了。

金山的文化有问题，游戏不可能长久。

网友：怎么看出来的？可以列举几点吗？

金山的游戏很短视，周末 16 倍经验（也许更多）都出来了，好像以后日子不过了一样，等等。（2010-07-09）

网友：如何去评判一个企业文化的好与不好？

很难判断一个企业文化是否好，但看出不好的企业文化要容易得多。（2010-07-10）

畅游

汗了，怪不得畅游股价上不去，原来他们还搞副业啊。电影广告公司居然也买？看不懂。刚刚知道他们居然已经买了几家公司了。对国内喜欢买公司的公司还是小心为上。

网友：频繁收购公司容易出的问题在哪里？

我不知道，但知道收购的成功率一般都很低。只有具有很强企业文化的公司收购的成功概率才可能比较高点，比如谷歌，比如 GE 等。（2012-02-07）

刚看到畅游都到这个价了？文化的力量真是厉害！

记得大概两三年前，有个朋友向另一个朋友推荐畅游，我说我觉得这公司企业文化似乎不太健康，还是别碰了吧。

网友：想起您在访谈中说自己是“乌鸦嘴”，您觉得畅游的企业文化不太健康吗？

这些年我真是“乌鸦嘴”啊，说谁不行谁最后差不多就是不行啊。不过，内在的原因是我在投资时总是尽量避开那些我觉得未来要出问题的公司，我觉得最可能出问题的就是那些利益导向的公司。（2018-09-20）

贬义的利润导向一般指的是短视行为，实际结果往往是让公司的长期总利润（未来现金流折现）降低。（2011-11-30）

网友：一个公司不是会赚钱就好，会赚钱还要好的企业文化。这样理解对吗？

我说的会赚钱的公司指的是能够长期赚钱的公司，这些公司往往有着利润之上的追求，比如苹果，就是不把利润放在最重要的地位。那些利益至上的公司最后往往没那么好。（2019-05-05）

第九城市

网友：您怎么看九城现在现金及等价物超过市值？还有你怎么看朱骏本人？九城的企业文化怎么样？

我没见过朱骏，也没研究过九城，但觉得他们在处理魔兽世界的过程当中好像做得有点不太好。如果我碰到这种情况，我会全力以赴地把游戏交接好，绝不能让玩家有任何担心。我觉得这本来是一个很好的赢得未来玩家的机会，但他们好像有点丢了游戏又得罪了玩家的意思。这样的文化我不太喜欢。

网友：读了这段话对消费者导向有了更深的理解。受益良多。

呵呵，有悟性。（2010-05-22）

这家公司的文化我看不懂，不赌其一城一池的得失。（2011-12-06）

网友：我满仓九城，自认为模仿段永平买网易，现在反省是不是错了。

想起当年有人模仿着去买 china.com，因为那也是几块钱的互联网公司。当时我提醒那是家烂公司，千万别碰，结果人家不听，呵呵。（2012-04-26）

网友：我在“对的人”上，有时还是犯糊涂，高估管理者的信誉。在这方面吃了很多亏。

多数人在这里只是想当然而已，错多几次就明白了？（2012-11-24）

新东方

网友：昨晚看到浑水做空新东方，俞老师这次有得考验的。

我昨天也收到一位以前在新东方干过老师的朋友的邮件，说他也买新东方了，觉得新东方是好公司。有那么多已经离开新东方的人说新东方的好话，俞敏洪其实干得很了不起啊，要知道这是个文人相轻的行当，相当不容易。

我昨天也买了一些，但还没觉得要到可以下重注的时候。

网友：这么短的时间就下决定，还是一直有关注？

一直都多少关注的，别忘了我们也是这个行业的。

网友：为什么说“没到下重注的时候”？

是觉得自己的了解还不够。新东方这个生意模式其实是个力气活，不是我特别喜欢的那种。

网友：所以基本上人没太大问题，剩下是生意模式和估值的考虑？

是啊，假设什么也没发生过，也不要管过去到过什么价，平常心去想，新东方值多少钱呢？然后你会发现，如果你不了解新东方的生意模式，其实你就没办法找到感觉——我是说我自己。（2012-07-20）

虽然我觉得新东方能做到今天很了不起，但看到他们这么在乎股价后，真的很难找到我会愿意持有这个公司到永远的感觉。当然，这不是批评的意思，因为对别的绝大多数公司我也找不到这种感觉。

网友：你看到了李国庆和江南春的表现，你还觉得新东方在乎股价？

我们投资不是来比烂的。我说的是新东方的瑕疵，其实他们可以更好的。（2012-07-21）

“北大外籍教授谈做空中概股风潮。近期做空机构针对中概股做空，包括新东方、分众传媒、奇虎360等一批中概知名公司开始持续遭遇做空。而且从目前来看，这股做空风潮非常有可能持续下去。”（新闻）

总的来讲，苍蝇不叮无缝的蛋，虽然也有误伤的时候。不是很明白被唱空的公司为什么都那么火急火燎地马上反击。也有人做空巴菲特的伯克希尔，巴菲特的反应很简单：空头根本改变不了一家公司的价值，只有某种情况下会有例外，比如公司的融资和股价有关时，股价大掉会有危险。但是，这种危险实际上也是由融资来的，和空头其实无关。比如，在金融危机的大环境下，某些不够健康的银行就有可能会成为空头袭击的牺牲品。自从取消按市价计价，连这种情况都不太会见到了。好公司根本就不怕人做空！（2011-11-23）

以前看过俞敏洪的演讲，觉得他讲得非常好。但看了王利芬的长达4个小时的采访后，觉得俞离所谓的顶级企业家确实还有点距离，而且这个距离似乎是不会被缩短的。俞其实是个非常好的生意人，但企业大到一定程度后恐怕就有点困难了。对罗永浩没太关注过，但看了大家放上来的采访链接的感觉是，作为企业家，他和俞的差距还是蛮大的，不过他确实是个蛮直的人。

其实你有空看看王利芬那个采访大概就明白为什么我认为俞其实是个理想主义者了。他的问题是被现实纠结得太厉害，所以有距离。（2012-07-20）

网友：您感觉俞敏洪是个有利润之上追求的人，所以值得关注？

是的，他骨子里或多或少确实有利润之上的追求，一旦方法对头效果就会不错。

网友：不看好应试教育，因为不符合人性的基本需求，新东方需要转变战略。

应试教育不是新东方推出来的，但应试教育的市场巨大。再说，新东方的东西不仅仅是应试教育。

网友：俞的分裂和纠结也反映了教育培训行业产能扩张和质量的矛盾。

俞敏洪其实能够面对问题，非常不容易。（2012-07-24）

“2021 年 7 月 24 双减政策正式出台，全面规范校外培训机构培训行为、基本消除学科类校外培训，导致新东方市值下跌 90%，营收减少 80%，员工辞退 6 万人，退学费、员工辞退 N+1（赔偿）、教学点退租等现金支出近 200 亿元……”（新闻）

30 多年前，当我离开北京去广东的时候，就曾想，如果实在是混不下去的话，我就去办个公司教人怎么考大学吧。

我没见过俞敏洪，但上次新东方被人做空的时候我曾经花过 4 个小时看我能在网上找到的俞敏洪接受过的采访，当时的结论是这人不会是空头说的那样，于是就进场卖了很多 put，赚了些钱。我怎么想，都觉得他们公司不会完全没价值吧，所以再卖个 put，如果 put 进来就拿着了。（2021-12-08）

我卖点新东方的 put 其实很像风投，就是赌虚岁已经 60 的俞敏洪不会就此倒下，至于他最后能干成什么我是不知道的。总觉得俞敏洪是条汉子，象征性支持一下。（2022-01-11）

哈，10 年后看，方三文确实不如我了解手机行业吧？罗永浩在手机行业里绝对不是什么神人，他对这个行业的了解程度其实和方三文差不太多。区别是，方三文没（敢）去做手机。那时候好多人都说要去做手机，包括方三文的前老板，甚至那些不管三七二十一都要上的人……（2023-01-08）

网友：今天看到一篇锤子手机的报道，大道估计能看出不少罗永浩做的错误的决定……

在错误的路上奔跑的人，谁在乎他到底犯了哪些错误呢？结局从一开始就确定了，从我看到他对苹果的公开评价开始，我就知道他绝对不会成的。这种长文章没必要浪费时间看的。你居然还试图想让我浪费时间看这种东西？你看它是有阅读快感呢还是觉得能学到东西呢？

网友：一开始我就觉得锤子手机难以成功。在罗永浩眼中，OPPO、

vivo、华为、小米只配扔垃圾桶，乔布斯之后，苹果在走下坡路，用不了几年，他这个乔布斯接班人罗布斯就能打败苹果，一统手机江湖。

是的，他缺乏一些企业家的基本素质，方三文那时可能也不理解这点。（2023-01-14）

第四章

人生箴言

做对的事情，把事情做对

网友：时常在想是什么原因让您跟我们这么不一样？

本分和平常心。（2019-08-21）

找到自己的北斗星

做对的事情，大道最早（大三时）看到的是管理大师彼得·德鲁克说的。这是大道一生受益最大的一句话。（2021-08-12）

也许应该再看看蒂姆·库克 2015 年给华盛顿大学毕业生的讲话，努力去找到你自己的北斗星。我还想起巴菲特说过的，明知是坑就别再往下挖了。千万别拿时间不当成本。我见过太多聪明人忙碌一辈子也忙不明白的，原因大概就是没有自己的北斗星，凡事决策时都是从眼前利益着想，30 年后的差异是巨大的。（2016-05-31）

北斗星指的是价值观，就是要有不为清单。30 年后可以看到巨大的差异。（2016-06-01）

我没有过所谓的人生导师，但有颗北斗星一直在照着我哈。（2019-05-30）

曾经有个博友名字叫“守正出奇”，我说我不喜欢这个名字。问为什么？我说守正出奇的人其实都是整天在想着出奇的。网友问怎么改？我说：守正不出奇。

勤奋和天赋其实都没那么重要，做对的事情最重要。（2019-09-09）

网友：如果勤奋和天赋都不够，那怎么搞明白什么是对的事？

如果我说勤奋重要你会变得更勤奋吗？如果我说天赋重要你会变得更有天赋？但是，做对的事情是可以选择的。人们大概都知道骗人是不对的，也大概知道抽烟是不对的吧，也大概知道酗酒是不对的吧？看看周围有多少人在选择做对的事情你大概就明白了。（2019-09-10）

“我们长期努力保持不做傻事，所以我们的收获比那些努力做聪明事的人要多得多。”（芒格）

小聪明和大智慧的差别，也是坚持不做不对的事情的意思。

“聪明人也不免遭受过度自信带来的灾难。他们认为自己有更强的能力和更好的方法，所以往往他们就在更艰难的道路上疲于奔命。”（芒格）

最简单的例子就是一个很会开车的人开了一辆很好的车但上高速时上反了入口哈。

指的是聪明反被聪明误的那种？其实就是做对的事情（坚持不做错的事情），然后把事情做对。聪明往往指的是把事情做对的能力比较强，但知道坚持不做错的事情的人最后才会成大器，比如巴菲特。

大家一定要分清做错的事情和在把事情做对的过程中犯错误的本质区别。在把事情做对的过程当中任何人都是会犯错的，包括巴菲特，但由于坚持不做错的事情，所以犯大错的概率低，很多年以后的结果就完全不一样了。如果还不明白的话，就请看看那些一直很聪明但老是不如意的人们这些年都在忙啥就明白了。（2012-06-26）

往回看个几十年，你会看到很多很“聪明”的“聪明人”成就很小，原因可能在他们没把聪明放在做对的事情上。（2015-04-06）

想长远，想本质

网友：大道，您离开北京的国企、离开小霸王、去美国陪夫人，每一个决定换作别人都会纠结很久，但您能很理性地处理沉没成本，这种能力是经过多少时间形成的，有没有突然“开悟”的诱因？

也许是一种习惯，就是想长远的习惯。不知道怎么开始的了，回想起来也许是本科毕业考研时，找了 3 天找不到自己未来想做的事情（找不到想考的专业），就把考研放弃了。（2020-12-03）

网友：在离开北京电子管厂、佛山无线电厂的两次工作转变中，从发现不对到做出改变用了多久？

想清楚不对就马上决定改变了，不过改变是需要时间的。比如考研需要备考，换工作需要找工作，等等。（2020-12-04）

大约大三时悟到我大概不适合当个科学家或者工程师啥的，同学里有些人读书就是比我厉害。放眼全世界，那得有多少人比我厉害啊，但我知道的科学家屈指可数，加上内心对所学的东西总是提不起兴趣（这也可能是最重要的原因），所以那时候就开始想我也许不会成为一个工程师。大学毕业时本来也为考研准备了很久，但到报名时居然找不到自己想考的专业，所以最后就放弃了。那几年真是觉得很迷惘，但冥冥中觉得不对的事情就不应该继续下去了。我可能是那个年代很少有的工科毕业但没干过一天技术工作的人。（2021-06-30）

网友：我今年 30 岁，感觉自己太急躁，最近几年事业又是低谷期。您遇到这种问题如何解决？

最重要的是做任何选择要有是非感而不是跟着利益走。这么做的话，过些年就会好很多的。（2019-03-15）

什么时候意识到要做对的事情都不晚。不过，满脑子只有利益没有对错的人们确实是很难从原来的坑里出来的。（2019-05-28）

网友：对理性的定义是什么？

理性就是想长远啊。（2022-03-08）

网友：您的回答很快就能说出问题的本质。这种能力我们该如何学习？

想学就可以，只要努力看远一点就好。

大多数人其实是不在乎问题的本质的。（2020-11-17）

网友：根据您的切身体会，什么才是提升悟性的关键？

我觉得没人天生有悟性的。我看到的有悟性的人一般都非常肯悟，会习惯想本质及长远。（2020-10-23）

“习惯的枷锁，开始的时候轻得难以察觉，到后来却重得无法摆脱。”（巴菲特）

其实这条非常非常重要，不要等到太晚才看明白啊。（2012-11-19）

网友：商业直觉是天赋吗？

所谓商业直觉其实就是理性思考能力，巴菲特早就是顶级的了。当然，随着经验的积累，对不同公司的直觉的准确度肯定是会增加的。比如我能比较懂手机，巴菲特比较懂保险公司和银行等等。巴菲特懂的东西太多，我这么说不是很全面哈。（2023-01-11）

网友：如果列出一条您成功的必然因素和一条偶然因素，请问会是什么？

没有必然因素，偶然因素太多了。概率上来说，因为我习惯想长远，确实增加了很多成功的概率。（2020-12-03）

网友：我总觉得看问题看不到点子上，广泛撒网阅读，博取百家看法，最后还是很难得到确定性，看问题进不到下一层。

如果你能用平常心去看问题就会容易看到事物的本质。（2011-03-28）

网友：你的平常心是怎么来的？

平常心其实就是理性思考的习惯，应该是后天养成的。（2019-04-22）

网友：这两年，学习了在网上能查到的您的一切，精神和物质都有很大收获。我现在面对诱惑时，依然有时会失去平常心，但经常反省，继续努力。

告诉你一个好消息，我之所以提出平常心就是因为我也会失去平常心，所以大家都差不多，需要时刻提醒一下自己哈。（2019-09-12）

平常人是很难有平常心的，所以平常心又叫不平常心。如果你关心的不是事物的本质，没有平常心是正常的。倒过来也一样，如果你关注的只是事物的本质，平常心自然就在那里了。在错的道路上是没办法有平常心的。（2015-05-29）

做胸无“大”志的人

网友：为什么很多人起点和您一样，跑着跑着，差别越来越大呢？即使是同一方向也是望尘莫及呀。

呵呵，可能是我比较笨，找不到捷径。（2010-03-27）

要脚踏实地

我原话的意思是胸无“大”字（有时也戏称胸无大志）。这里的“大”是好大喜功的大。我说这话时流行“要做强先做大”，很多企业奔着世界 500“大”去，所以那时候我就开始特别强调企业健康最重要，不要在乎“大”小，要着眼于脚踏实地。胸无“大”字和胸有大志不是矛盾的，实际上可以说它们是一回事。（2019-08-25）

网友：成功并能保持的人，都有他厉害的地方。

很多所谓厉害的人其实仅仅是因为他们一直在老老实实做他们该做的事情而已。单看每件事情是很难看出来他们厉害在哪里的。（2018-11-05）

网友：什么算成功？

成功的定义是什么很重要。我觉得能做自己喜欢做的事情就应该是

一种成功，至于别人怎么看其实没那么重要。(2017-11-07)

网友：创业者总体是有渴望赢的野心的一群人。我直觉上认为这与胸无大志的平常心看似矛盾。

有平常心的人们才更容易赢，才更有机会成功。胸无大志是相对于好大喜功说的。(2020-10-11)

网友：像我们智商情商普通、家庭资源关系普通、学历普通的青年人，如何突破自我和突破社会阶层，尽可能地快速实现自己的梦想和追求？

我年轻时情况非常符合你说的那种青年人。不过我不太有“尽可能快速”的想法。(2020-12-03)

每天进步一点

其实我自己对自己的定义就是普通人，别人怎么看我不太在乎。想起两句话：平常人很难有平常心，Common sense is not common（常识不常见）。(2011-03-29)

网友：您怎样理解不普通的人？

不那么理解“不普通的人”到底是什么意思。我觉得绝大多数人都是普通人，但普通人通过积累是可以做出不普通的成就的，比如梅西。当然有些天赋会让人不那么普通，比如姚明的高度（姚明的成就实际上也是有巨大的努力在里面的），但那毕竟是极小比例的，也不是普通人能通过努力学到的东西。(2023-02-11)

大道确实是个普通人，高考虽然算是小考区状元，但进浙大时在班里 35 个人中考分排第 18。考人大研究生时全班 25 个人考分排名第 25。所以大道能有今天绝对不是因为绝顶聪明，而是因为一些其他的因素。比如，理性、想长远、不为清单……(2021-06-28)

网友：大道说自己是个普通人，但我一直不太理解。大道也许是个能力、智商比较普通的人，但不普通在于大道很理性，知道自己能做什么，然后只做自己能做的事，所以成功率要高很多。

你的理解非常对！明白这点的人们20年后必有所获。（2021-06-29）

“我经常见到一些并不聪明的人成功，他们甚至也并不十分勤奋。但是他们都是一些热爱学习的‘学习机器’，他们每天晚上睡觉的时候都比早上起床时稍微多了那么一点点智慧。伙计，如果你前面有很长的路要走的话，这可是大有裨益的啊。”（芒格）

在坚持做对的事情的前提下，把事情做对的能力是可以学习的，只要每天进步一点就行。（2012-06-26）

哈，普通人一直尽量坚持做对的事情，几十年后就有机会封神了哈。（2024-10-30）

做正直的人

我不知道做个正直的人会有什么回报，但至少让人一生坦然。（2011-07-25）

不作恶

网友：段大哥特别强调诚信和正直。

是的。我记得去上中欧的第一天，前院长张国华训话里讲过一个故事。他说有个著名商学院（我不记得名字了）曾经做过一个调查，想知道非常成功的人都有什么共同特性，结果发现什么特性的人都有，但他们唯一共有的特点就是 integrity。（2010-04-02）

“成功的组成因素：10% 的运气 +30% 的善良 +60% 的努力。”

今天从一个朋友那儿听来的，觉得很有道理。（2010-06-11）

网友：善良的人不一定成功，成功的人不一定善良。

我写这一条时就想到一定会有人说很多“不一定”。什么时候这些朋友能搞清楚“充要条件”啊。这世界没有成功的充分条件。

网友：30% 的善良指的是正直。诚实是最好的策略。

善良好像应该包括正直。

网友：三要素里“善良”是最弱的、最可能被替代的吧。

呵呵，也许用30到50年的角度看你就明白了。(2010-06-12)

网友：善良的农夫在大雪中将冻得要死去的蛇放在了自己的怀中来拯救它，结果不言而喻。希望大家拥有善良禀性的同时也拥有一份思辨的智慧。

农夫那不叫善良，那叫愚蠢。(2010-07-12)

我认为逻辑很重要。善良不是把蛇放怀里。善良体现最多的是不作恶。看看现在社会上的那些现象。(2010-06-12)

不赚人便宜

网友：你小时候愤青过么？在中国，正直、随和的人是会吃亏的。

我们小时候不敢愤青啊！能愤青就是社会的大进步。你要觉得随和吃亏那可就说明你骨子里不是随和的人，世界上哪里都一样，最后成事的人都还是正直的人。(2010-03-30)

网友：做正直的人好难啊！

其实不难，但你如果希望因为这个得到什么可能会有点难。有时可能还要吃亏。如果你不肯吃亏，也会有点难。(2010-05-21)

好汉不吃眼前亏的原意好像是识时务的意思。这里要说的和原来那句话其实未必有关系。

不爱吃亏是人之常情，无可厚非。记得以前经常会有人提起双赢的说法，但有多少人真的想过到底什么才是双赢呢？当人们提起双赢时，可能本能会想只要不吃亏就行。后来发现，要想不吃亏的话，往往需要赚点便宜才能做到。于是我们公司便有了“不要赚人便宜”的文化。个人认为只有在不赚人便宜的心态下，才有可能做到双赢——所以不赚人便宜就成了本分的内容之一。

顺便讲个小故事。记得很久很久以前（大概 1989 年）刚刚开始卖游戏机时，我们主要是靠进大散件来组装游戏机的。

有一次进了一个台商的一批货（好像是两千台），合同价里包含有 2% 的备件，就是对方按 2000 套的价钱共给了我们 2040 套散件的意思。结果生产完了以后大概有 50 台坏机，所以结账时就少付了对方 50 台的钱。（当时好像确实没搞懂备件的意思。）后来再也没和这个台商打过交道了。

这事让我内疚至今，看来赚人便宜的事情其实是不便宜的。（2013-02-19）

网友：吃亏就是舍得，先舍后有得，大舍大得！

舍不是为了得。（2010-03-12）

网友：有人曾说过一句话："和别人合作，假如拿 7 分合理，拿 8 分也可以，那我们拿 6 分就可以了。"这样，生意才做得大，做得长远。

那是不赚人便宜的意思。拿 6 分是为了保险，确认没赚别人便宜，但他也没吃亏哈。事实上日积月累，他赚的便宜大了，但不是从对方身上赚的。（2023-05-09）

网友：为什么说"好借好还，再借不难"是不本分的行为？

"好借好还，再借不难"已经比不还要好多了。我确实曾经用过这句话来说明本分的意思，是想说借人钱就该还，和以后要不要再借没关系。如果是因为想再借钱才还钱，那就是不本分，因为最后一笔可能就不还了。事实上确实有一些人还供应商钱的速度是和以后是否还继续有生意有很大关系的。（2010-04-06）

网友：好汉不能占便宜。

不能占便宜的说法经典哈，能说出这话来不容易！（2013-02-21）

你只要能坚持本分，很多年后你会很厉害的。俗话说"有借有还再借不难"，其中"有借有还"就是本分，"再借不难"其实是功利。当

你不再想着“再借不难”时你就真的本分了。(2013-02-24)

不圆滑

网友：什么叫帅才？

我一直以为大部分帅才都是“青涩”的。(2010-05-15)

网友：这个“青涩”是什么意思啊？

万科的典故。(2010-04-26)

网友：网上找的——王石：“我虽然快60岁了，但对于大事情的处理，还是显得很青涩。”

我的理解“青涩”表示不“圆滑”。(2010-04-27)

说我谦逊可能是对我的误解。但我可能不像以前那么爱较劲了吧，这可能是“成熟”点的表现？不过我觉得我还是很“青涩”。(2010-03-26)

我不谦虚，也不喜欢别人谦虚。我喜欢比较客观的人，我自己大概也属于这类人。(2010-07-08)

大道谦虚的说法可能是误解。虽然大道也知道“谦虚使人进步”，但谦虚让大道觉得难受，也许大家对谦虚的定义不一样？不知道为什么，谦虚的虚总让人有点不舒服，不知道有没有“谦实”的说法？“谦实谨慎”看着舒服很多。(2021-06-29)

网友：如何做到既不害怕得罪人，又能正确地说不？

我不是八面玲珑的人，也很容易得罪人。不过，如果能习惯从对方的角度看问题，误解的机会会小些。坚持原则有时确实会有人不高兴，但不坚持的话最后是大家都不高兴。(2010-11-07)

网友：如何建立长期友谊？

就是真诚和人打交道。我跟巴菲特学到的，人一辈子最重要的是友谊。所以要对朋友宽容，要友善，要诚实。但他也没说要有很多朋友，能有一打好朋友就足够了。

网友：如何分辨哪些人可以交朋友，可以信任？一个人的道德水准比能力更难分辨。

我告诉不了你，但时间可以。不过你能想到一个人的道德水准比能力更难分辨，说明你已经开始明白了。另外，大概没人是可以绝对明白如何分辨的，我猜。（2013-02-13）

网友：如何找到正确的英雄？

到50岁时你就明白了。

网友：意思是不是对人的判断需要一段长的时间去观察？

你已经50了？（2013-10-16）

网友：怎么看待情商？

我不懂情商，也不太用这个字。我觉得情商听着有点假，但懂得尊重人非常重要，不是假尊重那种，也不是因对方地位变化而变化的那种。

网友：我也不喜欢情商这种说法。我觉得真诚、诚信、理解、同理心、普世价值观是关键。情商本意是管理情绪的能力，可惜在中国，这个词彻底变了味。

很赞。（2019-05-21）

网友：请问什么是人际关系？

你想问什么？你的人际关系的定义又是什么？我理解的"关系"其实就是信任度，不是吃吃喝喝的那种。（2022-10-20）

网友：生活交友或为人处事上有没有大原则可以分享？

屏蔽你不喜欢的人和事可以节省很多时间。我不喜欢用"拉黑"这两个字，因为拉黑有贬义，拉黑的时候自己有负担，也会引起对方更多的反感。（2024-08-08）

网友：怎么看待别人对自己的看法，尤其是不太顺的时候。

在乎别人的看法的人一般而言都是太把自己当回事了。跑几趟海边，你就明白其实没人真把你当回事，你也就不会太在乎别人的看法了。总而言之，事情的对错比别人怎么看要重要得多。（2011-01-05）

网友：“建立自我，追求无我”是不要太看重别人想法，要追求自己内心真正想要的东西的意思吗？

差不多吧，还有就是要平常心的意思。（2010-05-22）

网友：您怎么看待和处理别人对您的负面评价？

极少人是真的在乎你的，你也别在乎别人怎么评价你就是了。（2020-10-13）

不该帮的忙帮了是没原则

网友：好朋友想借钱买车，自己也没太多钱，该不该借呢？

非常不赞成借钱给朋友，如果你还想保住这个朋友的话。如果他值得，你就送给他吧，但即便如此，朋友恐怕也快到头了。（2013-05-07）

网友：朋友难免有困难，暂时借个钱应个急，人之常情，为什么大道认为借钱给朋友会保不住朋友呢？

50 岁以后就明白了。

人都是需要钱的，所以需要不应该作为向朋友借钱的理由，尤其是在不知道自己是不是还得了的前提下。这里指的借钱不是指的那种因为身上忘了带而临时借个几十或几百，下次见面就能还上的那种。（2013-06-10）

网友：借钱给人，一般我都希望给我借条，有时候对方不说借条，我自己提出要求时很尴尬别扭。

其实很简单，不借不就完了？你又不想借，又想当好人，怎么做得到？

网友：哎，有时候抹不开面子，更多的时候不借觉得对不起人似的。

呵呵，死要面子活受罪，有什么好抱怨的？你这么要面子，身边是不会有批评意见的。（2010-10-18）

网友：你捐那么多款，会分一些给你亲戚吗？朋友或亲戚编理由来借钱，会拒绝吗？看来钱多也是一个麻烦事情。

呵呵，钱多有时确实是个麻烦。我可能运气好，好像还没有见过有亲戚编理由来借钱的。我的原则是不借钱给朋友和亲戚，但有急需我可以给他们。我对急需的定义是和疾病及教育有关的事，生意上的事我不愿意帮忙，不然就是个无底洞，也没有办法鉴别该给谁不该给谁。我在老家每年都会投些钱给直系亲属子女的教育。（2010-03-29）

网友：如果一个好友或亲人做生意遇到困难，想向你借钱，你是坚持原则，还是有可能破例？

我不借钱，但可以给。如果真是很特别的人，我就宁愿送。能到这份上的人是很少的。（2010-08-01）

网友：当年找工作找到弹尽粮绝，之后回京。段总赞助了我。他说你回去办事买包万宝路怎么也好过君健。数字我记得很清楚，400 大元，大致相当于当时大学生毕业国家规定半年左右的工资，要知道当时段总从人民大学才毕业一年多，也是个没钱人呢，而且当时和段总认识也没几天。一直记得很清楚，过了几年想还，打电话去，段总一句："是不是发达了？"就算了……借这个机会说说："阿段，谢谢你！"当时我并没有找段总借钱，是他主动问我钱够不够，我说买火车票的钱还是有的，到了学校就好办，找同学。接着就有了上面的故事。

不好意思，真的不记得有这回事。还好不是欠你钱，不然不记得就不太好了。能帮上人也算是一种福气。这些年我们多少帮过一些人的忙，能有句这样的谢谢就挺好的了。虽然我们不追求什么，但哪天不小心也碰上个北川中学那种人或事也真是恶心。我还真是碰过类似的事，捐完钱被人说杯水车薪，帮不了大忙，似乎觉得"有钱人"就"应该"把

99% 的身家捐给他似的。（2010-09-05）

我很少碰到问我借钱的人，但确实碰到过两个。他们都曾经帮过我，很多年前告诉我他们有困难，想跟我借 50 万，我说大家是朋友，50 万拿去，不用还的。尽管如此，朋友也没有再联系了，也许他们确实不太顺利。（2019-05-16）

网友：如果有亲戚朋友要你帮忙，还要不要厚道？有没有什么好办法？

该帮的忙当然要帮，不帮是不厚道。不该帮的忙帮了是没原则，也是不厚道。（2012-03-04）

享受过程

生活就像打高尔夫球，你可能会打出一些好球，也会打出一些糟糕的球，但无论结果如何，你始终都能享受过程。（2006-11-19）

别让时光溜走

网友：有成就的人和碌碌无为的人最主要的差别在哪？

作为一个多年以来都推崇“胸无大志”的人，我其实觉得最主要的差别在你心里。我见过很多“有成就”的人，他们未必就比“碌碌无为”的人更开心。（2019-08-18）

网友：是什么造成有人可以有所成，有人却不可以？难道是有无所成不重要，开心第一？

坚持做对的事情对有所成帮助很大，但有所成和碌碌无为不是简单的对立关系。每个人的生活方式不同。（2019-08-19）

网友：守着漫漫人生，不知道该干点啥。

有时候过得比想象中还快。我的同学里已知的已经有超过 10 个离世了（中学、本科、研究生），还有一个大学同学得了阿尔茨海默病，基本上认知能力已经降到和几岁的小孩差不多了，前两天刚通了个视频，让人非常难受。人生无常，身体健康最重要！

网友：都知道身体健康最重要，就是不知道怎么才能健康。

尽量不要做不健康的事情，比如不用margin，不做空，不投不懂的公司，不投不靠谱的人（哈哈），不抽烟，少喝酒，要喝就喝好酒比如茅台（这个是玩笑）……至于该干嘛就很难穷举了，而且争议很多。

网友：转眼大道已经60岁了。但想想巴菲特、芒格，我们又似乎还很年轻。

芒格好几年前就说过，他的梦想就是回到90岁。

适当运动能提高生活质量，但没有证据显示运动可以提高寿命。多几个朋友吹牛聊天会比较开心，但能常在一起聊的朋友也不好找哈。据说每天5罐可乐身体也能健康（这是巴菲特的玩笑，但巴菲特确实喝很多可乐，也没啥户外活动）。（2022-01-26）

网友：巴菲特在2020年股东大会上说过，每天和自己爱的人做喜欢做的事情；每天做能让自己开心的事情；学会忘记，忘掉那些让你产生负面情绪的因素、让你不开心的人和事或者你的坏运。

巴菲特和芒格都算长寿了，他们的观点很值得关注。（2022-01-27）

自己给自己写悼词是个非常好的主意，可以让自己从未来看现在，决定以后自己干什么，或想当一个什么样的人，或过一个什么样的生活。我和一帮朋友去年就这么干了，每个人都假设自己80岁那天结束，然后写悼词。其实很难写的，想想会很有意义。（2011-07-05）

One day my father-he told me,

有一天父亲对我说，

Son don’t let it slip away.

孩子，别让这时光溜走。

我喜欢The Nights这首歌，也被这首歌的歌词感动。（2022-07-25）

没想到一晃自己就已经到了父亲去世的年纪了。这首歌让我想起当年父亲去世前一再嘱咐的话语，我真希望我听到的是类似于歌词里的东西。生命无常，很难接受人会突然离去，但我能理解父亲可能已经知道自己将不久于人世，所以才会苦口婆心地表达一下父爱。我一生都会非常后悔当时给父亲的回答居然是：爸爸你这么做了这么多年，你觉得好吗？没想到的是，那居然是我们最后的对话，那是在 1987 年底。很骄傲我顺从了自己的内心，最后找到了自己喜欢的事情，相信父亲如果知道的话也是会很开心的。Son, don’t let it slip away.（2022-07-26）

刚刚看到宗庆后去世了。他是一个很努力的人，也非常享受他做的事情，我相信他也非常享受他的人生。

大致上，这也是我的墓志铭。（2024-02-25）

大道其实一直很努力，努力让自己能做自己喜欢的事情，以及努力做自己喜欢的事情。（2024-02-26）

网友：你取得事业与财富的成功之前，是否也经历过艰苦困难的日子？有没有过灰心丧气的时候？当遇到困难与难题之时，你一般是怎么做的？

难题和困难是不可避免的，真来的时候只能面对，不要逃避。实在是郁闷的时候玩游戏是个很好的排解方法。（2011-01-25）

网友：在不顺心的时候，你怎么调节情绪？

我要碰到排解不了的事情就打会儿游戏，反正时间长了都会过去的。（2020-12-04）

网友：要知道自己喜欢什么也挺难的。

要学会开心也是挺难的，既然你都不知道自己喜欢什么。想长远点或许有帮助。（2014-05-24）

网友：到现在为止，您是烦恼多还是快乐多？

人无远虑必有近忧，总是有些烦恼的。不过总的来讲，我还是挺开心的。（2010-03-22）

网友：最近频频被转的《一名护士告诉你：临终病人最后悔的 5 件

事》里提到：我希望当初我有勇气过自己真正想要的生活，而不是别人希望我过的生活；我希望当初我没有花这么多精力在工作上；我希望当初我能有勇气表达我的感受；我希望当初我能和朋友保持联系；我希望当初我能让自己活得开心点。

护士的话我也看过了，说得很好。（2011-07-08）

We don’t stop playing because we grow old; we grow old because we stop playing.（我们不是因为年老而停止玩乐，我们是因为停止玩乐才会变老。）今天在有道词典上看到的。（2012-12-04）

“老师问我长大想做什么，我说快乐的人。老师说我不懂问题。我告诉老师，是他不懂人生。”（约翰·列侬）（2012-01-10）

网友：你是怎么看人类未来的？

我不太想人类未来这么大的问题的，所以也无法描述，唯一知道的是太阳系还有50亿年左右的寿命，留给人类的时间不多了。（2020-10-30）

其实每个人都是人生赢家！多少亿分之一的机会啊，确实是大赢家哈。（2022-03-19）

尽量去干自己喜欢的事情

网友：您人生的终极追求是什么？

我一直胸无大志，确实没啥终极追求，只是尽量做好能做的事情，在过程中寻求快乐。（2019-03-15）

网友：什么是赚钱的意义和人生的意义？

这个问题每个人每个阶段的理解会不一样吧？因为钱本身对我没意义，所以赚钱对我而言主要是责任和乐趣，人也更容易理性。人生的意义大家都说过很多了，我也说不清，只能好好活着，为自己，为家人，为大家。（2019-05-21）

网友：你怎么理解快乐呢？

快乐体现在实现目标的过程中！昨天我外甥问我：你为什么喜欢投资这个游戏？我说：有成就感啊！然后我反问：你喜欢玩游戏应该也是一样吧？他说确实是的。哈，作为一个资深玩家，我是非常懂游戏的。人们喜欢玩游戏是非常有道理的，因为一般来说，在达到每个目标的过程中都是蛮快乐的，成就感满满。所以，有点小目标还是蛮重要的。（2022-03-09）

常看到人们提到财务自由，感觉上多数人认为财务自由主要取决于财富的拥有量，似乎到了一定量就可以自由了似的。

其实，个人观点，财务是否自由未必和自己的拥有量有那么大的关系，尤其是对那些已经拥有不少财富的人们来说。

我自己的定义是：不为钱做自己不愿做的事情的时候，其实就已经拥有了财务自由了。

然后就可以发现，其实很多不那么有钱的人们可以很开心，因为他们在做他们愿意做的事情。同时也会发现，有些很有钱的人其实不太开心，因为他们每天还不得不去做许多自己不愿意做的事。（2013-03-09）

网友：段总的时间是怎么安排的，花在什么上的时间最多？

时间花在想花的地方叫作财务自由。（2017-06-04）

对很多人而言，时间其实是比钱值钱的，但很少有人去理性想这个事情。（2020-04-11）

网友：你是不是觉得财务自由是道路决定的，有的路可以，有的路不可以？

首先要确定财务自由的定义，我的定义是不为钱去做不想做的事情。这个定义下，很多人最后是有机会接近的。如果财务自由的定义是有花不完的钱，那绝大部分人确实是做不到的，包括很多很有钱但不自由的人们。

投资就是路啊。另外，钱多并不总是好事，当然多数人还是会努力

体会一下到底不好在哪里哈。（2019-05-31）

网友：是不是有钱没钱时间都不禁过，还是有钱的人时间更不禁过？

据说上帝是公平的，时间也许就是上帝。（2024-07-25）

网友：高尔夫对您来说是不是减压的一种方法？

游戏是减压的，高尔夫就是好玩。（2010-03-18）

我其实曾经问过巴菲特同样的问题：钱对你已经没啥意义了，你做投资的意义在哪里？巴菲特说：这是一个很好玩的游戏啊！我觉得打高尔夫也有点像，对身体健康也有帮助。（2022-03-23）

网友：今天开始打高尔夫，对我们这种初学者有什么好方法分享吗？

除了多打以外，要多看点视频。"垂肩坠肘，重在转身，切忌用力"，其中转身最重要。我体会了 20 多年，最近还有所悟。高尔夫很像投资，原则的东西简单但极不容易的。想用力打远就像想赚快钱一样，会是个伴随的心魔，你慢慢体会吧。（2020-09-14）

网友：跟高手一起打球，最能学到什么？

我其实并不太在意能学到什么，但我会玩得非常开心。

享受最重要嘛。我们去听马友友拉大提琴，我们不会问自己学到啥了吧？（2013-02-07）

网友：大道现在专心做投资了？

我在投资上花的时间可能占总时间的 5%–10%，算专心投资不？（2019-09-29）

刚刚无意中听了一首歌，叫《蓝莲花》，第一句就把我感动得不行。

没有什么能阻挡，你对自由的向往！这是我 20 岁的想法，没想到 40 多年后突然听到居然会让我泪流满面。（2020-11-08）

"怎么大风越狠，我心越荡……"最近喜欢《野子》，我发现不管谁翻唱，味道都远不如苏运莹的原唱！虽然是很多年前的歌，还被污染过，但依然是难得的好歌！感恩节快乐！（2020-11-27）

尽量避开不喜欢的人和事

网友：您和巴菲特吃饭的时候问过他是否会生气，巴菲特说不会，因为不值得。您有什么好办法调节情绪吗？

我想不生气的意思大概是尽量不生气吧。理性地想，确实没啥事情值得生气。当然，理性地想，投资也是没道理不赚钱的，但理性确实难，但巴菲特习惯理性地思考问题。（2013-09-27）

网友：硅谷银行的人都是一群自以为是的家伙，加杠杆把自己玩进去了，长期资本管理公司的例子还不够深刻。

People never learn.（人们从不吸取教训。）（2023-03-13）

这句话是一个律师教给我的。很多年前曾经因为某事在洛杉矶请过一个律师。我当时因为某人的行为有点愤怒，打算起诉对方，give him a lesson（给他个教训）。律师听完我的想法后跟我说：我是一个律师，你这么做我很高兴，因为我是做这个生意的。但是，People never learn，你想教训一下对方的目的是很难达到的，但你要为这件做不到的事情费钱费精力，你还愿意做吗？那可真是好律师啊，我当时就打消了起诉的念头，想起了“恶人自有恶人磨”那句话，于是没再被此事烦恼过。（2023-03-16）

顺便提一句我以前提过的一点，我只是在这里分享我的体会，从来没打算跟不认识的人讨论什么，所以对不同观点的人我都会屏蔽掉，包括给我提各种建议的以及有些瞎套近乎甚至套话的提问人，希望大家爱理解不理解。如果因此有人不喜欢我，那我只好说我也不喜欢你。网络环境很复杂，我都是个在过下半辈子的人了，屏蔽掉自己不喜欢的东西很重要！（2022-02-15）

网友：您说的努力过好这一生，意思是做任何事都是百分百投入，这一生才能过得痛快？

所谓“尽量过好这一生”的意思对我而言就是：尽量避开不喜欢的

人和事，尽量去干自己喜欢的事情，结果应该开心的概率比平均大一些。（2024-08-11）

网友：活到100岁，也是个好的选择。

如果只是存在但生活没质量，其实也没啥意思。我希望我九十多岁还能打球。（2024-10-06）

网友：在社会上不可避免地会碰到底线低的人，如何应对险恶的江湖？

比如为了避免被人骗货，我们花了三年建立了自己的代理体系。不懂不碰，不贪，努力看长远等等可以避开绝大多数的麻烦。

网友：如何在看了很多江湖的险恶之后，还能保持初心并热爱这个世界？

你会因为见过一次或若干次癞蛤蟆就不热爱这个世界了吗？难道中国足球那么烂我就不打高尔夫了？

网友：大道见过癞蛤蟆就想办法离癞蛤蟆远远的。

Bingo!（猜对了！）（2024-06-23）

网友：努力保持年轻！我决定以后认识新朋友也不说岁数了。看着像多少岁就是多少岁。

无论你多么努力，该来的终会到来。这就是为什么我们不应该在任何我们不喜欢的事情上浪费时间。（2024-03-09）

网友：大道善良的心地是黄金！

人之初性本善。大道见过的人绝大多数都是善良的，虽然确实遇到过一些不善良的人。

网友：心地善良，体现在“不作恶”。

“不作恶”很重要，对抗作恶也是善良，但非常不容易。（2024-06-25）

最终你会成为本该成为的自己

Your story may not have such a happy beginning, but that doesn't make you who you are. It is the rest of the story, who you choose to be.（你的故事开头可能并不那么美好，但这并不能决定你成为什么样的人。真正决定你的，是故事接下来的发展，以及你选择成为什么样的人。）

这是《功夫熊猫 2》里最让我感动的一句话。没看过的赶紧看一遍吧，最好是看原文的，原汁原味。

我每次看这句话都会有点眼泪。白手起家的人看到这一段大概都会有感触的。

不知道为什么，我觉得乔布斯的经历有的地方非常像功夫熊猫，最后也真的成了大侠。There are no accidents.（2011-10-11）

我们这一代人，由于大环境的原因，大多数人可能都有个不那么完美的童年。乔布斯虽然一生曲折，但他追求完美的精神也让他一生无比精彩。

Be Yourself（做你自己）！（2011-10-13）

网友：我刚进入职场，发现上级主管和身边同事都收回扣，我不知道该怎么办。而且有些时候努力了，身边同事会敲打说这是反衬他们不努力。办公室政治太伤脑筋了，您有什么好的建议？

你这么问就说明你是想同流合污的，对吧？这是需要你自己做决定的事情，人最终都会成为那个本该成为的人。（2022-01-27）

好吧，再换个角度说一下吧。是非观是你自己的，别人无法指点。办公室政治哪里都有，企业文化好的公司会少一点或少很多。（2022-01-28）

网友：感觉您的说法有点宿命的味道。

"最终会成为他本该成为的那个人"可能是来自小说（或电影）《一个人的朝圣》。我不觉得这句话是宿命论，我看的角度刚好觉得这是和宿命论相反的。

人生的每个选择是站在是非还是利益上，最终会决定你是谁，或者说你会成为那个你本该成为的人。（2022-01-30）

大道不到40岁就退休了，经历少才合理哈。大道就是普通人，但是一个理解什么是概率的普通人。我不知道宿命论的定义，所以不想讨论这个问题。你信什么概率上会对你最后成为什么人（你自己）起到很大作用。（2022-03-05）

网友：宿命就是人被卷在自己思维和行为的旋涡里，转啊转啊转啊，越转越出不来。

“宿命”可能大概率就是“最终你会成为你本该成为的那个人”的意思。因为自己所有行为的加总大概率会是最主要的原因，时间会把其他因素的影响抹到其实非常小的程度。意外或不幸也许不该计算在内。（2024-08-15）

网友：假设人生面临10次2选1的路口，那么共有1024种选择结果，30次2选1就有10亿种选择结果，你的每一次选择最终决定了“你是谁”！

是的，概率是个神奇的东西。经常看起来很像运气的事，其实和运气没啥关系。（2022-01-31）

网友：骨子里的价值观+一次次的选择。

是的，一次一次的选择会让你最后成为你本该成为的人。（2022-10-05）

去年参加了我们大学毕业30年聚会，对各个节点的选择经过30年后的影响印象深刻。（2013-04-12）

网友：其实是个概率问题。

是的，就是个概率问题！但这么说可能更多人会更不明白，但有些人会更容易明白。（2023-03-26）

网友：行为是权衡选择之后的结果，你会成为你“想要成为”的那个人。

是“本该成为的人”，你这一改意思就完全变了。成为“想要成为的人”是非常不容易的事情，多数人做不到的。

网友：作为一个刚毕业的大学生，生活中总是为了短期的诱惑做明知不对的事情，比如熬夜，控制不住自己，这种情况该怎么改呢？

第一，为了短期诱惑做明知不对的事情并不是“一个刚毕业的大学生”的专利。第二，既然对你那么有诱惑，你为什么要改呢？第三，你大概需要知道这样做的后果，然后比较权衡选择。几十年后你会成为你本该成为的那个人的。（2023-03-12）

网友：有时明知长期下去不对，怎么抵抗短期诱惑呢？

这是你自己的选择，没人能帮到你的。不过，想想最终你会成为的那个你自己，也许会对你的每个选择起到一点点作用。

网友：这句话点醒我了。

只有当你心里有这个想法的时候，才有可能被“点醒”。（2023-05-10）

网友：永远不要认为我们可以逃避，我们的每一步都决定着最后的结局，我们的脚正在走向我们自己选定的终点。——米兰·昆德拉

就是“最终会成为本该成为的自己”的意思。

网友：不太懂这句话，理解为自己想干啥干啥。

懂不懂都会让你成为你本该成为的那个人的。（2023-07-16）

网友：如果受到一定的引导呢？比如家族前辈对后辈的教育，这算不算一定程度上影响他最后会成为的那个人？

当然！所有会影响的东西最终都会影响到最后的结果。（2023-07-18）

我不太清楚天赋到底是什么，难道说别人成功是因为有天赋会真的让自己好过一点？作为一个普通人，我见过很多比我读书好，比我跑得快，比我跳得高，比我高尔夫打得好，比我这个好比我那个好的人，但除了运动天赋外，别的天赋我还真没怎么见过。运动天赋这点我其实也

不是太确定，也许跟小时候的运动习惯有关系。我见到很多老美的小孩很小就跟着爸爸妈妈运动，于是就有了运动天赋?

网友：难道大道认为自己的成功，完全是个人的选择?

其实每个人的所谓的成功或失败都是其所有选择的最终结果，这就是你最终会成为你本该成为的人的意思。(不是你想成为的人的意思！)(2023-08-18)

网友：我看大道的视频时二十岁出头。成功没有捷径。谋事在人，成事在天。慢慢来很重要。做对的事情和把事情做对。一晃十年过去了。我正在慢慢地成为我本该成为的那个人。

你的运气好啊！有时候能懂一些东西也是运气哈。(2022-10-15)

开放心态

大道就是普通人，“大佬”不是天生的。“普通人”不是拒绝学习的理由。（2022-01-20）

放下自我去学习

读书是学习的途径之一，但不是唯一的途径。我觉得学习中最重要的是要开放，就是要开放心态的意思，我发现绝大多数人都是非常封闭的，当然这里可能也包括我自己。（2019-04-12）

网友：我们这些水平不怎么样、没成功的同学们，是不是最好和成功人士交流，而不是和同样没有成功的同学们交流？

没有开放心态的人，跟谁打交道都一样，反之亦然。（2019-08-05）

网友：怎么才算够开放？

如何算够开放我不知道，但我经常看见人们是抱着“老师，我是来去你的糟粕的”这种心态来“学习”的。

有了开放心态就会聚焦在“取其精华”上。不过，要知道什么是精华其实并不容易，多数人其实都是想让别人来证明自己是对的而不是真的去想别人在说什么。

说明一下，这里面的多数人经常也包括我自己的。（2019-08-06）

网友：巴菲特有些思想是对的，但并非全部，更不可教条化。

我觉得大家最好能明白什么是思考的逻辑，什么是思考的结果。我们要学的是巴菲特思考的逻辑，而巴菲特的错误只是概率上的错误而已。再烂的球手也有打好球的时候，再好的球手也有打烂球的时候。我们要学的是好球手是怎么打球的。难道我们和教练说“你也有打坏球的时候”对我们有任何帮助吗？如果学生对老师讲：“我要去你的糟粕，取你的精华，不过老师能告诉我哪些是你的精华吗？”大家是什么感觉？这样的话大家常听吗？（2010-10-28）

网友：我们应该怎么学？

不知道，这都是“猿粪”的事。有点像学价值投资，其实是学不会的，但有悟性的人可以提高而已。反正每次和马云聊天我都有不少收获，他看问题的角度经常确实很独到，确实思考得很深入。人们（经常包括本人在内）一般很难开放自己去学习别人，即使对方做得很好也老是想办法给自己找个不用学他的借口，有趣得很。（2011-10-02）

网友：现实情况要复杂得多，例如信息的不真实、不透明增加了了解企业现金流真实情况和未来判断的难度……

我经常碰到你这种情况，不管我说什么，他们都要说但是，就是不听我到底说了什么。这种自以为是的态度是很难进步的。（2012-04-06）

网友：“微信之父”张小龙就曾说，乔布斯最厉害的地方是什么？“乔布斯最厉害的地方是他 1 秒钟就能变成傻瓜，而马化腾大概需要 5 秒钟，而我差不多需要 10 秒钟。”所以，更重要的是思维观念上的通达，越聪明的人越可以“大道至简”。

是不是张小龙说的不知道，但这话其实很有道理。这里说的是自己开放心态的水平，这点上乔布斯确实是厉害的，发现自己不知道的东西他是可以立刻放下自我去学习的。我们大部分人都做不到。（2019-03-02）

网友：你的学习方法有哪些？

花大量的时间，做大量的练习，从错误中学习……学习最重要的是要用心。我感觉问问题的大多数人其实都没看过我都说过什么，虽然大家都说自己是来学习的。其实知道自己不做什么很多时候也很重要哈。（2020-10-23）

网友：您开始有被封神的迹象了。

世界本无神，把别人封神是人们拒绝学习别人的一个借口而已。由于那是个神，学不会也是正常的。（2011-12-14）

网友：大道可是浙江大学无线电系、人大经济系的，大道打高尔夫、乒乓球、围棋都能做到业余选手里的顶尖水准，更别提大道做出了小霸王、步步高两个品牌，在投资里也能做到最顶级。

神化不好。大道真没啥天赋，读书、高尔夫、乒乓球、围棋啥的离业余顶尖高手都有很大距离，但可能比一般初学者好一些。投资方面大道确实比绝大多数人明白，但这不是因为有天赋，而是因为绝大多数人都像你一样，总是努力地为自己找借口而不是找本质或原因。（2022-10-14）

记得有一次午餐时，巴菲特说：我 17 岁时脑子里就两件事，Cars and Girls（香车和美女）！巴菲特其实也是个普通人，所以巴菲特的投资也是可以学会的。（2023-12-21）

读书是爱好，思考是习惯

网友：平时您都用什么学习方法来补充知识？

大概是聊天和上网？有时也看点书，很少有看完的书。（2010-03-08）

reading 不一定是读书，也可以是读财报或者上网啥的？巴菲特先生很喜欢看财报，我喜欢上网。突然想到 reading 的翻译会不会有啥误会，

我不读书但有很多 reading？（2023-07-23）

网友：大道年轻时候都是怎么学习的？

我可能有阅读障碍，没目的的读书读不进去。上大学时就这样，每天去自习，但不到快要考试了的时候看不了书。高考也差不多，完全靠最后半年的突击。互联网帮了我很大的忙，就算不读书也还是可以学到很多东西的。

网友：乔布斯也是有阅读障碍。

我其实非常羡慕那些能抱着一本书读一天的人。我大概能坚持五分钟。我上课的注意力大概也是五分钟，开会也一样，然后就不知道想到哪里去了。人和人之间是有区别的，有时候区别还蛮大。

网友：大道人生目标清晰，有自己正确的人生道路，好像也很容易就参透了很多事物的本质。比死读书的人潇洒多了。

我想你对大道还是有点误解的。大道其实没啥人生目标，甚至都没那么自律，经常不小心就吃多了或喝多了。但是，大道喜欢关注本质是真的。大道确实是个运气很好的普通人，悟到了一些偷懒的办法，一些或许对其他普通人也有点帮助的办法。

网友：能分享下“偷懒”的办法吗？

新来的吗？大道分享的一直都是偷懒的办法啊。

网友：普通人可以选择做正确的事，人不能更勤奋。一辈子很短，时光用来偷懒做开心的事挺好。

是的，做正确的事情会少折腾很多。（2023-05-23）

网友：读书人一般难悟到道，除了要有天赋、悟性，还需要有在事上练过，有大成就的人。我所看到和认识的人悟到道的，都是在做企业和投资方面获得过大成功的人。

“读书人一般难悟到道”这个结论是个典型统计误会。实际情况是所有人都很难悟到道，做投资或者做企业取得“大成功”的人往往是已经悟到点啥的少数人，甚至也可能就是运气，而且很多“成功”甚至都经不起时间的考验。如果真要统计的话，我相信读书的人比不读书的人悟到道的比例肯定是要大很多的，虽然这个比例依然不大。读书和悟道是两件事情，读书是学习或者爱好甚至包括消磨时间，悟道则是思考。读书有可能对思考有帮助但不是充要条件。思考是能悟到道的必要条件。做投资以后我发现愿意思考的人的比例远比我想象的要小很多很多。（2023-08-18）

网友：大道号称自己“不怎么读书”，普通人不能轻易模仿大道这一点，因为大道可以在打球、看电影、聊天时思考理解很多事情，但普通人却难以做到。如我这般普通人成长的一个重要方法就是读书，通过更有智慧的人的书来提升自己。

就好像读书的人就一定会思考似的。读书真的是爱好，而思考是习惯。不读书并不是不学习的意思。不读书的人也是可以思考的，喜欢读书的而不认真思考的人比比皆是，对吧！现在学习的办法很多，读书其实只是一个途径而已。当然，有些人可能真的只习惯用读书的办法去学习，这和他们长大的环境有关。我就是花了很多年才有点习惯有啥问题就去用搜索的。（2023-01-14）

陪好家人过好小日子

网友：对于“过好小日子”有没有一句类似于“买股票就是买公司”的话可以说透本质？

降低预期很重要。（2020-12-07）

家庭总是最重要的

网友：您的人生目标是什么？

没啥特别大的目标，就是陪好家人过好小日子。（2020-10-10）

我骨子里认为自己就是个普通人，就想过好自己的小日子，做点自己喜欢做的事情。（2020-12-03）

网友：到了您目前的阶段，最为重要的是什么呢？

家庭总是最重要的，其实和阶段无关。（2019-04-08）

网友：如何平衡爱情和事业？

不会，所以搬美国了。（2010-03-26）

网友：对子女成年后有什么期许？

希望他们过好小日子。（2020-12-06）

降低预期

网友：对于选择配偶结婚，您有什么建议？

选择配偶可能最重要的是对方的缺点你是不是能够接受一辈子，不要想着能改变对方。所以了解非常重要。（2020-10-15）

网友：您最为人称道的是在爱情和事业中做出取舍，您说这是让您快乐的。但是很多人做同样这个选择就不会快乐，因为人的本质就是害怕失去。我在想如果换了一个人，没有您的能力，放弃了机会和大好前程，会不会到最后是贫贱夫妻百事哀，最后爱情消磨得只剩下了互相埋怨？

家庭好不好和是不是有钱的关系是正相关还是负相关我不知道，但我知道有钱人可能更容易离婚是真的，因为钱不是限制的因素，所以只剩下相互埋怨的机会会小一些。（2022-03-05）

网友：请问发现错了立即改正，再大的代价也是最小的代价，这句话适用于婚姻吗？比如说婚后发现当初的选择是错的，另一半并不适合自己，即使已经有了孩子，也应该果断选择分手？

“天上下雨地上流，小两口吵架不记仇”这句话也经常适用，尤其是有了孩子，一定要慎重考虑。（2019-08-25）

网友：我是一名在校生，你学生时代有过在爱情和事业之间的抉择吗？

你们好幸福，我那个时候既不知道什么是事业也不知道什么是爱情，所以也没资格选过。（2022-01-23）

无条件的爱

网友：我在犹豫是否要娃，我不知道生娃的意义是什么，感受到周围人带娃都很辛苦。

这个问题不好回答，你不生也许你永远都不会明白的。不过，你是对的，培养娃确实很辛苦。（2019-08-20）

简单说下我的体会：娃给我带来了很多我从没有过的快乐！我个人观点是：不管可以重来多少遍，我觉得还是至少有一个娃的好，多也没啥坏处。不过，我对娃没有回报要求，带娃也没有物质困难，不要轻易模仿！

和孩子一起成长或者说重新成长一次是我这辈子最大的快乐！（2019-08-21）

“童年的意义就在于能表达很多坏的情绪而不至于有什么恶果和报应。”今天看到一篇文章，这句话非常非常好！（2021-08-07）

网友：小孩最重要的是成为她自己，不要试图改变她；与小孩共同成长，尽可能多给予爱、陪伴和关注；身教大于言传。

加上一条，无条件的爱！很多爱是有条件的……（2020-10-18）

网友：怎么做才是无条件的爱？

举几个有条件的爱的例子吧。“你考第一了，妈妈好爱你。”“你真是个废物，连大学都考不上。”“你真的没用，我养这样的儿子还不如没养。”

“无条件的爱不附带任何条件，就爱你原本的模样，是因为你是你而爱你。不需要担心因为自己做错了什么事，而使那一份爱少了一点点。爱与孩子做了什么毫无关联。无论他们成功与否，无论他们是否乖巧，无论如何都毫无保留地给予他们爱。这样的爱不仅能给予孩子信任，让孩子的内心充满力量，更能给孩子爱他人，爱世界，爱自己的能力，从而他会获得一种强大的力量，一种战胜一切困难的力量和自信。当孩子将来长大面对漫漫人生的时候，这些力量都是他源源不断的生命之泉！但无条件的爱，不是盲目地爱孩子，而是不忘加以引导孩子，让孩子在

爱的环境下，得到快乐与成长。这与溺爱是完全不同的。”（这一段是摘的，人家写得更全。）（2020-10-20）

网友：如何区分“溺爱”和“无条件养育”？

大概就是原则和边界还是需要告诉小朋友的。无条件的爱和无原则的溺爱实际上是有天壤之别的。（2019-03-28 ）

要给孩子安全感

网友：您的教育理念是怎么样的？希望子女成为什么样的人？

希望他们有安全感，希望他们善良，健康，快乐！（2024-09-19）

我非常感谢我的父母给了我安全感，没有什么比这个更重要的了。

网友：我想，安全感与财力关系不大。

是的，关系确实不大。（2024-09-20）

网友：安全感缺失的人，长大之后会一直寻找安全感，有时候会影响决策时的理性。强烈的不安全感会使人变蠢……

是的，他们很难理性。（2024-09-23）

大概不会变蠢，但会因为不理性而做出很多愚蠢的决定。一生当中如果有很多因为不理性做出的愚蠢决定，那人生比较难一点也是可以理解的吧。

网友：做过很多愚蠢的决定，一直处在悔恨懊恼的旋涡中。

悔恨懊恼其实也是不理性的表现，需要的是向前看，总结一下经验就好。不过，这个其实非常难，要理性非常难，心底的安全感对理性思考帮助非常大。（2024-09-24）

有安全感的小孩自我成长能力远大过没有安全感的小孩，这里讲的也是一个概率问题。（2024-05-17）

父母能给孩子的最重要的东西就是安全感，途径是父母的爱和陪伴。

教育方面，身教远重要过言传，说啥不重要，关键看你怎么做。（2019-02-15）

网友：家里小孩不能说教，说一下就哭，感觉很委屈，有没有什么方法去改变？

多花时间陪！身教比言传重要。一说就哭可能是已经有点缺安全感了？小孩哭都是有诉求的，需要大人耐心去找为什么。（2019-03-16）

网友：感觉教育孩子是挺头疼的事情！

不教育更头疼，疼的时期不同而已。

每个孩子都是不一样的，不要轻易给他们贴标签哈。我觉得最重要的是帮助他们建立安全感，这对未来能理性思考问题有很大帮助。（2021-07-07）

网友：在教育孩子和跟孩子相处过程中，您有哪些不做的事？

尽量不批评孩子，尽量不跟他们说“不”，除非是有生命危险或对别人有危险的事情。（2020-10-11）

网友：为什么不能说不？那如何改正孩子不正确的行为？

尽量不和从不是有天壤之别的。很多父母几乎一直在批评小朋友或者是对小孩说 NO 的过程中。哪怕大家能减少到一天不超过一次也是巨大的进步。（2021-10-16）

网友：尽量不批评，是不是为了给孩子安全感，同时锻炼孩子独立思考决策的能力？

是的！（2021-10-06）

网友：不对小朋友说不。

尽量不说和完全不说是决然不同的！小孩非常厉害，会一直尝试各种东西，包括寻找家长的底线。父母需要既能保护孩子的好奇心，同时又要避免大的危害和不对的事情。比如，如果你对小孩说，这个水杯烫，不能摸，小孩很可能会非常想摸一下。我觉得这个时候大人最好就让他摸一下（不是故意用杯子去烫小朋友，而是静静地在旁边小心看着，小朋友很可能一会儿就会尝试摸一下），只要不是大伤害就没问题。小孩的学习能力非常强，让他们接触一点点危险没坏处，但大人要费心很多。很多大人，尤其是阿姨，这种时候往往是把小孩抱走了事，避免眼前的麻烦，但对小孩成长并没有好处。（2020-11-25）

网友：孩子每天要做的作业较多，他做得很慢，我们家长也比较焦虑，可能批评太多，鼓励不足，让他没有成就感了。

最好不要批评，尤其是家长自己也做不好的事情。很多孩子在放学回家的路上一路想的都是怎么对付家长。家长们为什么要这么为难小孩呢？（2020-11-28）

网友：斗智斗勇对小孩成长有利。

我不喜欢"斗智斗勇"的说法，觉得那是"小聪明"，也就是目前流行的"大聪明"。（2024-05-20）

网友：怎么看待表扬？

鼓励或者赞扬小朋友的努力是必要的，确实做得好的事情也一定要赞扬或鼓掌，但尽量不要夸小朋友聪明，不要什么事都夸他们，不然小朋友以后会失落的。（2019-04-06）

补充一下，个人认为小朋友做得好的事情一定要赞扬和鼓励！大人其实是用赞扬和鼓励来引导小朋友的行为的（尤其是要鼓励小朋友的努力），尽量不要用负面情绪来引导小朋友。（比如吓唬，尤其是类似于如果你不怎么样，爸爸就不要你了这类的吓唬，小朋友其实分不清是不是真的，这种说法可能会让他产生不安全感。）（2019-04-09）

孩子做对的事情要表扬，或者说他避免了做错的事情要表扬。把事情做对了就需要鼓励，鼓励的意思是鼓励在把事情做对的过程当中的努力，所以即使在做对的事情的过程中没做好也是需要鼓励的。（2013-12-28）

网友：六七岁的小朋友，做事情稍微尝试几下就想放弃，比如学两天自行车就放弃，学个钢琴上了几节课也不想上了，如何帮助孩子克服畏难心理？

估计是大人在旁边说多了？小孩道理上不太会有畏难心理的，只有好不好玩的差别，放弃了也可能就是因为他们觉得不好玩？另外，大人做事情的态度小朋友也是会学着的。不过，我不是专家，建议你去网上找找看？（2020-10-14）

网友：小朋友做很多事情都特别畏难，一畏难就抵触和激动。

五岁多了？那你可能需要尽可能多花些时间陪小朋友了。六岁以前的陪伴特别重要，事半功倍就是这么来的（这话是半开玩笑哈）。小孩做啥都畏难也许是大人啥都帮他做了？爷爷奶奶外婆外公都在旁边伺候着？我瞎想的哈，希望不介意。（2020-11-24）

呵呵，我对教小孩可不在行。我能做的就是多花点时间和他们玩而已。有时还做得很不够。我对小孩的要求就是能有原则并快乐生活就好了。（2010-03-18）

我有时和小孩玩的时候不够投入，小朋友马上就知道。以后要更加努力，陪孩子的时候一定要全力以赴，应该说全心以赴。（2010-03-19）

网友：我想我会陪儿子去看《功夫熊猫》续集了，记忆中从来没陪十岁的儿子看电影。

那就要快了。要不了几年你求着陪可能都没机会了。（2011-02-14）

今年3月学到一个非常重要的东西：小孩5–15岁期间是最重要的，而往往大人这段时间又是最忙的。回家后现在几乎每天送小孩上学，能有机会和小孩相处就和小孩相处，别说下跪了，躺着都行啊（全心全意地相处，把手机闭音了）。顺便说下，送小孩上学真是件非常快乐的事，和小孩沟通的机会也多了。

接送孩子最好的就是有机会可以和小孩聊天。有时想起以前可以牵着小孩手走到学校去的快乐时光，后悔为什么做得不够多。你现在好啊，小孩还小，有大把机会。我的机会已经不多了，所以把这个列为顶级头等大事。

牵着小孩的小手的感觉真好。可惜我儿子已经快和我一样高了，牵他的小手的机会已经一去不复返了，有机会的同学们要珍惜啊。

网友：他大了就牵你。

那就是我的福气了。（2012-05-12）

如果有条件的话，陪小孩打高尔夫可能是加深感情的好办法，尤其是经常去打比赛，给小朋友当球童，充当小朋友的支持者（千万不要教小孩打球，教的事情留给教练，这点很重要），感受他们的喜怒哀乐和各种情绪。很多打高尔夫的人都和父母关系不错（当然有例外哈），跟父母为了小孩打球花了大量时间可能有很大关系。很难找到可以花这么多时间和小孩在一起的活动了。

网友：教小孩打球会有什么后果？

后果就是以后没那么亲了或者说不亲了。

网友：可惜我两个孩子都不喜欢，我陪她们爬山也算是一种补偿吧。

对大一点的孩子来说徒步爬山非常棒，但小一点的孩子可能不太合适？不管怎么说，任何能和孩子相处的办法都是好办法哈。

网友：请问经常陪孩子比赛的意义是什么？

没什么意义，但有些小朋友就是喜欢！有些人把有什么意义看得很有意义，但意义真的很有意义吗？让你陪下小孩，你非要问有什么意义？！（2022-11-08）

网友：小孩12岁，小学快毕业，是留在身边的学校，还是让他到远一点的地方读书？

留在身边吧，这样小孩可以得到更多父母的关爱，那是他和父母一生的财富。（2013-02-13）

网友：很多人说在美国是给别人养孩子，跟自己的父母不是很亲。

基本上我们每天都会和孩子拥抱一次以上。今天早上我女儿6点多一点就跑到我房间来看我，说是想我了，大概是因为我出差几天没见的缘故。总的来讲，我看到的美国父母花在小孩身上的时间比中国父母多，好像关系也亲近些，但大家可能对亲近的理解不一样。老美是很独立的，老人很不愿意和孩子住一起，他们有自己的生活。国内很多关于美国的传说是不对的。（2010-04-23）

网友：我儿子九岁了，晚上还是说怕黑不肯自己睡，要妈妈睡他上铺。我有些发愁，是要慢慢等他自己准备好吗？

会不会有点缺乏安全感或陪伴不够，小朋友只是找个理由希望大人多陪陪？再说，这个年龄段小孩希望父母陪睡是非常正常的，如果 20 多岁还想这样可能就有点不正常了吧？不管怎么说，你小朋友这么希望父母陪的日子不会太久了，你还是珍惜吧。（2020-11-25）

网友：因为有了老二，老大有危机感，会焦虑，因为有人分走了妈妈。对老二就不一样，他生出来就有哥哥的存在。这时候要多关注老大，多关心老大！否则他会出心理问题的。

是的，多关注老大非常重要。千万别对老大说：妹妹（弟弟）还小这类话……父母需要非常非常用心，千万别想当然。

网友：教育小孩很难把握度。对孩子如果太娇惯了小孩容易无法无天，可是太严厉了小孩就会畏手畏脚。

确实很难，但也很有意思，不是吗？当然没花精力的人未必能体会到这点。（2019-04-12）

网友：您对目前国内的隔代教育（隔代亲）有什么看法？

隔代教育确实不太好。不过每个礼拜陪一天也许是可以接受的。（2020-12-06）

网友：小时候，您的父母如何给您高质量的陪伴，并教您做人做事的道理？

父母给的是关心和爱，给的是耐心，给的是时间。（2019-03-17）

孩子的问题基本都是大人的问题

网友：如何将家庭版的企业文化传承给我们的下一代？

不是很清楚你想问什么。你想传承什么呢？一般来说，言传身教，尤其是身教会起主要作用（大概 99%）。家长的那些坏毛病小朋友学起来快得很，你完全不用担心他们学不会。至于那些家长希望小朋友能学会但自己却没有的优点，一般来说也不用太担心，小朋友依然是有样学样的。好东西要带给小朋友确实是非常难的一件事情，首先家长自己要有，同时孩子们还肯学。所以如果家长确实有啥想传给下一代的东西，可能最重要的就是和孩子的关系好，只有关系很亲近的情况下，小朋友接受的概率才会大一些。（2019-11-07）

网友：孩子撒谎，大道会怎么处理？

多大的孩子？一般来说，孩子撒谎都是大人的错，需要特别仔细地反省。（2019-09-17）

网友：在《阿凡达 2》里有这样的场景，父亲总是不相信小儿子。

其实小孩一般是不会乱讲的，越小的小孩越不会撒谎，直到他们突然发现说假话有好处为止。另外，小孩说假话是很容易看出来的，大概是因为还不太习惯吧。大人一旦发现小孩说假话时，一定要及时沟通，要了解小朋友为什么说谎以及如何解决问题。跟小孩沟通的办法其实很简单，就是讲道理，总有一天他们会明白的。任何威胁，极度发怒，过度惩罚都是对长期有害的。适当的小小惩罚也许会有助于记忆吧？（2023-01-20）

网友：有时耐心会被消磨，经常忍不住对孩子发脾气，发现这是不对的事，马上又跟孩子道歉了，但有时言语的伤害已经发生。

忍不住发脾气肯定是你自己的问题，对孩子也起不到任何好的作用，但你在教会孩子可以发脾气，很快你就会见到小朋友发脾气了。当然，及时道歉非常好，但也不能解决所有问题，但不道歉会更糟糕（也许 10–

100 倍）。所以，不管发生什么，可能你需要先管住自己，因为你做的所有事其实都是在教你的小孩。所谓言传身教，言传的作用可能只有 5%，其他都是身教。祝你好运哈，希望你能尽量忘掉你的原生家庭带给你的那些不良的东西，这个非常不容易，因为你可能正在很努力地把你不喜欢的东西传递给你的下一代！（2022-01-26）

网友：怎么控制自己不对孩子发脾气？

没啥好的办法，只能尽量吧。不过，每次发脾气之前甚至发脾气的过程当中，如果你能明白小朋友不会因为你发脾气而变得更好，但肯定会因此学会发脾气或缺少安全感，也许你能少发点脾气？要搞懂小孩确实不容易，尤其是对那些根本就没真的花时间精力去了解和陪伴小朋友的家长们。对小孩发脾气治标不治本，长远而言无益。（2023-05-14）

任何时候都不应该打孩子！！！打孩子是懦夫的表现！你有很多别的办法的！（2020-11-24）

不管怎么说，打骂小孩是绝对不可取的！很多人在被打骂中成长，为此可能对父母非常不舒服，同时还学会了用不正确的办法来解决问题。打骂小孩是最快的解决办法，同时也是最没有远见的办法，唯一的好处是父母能短期“解决”问题。教给小朋友的唯一东西也是打骂是解决问题的最好办法。如果你不想被你的父母打骂的话，请不要用打骂的办法对待你的孩子，虽然别的办法要费劲很多。（2020-10-16）

很多打孩子的人都是被打大的，因为父母教给他们打孩子是一个解决问题的“捷径”，希望你能不再延续下去哈。（2020-11-24）

网友：我看到有人说“每次打了吼了小孩就后悔，就去道歉”，看得我火冒三丈，孩子有这样的父母真是倒霉！

打了吼了小孩后会后悔、会道歉的家长已经比那些不后悔不道歉的家长强了很多倍了吧？不过“每次”是很过分的，希望尽量不要有下次了。（2023-05-17）

网友：如果孩子做了伤天害理的事，比如欺负弱小、偷东西、上课故意捣乱，反复说教不改正的，也不能打吗？

那你首先应该打自己！你之前应该已经打过很多次了吧？！管用吗？小孩的错基本上都是大人的错，趁来得及赶紧想办法吧，打孩子只会让孩子产生恐惧，对他们一生的影响都是负面的。（2023-05-18）

能反省不容易，很多人走着走着就变成自己打小就讨厌的那种父母了。（2023-05-19）

网友：我上初三的女儿，叛逆得不得了！

孩子叛逆反叛的不是父母，而是父母的权威，如果父母能从骨子里放下权威，真正在各方面尊重孩子，也许你会发现一个不一样的孩子？（2018-10-06）

对孩子的信任比什么都重要，但恰恰很多家长都选择不信任孩子，这也可能是叛逆的源头。（2020-11-24）

另外，我觉得不应该老是批评小朋友。也不应该总是纠正他们，更不应该经常给他们各种建议。当父母的最重要的是陪伴他们，只是在他们向你请教或求救时才和他们一起想办法去解决他们的问题，这对培养他们的独立能力有帮助，也不至于让他们反感父母。所谓小朋友的叛逆期其实叛逆的都是父母的权威，如果父母能放下权威，像朋友一样陪伴小朋友，小朋友的叛逆期可能会短很多。（2019-03-20）

演员黄磊说自己没有叛逆的青春期，“因为我需要的爱和尊重，在童年都得到了。所以我不需要用叛逆来表达我对父母的不满”。“当一个孩子遭到父母虐待，他们不会停止爱父母，他们会停止爱自己。”今天看到这两段话，转给大家。（2019-04-23）

网友：女儿读初二，不喜欢学习，现在基本就是人在学校心在外，我们做家长的倒没有很失控地去逼她怎样，但对孩子的未来还是很焦虑。

你小孩目前的行为大概率是因为父母花太少时间陪小孩了。14 岁已经到了叛逆期，小孩这个时候主要是想反叛父母的权威。也许父母放下权威，尽力去了解理解小朋友，你们的关系可能还会有缓和的机会，不然就要等到 25–30 岁以后才有机会了。大多数父母都觉得这都是小孩的问题，其实绝大多数都是因为家长过去的行为造成的。(2023-01-20)

补充一点：所谓陪伴孩子一定是要有互动的那种，不是傻傻地坐在旁边看自己的手机那种（这种陪伴会让小朋友感觉更糟糕，因为他们会觉得他们在大人眼里不重要）。小朋友想要得到的是注意力，如果没有好的办法，小朋友可能会用任何办法的。我觉得父母每天跟小朋友的互动陪伴时间保持在 30 分钟以上就很好了。(2023-01-21)

网友：你曾经说养育小孩最重要的是培养孩子的爱心，有哪些途径培养呢？

首先是大人要有爱心，要给小朋友很多很多爱；其次是大人要有爱心，要给小朋友很多很多爱。身教远远大过言传。(2019-03-22)

网友：怎样帮孩子养成好习惯？

我觉得对孩子最重要的培养是爱心，其次是养成良好的习惯，其他方面则顺其自然了。一般而言，我自己小时候做不到的事我不好意思要求小孩。我最希望能达到的境界是可以和他们做朋友。呵呵，想让孩子把自己当朋友好像不太容易。(2010-03-18)

我妈妈是绝对的慈母，对小孩体贴入微，对孩子也没啥期望更是从不施加压力。孩子们都还算不错，绝对不是败儿。

我父亲应该算慈父，所以我从来就没有过惧怕父母的感觉。在我们那个年代，我也许真的应该算是运气的了。

网友：确实是很幸运的人，很有福气的家庭。

其实也是有冲突的。我记得高考完有一次我爸爸批评我说扫地都没个扫地的样子，你看那个谁谁谁。我回了一句：可他考不上大学啊。我爸爸于是就自己把地扫了。估计有些爸爸这个时候会拿着扫把来打儿子？我记忆中只是被爸爸打过一巴掌屁股，那时候大概 6 岁。(2023-05-17)

网友：应该是“你看那个谁谁谁”让你不爽吧？

已经不记得那个谁谁谁是谁了。当时刚刚拿下小考区状元没多久，气势如虹，哪受得了这个委屈，所以就直接反驳了。老爸大概想想也是的，儿子蛮有出息，就不跟他计较这点事情了吧。我跟老爸其实一直蛮亲的，记得直到上初中的时候还会经常爬到老爸的身上睡觉。很遗憾，老爸已经过世 35 年了，想起来蛮伤感的。（2023-05-18）

网友：大道不但是个企业家，在家还是个好父亲。

很难确定自己是不是好爸爸，因为自己也会发火。我说的东西就是我对自己说的，不是拿出来教育别人的。小朋友浑起来那可真是没辙没辙的，最重要的一点是不要 take it personally（往心里去）。小朋友有很多事情其实是搞不清的。比方说小孩说不喜欢爸爸，千万不要以为小朋友是真的不喜欢爸爸，小朋友说的其实是那一刻对爸爸有点意见而已。这个时候努力搞明白小朋友到底是什么意思非常重要。

网友：养育小孩的体验真是痛并快乐着。

哈，小天使们偶尔会假装魔鬼来考验家长。（2023-05-14）

突然想到的一件小事。一次陪当时 3 年级的儿子去动物园参加童子军活动，其间老师问了个问题，猴子和猩猩的区别是什么。

我当时脑子里一堆答案，但不知哪个最好。

我儿子回答最快，他说：第一，猩猩没有尾巴；第二……

我不记得后面的了，但我记得我的答案中好像尾巴不是第一选择，我甚至不记得我的答案里是否考虑了尾巴的问题。

我觉得我受的教育可能有点问题，于是就陆续问了好些人。

印象中好像只有丁磊说：“第一，猩猩没有尾巴……”

呵呵，谁要是不服，可以问问身边的人。（2010-03-03）

网友：小孩上 3 年级，如何提高他的学习兴趣？

一般小孩天生有学习兴趣的，大人不要想尽办法压制就好了。保持

小朋友的好奇心不容易，尤其是在我们的大文化下。（2020-11-28）

网友：每个孩子一开始都是天生的科学家，然后我们把他们打败了。只有少数孩子通过这个系统，保持了对科学的好奇和热情。——卡尔·萨根

确实很多大人们一直都在很努力地消灭孩子们的好奇心。

网友：大多数家长用自己的恐惧和焦虑把孩子打败了，我们能做什么呢？

大家不是不知道什么不该做，但很多人总是能给自己找理由解脱。反正最后大家都会成为自己本该成为的那个人的，孩子们也会。（2024-10-24）

关注心理健康

网友：我是应届毕业生，家里出了笔钱支持我在教育领域创业，以诊疗、咨询、课程等形式来帮助解决青少年抑郁焦虑的心理问题。想请教您有什么建议？

我觉得你要做的事情是非常非常有意义的！也许是因为很多家庭教育小孩过于严厉（包括打骂等），很多人都会有原生家庭的心理阴影，进而导致焦虑甚至抑郁症的情况也不少。我有时候会想，我能相对比较理性和平常心很可能跟我爸妈从小就不打骂我有很大关系，心里没有很多人有的那种恐惧感。

作为生意，这似乎很难是个好生意模式，但做好了你就算是功德无量了，会帮到很多人的。所以，也许用做公益的态度坚持下去就好！

网友：青少年抑郁焦虑可能跟发育过程中荷尔蒙水平不稳定有关，有时很自信有时很自卑。

小时候的那些阴影会一直在的，如果没人帮助他们去掉的话。（2020-

10-16）

儿童抑郁症这个问题比较复杂，我并不是太懂里面的原因，但希望大家会重视起来。我最近看脱口秀，里面好多演员好多次提到父母教育小孩的不正确方式。这些演员都是幸存者，有很多可能自己过不去就出问题了。作为一线教育工作者非常不容易，辛苦了！（2020-10-17）

李玟居然？！当年张国荣过世也同样让人难受！他们两人的歌我都没怎么关注过，但他们的大名都是非常熟悉的。人生不容易，抑郁症真是有点可怕。

希望更多的人会因此开始更多地关注心理健康。

我偶尔也会有某些挥之不去的不舒服的想法，我采用的办法就是尽快转移注意力。玩游戏是个很好的转移注意力的办法，听听合适的音乐或运动（比如高尔夫、游泳）都是办法。这不是专业的意见，只是自己的一点体会。

根据世界卫生组织的数据，全球约有 2.8 亿人患有抑郁症。抑郁症在女性中的发病率比男性高约 50%，全球女性抑郁症患病率为 6%，男性为 4%。60 岁及以上老年人中抑郁症的患病率为 5.7%。在世界范围内，超过 10% 的孕妇和刚分娩的妇女患有抑郁症。（2023-07-06）

网友：女儿 6 岁，同年级有个小朋友家教有些问题（经常突然打小朋友，也打过我女儿一次，还有其他言行不一一列举），放学后在操场常找我女儿玩，我女儿也不拒绝。我很困惑是否干涉 6 岁女儿的交友，干涉吧，这么小会不会给女儿偏见；不干涉吧，我们成人也是有交友原则的，至少有个底线，比如哪些品格的人不能交友。请问，我该怎么把握这个教育尺度呢？

这个问题有点复杂，因为这可能不是一个教育问题，而是一个社会问题。我的第一反应是应该让学校去解决，这个在有些地方是可以实现的，但有些地方可能不行。如果学校解决不了，家长只能想办法避了？避有很多办法，甚至有孟母三迁的先例。如果避不开，那就叫现实，想办法去适应吧。哎，6 岁的孩子应该还是有很大机会可以教好的，再大些可能就越来越困难了。无论如何，不希望家长把 6 岁的孩子当坏孩子看，大家都那么看是有可能真把小朋友变成“坏孩子”的。（2019-05-11）

网友：有关育孩，想到一本书《正面管教》，个人觉得不错。

我喜欢“无条件养育”，“管教”这个词我不喜欢。（2019-03-20）

网友：关于孩子有什么好书推荐吗？

《魔法岁月：0–6 岁孩子的精神世界》（2020-11-17）

网友：对待青春期的调皮散漫男孩，作为老爸有没有什么不为清单可以参考下，我是真有点犯怵怕犯错。

爸也许只能暗地里多点关心了吧。有本书叫《养育男孩》你或许可以看看。（2020-10-10）

孩子玩点游戏很正常

网友：对于爱打游戏的孩子，爱拖延，您有什么好的建议吗？

对孩子没啥可说的，他们很正常。

你要有个不爱打游戏的孩子你才该晕了吧？

反对孩子玩游戏的大人们一般很少花时间在孩子身上。孩子玩点游戏没啥坏处，但需要让他们有其他活动，比如足够的户外活动等等。

网友：我一直支持儿子玩游戏，就是有两个困扰，一个是觉得自己推荐的游戏有点狭隘，会不会过时，有没有必要跟上新潮流？二是眼睛的确还是比较容易受影响，如何权衡？

你不用推荐小朋友游戏的，他们可知道他们想玩什么游戏了。

网友：爱打游戏，自控力差，应该是孩子的天性吧。

其实跟大人差不多。（2024-10-24）

网友：开心农场在国内很受欢迎啊，大家都迷上偷菜了。你认为该游戏成功的原因是什么呢？

我知道但没玩过偷菜。游戏成功的理由一般而言就只有一个：好玩。大多数人其实都会有一些时间需要打发，游戏是最好的去处。当然，沉迷于游戏不好，可沉迷于任何东西都不好。

我认为小孩沉迷游戏一般都是家长的责任，至少可以说家长对他们的真正关心可能是不够的。我们家小孩也玩游戏，周末和假期一般每天有一个小时的游戏时间。小朋友对这个机会非常珍惜，所以也容易“管理”一些。（2010-03-19）

网友：网游毒害了太多的青少年。

游戏给人带来快乐。任何给人带来快乐的东西过头都是有副作用的，不能因为有可能的副作用就因噎废食。（2010-03-28）

网友：网游是给人很多快乐，但很多人的自我克制能力不够，控制不了自己。

克制不了自己的人如果不玩游戏也会玩别的。（2010-03-30）

网友：我一般不玩游戏。我发现玩游戏大部分都是年轻人，很多人都是自制力比较差，因为玩游戏影响到工作、学习和生活，对这个行业我的观点和马云一致。

我倒是发现好多喜欢玩游戏的人都挺聪明的。马云不做游戏是发现他自己玩游戏太容易上瘾了。我本人很喜欢玩游戏，而且是各种游戏，包括网游，也包括投资。（2010-07-09）

网友：对网游一直不感冒，因为上学的时候，很多人因为网游废了。

我觉得被网游废了主要是家长的责任。很难想象家长对小孩玩游戏时间是一点约束都没有的。我儿子周末时每天可以玩一个小时游戏，但需要先做好其他功课，保证足够的运动时间等。我儿子现在玩的是乐高的一个网游，似乎非常乐在其中。（2011-11-28）

网友：对小孩买各种玩具的要求，您怎么处理？

我觉得可以每个礼拜有个玩具店日，一般是在礼拜五放学以后，每

次买不超过两件玩具。（2020-10-10）

网友：多个地方发布禁止学生带手机、平板进校园，其中是包括电子书的。

其实电子设备并不一定就伤害眼睛，但需要小朋友有足够的户外活动来平衡。老美很多好学校的小朋友从一二年级就开始用 iPad 或电脑了，所以小朋友的书包也没那么重。iPad 是可以带回家的，很多书和家庭作业也都在里面。（2019-05-09）

网友：你在教育孩子避免过度使用手机或电子屏幕上有好经验吗？

控制屏幕时间没啥特别好的办法，就是要想尽办法用别的他感兴趣的东西吸引他，比如去户外玩、去博物馆、去公园……（2018-10-07）

网友：怎样防止使用手机时间过长伤害眼睛，有什么措施吗？

多去户外，在阳光下多些活动就好了。（2019-04-26）

进一步的研究发现，每周 19 小时的户外暴露能抵消高强度近视活动的不良影响；即使父母双方都近视，每周 10 小时户外暴露仍有保护作用，能预防近视发生。

而根据流行病学研究，澳大利亚国立大学的伊恩·摩根（Ian Morgan）教授估计，儿童每天需要在至少 1 万勒克斯（lux）的光照下度过约 3 小时才能有效预防近视。（1 万勒克斯的光线照度大概是晴朗天气戴着太阳镜或站在树荫下的水平。阴天的光照度可能会不足 1 万勒克斯，而光线充足的室内办公室或教室通常不超过 500 勒克斯。）（2019-04-29）

学习成绩是重要的，但不是唯一的东西

网友：为什么不继续在中国生活呢？

呵呵，国内小孩作业太多了可能是个很重要的原因。（2010-03-23）

网友：国内中小学分为重点与非重点，好学校对小孩真的那么重

要吗？

好学校当然很重要。但是，好学校的定义对每个人有可能是不一样的。（2018-10-09）

网友：孩子读书是在公立好，还是私立好？孩子的学习成绩重要吗？调皮的孩子是不是更能适应未来？

我无法肯定公立好还是国际私立好，但自己的体验好像老美的私立要好一些。孩子的学习成绩是重要的，但不是唯一的东西。调皮的孩子多比较聪明，适应能力更强不意外。（2019-03-29）

网友：我闺女上小学一年级，性格较内向。在学校经常被抢文具，被拽头发，被强迫做一些事情……想问一下大道，我是该和其他家长一样去“现金感谢”老师照顾，还是努力培养孩子去应对，还是有其他方式方法？

你问的问题其实很敏感的。想想孟母三迁吧，如果你能的话，不然就认命吧。（2024-12-02）

网友：我买了省会的学区房，又怕儿子学习压力大，失去了成长的乐趣。我想不明白该怎么办？

我觉得你最好多跟儿子沟通，看看他到底想要啥，小朋友其实很清楚你到底有多关心他。他们对自己的前途其实也是在意的，家长需要真的关心他们内在的需求，或者说家长要让孩子真的感觉到家长的关心和爱。这些不是花几个钱就能做到的。（2022-01-23）

网友：你对中美教育有什么样的感受？

我没在美国受过教育，没资格评价，但感觉很羡慕在美国读书的读书人，从小学到大学。（2010-10-22）

网友：听说美国中小学不考核学生的学科成绩，而我们的应试压力十分大，我们的学生都是在做无用功吗？

好像也考。高中以后的压力也很大。但是，美国学校同时非常重视学科以外的东西。学科知识只是一部分而已。教育中对如何待人、合作、

诚信等等都非常重视。（2010-03-25）

美国的学校非常重视体育，几乎是最重要的方面。小孩每天最忙的可能就是各种运动了。（2023-05-24）

网友：儿子今年读初一，考虑送他出国读高中，想听听您的看法。

不太赞成高中送出来读书。（2015-03-05）

小孩出去读书除非家长一起去，否则上大学以前最好不要让小孩单飞，风险大。（2010-11-13）

网友：像我这样希望出国留学的人你有什么建议？

有机会学习永远没错，但不一定非要出国。但如果你有条件专门去学习当然好。（2010-05-04）

网友：女儿高三理科，马上高考，北清复交可能性大，专业选择上迷茫。

首先，我不知道未来什么对你女儿最重要。无论如何还是你女儿的兴趣最关键，哪怕她现在还不清楚。这是个很好的机会，要让她自己去想清楚。我个人认为在选择上主要还是要让小朋友自己做决策，让他们学会什么是对的、重要的事情，什么是眼前的利益。我们老中家长对孩子的干涉经常有点太多了，而且多数都习惯在眼前利益里打转转。（2019-05-26）

网友：今天是高考出分日，高考报考中专业、学校、城市怎么排序呢？

你们太幸福了，可以看到分数之后报名，我那个时候是高考前先填志愿的。专业和城市其实都没那么重要，学校稍微重要一点点，因为找工作时可能会需要。我个人觉得最重要的你要想好你将来到底想干什么，至少你不要选一个你自己很不喜欢的专业。

填自己喜欢的专业和学校当然非常重要。大学主要是学习学习的方法，同学之间互相学习也很重要。好学校的特点是学生的平均素质要高一些，所以能学到的东西也会多一些。当然，好学校老师的平均水准也是会高一些的，所以去好学校也是蛮重要的。关键是，如果强迫小孩去了自己不喜欢的学校或者专业，他可能会有抵触情绪，有可能会导致学习效率低一些。我个人觉得专业其实没那么重要，我很少见到大学毕业后还在原来学的专业里干一辈子的人。（2024-06-25）

网友：去年儿子考到上海一所不错的大学读环境工程，但他现在想退学，回来重新参加高考，目标是影视编剧导演专业。我们很焦虑，不知道是该支持他退学，还是休学让他去试试看！请问如果您处在我的境遇会如何选择？

我会支持他！小朋友从父母那里最想得到的就是信任，而多数父母则一直在竭尽全力告诉子女父母对你们不放心啊，为什么呢？（2019-03-15）

网友：就像家底殷实的家庭不计成本地培养孩子发展，总有一天，小孩会成才。

这个说法不是很认同。在让孩子成才这点上，钱能帮忙，但往往不是最重要的。再说，孩子“成才”真的那么重要吗？（2023-10-04）

网友：是不是找到兴趣与热爱才是重要的？

差不多吧。这些年看到太多“成才”后的小孩过不好他们的人生了。（2023-10-05）

要给小孩各种支持，但不能让他躺在钱上面

网友：你不留下财产给子女，这是什么原因？

“许多有钱人死后留下大笔财产，会发生纠纷，这些财产不论怎么分，都不公平，结果亲兄弟变仇人。留钱给儿子，只是让他多娶几个太太。所以，我很早就告诉儿子，不要期待我会留什么给他，尤其第三代不能花我一分钱，我希望他们靠自己本事赚钱。”

这是个大注塑厂老板的访谈节选（不是王永庆）。我非常同意！

网友：可怜的凯文……

我觉得他幸福啊。如果老爸留一大堆钱给他，他的人生岂不是很无趣。不过，有机会的话，我会尽量教他的，但能否明白就要看他的悟性了。（2010-03-07）

网友：孩子认为家里留的钱够花了，这辈子他都不用努力，如何避免孩子产生这样的想法？

巴菲特说过，给小孩留的钱要“good enough to do anything but not enough to do nothing”，大概就是要给小孩各种支持，但不能让他躺在钱上面。（2020-10-15）

网友：如何给孩子树立金钱观？

我不太了解大家说的金钱观到底是什么意思，但有机会我会告诉孩子我对金钱的理解。（2020-10-11）

网友：你平常会不会跟你儿子聊关于投资的话题？是不是帮他开账户了？

呵呵，我教儿子投资的第一件事是每天要去跑步。

账户早就开了，就看他什么时候真的有兴趣。我不强迫他。（2010-03-27）

网友：你儿子多大了？先教他看财报吧。

13 岁了，看财报还太早。我们已经达成协议，下礼拜买 100 股，前提是他要写一封邮件给我，告诉我买 EA（艺电公司）的理由，我好存档。（2012-04-01）

网友：我娃 11 岁，经常与我聊公司上市、产品、资本、企业家等话题，而且还有他自己的见解。所以我准备开始让他接受您的价值投资哲学。

如果确实是小朋友的兴趣，当然越早开始让他 / 她接触越好。巴菲特就是 11 岁左右开始的。也许最好能有点小生意，让小朋友明白商业的一些基本概念，比如成本、利润、品质、信誉等。（2019-05-26）

做自己喜欢做的事情

网友：如何找到自己的激情所在？

做自己喜欢做的事情，有点利润之上的追求。（2014-02-02）

得到你想要的，珍惜你得到的

找工作最重要的是找自己喜欢做的工作。只有做自己喜欢做的事情，时间长了以后才最有机会做得很好。很多人找工作时都是首先衡量眼前的收入，换工作时也是这样，于是一辈子都可能在“循环以复”。（2014-06-06）

网友：就业选择是听长辈的还是听自己的？

长辈的观点经常是对的，也经常不太对，我要总是按照长辈的观点去做的话，肯定不是今天这个样子。个人认为最重要的是你自己要有是非观，要有长远的看法。凡事如果你能想着 10 年 20 年，你大概就不会那么困惑了。（2019-04-01）

网友：诺贝尔物理学奖得主丁肇中说小孩子哪懂什么兴趣，只是历史比较好学，容易考得好，就觉得喜欢历史。我想想好像也有一定的道理，怎么样才能知道某个东西是兴趣而不仅仅是一个偷懒的理由呢？

总有一天会知道的。家长可以帮忙，但最好不要强制。我猜大多数人可能一生都无法从事自己一开始就喜欢的行业，但有部分人可能后来会喜欢上自己一开始不喜欢的行业。（2010-07-05）

其实这也是我困惑的事情，为什么那么多人愿意长时间干着自己不喜欢的事情呢？我猜最重要的原因可能是这些人对自己没信心，我很难想到别的理由。

做对的事情，把事情做对——指的就是发现是错的事情就要改，不管多大的代价都会是最小的代价。

干着自己不喜欢的事情应该算是错的吧？我见过很多人一直就这么且待且抱怨着地过了很久很久。

我觉得人们选什么样的生活都有道理，但抱怨着却不打算改变就没啥道理了。（2014-09-21）

网友：好多事有兴趣但未必能做得成，没兴趣的事又已经能维持一个稳定的生活。

这是个基本逻辑问题。没人说过干自己喜欢的事情就一定会成功的。做对的事情要成功也得有把事情做对的能力和资源。另外，做自己喜欢的事情至少在做的过程当中是快乐的，不然“喜欢”二字何来？（2014-09-24）

网友：大多数人的工作是为了生活，收入的高低是衡量工作满意度的重要标准之一，做自己喜欢的事情又有收入挺幸福的。

区别一下：得到你想要的，珍惜你已经得到的（巴菲特语：Get what you want, want what you get）。琢磨一下很有意思。据说这是某种对成功和幸福的定义。（2014-05-26）

网友：什么是自己真正喜欢做的事情，这个问题需要经过仔细思考和反省才能找到答案么？还是应当很自然就知道的？目前个人在困惑的阶段，能找到的回答是先不做自己不喜欢的事情。

是的，如果你正在做着自己非常不喜欢的事情，那就该想想了。其实很多人一辈子都找不到自己喜欢的事情做，其中相当多的人可能一直就没真的找过，因为一开始随便找了份工作，然后就年复一年地被这个工作拖进去了。不过，也有很多人喜欢自己的工作，这部分人往往就能做得更好些。（2020-10-15）

网友：对于没有天分轻松考取大学的孩子，寒窗苦读是做正确的事吗？还是对于穷人家的孩子这是正确的？

找到自己喜欢做的事情应该是最重要的，和穷富无关。上好大学也许对找工作有帮助，但那个帮助区间其实是很短的，很快就没人在乎你是哪个大学毕业的了。

网友：很多年轻人也不容易找到自己喜欢的事，寒窗苦读考大学或许是发现并有效追求自己爱好的一个概率较大的途径吧。

很容易就找到自己喜欢干的事情的人恐怕更少。多数人可能从来就没认真找过，但努力找赚钱多的工作单位的人还是不少的。一般来讲，做自己喜欢的工作的人收入可能会相对高些吧。（2018-10-09）

网友：看一本书谈到个观点，人们喜欢做的事情往往是自己做得比别人好的事情。觉得挺对的，就像读书时，往往学得好的课程越喜欢学一样。

不知道作者有没有喜欢吃的东西，不知道怎么才能吃得比别人好。做得比别人好看起来是属于外在的东西。如果持这种观点的人，遇到比自己好的人的话就会马上放弃了。很多找不到自己喜欢的事情的人大多都没真认真找过什么是自己喜欢的事情，或者总是想着“钱多、活少、离家近”这类的东西。喜欢打高尔夫的人大多容易明白这个道理，因为绝大多数喜欢打高尔夫的人都不是因为自己比别人打得好。（2014-09-23）

网友：对拖延症有什么看法？

我也有拖延症，好像没啥办法。据说和基因有关。

网友：所有拖延都源自不喜欢吗？

这个说法可能有道理，喜欢的事情一般不会拖延。(2020-12-06)

网友：怎么看待马斯克说巴菲特的工作很无聊这件事？

巴菲特很喜欢自己的工作，所以总是“跳着踢踏舞”去上班，他才不在乎别人说啥呢。(2020-10-15)

网友：这世界真有天才吗？还是天才就是学习方法和兴趣的加成？

我不是那么相信天才的。我总觉得天才其实就是因为喜欢所以花的时间比别人多很多很多，于是就有了好很多很多的结果。你可以看看罗杰·费德勒在达特茅斯学院2024年毕业典礼上的致辞，那个讲话非常好。

网友：大道花在打高尔夫上的时间比花在投资上的时间多很多，然而在投资上获得的成就却又那么高，所以在我的心中大道就是天才啊。

大道花在投资上的时间是很久以前花的，简单讲叫理解生意。就是说我花在努力理解生意的本质上的时间比99.9%的人都要多很多很多。(2024-06-24)

网友：我从小就对企业家精神有浓厚的兴趣，并在初中开始接触投资市场。现在在美国读博。虽然在科研上过得去，但躁动的心却从未停止……您觉得年轻人应该去风口行业闯荡一下么？

建议你看下巴菲特1998年在佛罗里达大学的那个演讲。可以多看几次，看到明白为止哈。这个演讲（交流）我听了不下10次，非常值得仔细听。(2020-12-03)

我其实想说的是：You are saving your sex for your old years（你在把性留到老年再享受）。(2020-12-04)

“我对大学和商学院的毕业生通常有两个建议。最重要的建议是到你欣赏/热爱的领域工作，听起来像你得喜欢你的经历，这很好。但是我们谈谈我的第二个建议，那就是坐上正确的火车，也就是说，朝着正确的方向前进。商学院没有所谓的‘搭上正确的火车’课程，但它确实重要。你可以是普通乘客，但如果你坐对了火车，它会载你走很长的路。管理

你的职业生涯就像投资一样——困难的程度并不重要。因此，通过搭上正确的火车，你可以节省自己的金钱和痛苦。”（巴菲特）

很多人肯定很希望30年前能看懂这段话。当然现在看懂也不错，30年后就知道有多大差别了。

网友：怎样找到自己的“正确的火车”？

如果你现在还不知道的话，30年后就一定会知道的，至少旁人会看出来。（2013-12-23）

网友：我有很多理想，但有一个共同的前提条件：等我有钱后。

也许有点钱之上的追求会让你更有钱些。（2014-09-22）

网友：因为做得好所以喜欢什么事和喜欢做什么事然后把事情做好，虽然结果看起来差不多，因果关系却是反的。苹果不是因为有利润所以把产品做好，而是因为产品做得好所以才有利润。

追着钱跑和让钱追着跑的区别。（2014-09-23）

“金钱是我把自己极其喜欢做的事情做到极致后所产生的一种附带结果。”（巴菲特）

前段时间在中欧我也说过钱是自己喜欢做的事情的副产品，不知道巴菲特有没有专利。（2012-11-16）

网友：找工作您有什么经验？如何分辨这家企业是否真的有利润之上的追求呢？

我找工作也没啥经验。感觉是：只有当自己是个有利润之上的追求的人才会在乎公司是否有，在乎的人才会真的在意。（2013-03-08）

网友：怎样才能找到自己喜欢的事情？

你必须去找才会知道怎么找。

如果没有喜欢的事情就确实很难找，如果有就不难。（2022-01-23）

网友：我老是对这个感兴趣对那个感兴趣，不能集中精力做一件事。请问有什么办法能抗干扰，聚焦做事吗？

确定你真的对某件事情感兴趣吗？比较常见的事情是有些人只是对

赚钱感兴趣，但不知道什么能赚钱，所以想去尝试各种听说赚钱更快的办法，不知道你是不是属于这种情况。（2019-08-08）

网友：价值投资的逻辑能否用在找工作上？比如你希望你服务的企业有好的商业模式和护城河，好的管理和企业文化。当然，如果你要投身到一家创业公司，盈利模式还没清楚的情况下，是不是比较难用以上逻辑判断呢？

这个逻辑用在找工作上会非常好，很可能会改变一个人的一生。当然，开始找工作时往往人们没有那么多的时间和精力去了解得很透彻，但起码有这个逻辑的人会多少多花些时间在这方面考虑，而且一旦发现找错工作了就一定要尽快去找适合自己的工作。做对的事情往往体现在发现是错的事情就要尽快改。（2014-11-18）

无论如何，在找工作时一定不要仅仅是为了找一份有薪水的工作，一定要有些利润之上的追求。我当年去中山工作有一个很重要的原因是自己喜欢玩游戏，现在回想起来当时这个决定对我后来的影响是非常非常大的。（2014-06-15）

投身到创业公司的道理也一样，至少你想投身的这家创业公司一定要有什么东西特别触动你才行，要知道创业的过程是非常艰难的，没有利润外的追求很难走多远。我确实看到过一些人进入创业公司是因为创业公司会给期权，但那个东西对没价值的公司而言是完全没价值的。（2013-03-07）

越是迷惘的时候越是要往远处看

越是迷惘的时候，越是要往远处看。习惯往远处看会相对容易做出正确的决定，长期而言大概率结果会比短视的人们好很多。（2022-07-02）

网友：最近一段时间常常会彷徨，怀疑自己是否有些傻。人究竟应该从哪个角度看待自己的人生？

觉得会彷徨就说明你还不傻，呵呵，正常人都会偶尔有这种感觉的。至于为什么我就不知道了，不太清楚你说的角度指的是什么？我个人对人生的理解是不妨碍别人的前提下享受人生，要尽所能帮助别人但不要成为负担。不过这种问题大把人比我回答得好，你用谷歌或百度或搜狗查查说不定能找到你喜欢的答案。（2010-03-10）

网友：如何更好应对时间压力和生活压力？

好像没什么办法。时间压力让你充实，生活压力让你有动机，都不是啥坏事啊。你要不太明白，反过来想想就明白了。（2010-03-28）

网友：大道说过大学的时候悟出快乐是过程中来的。有目标才有过程，想知道大道大学期间给自己定的目标是啥？工作之后呢？

大学前阶段失去了目标，所以有段时间非常迷惘。后来发现不开心是因为失去了目标，所以开始认真考虑这个事情，但很长时期都没有答案。能从大学毕业已经是运气的事了。工作之后依然很长时间没有找到目标，直到开始经营小霸王后才开始觉得又找到自己喜欢做的事情了。（2022-01-31）

网友：20 岁的年纪应该给未来投资些什么？

学会爱和健康比什么都重要。

网友：爱和健康，自认为那是有钱人的玩意呀！

没有爱和健康的人其实也很难有钱，就算有钱了也不快乐。（2013-01-18）

为创业而创业的人多数很难成功

网友：对于那些有创业理想的大学生，您有什么建议和忠告吗？

第一，光有（创业）理想就去创业是不够的。

第二，能否创业和是不是大学生好像并没有直接的联系。

一般而言（我个人观点，没验证过），学历越高，创业的难度越大，大概是机会成本的原因。

有很多专门的课讲如何创业，现在还有什么创业工厂也出来了。呵呵，讲这些课的老师大多是没有创过业的人，理论的东西讲讲可以，但到实际中还是要靠多磨练才能真正明白。如果创业工厂是由没创过业的人来搞，那就更有点高深了。

印象中有两种人创业成功的概率好像高一些：一种是无路可走的人，由于没有退路，他们会很拼命和专注，所以机会大些，比如像我。

另一种就是看到路的人，也就是创业开始时就有很强的理想和一定的想法（往往是得到了某种验证的想法），比如比尔·盖茨。

当然，也有为创业而创业的人成功的例子，比如惠普的两个创始人（《基业长青》里面有提到）。

总而言之，创业好像也没个公式，唯一可以肯定的就是创业失败的概率非常高。所以，除非你真是有可持续的高度热情（包括打不倒的精神）或者你真是无路可走了，否则还是多考虑考虑吧。（2010-03-20）

网友：可持续的高度热情一般人是做不到的。

呵呵，所以创业成功的人很少！

网友：为啥说您没有退路呢？

研究生毕业以后，找不到想走的路，就跑到广东去了。总的来讲，我真算是运气很好，最后找到了自己喜欢干的事情。（2010-03-21）

网友：那你是不是归为有能力而幸运的人？

可以这么说。其实每个人都有自己的能力，对自己过于低估和高估都容易有问题。我比较客观看待自己。（2010-03-22）

网友：我在一家知名公司上班十多年了，这个行业我也挺喜欢，但是在公司上班却不能让我有成就感，感觉工作都是重复性的，我是否需要通过创业来实现人生的价值？

创业的成功率很低，我没看过数据，但肯定比投资赚钱的比例还要低，应该至少在5%以下（以活10年计算）。如果以成就感不够而创业的，估计成功率应该还要低很多。（2019-05-20）

如果你对创业有任何犹豫的话，可能就还没到时候。（2020-12-05）

创业的人是不会问别人是不是该去创业的。我认为能够创业成功的人都必须要有非常大的冲动（或者说自认为有很好的想法），到处问别人是不是该创业的人如果去创业多数是要失败的，或者说为创业而创业的人多数很难成功。（2010-09-06）

补充：我的意思其实不是反对创业，是说在创业前必须要有创业失败的精神准备。现在大环境下，只要真有好主意，创业的条件比我们那个时候好多了。我们那个时候都没听说过风险投资是啥。（2014-06-06）

到处问别人是不是该创业的人最好是别创业，失败的概率更高。（2025-01-09）

网友：关于创业时机，请谈谈体会。

其实无论怎么准备，创业失败的概率都会远大于成功。看看那些成功的创业家都做过哪些准备吧，比如马云？如何创业可能是个巨大的话题，但个人体会，绝大多数创业成功者都是有追求的人，这种追求经常能克服创业过程中的许多巨大的困难。（2013-02-13）

每个创业成功的人可能经历都很不一样。我自己当年就是因为喜欢玩游戏，就一头扎进去了。（2020-11-30）

网友：对于初创公司，如果进入类似游戏这种充分竞争的战场，是不是兵家大忌？是不是也要像投资一样，要一直筛选，直到选到供需失衡（供小于需）的赛场？

我觉得创业最重要的是创业者会觉得自己的产品或想法能够提供点别人提供不了的东西。如果只是想做生意，成功的概率会小很多。供需失衡的“赛场”大概没人可以在创业前就“选到”的，就算碰上了也很快会掉进红海。举个简单的例子：茅台的供不应求可不是一个创业者创

业前计划好的。（2020-10-24）

网友：一直都想做点事情，但是一直都做不大，不知道自己能做些什么，觉得自己也没有什么真正擅长的东西。

平平淡淡才是真，不是每个人都一定要当马云的。（2020-12-03）

网友：您认为一个初创企业最重要的是什么？

我们当初想的都是活下来，理想都是后来才慢慢有的。现在情况不一样，信息很发达，人们可以看得远一些了。

网友：请问消费者导向是一开始就有还是后来有的？

消费者导向和本分一样，必须是骨子里的东西，后天假装会是做不到的。（2024-10-09）

网友：我在实践中发现一个不可为的事项：那些一定要按甲方要求喝酒才能达成的业务，不可为。不管潜在业务量有多大，第一时间放弃，一定是最有利的选择。

如果你确认对方是代表甲方逼你喝酒的话，我同意你的逻辑。早年我在小霸王时就碰到过这种情况。有个哈尔滨的客户在饭桌上对我说：干了这杯，不然这生意就不做了。当时我直接站起来客气滴说：那你们继续喝，我先走了。从此再无人逼我喝酒。甲乙双方是互惠关系，谁欺负谁都不对。

补充一下，那时候我确实不喝酒。现在喜欢喝点好红酒。（2021-09-25）

希望自己和后代生活在更好的环境里

我做公益但不喜欢做慈善这个说法，甚至不觉得自己是慈善的。个人觉得公益和慈善是有区别的。公益感觉自己身在其中，慈善则有点居高临下的感觉。我有做公益的需求，希望自己和后代可以生活在更好的环境里。（2020-08-12）

公益是每个人自己该做的事情

网友：投资是为了赚钱吗？

呵呵，这个问题有意思。我想，对大多数人而言，投资当然是为了赚钱吧。投资的过程也是很有乐趣的。

所以对我个人而言，享受过程可能更重要，因为结果已经不那么重要了。不过，好的结果还能帮到别人，也算是个不错的副产品。（2010-04-24）

其实财富过了够用的线之后，性质会发生变化，多出来的都是责任。（2021-01-21）

网友：财富达到哪个级别时是你最开心的阶段？

好吧，这也许是个有意思的问题。记得当年拿到高考分数的时候好像是非常开心的。后来也有过很多开心的时刻，但和赚多少钱似乎都没太大关系。很多年前我就大概猜到我会赚很多钱的，所以赚多少钱我都不会太意外，也没啥惊喜。就像苹果涨了一样。（2024-06-26）

网友：如何提高自己的舍得能力，特别是在金钱方面。

理性，想长远！（2020-12-02）

网友：段总一切大小的布施善行值得赞叹。

呵呵，拿自己用不着的东西去帮帮人真不算什么。（2010-03-09）

保持受捐者的尊严和帮助受捐者一样重要！

虽然人们总是把慈善公益放一起说，但我总觉得公益和慈善是有点区别的，但还没想清楚本质区别是什么。

国内公益环境不太好，公益意识也差很多，相关的法律环境也不太匹配。比如美国的基金会每年的要求是捐 5%，而中国是 8%。5% 是可持续的概念，8% 是不太可能持续的。很多年前我问过政策制定者，为什么是 8%，回答是不知道应该是多少，就定了一个比美国高的比例。用几十年和几千几万个公益组织的角度看就明白这个差别有多大了。

我觉得在国内一直坚持做公益的人们真是很伟大，他们所面临的困难比在美国大很多。

顺便说一点公益意识。整体而言，老美的公益意识是很强的，强在大家都觉得公益是每个人自己该做的事情。国内的公益意识总体感觉还是觉得这是富人该干的事，而且由于富人都是“为富不仁”的，所以是赎罪性的，所以不用感谢他们。好消息是，我已经看到国内近几年的巨大进步了，虽然依然还差很远。（2012-05-12）

网友：你 2008 年在浙大设的心平自立贷学金项目现在情况如何？看了那个视频后，我觉得学生们很多没有真正理解你的用意。

为什么你认为很多学生没有理解呢？我不喜欢帮助“贫困学生”的概念，因为那必须把每个申请人放在放大镜下看他们是不是“足够穷”。

记得在人大时还看到贫困生和捐助人面对面接受捐赠的场景，感觉不太好。不能让人为了得到帮助而损失自尊的。自立贷学金解决了这个问题，由申请人自己决定是不是要借这个钱来帮助自己上学。

这个钱大部分人本来就不需要，但需要的人自然会明白的。

我倒是很希望我上学时可以有这个项目，那样就不用增加父母的负担了。目前好像浙大的留学贷学金需求还蛮大的，第一期的钱已经用完了，第二期的钱应该已经给过去了。人大的情况还没看到。（2011-03-23）

网友：王阳明说致良知就是要知善行善，知恶去恶。

知善行善，知恶去恶。这个说法很好。（2013-03-20）

网友：今天刚看到段学长给母校捐款，希望以后也可以向前辈看齐。

在你触手可及的地方做点公益其实不需要等以后的。（2022-05-16）

网友：公益力所能及。只要在做，都是值得称道的。

是的，哪怕是顺手捡个垃圾。（2022-05-17）

网友：我一直有个愿望，将来有钱后帮助那些因家庭穷而辍学的孩子。

他们辍学一般而言往往不是经济问题，是意识问题，是家长对教育的认识问题，不然就不会有女孩辍学多过男孩的现象。这个问题往往会是恶性循环，一代一代传下去。（2011-02-11）

网友：有人会把你的善心当作弱点来利用；有人赌博亏了很多钱负债累累还继续在赌，死不悔改。假如这种人是你的兄弟或亲戚，你还会帮他吗?

我觉得帮人并不是简单给钱了事，那样会没完没了而且往往没什么好结果，有时可能还会被抱怨给得不够多。所以我们基金会的钱主要是投在教育上。

我帮亲戚也只是帮在教育上。老家的任何直系亲属如果小孩上任何学，家里有困难的我都帮着付学费（有个很好的律师每年都要专门去核实一次）。别的我管不了（除非父母有需求）。（2010-05-14）

网友：请问您如何看待教育与家庭支出比例问题？像步步高实验小学这种师资队伍是每个家长都羡慕的。可是作为打工一族未来具有不确定性，如果教育比例支出过大又面临失业的话，这个支出将成为沉重的家庭负担，也害怕因为家庭环境转学影响孩子心理与学习。

好的教育是昂贵的，更贵的是不好的教育。不过，我们会继续想办法降低员工子弟的入学成本的。（2024-06-21）

受教育是自助的最好办法

网友：能说说你的慈善心路吗？

喜欢投资，不会花钱，不想留太多钱给小孩，所以必须找到办法把钱有意义地花出去。花这种钱比赚钱难多了。（2011-04-25）

网友：似乎大道在 20 年前就写好了遗嘱？

是啊，人有旦夕祸福，早点做准备比较负责任……遗嘱早就写好了，每几年审阅一下。（2024-07-12）

网友：有种说法叫养懒汉，确确实实有部分人爱穷，喜欢穷，从一个懒字可以体现出来。你怎样看？

穷和懒没有必然联系，我见过很多穷人是非常勤快的。富的人也未必就一定勤快，其实我也算个懒人。一个人是否能有财富，取决于很多因素，到底有哪些我也说不清，但受教育程度（不一定是学历啊）肯定是决定因素之一。

这大概就是巴菲特讲的命吧，所以富人应该把财富回馈给社会。富人在赚钱的过程当中已经享受到了很多人生乐趣，多余的财富一定要早早筹划，要找到能高效回馈社会的方法。富人把多余的财富回馈给社会实际上往往要比他们赚到这些财富要难得多得多，再过几十年大家就会在大陆看到很多类似香港小甜甜这样的故事了。（2011-02-08）

济贫的事确实难度比较高，主要是无法鉴别，伦理上也有纠结。所以我们的基金会主要是投教育，觉得授人以渔比较好。上天只助自助之人嘛，受教育是自助的最好办法。顺便说下，我自己确实算懒人，所以会想出或学会许多很好的懒办法。就投资而言，少犯错误其实就是个懒办法。日内交易员们比我可勤快多了。

话说回来，我其实不知道是不是真有懒人。我觉得懒人多数可能是没找到自己喜欢干的事情吧。（2011-02-10）

网友：段总在2010年度慈善家捐赠排行榜前十。

慈善不是比赛，出这种榜的人缺德。（2011-04-28）

"企业多做公益慈善事业不吃亏。"（新闻）

感觉标题把因果关系颠倒了。实际情况应该是这类好企业注重消费者感受，所以能得到消费者好感，从而也就有能力去从事一些公益。其实好企业本身的经营行为从广义的角度看也可以算是公益行为，因为他们在改善人们的生活品质。（2011-12-15）

网友：说说我对投资与慈善的看法。1. 慈善也与投资一样要追求"不被关注"，那是最需要的地方。2. 先投资再做慈善或边投资边做慈善，是个人的事没有区别，无需比较，没有高下。都值得尊敬。3. 做慈善是把钱花在最需要的地方，这一点与投资是一样的，投资讲效益，做慈善讲效果。

1. 任何形式的公益我都不反对。

2. 同意。

3. 公益的效果是投入人心目当中的效果，不是旁观者心目当中的效果。每个人都会希望达到最佳效果，但不能苛求。任何旁观者对效果说三道四都是不道德的，因为长远来讲这会阻止人们做公益。当然公益人士内部的讨论却是有必要的，因为这样可以提高效率。

长远来讲，要求慈善把钱花在最需要的地方的观念是非常不成熟和极端错误的想法，由于没人知道如何才能做到这一点，所以大部分人会选择多一事不如少一事。谁愿意花钱买批评啊？所以我特别希望喜欢对公益慈善说三道四的旁观者闭嘴！（呵呵，不是针对你啊。）刚刚看到马云说要拿出 0.3% 的营业额投入到公益当中，作为间接股东，我非常赞成。（2010-05-15）

评价别的公益组织实际上是阻碍人们做公益的一个很重要的原因。你不理解这点，说明你实际没思考过。（2012-07-14）

网友：挺多人不了解捐赠，总觉得是为了避税。

是啊，本金都捐了，避哪门子税？！（2024-07-04）

网友：国内做公益真的好难，做好事都怕伤着。

无欲则刚。（2012-11-05）

国内做公益不容易，官本位的味道很浓，多数人都觉得你做公益肯定是有所图的，经常会觉得有点别扭。（2020-10-09）

网友：您知道有哪些比较靠谱的公益途径吗？

不敢推荐啊，很难了解很深，比了解一个公司都难。不过，即便如此，我还是会继续投钱到公益里面的。一般是先投一点点，然后慢慢增加，如果自己觉得他们做的事情是相对满意的话。当然，本来就很了解的地方容易决定一些，比如母校啥的，但那也不是绝对保险的。做公益是自己的需求，有时候感觉像是做风投。做投资反而要少担心很多。（2024-08-15）

巴菲特的人生非常精彩

网友：巴菲特在东京接受 CNBC 采访时表示："我已经 92 岁了，但习惯还跟 6 岁小孩一样，愿意放弃多活一年的机会来换取随心所欲享受美食的快乐。"

我非常同意巴菲特的说法，活得长不一定非得是每个人的目标，放弃一年得到的快乐也许会让生活更有意思哈，而且快乐的人寿命也许会更长一点点？他和芒格的寿命远长于平均值已经是无可争议的了。我去过巴菲特的办公室，到处都摆着各种零食，整个一老顽童，哈哈。（2023-04-14）

巴菲特的人生非常精彩，他非常享受他所做的事情。巴菲特是个非常神奇的人，哪怕今天，他都能很详细地描述很多他过去经历过的事情，而且眼里有光。（2023-05-11）

网友：从为人的角度，你觉得他是个什么样的人？

他是一个值得信任的人！（2024-07-15）

"2006 年，我曾作出承诺，逐渐将我持有的所有伯克希尔·哈撒韦股票捐赠给慈善基金。这个决定让我再开心不过……"（巴菲特）

网友：这是最完美的办法。我想巴菲特可能觉得赚钱是他的长处，但用钱不是他的长处。在用钱方面，他相信比尔·盖茨胜过全世界任何人，因为比尔·盖茨最能把钱用到该用的地方，用最小的钱，产生最大的效益。

我也是这么理解的。

巴菲特 30 年前就认为他的任务就是赚钱（自己最擅长的事），以后交给别人做。他认为他这样对社会的贡献最大。事实证明他是对的。（2010-05-15）

芒格和巴菲特在很多方面是非常类似的人，都非常睿智，也都很值得尊重。芒格比较聪明（不是贬义的聪明的意思），总是想知道关于所有事情的所有事情，巴菲特则相对而言比较简单一些。（2023-07-22）

巴菲特不是什么“股神”，他的东西每一个人都可以学，当然可能只有很少人能学会。事实上，我发现只有很少人会去真正认真地学，所以能学会的人很少就很容易理解了。（2010-02-28）

第五章

演讲与访谈

2011 年在浙江大学毕业典礼上的发言

（2011 年 6 月 25 日）

第一，做个胸无“大”志的人。

首先要强调的是，这里的“大”是好大喜功的大。所谓胸无“大”志，指的是脚踏实地的做事态度。我们要胸无“大”志地去做自己喜欢的事情。同时，还要努力去喜欢自己在做的事情。我觉得，只有在做自己喜欢的事的时候，才能激发自己最大的潜力，所以每个人首先要花很大精力去寻找自己喜欢的事。我也要强调后面一点，喜欢自己在做的事情，因为往往大学刚毕业就马上找到喜欢的事是可遇不可求的。很多时候，当我们投入到自己的工作中后，会慢慢找到很多乐趣，在努力的过程中，也会渐渐发现自己喜欢做什么。所以，努力喜欢自己做的事情也很重要。胸无“大”志，需要大家慢慢体会。

第二，做个有所不为的人。

有句话叫作“有所为，有所不为”。我们常常注意到要“有所为”，但我要强调的是“有所不为”。我很早就听说过，要做对的事情，然后把事情做对。在经历了这些年，经历很多次的头破血流之后，我才真正开始明白这句话是什么意思。所谓做对的事情，就是知道是错的事情决不要做，知道做错了马上要改。这个说起来容易，做起来困难。知道做错了马上改，不管多大的代价，到最后往往是最小的代价。我看到很多人明知是错，犯了错之后还抱着侥幸的心态，浪费很多年之后最后要付出更大的代价。希望大家不要碰到这样的情况。很多人问我，为什么我们公司在消费电子领域这么多年了还一直存在，我们就是守诚信、平常心、坚守本分。本分就是有所不为的意思。把事情做对本身是个学习的过程，这个过程当中是要犯很多错误的。有种说法“不怕犯错误”，我们做对的事情时，要避免犯错，但把事情做对的过程中会犯很多错误，这个大家要理解。还有个说法“永不放弃”，就是要坚持对的事情，如果是错的事情要立即回头。

第三，做个正直的人。

无论能否做到以上两点，最基本的还是要做个正直的人。我不知道做个正直的人会有什么回报，但至少让人一生坦然。

我就讲这三点，大学毕业是我们进入社会大学的起点，我们要学习的东西是无穷无尽的。最后，衷心祝愿每一位同学都能找到属于自己的精彩人生。

这次回中国还去了一趟浙大，正好赶上毕业典礼。校友会的老师让我也上去讲 2–3 分钟。为这 2–3 分钟的讲话，我还真是费劲想了好多天，最后把我自己毕业近 30 年的体会总结了自认为最重要的 3 点。不过会场实在是有点乱，很难有情绪讲，有点郁闷。（2011-07-24）

这篇演讲是我见过的最好的演讲之一，但懂的人很少。（2022-12-15）

2016 年接受浙江大学校友采访 *

问：当初您为什么选择到浙大就读？

我是江西人，浙大离江西比较近。当时高考是考前就填志愿的，我其实不知道填哪儿好，也不知道别人水平怎么样，自己考成什么样。那时刚刚恢复高考，1977 年和 1978 年我都考了，前一年没考上，1978 年就继续考，中间隔了半年。北大、清华在江西省招的专业我不喜欢，北大只招地球物理专业，清华招水利专业，这两个专业我都没有填。我看到浙大有无线电电子工程学系，好像很时髦，就报了，报的时候也没有报专业，专业是进去以后分的，电子物理技术听起来就挺神秘的，我就选这个专业了。

问：你们上大学时有什么课？您特别喜欢哪门课？

课蛮多的。大一学基础课，有高等数学、普通物理、普通化学、政治、英语，还有体育课、金工实习等；大二开始就有一些专业性较高的课，比如电磁场、电子线路，还有复变函数、数理方程、概率论、数理

---

* 来源：《甲子峥嵘 弦歌而行：浙江大学信息与电子工程学院 60 周年院史文集》，采访整理：马涵之。

统计等数学课程；大三后专业课较多，如微波电子学、真空。真空其实蛮高科技的，你要把一个东西抽成真空的，就要用到非常多的科技手段，比如把壁上的气泡给赶出来就要用到非常多的原理。最简单的例子是灯泡，灯泡里面必须真空，要是里面有氧气的话，灯丝马上烧断了。再复杂一点，就是真空度高的问题，里面真空度高了那外面压强就大了。抽成真空还是难的，这与我们的专业紧密相关，比如高能粒子加速器里面肯定要真空，要是里面都是分子，粒子怎么穿得过去啊，所以必须抽空，指的是剩下百分之几的空气。不可能百分之百地抽光，总会有这样那样的东西在里面。半导体里面有很多这样的，线路板里面有很多也都要真空。这么多年了，详细的也记不太清了，粗略的、概念的内容还是清楚的。

谈不上有什么特别喜欢的课，但老师讲课讲得挺好的。印象较深的是教复变函数和数理方程的老师，但这个老师后来被调到复旦大学了。这个专业不是我特别想搞的东西，所以后来也没有再考这方面的研究生。

每个人喜欢的东西不一样。研究生我是去中国人民大学读的，读的是经济学，后来从事的行业也都跟经济有关，当然，跟电子也有关系，做电子产品的研发和销售，比如我现在还做手机。我们的手机卖得蛮好，在国内所占的份额应该算是挺厉害的。但是我们不追求这个，这是一个自然的结果。我不关心别人的份额是多少，但是，我们的份额我是知道的。我们不公布具体的数据，因为我们不是上市公司，不强制我们公布。

问：您对哪些老师印象最深刻？

当时给我们上专业课的老师现在不一定还在上课，大部分老师退休了。跟我比较熟悉的是黄恭宽老师，他肯定不给你们上课了，当然别的老师对学生也蛮好。黄老师给我的印象最深，因为黄老师教的东西对我成长有益，他不是简单地教课本内容，而是经常讲些道理。记得有一次做实验，需要用力拧，我想要拧得更紧一些，结果弹簧被拧出来了。黄老师说做事要留有余地啊，说我最后为了一点好处就冒了这么大的风险。

因为装回去很难，需要费好大劲才装得回去，所以要留一点点余地，用劲到 95%就可以了，不用追求 10 的好处，否则到最后你会失去更多。不是所有的事情都要竭尽全力，最好都留一点余地。

所有老师都是很好的，那个时候老师跟同学的关系挺紧密的。跟我们打交道比较多的是周建华老师，他那时候做我们的辅导员，现在已经退休。他负责过紫金港新校区的建设，我跟他也比较熟，最近他身体不太好，我挺牵挂他。

问：您是怎么安排学习的？您当时的兴趣爱好是什么？

我没有刻意安排学习，反正该上课就上课，该考试就考试。我平常交作业会比较晚，所以平时分比较低，但是到考试的时候较认真，会突击复习一段时间。那时学风好，不太会有人想作弊。

那个年代的大学生没有太多的兴趣，不像现在，玩的东西多，还有网络。那个时候只能下下围棋，打打桥牌。打桥牌是我在学校里学的，围棋自己本来就会一点，但是下得也不好。我下围棋也不是很花功夫，可能也就业余初段，顶多业余二段。

那个时候能玩的东西确实不多，看个电视还要跑到主楼的大教室里，要走 10 多分钟，主要看个球类比赛，如男排、女排、男足。看男足最关心的是男足冲出亚洲，他们冲不出去啊，现在也很难冲出去。那个时候我们的活动和娱乐确实比较少。

问：你们组织过什么活动？

我参加的比较少。我原来是 1978 级的，上了半年学，因为身体的原因就回家了，休学了一年，到了 1979 年复学。到新班级同学就不熟了，差半年感觉就差好多，虽然大家对我很好，我也喜欢新班级，但一直都觉得自己像个局外人一样，所以参加活动也不太多。

毕业实习的时候，我去了南京。从南京回浙大那一路，我是玩回来的，无锡啊，苏州啊，上海啊，感觉像是旅游过了。那个时候绝对算穷游了，我回学校的时候身上大概只剩一毛钱了。那个时候一毛钱还能干点事，按当时物价，一个月的消费估计是七八块钱，10 块钱左右就勉强能过了，20 块钱的生活费绝对是很宽裕了。大家都没钱，当然也就不会出去玩了。

问：那时大家比较关注什么？

不太记得了。关注考试？好像也不是那么关注，不到考试我都不着急。我有个毛病，上课有时会睡觉，所以成绩也就中等。我们班 30 个人，我成绩大概排在十七八名，既不在前 10 名，也不在后 10 名。比较幸运，考试成绩还可以，一到最后几个礼拜，只要我努努力，成绩还是挺好的。我没挂过科（考试不及格），只要努力就不应该挂科。如果我努努力，也能考 90 多分。

我记得学校、系里有足球比赛。我不知道现在还有没有比赛，当时是有的。当时我们班在系里还拿过冠军，我还当过守门，也不太会，反正球来了就接呗。

问：如何给自己设定人生目标？您在大学时的人生感悟是什么？

我们上大学的时候，头两年可能认为上大学就是人生的终极目标，上了大学就是天之骄子了，所以进了学校好像突然就一下子茫然了，忙半天也不知道自己在忙啥，发现学的东西也不太感兴趣，觉得不好玩也不开心。

大概到了大三，有一天我突然悟到，乐趣是在过程中的。因为我高考的经历比较特殊，我是往届生，在准备迎考的过程中一直很努力，有个目标在那里，就一直往前走，每天非常充实。等考上大学拿到录取通知书了，在我们那个小地方也算是高考状元了，过 400 分的人就我一个。听到有人在说："啊！有个人考了 400 多分呢。"我心里很得意啊。到了学校以后，突然发现失去了目标，就没有乐趣了。

后来悟到，人生的乐趣就是在过程当中，需要自己不断地设定目标，而不只是达到某个目标。达到某个目标以后，就要设定新的目标，才会找到乐趣。

为什么很多人喜欢玩游戏？游戏容易有目标，达到目标之后马上又有新的目标，所以有个过程。在现实生活当中，这样一个过程是很必要的，比如考硕士、博士，这都不是终极目标，但是这个过程你都可以享受。

而且你达到这个目标以后，得马上再有下一个目标，当然需要是你自己喜欢的，如果你不喜欢就要避开。如果把考研作为终极目标的话就不合适了。

我自己有过这方面的体验。大学毕业的时候我要考研，在学校里复习了一个暑假，过得很辛苦、很不容易。报名的时候，教室里满墙贴着各个学校的招生简章、专业介绍（那个时候还没有电脑），我在那里看了三天，一个一个地看，就没有任何一个专业是我想考的。

可能是我想得比较长远，专业与职业相连，不能是某个专业考上就行了，如果这个东西不是以后想干的东西，那考进去之后该怎么办？所以呢，三天以后我就放弃考研了。很多人就奇怪，怎么复习了这么久，复习得这么辛苦，你咋又不考了？是因为我没有想考的专业啊。毕业的时候，很多人问我将来的打算是什么，我说："如果你们哪天听见我又考研究生了，你也就不用问我混得怎样了，肯定是混得不好，表明我不喜欢所处的环境，所以只能选择继续考研。"

后来我确实考研了。因为，我毕业被分配到北京后，不满意所在的工作环境，就考了人大的研究生，彻底换了个方向和行业——我不搞技术了。我不是说搞技术有什么不好，只是每个人喜欢的东西确实不一样，我觉得技术激发不了自己的兴趣。这算是我在人生过程中学到的一个东西：乐趣是在过程当中的。

还有一个感悟我觉得蛮重要的。大三的时候，也不知道是我在哪看到，还是谁说的一句话，叫作"做对的事情，把事情做对"。人总是会犯错的，但很多人不知道什么是对的事情，什么是把事情做对。你要坚持什么？错的事情一定不能坚持，必须改；对的事情，要坚持。坚持的意思就是你在做对的事情，在把事情做对的过程当中，你会犯很多错误，会吃很多亏，这也是一个学习的过程。然后呢，你要去坚持。

因为如果想要做对的事情，你就要接受在做对的事情的过程中有可能会犯错误。这个感悟对我一生影响非常大。

我曾受浙大校方邀请，为毕业生做过毕业典礼演讲，当时是在大操场上，学生乱哄哄的，给我印象特别不好，但我还是说了三点：

一点就是做对的事情，把事情做对；

一点是“胸无大志”，就是你要踏踏实实去做你喜欢的事情；

还有一点是要做正直的人，做正直的人就是心里头比较坦荡。整天耍小聪明，其实是很难受的（你们这些还没有毕业的，可能是感受不到）。

很多人一辈子自认为很聪明，不说一辈子了，就说半辈子吧。几十年来一直在挣扎，做每一个选择的时候看的都是眼前的利益，所以一直在来来回回兜圈子，没有长远的考虑，没有对错，没有是非，只有利益。

几十年后，你会看见眼光差异带来的人的差异是非常巨大的。做企业也是一样。我觉得做任何事情，不管做哪个行业，当教授也好，做研究也好，搞技术也好，都是要看得很远，要选择做对的事情。如果是错的事情，要尽早发现，尽早结束。

这是我在大学里面得到的一个很重要的体会。不是每个人都知道这个道理的。很多人知道要坚持，坚持啥他就不知道了。要坚持就要容忍错误，什么样的错误可以容忍？做错的事情，它必然会带来错误的结果。

比方说企业，坑蒙拐骗是绝对不能做的事情。你想想，一个企业如果把能赚到钱作为终极目标，就会认为蒙钱也是行的，所以也就没有是非了。然后蒙着蒙着，最后就垮了。很多企业垮了都不知道是什么原因垮的。这样做企业有点像小偷，被抓到了只会觉得偷技不够好。如果这样想，那下回偷的时候会更精，会偷得更大，被抓起来后也会判罪更重，这不就是永远总结不出错误的原因来了吗？

如果终于总结出来偷东西不对，哪怕偷技再高也从此不偷了，才表明悟对了。那些偷技很高的人肯定是很聪明的，如果把聪明用到做正道的事情上，30 年以后肯定也很厉害，所以这是一个很大的道理，这种大道理愿意听的人很少。

当然了，有成就的人本来就比较少。但是，总会有人去想这个东西，总会有人想得很长远。我们做的每一件事情都跟我们 20 年以后、30 年以后有关联。想得长远些肯定会不一样啊。比方说你喜欢教书，那你肯定会成为一个很好的老师，因为你喜欢，你享受，那么你就会想尽各种各样的方法让学生明白你教的东西，想办法让学生将来有用处，而不是让他们只是考好试，出了学校就不管了，如果只是这样，将来学生也不会感激你。

大学那么多年，我记得最深的是黄恭宽老师跟我讲的那句话："任何一个人，他最后选择职业的时候，如果想得很长远的话，他就会有所差异。"这个很大的差异你不知道在哪一刻会对你有所决定，包括在选专业的时候、在选学校的时候、在选工作的时候、在选工作地点的时候。当然也包括在选择男女朋友的时候，就得想这个人能不能长久地相处、能不能够结婚。

问：在读书时有没有感到特别遗憾的事？

没什么特别遗憾的事。

那时候条件比较差一点，电脑刚出现还没普及。我们上大学的时候还没有 PC，学的还是大型计算机。我们学的语言是 FORTRAN，我先学的是 BASIC。BASIC 我觉得很好学，因为它是直白的东西，后来又学了 FORTRAN，学的是一头雾水，又没有练习，计算机就上过一堂课，可能也就 45 分钟，还没搞明白怎么回事就下课了。下课后没法碰到计算机，所以我对计算机一直都很陌生。

这对那个时候的我们也谈不上是遗憾，因为人总是处在某个年代。再过 30 年，你们会发现原来学过的东西又不行了，也不用 30 年，按照现在这个（知识更新的）速度，5 年就够了。

所以在学校里，最重要的不是你学到的知识，而是你掌握的学习方法和人生感悟，包括我刚才讲到的那些道理。

比如你要做对的事情，把事情做对，这比什么都重要，包括要享受整个过程，而不只是追求某个结果。结果当然重要，但是结果没有你想象的那么重要。关键是要找到自己享受的事情，这对于学生来讲还是很重要的。

我当年一直在想：是天之骄子了，应该很开心，应该觉得自己很了不起，但怎么一点乐趣都没有呢？为什么还老觉得整天都闷闷不乐呢？

也不知道整天在忙什么，也想不起来想要看的书，作业也经常晚交，但是我从来不抄作业。我会对照我的思考过程和别人的思考过程。那时教材比较糟糕，也没有标准答案，我们做了习题，都不知道对错。思考过程给我带来了乐趣，还带给我让自己满意的成绩。像量子物理，现在不记得具体知识点了，但是一些大逻辑的东西还是记得的，比如熵定律。当时有人说要发明永动机，我第一直觉就是绝对不信，因为一直转不可能啊，不符合熵定律的，要这样的话这个世界就乱了。

我感兴趣的东西是非常少的，我做企业也好，做投资也好，做很多事情都有个特点，就是专注。专注可以排掉杂音，排掉杂音以后还有个很重要的前提就是信念，就是要相信一些东西，坚持走下去。在学校里建立起的这些东西对我这一辈子影响非常大。我所领悟到的道理不一定是跟老师学的，老师基本上就是教课，能教这些东西的较少。据说现在学生要想见老师有点难了，因为学校太大了，人也太多了。当然了，在学校学习，最重要的还是在于你自己，在于跟同学交流，也在于跟老师的交流，以及与所有人的交往。

问：您为什么想到要捐款？

赚钱多的人要承担更多的社会责任，钱多了对自己的用处也不大。母校毕竟我待过，对它有感情，觉得给它比较放心。当年的浙大老师都还在，还有同学在，我觉得他们应该不会乱花。总体来讲，我觉得他们还蛮好的，尤其是我们后来建的那个平安基金，运作得相当好。在信电系建这个基金我是挺赞同的，最早提出的是杨冬晓，他是我同学，当年也是我比较好的朋友。考研的时候，我们两个一块在学校复习，然后他考了我没考。他读书成绩是比较好的，在我们同班同学里他算最小的，我比他大三岁，他确实是读书比较钻研的人。也有可能是比较小，所以他也没有别的想法，反正就是爱上进、要读书，他也是比较腼腆的一个人。

同学：他现在上课是很生动的，还获得了永平奖教金，我们都喜欢上他的课。

已经生动了啊？那他进步了，真是祝贺他！我说的是那个时候，现在30多年过去了，人肯定是会改变的。他管的平安基金，我觉得特别有系统，每一分钱花在哪儿都有章可循，并且用得很得体。因为还要帮老师保密，谁用了这个钱是不好公开出来的，只能很有限的几个人知道。

杨冬晓首提平安基金，说有些老师年纪大退休了，虽然有国家医疗保险，但是要用比较好、比较贵的药，国家不一定会给报销，他们自己又负担不起，如果有这么一个基金可以帮他们就好了。我说那我们就搞一个吧，就搞了这么一个平安基金。当然平安基金还可包括其他一些开支，比如支持退休老师们搞活动。就是让这些老师，尤其是退休的老师开心一点。现在的退休老师很多都是我们当年的老师，以后的老师也都能享受这个基金的好处了。

杨冬晓管得好的原因就是他管得比较细，很明确。有些钱出去了以后虽然我跟不到、搞不清楚，但我总体相信浙大。

问：当时这个平安基金除了退休的老师，您还加了三分部的卢医生？

因为卢医生当年就是我们的医生。我们那个时候医务室有两个医生，我只记得卢医生。那个时候生个病，无依无靠的，离家又远，不像现在你还可以打个电话，那个时候打个电话可费劲了，一看医生态度好，“安慰”很大。我觉得卢医生对学生挺好的，卢医生应该也被加上。

问：平安基金是您倡议的吗？

其实也不是我倡议的，我只是支持。我给平安基金许下了承诺，就是别人捐多少我就配多少，最后总共大概是 60 万美元或者是 600 万元人民币，我不记得了。反正基金运行得也不错，当时大家说过的话也都一直在起作用。没有遇到过什么困难。

问：您所在的班级捐赠很积极，是不是受到了您的影响？

没有人给我说过有这个效应，我也不知道我们班里捐了多少。我只知道我们班里面有些人捐款挺积极。我们公司系统的几个人，我有时也劝他们捐点，反正他们也有实力，所以就跟着一块捐了。

陈明永也捐了，蒋晓兰、陈智勇也捐了。但是这个东西无所谓钱多钱少，哪怕象征性地捐一点。

问：您认为校友除了捐赠以外，还有什么能为母校母系做的事情？

每个人的情况都不一样，要看每个人的具体情况了。但是我认为这不是一个必要的东西，只要认为与母校有联系、有必要，就做。学生毕业离开学校后，其实和学校就没有太大的关系了。与母校的感情产生关系的，是那些人、那些地方。如果回去都找不到原来的联系，原来的东西都不在了，我们就无法产生什么感情。我现在回去还能见到杨冬晓。杨冬晓和我讲的时候，我就会很认真地听，因为有关联的东西在里头。所以一个人能为母校母系做啥，完全取决于这些。

我们之间的师生关系还是蛮好的。周建华老师在我们毕业以后还来看过我们，不是因为你有钱了他来看你。那时候大家还是穷学生，他来北京出差，就把同学叫过来见见面，这不就是联络感情了嘛。这并不是谁欠谁的，他也不欠我，我也不欠他。

给你举个例子吧，有一次北方某个校友会的人找到我，希望我能给他们捐钱。我说你知道我是谁吗？当然那时候公司已经蛮有名了。我问他：你除了知道我有钱以外，你还知道啥？他啥都不知道。他不知道我哪个系毕业的，也不知道我学什么，他只知道我有钱。所以能为母校母系做什么，取决于和母校母系的联系，纯粹属于感情和缘分。

问：您对大学生创业有什么看法？

我从来没鼓励过在读大学生创业，甚至不鼓励创业。

为什么呢，因为你需要创业的时候，你必然会去创，这是一个水到渠成的过程，不要为创业而去创。你说你有一个很好的想法，别人都很喜欢，所以你要把它变成一个企业，变成一个公司。但是如果只是为了当一个老板而去创业，那多半都会很惨。

你可以往回看，大学生创业不是现在的事情了，好多年前就有。那时候创业的大学生现在能有几个好的？我不反对大学期间去做一些生意，建立一些创业观念。但是不能把这个作为一个目标。

苹果公司的 CEO 库克在高校做了一个毕业典礼的演讲，就是说你要找到自己的北斗星。你要知道什么是对的事情。然后你要一直朝那个方向走，那么几十年之后会有好的结果。这个东西不一定要毕业的时候想，上学的时候就可以去想了。只要心里真有想法，暂时失利或者错一步两步也是没关系的。

《功夫熊猫》你们一定都看过，第二部说的就是你不一定会有一个好的开始，但是决定未来的不是你的开始。我对这句话蛮有感触的。

创业这个东西呢，该创的时候就去创，不要以为只要是大学生就该去创业。我们需要做对的事情，把事情做对。

把事情做对需要许多技能，但技能，学校里并不全教你，只是教你一部分，比方说学习方法。然后你得有好的成绩，到社会上别人看你成绩不错，就会放心让你去做某件事情，即使你不会，只要你去做了，能力就提高了。

所以在学校里学习成绩不能太糟糕，人家一看成绩这么糟糕，第一印象就是这个人一定没有纪律性。如果你的成绩还可以，又有一个特长，比方说围棋下得特别好，乒乓球打得特别好，那么人家就会觉得这个人还是有毅力的，虽然成绩中等，但还是有两下子的。如果你是一个肯学习又会学习的人，那么三五年之后就厉害了。

如果你啥都不行，人家怎么会用你？不用你，你不就永远都没有机会了吗？

端盘子还需要有水平呢，一般人端两下可能就倒了，能端得那么平衡就很不容易。当然，不能被专长所束缚。比如说喜欢弹钢琴，不是说弹不到郎朗的水平就不好了，只要是想弹，很享受弹琴的过程就好了。如果你不是很享受，又想通过弹钢琴赚钱。那么日子会过得不容易。

巴菲特的一家子公司每年开股东大会的第二天，他会邀请一帮人和他一起吃顿饭。我记得有一回和我同一桌的有一女的，大概四五十岁的样子。我想被巴菲特叫过去的人，总是有点特长的。我就问她常来吗，她说她第一次来，是个瑜伽老师，她就喜欢瑜伽。我问她为什么来，她说她父亲是巴菲特最早的股东，现在她父亲过世了，那么她就来了。她继承了她父亲的遗产，但是她依然还是瑜伽老师。一个瑜伽老师也没多少收入，但她就非常享受。

能和巴菲特吃饭的人，身价都不菲，如比尔·盖茨、芝加哥大学的校长等。我不是说教钢琴不好，但是如果沉溺于某个技能的话就不好了，这也是我以前在想的。我绝对不能去当一个出租车司机，这样会整天开车，没时间去想别的事情。我也不做餐厅，因为餐厅要买菜啊，要这个要那个，当然能做成麦当劳那样也很好。

所以你需要有一个不为清单，你应该早早地列一个这样的清单，碰到所列的事情就要把它排除掉，这样你才能聚焦在你想做的事情上。

做喜欢的事呢，你就会很享受，就会很努力。

在我们那个年代，没有太多的选择，既然到了那个地方，那你就喜欢你做的事情吧，不然不就是和自己过不去吗？这会有两种结果：一种是你确实发现自己很喜欢，那你就享受它了；另一种是你发现你确实不喜欢，那么你就需要做出改变。

我看有的人做不喜欢的事情，但一干就是二三十年，我觉得这些人属于想不开，属于害怕改变的那种。我可以举个简单的例子，当年我刚去广东工作的时候，那时候有个公司叫星河音响，现在它在不在我不知道了。那一个小的民营企业，那一年招了50个研究生、100个本科生，一个小企业哪能容得下那么多人。我在那儿待了几个月就跑了，我觉得这是我不应该继续做的事情了，我需要做出改变。我不知道接下来能不能找到自己喜欢做的事情，但我一定要先走，所以我就到了小霸王。

那时候大家天天见面，天天一起打游戏。有个同事从澳门买了一台任天堂的游戏机借给我们玩了几天。我对任天堂游戏是有感情的。我一玩游戏状态就好，所以我真正起家是从游戏开始的。有意思的是，大家都想离开星河。我走了两年以后，小霸王都全国闻名了，然后我回去过一趟，发现当年说要走的人并没真的走。

我说你们这些人脑子坏了吗，两年前都说要走了怎么到现在还没走？他们说没有找到合适的地方。所以错的事情要尽快停止，停止了不管要付出多大的代价都是最小的代价。一发现这是不对的事情，你就要马上停手。我觉得很多人做不到这点。大多数人做不到，但是做到的人往往就会做得不错。

问：如果一件事情谈不上喜欢，也谈不上厌恶，那还要坚持下去吗？

这完全取决于你自己。说要去找喜欢的事情可一辈子都找不到，那可能就是你的问题了，因为这说明没有什么事情是你能坚持下来的。

不管你做喜欢的事情也好，不喜欢的事情也好，中间都会有很多很多的困难。

为什么做喜欢的事情能做好呢？因为你能扛过去，但是对于不喜欢的事情，可能就放弃了。如果所有的事情都选择放弃，那就是你的问题了。

找不到喜欢的事情很悲哀，实际上大部分人都是这样。如果你碰到这种情况，也不要责怪自己。但是有些人能找到，比如说你很享受家庭生活，那就找一份不太忙的工作，每天回家带带孩子，做做家务。

所谓成功，不是说要多有钱，要有多少人围着你采访。我已经很久没接受媒体采访了，你现在媒体上看到关于我的东西很多都是别人编的，这些材料千篇一律，都是 10 多年前的旧材料。这两年我们公司的手机起来了，所以关于我的报道可能会多一些，但那些都是东抄西抄的，都跟我没关系。

问：不懂不碰？在生活中也是这样吗？

生活这个东西，关键看你享受什么。不懂的东西你可以去尝试，但不能拿生命去尝试，投资也是一样。比方说滑雪，如果你不会滑雪，跑到最高的地方扎下去，撞树了怪谁？如果你喜欢，得一点点来，一点点提高，得要清楚风险在哪儿，乐趣在哪儿。有人说他一生做了很多冒险的事情，比方说把钱都投给了苹果。

我说冒险的事情不应该做。赌场里 100 万元一放，想要变成 200 万元，那下一把就没了。我投苹果是因为我了解，我知道它强在哪里，知道它 3 年、5 年、20 年之后还是强在哪里。我也了解谷歌，所以我有点谷歌的股票很正常。

问：我有好多人生观的道理不能完全想通，就很纠结，能否帮我理一下思路？

这是一个年龄过程。我看到做对的事情，把事情做对的道理是在大三的时候，但是我真的搞明白或许是20年之后。就算你被我点醒了，你可能得花个5年或10年时间去理解。

我跟别人讲投资的时候，告诉他们买公司股票要看公司的未来。如果现在问我股票哪只好，那我干脆把我口袋里的钱给你算了。

任天堂这个公司当时市值比网易还低，但我觉得这个公司以后能挣钱，我就买了，甚至我都没认真看它的业绩。你看任天堂有一次涨了一个多礼拜，你能理解吗？你不能理解。你会买吗？也不会买，因为你坐不住啊，明天涨了五块钱你就卖了。

当初我买网易的时候，别人不明白我为什么要买网易。我自己是做游戏出身的，我知道它的市场有多大。当时买的时候1美元多，现在200多美元。当然我没拿那么久，我赚了大概一百三四十倍。

你如果不了解你买的东西，你不可能拿到一百倍，能拿到一倍就不错了。这个东西从哪儿学来？首先学校不教这个东西，到了一定年龄你就会慢慢去感悟。

有所为有所不为，这是道教几千年的东西了，就是聚焦啊。现在又提倡多元化，我们公司还蛮聚焦的，就算时间长了会有发散，大家说你走偏了，你可以马上又回来。

我们提倡本分、平常心。本分就是要做对的事情和把事情做对，平常心就是想我们当年为什么要做这个，有没有走偏？我们要问自己：到底在干什么？所以要一直想这是不是件对的事情，而不是去想是不是有利益的。对的事情就要做下去，不对的事情就要赶紧停下来。

问：您对大学生有什么寄语？

就像我之前说的，找到你的北斗星，你们可以去找找库克的演讲，我忘了标题是什么。我自己给它起的标题是《找到你的北斗星》。

别人都问我有什么技能，我从来不讲技能，因为技能这个东西都是要自己学。

比方说打高尔夫，我会告诉你打高尔夫的体会。一杆打得远、打得近都没关系，一杆打得好、打得差也没关系，要有平常心，一杆一杆地打。很多人上一杆打糟了，下一杆就想打好一点、打远一点，想把它弥补回来。

有的人做生意不顺，想下一单夺回来，所以冒更大的风险，然后又砸了，很多人都是这样将企业做死的。

2025年浙江大学问答实录

（2025年1月5日）

有机会给学校做点贡献，我自己也很开心。要说分享，我觉得这三条是最重要的。

第一，做对的事情，把事情做对。很多人可能会问，我不知道什么是对的事情。总会知道的！你知道什么是错的，当你发现错了的时候，要及时改。不管付出了多大代价，都往往是最小的代价。

第二，胸无"大"志。那个"大"字是打了引号的，我觉得就是要脚踏实地地去做事情。很多人说，我要创业，创业的目的就是为了要创业。如果你心里没有一个你真的想做的事情，只是为了创业而创业的话，成功率会非常低。

第三，要做一个正直的人。就是要有是非心，要正直，要对得起自己的未来。那么这有没有好处？我不知道。但是，你自己会觉得比较坦然。

如何顺应AI时代

主持人：AI背景下，我们学生在平常的学习中以及未来的人生规划上，可以有哪些顺应时代的想法？

其实时代一直都在变，工具在变，但是基本的东西还是一样的。大家在学校是学会学习的方法。有AI只是帮你提高效率。当然做论文的时候，大家要小心，不要出“那种事情”。

最主要的，说来说去，可能今天你的好多问题，我都是一个回答：你要想长远，你要想5年以后、10年以后、20年以后，你每一个决策是不是对。学习方法也好，创业也好，我觉得所有方面其实都是相通的。

主持人：感谢段学长，不仅给了我们一些建议，也警示了要适当使用AI工具。

运用AI工具，尤其是做学术、做研究，大家还是要谨慎。

投资做得好的人都很慢

主持人：在投资时，如何快速判断一家公司是否值得长期投资？

基本上我不太会这个事情，你看我过去这十多年，说来说去就那几家公司。那也是我很多年对企业、对生意、对产品，对所有东西的理解攒下来的。我也没见过谁真的能够那么快，包括巴菲特也好、芒格也好，其实投资做得好的人都很慢。大家并不在乎失去一些机会，但是，最重要的是你不要去踩雷。

很多人也可能会说，你当然不需要挣快钱，因为你有钱。我们需要挣快钱，因为我们没钱啊。这很可能就是你没钱的原因，因为老想挣快钱。其实我也想挣快钱，谁不想挣快钱？但是知其不可为很重要，就是你还是要踏踏实实做该做的。

主持人：那段学长的意思就是要敢于尝试，并且眼光要放得远一些。

哎，敢于尝试这个……要看你怎么个尝试法。我不是一个不敢冒风险的人，但是要冒能够承受得起的风险。大家可能会说，谁谁谁他就赌对了。那我最厉害的是20分钟赚了20多倍。人家说你干嘛呢？我在赌场用100块钱赚到2000多块钱就走了。但是我可以重复这件事吗？不能。

我当年投网易，也是几个月赚了二十几倍，真是二十几倍，而且我是全仓的。人家说你真厉害，你再来一次？我说不会，我是碰上的。苹果我们投得也很好啊，我是2011年投的，现在都2025年了，差不多刚好14年，看起来是很好。但你要是对生意理解不了，对文化理解不了，对商业模式理解不了，早就跑了，也不可能留到现在。所以快这个东西是比较难的。竞技比赛的运动员是需要快的。

该创业的人根本不需要鼓励

主持人：作为一名创业者与投资者，您还会鼓励当代的大学生创业吗？为什么？

毕业前还是毕业后？

主持人：毕业前在学校里有一些创意创业的想法，在毕业后具体去落地。其实我们也有很多同学在学校中开展一些创业项目。

我没有说过，就不叫“还会”啊，我没有鼓励过。我觉得该创业的人根本就不需要你鼓励。你有个很强烈的想法，就一定会去做。

现在的创业条件比我们当年要好很多了，还能找到VC、Startup这种各种各样基金的支持。我们那个时候都是从零开始的，没有什么别的东西可以帮你，只能靠自己一点一点做。所以现在和那个时候确实是不完全一样，现在创业条件要比那个时候好。但是很重要的一点就是大家不能为了创业而创业，你得是真的有想法。还有走投无路的时候，也是创业的好时机，我们当年就是走投无路。

学习“学习的能力”

主持人：请问段学长，在不断变化的时代背景下，您个人是如何保持学习和适应新知的呢？

非要学新东西吗？是这样的，在学校，你主要还是学习“学习的能力”。当你碰到有兴趣的方向，你就不会对未来感到恐惧。你觉得有兴趣，就可以想起来我该怎么学习。你会去找书、查资料，你有理解力，包括逻辑能力，这种学习能力与受教育程度低的人相比，相对来讲要强很多。

比方说我妈妈，iPhone 不肯用，iPad 也不肯用，她说这个太难了，我肯定不会。她是拒绝学习的，好多人是拒绝学习的。前段时间我看了我一同事写的文档，我说你这个是手写板写的吧？他说是。我说你为什么不练打字呢？哎呀，他说，不一直都没练嘛。他比我小 10 岁，我说你这个没有道理，我花了 3 天的时间就学会打字了。我也用过写字板，接在电脑上，太不方便了。其实你只要不恐惧，知道自己能学会，就没有什么问题。当然，你还是要学你需要的东西，这是一个知识爆炸的时代，不能说所有新东西你都学，这不得累死，学了也白学。很多人看起来知识很渊博，你再渊博，还能渊博得过搜索吗？所以，何苦呢。

做企业、做投资都是游戏

主持人：一个好赛道往往会随着竞争的加剧而进入低毛利的时期。那么在低毛利时期，创业者该如何应对呢？

首先，好赛道是不会进入低毛利时期的，低毛利的都是商业模式比较差，产品差异化很小的。作为创业者，你还要进去，那就脑子坏了呗。

投资也好，创业也好，其实都是要很认真地去想商业模式的。但我觉得创业还是有点不一样，你必须要创业的时候，你要做的东西是你自己真的有感觉的。我当年做游戏没有别的原因，就因为我自己爱玩游戏。所以我从来不批评爱玩游戏的学生，我就那样，我儿子要玩游戏，我让他玩。我只是想办法跟他商量，你玩多少时间，就要干很多事去挣时间，而不是说简单地不让玩。我觉得所有的事其实都是游戏。有人喜欢学习，其实是他有快乐嘛，游戏也是可以带来快乐的东西。

反正创业是这样的，你要是完全想赚钱，想出人头地，但不知道自己能做什么，那真不知道最后能做出啥来。我做游戏的时候，像做小霸王游戏机时，我知道很多人会像我一样爱玩游戏。那我想的事情就特简单，我并不需要说服别人去玩游戏，我只要把产品做好就好。你要搞一个新东西，要让别人知道这是个啥，那个过程远比你把大家都喜欢的东西做好——质量做好了、渠道做好了、服务做好了——难度要大得多。后面我们做企业，其实没有那么难。当然了，当规模大到一定程度，你就必须得往前走。我们早年说敢为天下后，那时候我们很小，现在我们也做很多新东西。没办法，你不做，你前面就没人了，那怎么办？

做对的事情就是发现错了马上改

主持人：您的本分哲学中说到做对的事情，那么大学生要如何判断一件事是否是对的呢？

其实是知道的。有些事情你不知道是否对，那你做了，你将来会知道是否对，因为如果不对，你会受到惩罚。但是呢，你发现错了，一定要马上停。大部分事情，我想大部分人是知道对错的，但还是有很多人做错的事情。为什么很多人明知是错，他还要继续做呢？因为错的事情往往有短期的诱惑。比方说抽烟、酗酒等等就是这样，你看多少人该抽还抽，难道他们不知道那个不好吗？他们知道。当然这样的事情不伤害别人，也不是问题，只是说对自己身体不好。还有比方说舞弊的、论文作假的，他们不知道这是错的吗？他们知道。但为什么还要做？难道这个也要大学教？我还见过以前有些农村学校写的标语，说“不许强奸学生”，这怎么能写得出来呢？他们当然是知道对错的，然后非要靠法律来处置这样的事情，那就很难办了。所以，为什么说要正直，就是你自己要有一个原则去约束自己，你发现错了，就马上改。

生意上也是一样，有人买了只错的股票，如果他是炒股票我就不说了。如果他原来以为这个公司是这样的，结果发现是那样的，他不马上跑，他还说，等它涨回来我再跑。我记得有个人跟我讲乐视，说乐视现在掉了很多，到三十几块了，问我怎么办。我说三十几块的价钱很好啊，因为将来会是零的嘛，所以你现在什么价格卖都是好价钱，你要等它涨回五十块，这个有点难。当然我后来发现，他是想把这股票卖给我，我觉得这是脑子有病。他是原来乐视的第二大股东，我觉得那是个坏人。

老师真的关心学生，关系自然会好一些

主持人：您求学期间与信电老师深厚的师生情谊令人动容，请问您认为一名刚迈入职场的青年教师，该如何传承好这份育人精神，实现与学生的双向奔赴？

这个有点难，我对现在的学校生活已经不太了解了，但我觉得老师跟学生，关键应该是在老师吧。老师真的关心学生，那跟学生的关系自然就会好一些。我搞不清楚现在老师跟学生有多少接触，我们那时候确实是多一些的。学校也少，人也少一些嘛，地方也小。我们就在三分部，后来是大一的学生去的是吧？现在呢，现在都不去了？

主持人：现在是法学院。

相信中美关系将来也会好起来

主持人：请问段学长在中美对立的时代，浙大人的创业机会在哪？作为校友，能够为创业的校友提供哪些支持？

中美对立吗？我们学校谁建的？大家不要忘了我们读的浙江大学，是有很多老美的痕迹的。大家对这个东西不应该忘记，其实人家对我们还挺好的。我看很多人现在去美国，没有太多的障碍。我相信将来也会好起来。可能眼前有一些短期的冲突，包括又选了这么个总统，这确实是会有一些麻烦。

创业成功率非常低

主持人：如果您今天是20岁，要创业，您会选择哪个赛道以及选择合伙人的标准是什么？

这个还真不知道，我觉得如果我有机会，我还是找份工作，好好享受人生。创业并不容易的，不要看到有些人成功，成功率非常低。大部分人忙一辈子，其实没什么好的结果。你看竺可桢学院本身也很厉害，黄峥就从那出来的，我知道他们厉害，但是也不意味着他们成功率就很高。不过想去创业，你就尽管去，现在条件真是比我们原来那个时候好很多。

主持人：谢谢段学长的回答，我猜测刚才这位同学应该也是有创业的想法。所以想要来直接提问一下。

有想法有条件就去做，你如果只是为了创业而创业，你就小心，这就是我的观点。我并不知道大家应该做什么，现在哪知道啊，信息这么爆炸，我整天忙的就是打球，谁还管这些事。

不清楚现在创业从哪搞

主持人：请问段学长，文科学生创新创业可以走怎样的赛道？这是我的一个问题，因为我作为一个法学专业的同学，本科期间接触创新创业是比较少的。

简单讲，我不知道，因为我不是读文科的，我连语文课都没上过，真没上过。我们中学没有语文课，只有政治语文课，学的都是那些什么“天连五岭银锄落，地动三河铁臂摇”（毛泽东《七律二首·送瘟神》）。你们太年轻了，不一定听得懂，所以是不一样的。我上大学的时候，语文居然考了 60 多分，我还蛮意外的，确实是没有任何底子。但是我妈妈在图书馆工作的时候，我老是去图书馆，虽然看的书没有那么高级，也过得去。《金光大道》《艳阳天》，你们听起来估计都很陌生，你们太年轻了。所以我不清楚现在创业从哪搞，真的搞不清楚。

养成安全运动习惯

主持人：请问段学长平常累的时候会怎么放松？

累的时候就该睡觉了吧？睡得好的话，你可以多拉伸，泡个热水澡，都是属于物理治疗，没有什么特别的。我们都是凡人，都是普通人，我这里没有什么神秘的东西，没有什么诀窍。

主持人：我们的西区马上也要建成了，是由段学长冠名的。段永平文体中心是一个非常大的文体活动中心，在未来会有非常多的同学在这个文体活动中心活动，包括各类锻炼和放松，也欢迎未来段永平学长多回来，多回母校看看。

今天我去看了那个地方，我觉得挺好的。同学们在上大学时，当然包括大学以前，要养成运动的习惯，安全地运动，要学会拉伸。我们以前是不知道的，搞得我现在有时都觉得膝盖有点小问题了，以前不够注重这些。现在条件好，而且里面有人教，挺好的。

主持人：我们浙大同学的课余文体活动非常丰富，非常欢迎段学长到时候到建好的场馆里面，和同学们一起打打球之类的。

我还能打点乒乓球。

最重要的是做对的事情，把事情做对

主持人：请问段学长，您觉得浙大有什么样的气质和氛围影响了您的创业、投资和生活呢？

我记得我们单位曾经还有一个人说，一定要跟着段永平的脚步，所以要把儿子送到信电系。我说那我下过哪条河摸鱼，你没有去过，你也不知道。影响成长的因素有很多种，我的成长跟浙大有没有关系，当然是有的。浙大毫无疑问是个好学校，但是也会有问题。我对现在不了解，现在学生和老师都多了好多。我在三分部的时候，师生关系也挺好的。

主持人：现在的信电学院，也是段学长您的母院，有特别经典的两个词，叫作勤奋乐观。我们要争做勤奋乐观的信电人，这两个词也是信电学院整体学生的特质。在学习上，我们要时刻保持勤奋，保持不畏难，克服更多的难点。在平常的生活中，我们要保持乐观向上的态度。

勤奋和乐观？我觉得最重要的是要做对的事情，把事情做对。

我要你勤奋，你勤奋得起来吗？我就从来不勤奋。我可是想尽办法偷懒，我偷懒的意思不是说，考试偷看、用 ChatGPT 来写论文，你参考是可以的。我觉得最主要还是脑子里要有是非，要想着做对的事情，发现错了，要赶紧改。乐观？乐观是个性的问题吧，不是每个人都能想乐观就乐观得起来的。这两个词说完了以后，大家真的会得到什么好处吗？我觉得可以质疑一下。

创新都是从模仿开始的

主持人：当然在勤奋乐观之前，更多的先是我们浙大的求是、创新的精神。刚才老师送您的求是卷轴……

创新也是要小心的。很多人把创新理解成不一样，我觉得那个要特别小心。最主要是你到底想干什么，你给用户带来什么价值。你说我做了一个东西，以前没人做过的，创新了吧？可是也没有人喜欢，你不就惨了吗？所以，创新是你满足了人家的需要，也是别人没有做过的事情。

差异化不是说不同，差异化其实跟创新是一个意思，就是你要去满足用户的需求。用户包括很多方面，老师满足学生的需求，学生也是用户。例子很多了，建楼质量建好了，那也是一种服务，你如果只是想建得好看，但是不好用，不就瞎干了嘛？扯远了。

主持人：“敢为天下后，后中争先”这其实也是学长的理念，就是不能去盲目创新，是吧？

我说过敢为天下后，我可以给你举很多例子。比方说谷歌敢为天下后、苹果敢为天下后、微软敢为天下后，那你说还有谁不是？做得成功的企业早期都是这样。这些年可能有些新的，比方说 AI，其实很多人也是跟着做的。你看豆包，它也不是新的。多少人做 chat 是从 ChatGPT 开始。但是这个其实我也搞不清楚，我现在用好多个工具，像 ChatGPT、Gemini、Perplexity，豆包也用，你说他们创新吗？创，但是他们其实未必是最先做的。谁发现了这个东西，又刚好有这个实力，把它做得比别人更好，他可能就厉害了。搜索显然不是谷歌先做的，雅虎肯定是早就做了。苹果的 iPhone，我们做手机感觉都比它早呀，可能真的比它早，但人家敢为天下后，它实力强，后发制人了。

但是有些东西呢，后也不一定行。哪怕是微软，它的搜索就没有办法搞过谷歌，所以它就特别热衷于搞 ChatGPT，因为想从这个角度把搜索抢回来。这是我瞎猜的，我不知道，我也没那么关心，我就想着好好打打球啥的。

主持人：请问您如何看待追热点，或者说模仿与创新之间的关系？

追热点，这个定义不是很完整，我也不知道什么叫追热点。追星也算，追风口也算。你刚刚说模仿与创新，你要能够做出不模仿又是很好的东西，那当然可以。但是我几乎都很难找出一个例子，它不是从模仿开始的。我刚刚讲的微软也是，微软就没有什么东西是一开始就做的，都是有类似的产品在前面，做完了以后它跟着做的。苹果也是，谷歌也是，亚马逊其实也是。脸书算不算我还不好说，因为那个时候社交媒体好像没有那么多，但它其实也是在别人的基础上建立起来的，好像是在哈佛的校园网上。所以我觉得，这不是个矛盾，没有什么冲突在里头。

蚊子还是那些蚊子

主持人：请问段学长，您记忆中的校园和今天看到的有哪些相同和不同？

说句实话，我也没怎么注意。我坐车晃了一圈，也没有下去散步。应该没有什么太大的变化，蚊子还是那些蚊子。

养成想长远、想本质的习惯

主持人：请问段学长，如何培养看待问题的批判性思维？

这个我搞不清楚，我没有什么批判性思维。你想长远、想本质嘛。

你跟我做得一样，你挺好，我干嘛要批判你？但是有些东西，像你刚才讲的勤奋乐观，确实有人说过勤奋最重要，我说做对的事情最重要。因为你说勤奋最重要，你会变得更勤奋吗？你不会，至少我不会。

但是你选择做对的事情，发现错了，你赶紧改。这一辈子的每一个决定都是基于10年、20年以后回过头来看，你会发现你会省好多力气。我们毕业三四十年了，我看那些同学都是很聪明的人，但有些人在原地打转了30年、40年。可能做每个小的决定，他都是基于眼前的利益，他们可勤奋了，但是不管用。我有时候会想这个事，所以养成了想本质的习惯，我觉得挺好，我不觉得是批判性思维。凡事就这么想，时间长了，你可能就有这种能够想本质的习惯。但是不是叫批判性的思维我就不知道了，它听起来好像恶狠狠的样子。

对抗压力的办法

主持人：如何成为像您这样一个非常坚定，特别高能量的人，能够欣然应对或者去承受工作中、生活中的挑战和痛苦？

我是凡人，我也一样有痛苦。而我还是个懒人，你看我早早就退休了。我退休20多年了，我今年63岁，大概40岁就退休了。显然，我就是不愿意面对压力。我已经享受过了，我知道工作的乐趣。然后呢，我们有更年轻、更能干的人，他比我干得还好，何乐而不为呢？但这不是我想教你们的，不是每个人都有那样的运气，正好有那么多好伙伴可以跟你一起合作。

当然，我也有我的心得。我能做到今天，是因为我能支持别人，我有分享的精神。很多人在用人的时候，都是要让别人为自己工作，我是希望他们能够为他们自己，而不是为我工作。包括，要花很多时间去建立一个系统，这样我就可以面临小一点的压力，而不是去硬扛。

举个特别简单的例子，我们公司实际上是没有销售部的，我们的产品只是给代理。因为早年我发现，销售部的工作就是每个客人都来找你谈呀谈呀，谈来谈去全是谈价钱。后来我就想，必须得解决这个问题。所以我们公司的产品价钱对每个人都是一样，没有说客户大，就有折扣，那得多累啊。这个压力很大，我那时一天可能吃 8 顿饭，去 6 次桑拿，去五六七八次的卡拉 OK，神经病那是。我肯定不想去，但没办法，每个客户都缠着你，要跟你谈价钱。而且那个时候我们才做很小的生意，就已经是那样了。我就想 10 年、20 年以后你不就完蛋了吗？当然要那样忙的话，也可能熬不到 10 年 20 年。我们花了大概 3 年的时间，建立了销售系统，这也是一种对抗压力的办法。

回到事物的本源

主持人：刚才您也提到了，年轻人要为自己而工作。那么顺着您的回答，刚好下一个问题：年轻人的什么特质会吸引到您，以及您希望会与怎么样的人成为合伙人？

你说我认为年轻人要为自己工作，我不是那个意思。我的意思是，我要让我们的员工为他们工作，这个意思上好像是有点差别。当然实现自我也是应该的，但是跟我说那个话的意思不太一样。因为作为一个 CEO，我要去支持他们。我让他们觉得他们是在为自己工作，而不是跟他们说，你们要为自己工作，然后就把我给踢走了，意思不完全一样。

主持人：年轻人的什么特质会吸引到您？

你是指哪方面的？年轻人年轻啊，你们的年龄就是我的梦想，现在我都回不去了啊。

听众：您和黄峥之间有很深的友谊，你可能看重黄峥身上的一些点。所以我想请问您，年轻人的哪些特质会非常吸引您？

其实跟年纪没有关系，我肯定不喜欢跟我没有办法沟通的人打交道。我非常喜欢朋友，跟朋友聊天我很开心。我觉得黄峥是一个看本质的人，跟我一样，我觉得这还是比较重要的。他到底算不算年轻人？他当然算，其实我也算。又回到我前面说的：要去做对的事情，要把事情做对，要想长远。我觉得黄峥他就是这么一个人，所以我们在一块聊天的时候，我们不会聊着聊着就不在一个频道上了。但大部分人是会的，我跟很多人聊天，其实都不容易聊得下去。不知道算不算回答了你这个问题，我觉得还是要回到事物的本源上。

坚持做对的事情

主持人：假如您刚刚大学毕业，选择一件事情每天坚持做，您会选择什么？

睡觉。每天坚持是啥意思啊？经常做，比如体育锻炼要做。还有啥？太多事情需要做了，但是必须要选一件事情做，或者两件事情，这个问题有点难。

主持人：其实是想问您习惯要如何养成。

运动很重要，也不一定天天了，因为你要保持身体的健康、保持大脑的清醒。然后又回到我刚刚说的，逻辑上要比较清楚，凡事要想长远，要坚持做对的事情，发现错了，要赶紧改。把事情做对是个学习的过程，就是说你会犯错误。有很多人分不清楚错的事情和把事情做错，这两个性质是完全不一样的。不能因为怕把事情做错了就不做事。因为无论你怎样做，都可能会错。但明知是错的，你不应该做。

不要把重要变成紧急

主持人：可以分享一下您在求学和创业过程中遇到过的挫折吗？

求学的过程中，我差点大学都没毕业，王东潘老师帮了我很大的忙，不然我连答辩都过不去，真有可能毕不了业，那也算挫折了。

创业过程中的挫折，那太多了，每一个产品的问题都是。我那时候的电话是 24 小时开机，但是我非常不愿意接电话，因为每一个电话可能都是麻烦，太多了。

主持人：面对这些挫折的时候，有什么解决的心得，可以跟我们分享吗？

其实还是有的，做事情你要尽量地想长远，又回去了。你不要让重要的事情变成紧急的事情，我觉得这个很重要。一天到晚接电话这个问题，我现在就没有了，我记得很久以前，我就基本上不用接电话。要让自己不要有太多紧急的事情。比方说要锻炼身体，比方说不能等到病得不行了才去看医生。看医生也很重要，定期的检查很重要。

我以前在北京做过一个节目，叫《危机时刻》，我不知道你们有没有注意。那时候我当 CEO，其实经常接受采访，为了企业嘛。主持人问我，危机时刻你怎么办？我说我开着车，时速 200 千米，前面 20 米有一堵墙，肯定要撞上去了，你觉得我该怎么办？没什么办法，反正死定了。最重要的是，你不要开那么快呀，你干嘛要去撞墙呢？你开辆坦克才行啊。意思就是要完全从长远的角度去解决这个问题，不能等到危机时刻才想办法。大家很喜欢看《危机时刻》，觉得哇，这个人临危不惧。最后不还是死了嘛，并没有意义啊。你要预防这东西，所以安全第一。安全第一并不是说到危机时刻你有办法，那个时候没办法的，你要提早做准备。

除了价值投资，没有其他投资方法

主持人：请问在您的视角中，信息差对于投资和选择的影响有多大？

炒股票的，对我没有什么影响，除非你买了马上想卖，想赚点那种不该赚的钱。当然了，也有一些是靠信息差赚钱的，我没有那么喜欢这些事情。对我来讲，投资不是一个零和游戏。信息差实际上是个零和游戏，就是利用这个信息，在别人没得到之前，你赚了别人该赚的钱或者怎么样。量化投资是有点那个味道，但是你不做，别人做，它作为一个生意无可厚非。

但你看长远以后，这些东西都是小小的波澜。你太在乎了，会很累，球还要不要打了？要生活的嘛。所以要看长远，找到好公司你就拿着。那“拿着”听见了，“好公司”就没听见。拿个错公司，不就死得更惨吗？我跟好多人讲，他们就是不明白，他们说价值投资就是长期投资，不是的。除了价值投资，请问还有别的投资办法吗？其实是没有的。你投的就是价值，如果你不投价值，投的是什么？所以看长远，拿到好公司，你的生活可以愉快很多。你看沃伦·巴菲特、查理·芒格，他们活得都很长。你看那些投机很有名的人，大部分都死得很惨，这是真事啊，或者说生意都死得很惨。国内也不是没有啊，一个有钱人，好好地跑去坐了牢了。

不能用需要的钱去赌不需要的钱

主持人：您是否经历过面临高风险与高回报的关键投资决策？面对高度不确定的市场，您如何平衡风险与收益呢？

明知高风险，还要去做，脑子坏了吧！真是这样的。但是风投不一样，风投他们不冒风险，他是拿别人的钱去投，赚到了钱，有他的一份，他当然可以投。当然他也会有一些判别，看现在或者未来的市场是不是有可能喜欢，他可以融到更多的钱；是第一轮投进去，可以赚第二轮、第三轮、第四轮的钱。风投严格讲是一个很现代的产物，我们那个时候是没有这个东西的。投资本身的逻辑是要看清企业的商业模式、未来现金流，确实能挣到钱你才敢投，这样你也愉快。

但风投不会像我们那样投资，他都是这里放一点，那里放一点，其实赚的是一个国家的钱。你看风投做得很大的，比方说像孙正义，扣掉他前两名赚钱的公司，估计他就赚不到钱了。他其实也没赚多少，但他是非常有名的风投。所以很有意思，他赚的钱跟巴菲特和芒格相比，那确实还是差很多的。很多人做企业，企业做起来以后，作为最早的创始人，在企业市值很高的时候确实身价很高。但那是一个剩下来的人，同一年创业的其实可能有 1000 万个人。大家都看见马斯克了，也跑去做电动车，但你看看中国一年死多少电动车企业，就是这个道理。

听众：举例来说，医药公司的研发面临很高的不确定性，技术能不能做出来，做出来之后又要考虑能不能过临床之类的。这个时候你需要去考虑高风险、高回报的情况。

你这么说我能够理解。我做企业的时候有可能会去做这件事情。投资人呢，作为风投做这种事情也是有道理的。但是大资金这么做就比较困难。不能用你需要的钱去赌你不需要的钱。我一年赚个 10%、20% 挺好的。一个可能有 500% 的回报，但也可能亏光光的事情，我为什么要去做？所以一般我不会做这样的事情。

但是现在这个机制挺好，要有人去做这个事。你说的生物医药就是个特别典型的地方，其实科技也一样，有很多新的想法。但是没有办法马上就有成熟的生意模式，我是不投的，因为我没有那么多时间，我要打球。很多人说你得关心，我说我不关心，等到它好起来了，我再看也可以，我不是个职业投资人。虽然我管的钱比绝大多数职业投资人可能还多，我一个人管的钱可能相当于一个中型的对冲基金，估计更多，但是我并不会像他们那么忙，我看见好多人就三四百个亿，天天忙。我说你们在忙什么，你看我就买了个苹果，一直拿着就完了嘛，或者说人民币我就买了茅台。我就可以打球了，让他们忙吧，我看见很多投资人都很忙。但是我理解你说的这句话，我非常同意，只是我自己一般会避免。

听众：这可以理解为是两种不同的风格，但是您更喜欢找那种高确定性的。

你说的那个是高风险但不知道有没有高回报的，我要知道它有高回报，我是可以投的，这取决于懂不懂。如果不懂，像我买的公司大家也都觉得是高风险，但我不觉得。所以这取决于你有多懂，要投你懂的东西。我一直说不懂不碰，搞不懂的东西，你不要去碰。另外就是不要用杠杆，不要用股票去抵押。哇，觉得股票要涨了，就借好多钱，结果股票在涨之前掉了一下，你就完了。所以不要碰这种事情，这样就容易很多，你还可以打球。

好公司都过得还不错

主持人：请问段学长，当下年轻人应该如何应对经济下行周期呢？

其实当下，老年人也面临这个问题，跟年轻人有啥关系？没关系。我真不知道该怎么回答，好自为之呗。确实我们面临这个问题，浙大要好一点吧，你还是可以找到好工作的，你还可以先读个研，实在不行再读个博。如果你刚好看见有一个你喜欢的好公司，有机会加入，也是一个很好的选择。

因为我看到就算是经济不是那么好的情况下，好公司的小日子都过得还不错。腾讯、茅台，还有我们公司，其实都挺好。茅台股价掉不等于公司状况不好，其实好得很，酒还是买不到，我们有直购他们的酒，给的量都很小。

全球化是伪命题

主持人：请问中国企业怎么能够真正地做到全球化和本土化？

哪个企业？所有的企业吗？现在中国算是做好了全球化的可能就一个拼多多，一个抖音，其他好像都是局部的。但是我觉得所谓的全球化像一个伪命题，你并不需要去追求它，到了该去的时候，自然就去了。你根本就没有那个实力，也没有那个需求的时候，走不出去的。不要说别人，我们公司也是一样。早年我刚到美国的时候，我就觉得：哇，超级碗是一个特别好的做广告的地方，我们要是有合适的产品，一定要到这个地方打广告。但我们一直没有做到，我们一直没有找到合适的产品进入这个市场，今天也没有。

但是黄峥做到了。他有次问我，你觉得我们在超级碗那个广告，效果怎么样？我说我看见了，你自己觉得怎么样？他说效果还可以。我说，还可以，你才打两条？！然后第二年他打了四条还是五条，忘记了。所以他就是一下子抓住了重点。现在我问美国的所有朋友，你们知道 Temu（拼多多海外版）吗？他们知道，几乎都知道，我家里工作的很多人都用 Temu，阿姨、钟点工。在它上面我要买的东西不多，但是有些东西确实有很多人在买。它最后还是要靠产品的质量啊这些东西，但这个模式还是有点厉害的，它的质量也是一点一点在往前走。

做该做的事

听众：您做的广告都很炫目，但您一直很低调，平时在公众场合为公司代言好像也不多。

我低调吗？有几个企业家敢在雪球上说话的？

我早就退休了，当 CEO 的时候我出来很多的，你现在还能找到一些我当年的视频。现在我退休了，不在其位，不谋其政，我要打球啊。所以跟高调低调没有什么关系，其实我很正常，我就是一个普通人。我从来没有刻意地高调，也没有刻意地低调过，我就是做我该做的事情。我不在企业一线了，你找我，我觉得不合适，我不想去跟 CEO 们抢功劳，让大家觉得这还是我的企业，它不是我的了，是他们的，我只是一个打球的人。

主持人：您在雪球上的账号昵称是“大道无形我有型”，不知道段学长为什么取这样一个名字？

这里面没有什么特别的故事，本来就有“大道无形”这个说法，而且我以前在玩梦幻西游的时候，用的就是大道无形。雪球上好像有人注册过了，那我就“大道无形我有型”，就开了个玩笑呗，表示大道虽然是无形，但我们可以有型的嘛。

巴菲特：他告诉我苹果的生意模式比可口可乐好

主持人：您和巴菲特交流之后，你们在价值投资方面的最大共性和不同是什么？

我们对投资的理解是一样的。就是我刚讲的，投资其实就是价值投资。你不投价值，那你投的是什么？但投机不一样，人家说投机是投资在机会上，你这样讲也 OK。

差异是有的，就是我们对不同生意的了解都是不一样的。很多他懂的生意，我不一定懂。但是我懂的生意，他有时候也未必懂。

举一个简单的例子。巴菲特也买了很多苹果，但他大概是在 2016 年开始买的，我是 2011 年买的。2018 年的时候我曾经跟他聊过一次苹果，还是专门去跟他聊的。反正我们有一个联络，他不知道听谁说，我估计可能听李录说的，说我有一个博客。他说："你那博客有没有英文版的，我想看看。"我回答："沃伦，我的英文你又不是不知道，我哪可能用英文写，这是第一。第二我写的好多东西都是从你那来的。"他说 OK。我说："但是，你要是想聊苹果，我可以来跟你聊。"他说："哦，任何时候，我太想跟你聊了。"我说好，就去了。他让我任何时候路过奥马哈就去，我就想怎么路过呢？就查了地图，哦，去芝加哥是路过奥马哈的，我就赶紧安排了一个去芝加哥的行程。然后给他发了个电子邮件，说我要路过了，他说那你就来。真是这样的。

然后到那个地方的时候，他坐在球会大堂那等我。我们有三个人，吃了饭，就聊了。他人很好，一开始的时候就想办法活跃气氛，就讲他小时候是喝百事可乐，我说我怎么不知道这事，不都说你是喝可口可乐的吗？他说，那个时候百事可乐的价钱只有可口可乐的一半，所以显然我要喝百事。然后我们开始聊到苹果，就准备吃饭了。

我说，我觉得苹果的生意模式，当然我这里主要讲的是 iPhone，是比可口可乐要好的。"哇哦"，他说。我做市场出身的人，我可是知道点在哪，这是他关注的点，当然也是我关注的点。为什么说苹果生意模式好？我说："你看，你说百事可乐便宜一半的价钱，你就喝百事了。你知道安卓手机和苹果比，价钱差多少？但真正的苹果用户谁在乎？没有人在乎，至少在美国是这样，在中国也是一样的。真的用苹果的人，他就用苹果。”然后这个事就聊完了。他说：“我明白了。”那天晚上我们就聊了好多别的乱七八糟的事，没有再聊过苹果。

后来到 2022 年，我去他们股东大会，他请我去他们的晚宴，在奥马哈的水族馆。我觉得好有意思，在这种地方设晚宴。我想不会搞错吧，我英文不太好，早点去吧，就提前半个小时去，结果很顺利就找到了，路标什么的都很清楚。进到里面是一个大的厅，像礼堂一样，摆了 50 张左右吃饭用的圆桌。我进去的时候，里面就一张桌子上坐着两个人，就是沃伦·巴菲特和查理·芒格，我走到他们身边时，对面又走过来一个人，叫比尔·盖茨，然后我们四个人坐下来。巴菲特把我介绍给芒格和盖茨说：“This is Ping。”我的名字叫 Ping。巴菲特说：“他告诉我，苹果的生意模式比可口可乐好，所以我买了很多苹果。”你想隔了四年，就是我们那一天晚上说的那么一句话，他就抓住重点了。我跟无穷多的人讲过，没有几个人能够抓住的。我跟他平时也不会见，四年以后，他直接就这么介绍了。当然他买了很多苹果，这个跟我没关系，那只是玩笑，但是他拿到现在还没卖完，可能跟我是有关的。当然我没有办法验证这个事情。

在浙大学会了学习的方法

主持人：请问在成为优秀的投资人、公益者的道路上，浙大对您产生了怎样的影响？

我在这里上了大学啊，我在这里学会了学习的方法，还是有影响的。浙大的学风也应该还可以，主要是它不在大城市里头，所以可玩的地方比较少一点。杭州现在其实已经很厉害了，我们两个公司都在杭州设立分公司，这边的人才很多啊。而且城市到现在为止，人口都是净流入的，很多人才会流进来。所以它很好，但是不是就变得更多地方可以玩了？应该也是更好玩了，这不是什么坏事，我自己也喜欢打游戏。我们那个时候没别的可以玩，我读书的时候也没有游戏，还真没有，顶多下个棋。

好好运动，好好生活

主持人：您的下一个人生目标或者说终极目标是什么？

健康地活长一点。生活还是要有质量，如果只是活着，插着管儿，为了某个理由，我觉得太痛苦了。所以我理解琼瑶，我觉得她是有道理的，所以该给我拔管的时候就拔吧。但是你要为这个努力啊，你要好好地运动，好好地生活，心情要好。这个时候需要乐观。

对 AI 不明觉厉

听众：您怎么看待 AI 的发展？您觉得 AI 在这几年会不会发展得非常迅猛，又会给我们带来什么样的影响？

AI 发展非常迅速。

我的简单说法叫不明觉厉，我确实觉得它厉害，但确实不是很懂。以后我还要问你们呀，这个 AI 到底会怎么样，学院的人肯定比我们更靠前，看得更清楚嘛。我今天还在问那个谁，你对英伟达怎么看，它现在有没有可能被替代等等，我确实不懂。

最终你会成为本该成为的人

听众：这个时代机遇不等人，我是继续追求学业，还是为了抓住机遇而放弃学业，去走创业这条路？

创业不知道，这取决于你。我认识一个人，也算是球友，后来在 LSI 做了。他在斯坦福大学读博士的时候，曾经有一个企业的老总跟他聊了两个小时，想把他挖走。但他是台湾人，他觉得我们中国人一定要先完成学业。跟他聊两个小时的那个人叫比尔·盖茨，结果他没有去。他一辈子都在后悔这件事，我猜的啊，我不知道。所以这个完全是你的决定。但是如果他碰见的是“贾布斯”，他又去了，那就是另外一个故事了，学业也没完成。

所以你要自己去判断什么是对的事情。要想长远，想 10 年、20 年，而不是想着眼前这点利益。拿学位也是对的，但是，比尔·盖茨这个人跟你聊了两个小时，你都没有被打动，确实是愚蠢的，这个毫无疑问。就完全不知道对方是个什么样的人嘛，脑子只想着那一点点的小利益，要拿一个博士学位啊，不然对不起家长，可是硕士都已经有了嘛。当然那个时候微软还不是很厉害，他如果去了微软，可能就是微软前十号的员工。那他得多厉害，就是比现在的 CEO，比李开复这些人都要早了。

听众：所以，人生还是有很多的机遇和运气。

反正最终你会成为你本该成为的人。

黄峥不是一个趋利的人

主持人：拼多多和步步高、OPPO、vivo 都把本分当作企业文化，但是在企业经营上有很大的不同，请问应该如何理解这种差异？

我们公司我很清楚，拼多多我确实不太知道他们具体的东西。很多人跟我讲，我说人家的用户越来越多，那么多人喜欢用它，你非说它不对，到底是啥意思？我知道黄峥最早开始创业的时候，比方他做拼好货时，他是非常关心农业的，他就是想把农产品发出去。很多事情，包括他现在做的很多基础建设，真的都是跟那个有关的。

做拼多多的时候，是他找我，最后我投了他。我事先其实并不知道他在做什么，就有一天通电话，我说你在干嘛，他说他在做这个，我说这不就是以前的拼好货嘛？他说对，但是它现在有点不一样了，做的东西多一点了，等等吧。然后他说他希望我能够投他们。我问，那它能挣钱吗？他说不知道，但是用户量成长非常快，很多人喜欢用。而且供应商也很开心，原来不好卖的东西都卖出去了。尤其是农产品，因为他们最早是做农产品出现的。你想，农民的橘子如果卖不动，就都烂掉了，所有的水果都是一样，但是通过他们的渠道，确实卖得很好。他让我加入，我说能赚钱吗？他说不知道，我听他讲了成长的速度以后，说，那我就把它当公益做吧，因为那么快的成长速度，说明你是在做一件好事。

最后的结果就是这样，我就说如果赚钱了，我就把它捐到我的基金里头，就当做公益了；如果不赚钱，但是帮了那么多人，那我也当做公益了，反正都是做公益，一样。然后我给他提了个条件，说你想让我投多少，你就再投多少。所以他并不是因为缺钱找我的，他就是为了把我拉进去，做他的投资人。这个故事在很早年，是上市之前的事情，跟上市没有关系。

我觉得他们做的事情，第一我不是很了解细节。有些东西其实我也跟他提过，我说，哎，我怎么觉得你这个东西不对。他说，嗯，这个东西确实不对，他会改。但是我没有太跟踪很多细节，我看网上有各种各样的说法。但是事实上他确实厉害，营业额、用户量等等一直在往上涨。这些那么不喜欢的人也没试过，很多人从来没用过，就觉得那就是坏。我很难理解这种事情。

听众：拼多多供应商受到各种刁难……

我听说了，首先我不好评价啊，因为我不了解具体的情况。但是大部分供应商还是认真地在那里待着。这是第一。第二他们的竞争环境可能更恶劣一些。我们的供应商很少，相比于他们而言。很多供应商有意见，你告诉我有多少。如果是有一万个供应商有意见，而它可能有五百万个供应商。所以从这个角度可能能理解，但是具体怎么回事，我不知道，所以我没有办法回答你这个问题。

我觉得黄峥不是一个趋利的人，很多人不理解这一点，我非常理解。他不是为了挣钱，他也不会蒙你。前段时间拼多多股价狂掉的时候，很多人说，这有没有可能是个骗子。我说别的我不知道，这一点我知道，他一定不是。但是你喜不喜欢，那是你的问题，是你的选择。

大学生迷茫很正常

听众：我是大一的学生，有时候会迷茫，我大学这几年都要做什么？然后我读到黄峥的文章，他说在追求第一和努力做一个好学生上，浪费了太多的时间，损失了很多逆反捣蛋和纯粹享受青春的时光。60 分万岁是个好哲学……但另一方面，如果我想加入一家我喜欢的比较好的公司，它肯定也会对我提出一些硬性的要求。这两者之间应该怎样平衡？

大学生会迷茫很正常。我大概到大三的时候，才有一天突然发现，我准备考大学的过程中很开心、很充实。上了大学以后就很迷茫，尤其是我学的专业还不是我真的未来想干的事情。所以到大三的下半个学期，我才突然意识到，我的乐趣其实是来自过程。同时我也在大三的时候发现“要做对的事情，把事情做对”这一句话。反正，迷茫是正常的啊。

你说你喜欢的公司，对方怎么要求你？这个啥意思，我还没有完全理解，你能再重复一下吗？

听众：比方说，现在一个学生去应聘，公司可能对你的绩点等各方面有一个比较规范的要求。

这个我不知道，因为每个公司的要求可能不一样。你喜欢那个公司，你不是得知道他们喜欢你什么吗？我怎么会知道呢？所以是需要你自己去了解的。我确实见过很多人去找工作，说我喜欢你们公司。我说，那你喜欢啥呀？他说不出来，不就是想找份工作嘛。你喜欢那家公司，一定有你喜欢的理由的。

跟你去做什么工作也有关系，比方说，因为你学的是软件工程专业，那你该学 AI 了，AI 将来就替代了你的工作。吓唬你的，说着玩。我不知道，我真的是觉得，你自己要想，五年、十年、二十年以后，如果你很大的专长是写代码，那你可能真的需要找点别的事做。如果你足够聪明，你肯定是可以找得到的。我见过好多人改行，改到边儿都找不着的，但是人家一样可以做得很成功。你看我们班的龚剑萍，到日本做的事业就跟原来学的一点关系都没有，结果人家成了世界级的专家。

如何培养能力圈

听众：想做职业投资的新人，如何培养能力圈？

你上大学不就是在培养你的能力圈嘛，40 岁以前，你一定要想办法建立你的能力圈，但是在这以后，我觉得可能就会难。

听众：先在实业企业里面实践更有帮助，还是直接做投资？

能在企业里面，当然是最好了。但是巴菲特也没有做过实业。